高等院校统计学系列教材

统计学基础

龚秀芳 杭爱明 康正发 编著

立信会计 出版社

LIXIN ACCOUNTING PUBLISHING HOUSE

图书在版编目(CIP)数据

统计学基础/龚秀芳,杭爱明,康正发编著. —上海:
立信会计出版社,2014.7
高等院校统计学系列教材
ISBN 978 - 7 - 5429 - 4283 - 8

I.①统… II.①龚… ②杭… ③康… III.①统计学
—高等学校—教材 IV.①C8

中国版本图书馆 CIP 数据核字(2014)第 175817 号

责任编辑 赵志梅
封面设计 周崇文

统计学基础

出版发行	立信会计出版社			
地　　址	上海市中山西路 2230 号	邮政编码	200235	
电　　话	(021)64411389	传　　真	(021)64411325	
网　　址	www.lixinaph.com	电子邮箱	lxaph@sh163.net	
网上书店	www.shlx.net	电　　话	(021)64411071	
经　　销	各地新华书店			

印　　刷	常熟市梅李印刷有限公司		
开　　本	787 毫米×960 毫米	1/16	
印　　张	20.25		
字　　数	420 千字		
版　　次	2014 年 7 月第 1 版		
印　　次	2016 年 8 月第 2 次		
印　　数	3 101—5 200		
书　　号	ISBN 978 - 7 - 5429 - 4283 - 8/C		
定　　价	39.00 元		

如有印订差错,请与本社联系调换

前　言

　　统计学是搜集、整理、描述、分析、评价和运用有关数字信息的方法论科学,随着人们对定量研究的日益重视,它在现代管理和社会生活中的地位越来越重要,已经成为经济管理、投资决策和科学研究的有力工具。作为数据分析的一种有效工具,统计方法的应用已经遍及社会科学、自然科学和国民经济的各个领域。

　　本书在简明清晰地介绍统计学基本原理的基础上,为适应经济理论研究与实际工作的需要以及统计现代化的要求,强调了统计中常用的一些特殊方法,如平均法、指数法、动态分析法、抽样推断法和相关与回归分析方法,简要介绍了新国民经济核算体系的主要内容和主要指标,并介绍了常用统计软件 SPSS 的基本功能与应用。本书的特点是简明清晰、通俗易懂、适用面广、实用性强。在内容描述上既避开了纯数理性的统计公式推导,又系统完整地阐明了统计学的科学思想和方法;每章前面有学习目标,帮助学生了解本章要重点掌握的内容,每章后面附有能够培养学生实践应用能力的各种类型的练习题,并配有部分阅读材料,帮助学生了解一些统计方法在实际中的应用;第十章介绍 SPSS 在统计数据分析中的一些简单应用,并通过实例说明 SPSS 的具体操作步骤,帮助初学 SPSS 的学员快速掌握数据处理的方法。因此,即使是数学基础欠佳的文科学生也能比较轻松地理解书中介绍的统计基本原理和常用统计分析方法,为从事经济理论研究和实际工作打下扎实的基础。本书既可作为高等院校经济、管理类各专业本科生统计学课程的教材,也可作为成人教育、函授大学,以及其他管理学科相关专业和干部培训的教材或参考书。另外,本书对广大实际工作者也具有一定的参考价值。

　　本书是在参阅国内外统计学家专著和教材的基础上完成的,参加本书编撰的三位教师都长期从事统计学教学与科研工作。全书共分为十章,第一章、第二章、第九章由杭爱明执笔,第五章、第六章和第七章由康正发执笔,第三章、第四章、第八章和第十章由龚秀芳执笔。本书各章的具体内容都经过三位作者的集体讨论研究,因此本书各章可以说是集体的成果。作者力图使本书的知识性和实用性相得益彰,但书中错误、纰漏之处难免,欢迎广大读者、同仁批评斧正。

　　本书的出版得到了上海师范大学商学院领导的支持,立信会计出版社的领导与赵志梅编辑为本书的审阅也付出了辛勤的劳动,在此一并表示感谢。

编　者

2014 年 7 月

前　言

目　录

第一章 总 论

学习目标

1. 理解统计的含义,了解统计的产生和发展。
2. 了解统计学的特点、统计的职能和工作过程。
3. 深刻理解并准确运用统计学基本概念:总体和总体单位、标志、变异和变量、统计指标和指标体系。

第一节 统 计 概 述

一、统计的含义

人类社会已经进入信息时代,统计信息可以说是社会经济信息的主体,而统计方法则是分析信息、处理信息的主要工具,因此,"统计"在现实生活中已经成为一个使用非常频繁的词汇。人们在使用"统计"一词的时候,通常有三种含义,第一种是指统计工作或统计活动。比如,当我们说"统计一下今天出席会议的人数",此时的"统计"便可看做一项十分简单的统计工作。第二种是指统计数据或统计资料,如我们在电视、书籍和报纸杂志上看到以及广播电台中听到的一些数字信息。第三种是指统计理论或统计学。而英文"statistics"一词作复数用时指统计活动、统计数字和统计资料,作单数用时则指统计学。

对统计的三种含义可作如下具体分析:

第一,统计作为一项具体工作,是统计资料与统计理论的基础和源泉,其含义是指对反映客观现象的有关数据进行搜集、整理与分析,为人们提供确切的、定量化的认识,用统计数据来描述社会经济现象的状况、各种内部关系、外部联系、发展变化的趋势。其过程一般包括统计设计、统计调查、统计整理和统计分析。

需要强调的是,统计作为一项具体工作,是与管理活动相联系的,是应管理的需要而产生,随管理的发展而发展的。只要有管理,就必须有统计,管理越现代化、科学化,对统计的要求便越强烈。作为管理者首先必须对所管辖的对象及其周围的环境有全面、准确的认识,而这离不开统计,然后再加上自己的知识和判断力,才能作出正确的决策,实施有效的管理。

离开了统计,只凭经验进行主观判断,这种决策与指挥很可能会脱离实际,发生错误,或者至少可以说没有经过统计调查研究,决策的失误率较高。这一点古人也早已有认识。《孙子兵法》13篇,开篇即为"计篇",这个"计",主要即指统计。

第二,统计资料是统计工作的结晶和成果,指统计活动产生的、经过加工、编制的反映社会、经济、自然等各个方面客观现象的综合性统计数据。一般来说,对统计资料有以下要求:

(1) 客观性,即统计资料必须反映客观现实。

(2) 准确性,统计数据的偏差不能超出统计要求的允许误差范围。

(3) 及时性,统计资料应及时搜集、及时加工、及时发表。

(4) 连续性,即统计资料在时间上应能够提供动态对比的数据,而不是孤立的数据。

(5) 系统性,统计资料应能够以客观现象之间的内在联系为基础,各项数据之间也应保持这种内在联系,并能够结合或对比应用。

(6) 尊重隐私性,即尊重统计数据提供者的隐私权,保护资料提供者的权益,这也是统计的国际惯例。具体来说,应为被调查者保密,禁止公布单个可识别的信息,如个别家庭或企业的信息。

第三,统计学作为一门科学是指导统计工作的理论,是研究统计活动的一般规律,为统计工作提供方法论的科学。因此,可以概括地说,统计学是一门告诉人们应当怎样有效地、科学地搜集、整理、描述、分析、评价和运用有关数字信息的方法论科学,其内容一般包括统计基础理论和统计应用方法。统计基础理论通常指数理统计学和统计学原理;统计应用方法则指专业的统计调查、统计指标设计、计算、分析方法以及国民经济核算体系等。

二、统计学的分类与特点

(一) 统计学的分类

对于现代统计学学科的体系分类,国内外统计学界仍有不同意见,较为流行的看法是统计学可以区分为数理统计学和应用统计学两大体系。

数理统计学也称理论统计学,是以概率论为基础,以随机现象为研究对象,运用数学模型,以统计推断为主要内容,根据样本观察数据以推断总体的纯方法论科学。

应用统计学也称专门统计学,是适用于各个领域的专业统计,其共同特点是并不着重于统计数学原理的推导,而是侧重于阐明统计的思想,并将理论统计学的结论作为工具应用于各个具体领域。

根据应用统计学的领域又可以分三大类:

(1) 经济统计学,还可分为工业、农业、商业等部门统计学。

(2) 社会统计学,如科教、文化、人事、户籍、司法犯罪统计学等。

(3) 科学技术统计学,如天文、气象统计学、水文水力、生物统计学等。

在社会经济统计方面,新中国成立以后,引进与沿用了前苏联的社会经济统计学体系,基本属于描述性统计学,改革开放以后,在国民经济核算体系与统计活动、统计方法方面已逐步与国际惯例一致化或相近化,在社会经济统计学理论中也更多地运用数理统计学的基本理论与方法。因此,在现代经济统计中,不仅包括一般统计理论与方法在经济科学领域的应用,而且还应包括一些特殊的经济统计方法,如指数法、动态分析法以及国民经济核算体系等。

另外,从统计技术方法的角度,又可以将统计分为描述统计和推断统计两个层次:

描述统计是对总体资料进行加工、分组、列表图示以及计算平均数、方差等综合指标,将所搜集的资料进行描述和比较,以反映现象的数量特征和数量关系的统计方法。描述统计是统计技术中重要组成部分,也是最基础的部分。

推断统计是研究根据样本数据推断总体某一特征的方法,其内容主要包括参数估计和假设检验两个方面。推断统计在现代统计学中的地位和作用越来越重要,已成为统计学的核心内容。

(二) 统计学的特点

作为一门相对独立的方法论科学,统计学有以下方面的特点。

1. 广泛性

统计学的应用范围大至国民经济的宏观管理,小到基层单位的微观经济核算;从应用的主体来看,上至政府决策机构,下到各行各业的管理部门乃至个人;从应用出发点来看,可以是服务于宏观核算、行业管理、经济决策、科学研究乃至舆论宣传等目的。统计学研究对象的广泛性,要求统计工作者具备广博的知识,并且增强服务观念。

2. 数量性

这是统计学最重要的特点。从数量方面研究、说明事物的,除了统计,还有会计等。但统计的特点是用大量的数字资料来综合说明事物的发展水平、速度、构成和比例关系等。统计所研究的量首先是大量的,而不是个别或少量的量;其次,统计研究的量是具体的量,是有质的保证的数量,而不是抽象的数量,这个特点是统计区别于数学的地方。统计采用综合研究方法,来揭示事物的本质及其发展变化的规律性。

3. 总体性

统计学主要是从总体上反映和分析事物的数量特征,而不是着眼于个别事物之上。因为经济现象的本质和发展规律只有从整体上观察,才能作出正确的判断。个别事物由于受种种偶然因素的影响,其数量特征并不能代表一般性事物。例如,对全国或某地区农民收入进行统计,显然不能以个别农民或农户的收入为依据,而是必须把全国或某地区的全体农民作为一个整体,反映其收入水平和变化的数量表现,这样的数据才能说明一般。当然,个体数据是构成总体的基础,对经济现象进行分析研究,还是需要结合个体的数据和具体情况,才能加深认识。

第二节 统计的产生和发展

一、统计实践的产生与发展

要学习和研究统计,首先需要了解统计实践的产生和发展。统计实践的萌芽可以说比文字产生得更早。原始人的结绳计数,即是统计的萌芽,它是一种总量的计算。统计从字面上来讲,就是统而计之的意思,统即总也,所以,统计最初、最基本的含义就是计算某类事物的总量。

在奴隶社会,统治者为了征兵和收税,需要了解土地、人口、粮食和牲畜等的数量,所以最早的统计是从人口和土地的计量开始的。自有文字记载以来,在我国史籍上经常可以看到有关户籍、人口、田亩、赋税的数字记载。其中较为著名的有战国政治家商鞅所提出的"十三数"。商鞅提出,欲强国须掌握十三种数字,包括粮食储备、人口及其分类数、农业生产资料及其自然资源等。在国外,古希腊和古罗马时代也已开始人口和居民财产的统计,但当时的统计还处于最初级的阶段,仅限于一些原始登记和简单的汇总计算。

直到16世纪以后,产业革命推动西欧资本主义经济蓬勃发展起来以后,对复杂的社会经济问题进行详细而有说服力的统计分析方产生并发展起来。十七八世纪,包括人口、工业、农业的"国情普查"逐渐成为制度,统计工作也逐渐扩展到社会经济活动的许多领域,很多国家建立了工业、商业、农业、贸易、银行、交通邮电和海关等专业统计。19世纪中叶后,数学特别是古典概率在统计中的应用,致使欧洲出现"统计狂热"时期,各国相继成立了统计机关和统计研究机构,统计成为社会分工中的一种专门的行业。统计实践的发展不但提出了创立统计科学的要求,而且也为统计学的创立准备了基础条件。

近代统计的主要内容可以概括为以下三个方面:

(1)分门别类地计算各类事物的总量——基本统计数字,以便全面、准确地反映现存状况(有什么和有多少)。基本统计数字是进行其他统计分析与研究的基础。

(2)进行定量的统计分析。要想进一步揭示现状中的各种内部关系、外部联系以及发展趋势等,就要进行各种统计分析,包括内部结构分析、相互关系分析与动态分析三大部分。

(3)提供科学的推断与预测。统计不仅可以使人们认识过去和现在,而且还可以推断、预测未来。近代统计的重要特征,便是力图把现在的行动方案建立在对未来的认识与控制的基础上。推断与预测就是对一个量未来可能达到的值或可能出现的数量关系作出有科学根据的估计。

在世界统计发展史上,统计技术共发生过两次根本性变革:

一是19世纪下半叶,概率论发展为数理统计的抽样调查技术,并广泛应用于统计工作实践,从而引起了统计调查技术的根本性变革,使人们对庞大的、复杂的、不可捉摸的客观世界的认识有了突破性的进展。这次变革对统计工作的影响是非常深远的。

二是20世纪50年代,一方面是国民经济核算体系研究成功并付诸实践,另一方面是电子计算机的发展并应用于统计工作。两者互相依存、相互促进,从而引起统计设计技术和统计信息采集、处理、传输、管理技术的根本性变革。目前这一变革随着网络技术的普及仍在蓬勃地向前发展。未来的统计工作受两次统计技术变革的影响将会发生很大的变化,这种变化简而言之,就是统计工作的计算机化。在统计信息的采集、传输、处理、管理和分析、提供信息等统计工作的主要过程中大规模、高效率地应用电子计算机和互联网技术。

在计算机技术日新月异、计算效率越来越高的今天,统计软件的广泛应用,应该说使统计变简单了。学习统计的要点不应该再是单纯地背背公式或繁琐地手工计算,学习的重点应该是明确统计的价值,掌握统计的基本概念,理解经济指标的确切内涵,懂得如何科学、有效地搜集资料、整理资料,正确地分析和应用资料,使统计真正成为管理、决策等的有力工具。如果只是将一堆数据扔进软件,出来的结果是何意义,能解决什么问题,还是稀里糊涂,这样的话进去是垃圾出来还是垃圾。

然而,需要说明的是,科学管理离不开统计,但是统计方法本身不能保证不犯错误,不能保证结论完全正确。首先,所搜集的原始资料必须准确;其次,方法应用必须得当;最后,结果必须由不仅懂得方法本身,而且懂得这些方法应用领域的人来解释。统计方法只是工具,工具由适当的人用在适当的场合,可以产生有用的结果,但工具本身并无创造出奇迹的威力。

二、统计学的产生和发展

随着资本主义社会的发展,统计学产生并发展起来。由于统计学者们所处的历史环境不同,对统计实践的理解不同,从而总结得出的观点和概括出来的理论也就有所区别,产生了不同的统计学派。历史上比较著名的统计学派主要有以下几个。

(一)政治算术学派

政治算术学派的创始人是英国的威廉·配第(William Petty,1623—1687),他也是古典政治经济学的创始人之一。威廉·配第在他的代表作《政治算术》一书中采用统计方法对实质性问题进行了研究。该书概括地讲,可以说是给当时的英国打气的。当时英国主要有两个敌国,即荷兰和法国。面对两个强国,英国人对国家的现状和前途普遍存在悲观的看法。配第证明当时英国的情况并非处于可悲的状态。他用比较的方法从许多方面将英国、荷兰、法国之间的财富和力量即国力进行对比,论证英国具有潜在的力量,可以超过逼在前面的敌国。但这本书的出名之处并不在于其结论,而在于其所使用的独创的方法。用配第自己的话说:"我进行这种工作所使用的方法在目前还不是常见的。因为我不采用比较级或最高级的词语进行思辨式的议论,相反的采用了这样的方法,即用数字、重量和尺度来表达自己想说的问题。"马克思对配第的评价很高,说他是"政治经济学之父,在某种程度上也可以说是统计学的创始人。"

政治算术学派的另一位代表人物是英国人约翰·格朗特(John Graunt，1620—1674)，他是人口统计学的创始人，著有一本小册子：《对死亡表的自然观察和政治观察》，其中主要对伦敦市人口的出生率和死亡率进行了分类计算，并利用所找到的数量关系，进行推算和预测。人口统计中有名的性比例，就是由他首先提出来的。他当时得出男女之比为 14：13。根据计算分析，他还得出以下结论：儿童的死亡率较高，男性的死亡率高于女性，伦敦的死亡率高于外省。约翰·格朗特根据不同年龄的死亡率编制了一个死亡率统计表，为保险等行业的经营管理提供了依据。

配第所首创的数量对比分析方法是以后统计学中所论述的统计方法的来源。不过，《政治算术》还只是运用统计方法对实质性问题进行研究，并不是统计方法论的著作。从实质性科学向方法论科学的过渡，是统计学在以后的发展过程中完成的。

(二) 国势学派

国势学派又称记述学派，产生于 18 世纪的德国。其主要代表人物是康令(H. Conring，1606—1681)和阿亨华尔(G. Achenwall，1719—1772)。康令首先在德国西尔姆斯特大学以"国势学"为题讲授政治活动家应具备的知识。阿亨华尔在哥廷根大学开设"国家学"课程，其主要著作是《近代欧洲各国国势学纲要》，书中讲述"一国或多数国家的显著事项"，主要用对比分析的方法研究国家组织、领土、人口、资源财富和国情国力，比较了各国实力的强弱，为德国的君主政体服务。阿亨华尔最早使用了"统计学"(Statistik)一词，该学派在进行国势比较分析中，偏重事物性质的解释，而不注重数量对比和数量计算，但却为统计学的发展奠定了经济理论基础。但随着资本主义市场经济的发展，对事物量的计算和分析显得越来越重要，该学派后来发生了分裂，分化为图表学派和比较学派。

(三) 数理统计学派

数理统计学派的创始人是比利时的生物学家、数学家和统计学家凯特勒(Adolphe Quételet，1769—1874)，他对近代统计学的重要贡献是将概率论广泛地引进统计学。数理统计学派其余的代表人物还有高尔登、皮尔逊、尤尔、包勒和费雪等。

概率论的引进，使统计发生了一个根本性的变化，即由描述统计跃升到推断统计，使统计方法得到了极大的扩展和丰富，并拓宽了统计的应用领域，成为研究自然与社会经济现象规律的通用科学，统计的作用不断增强。

第三节 统计的职能、研究方法和工作过程

一、统计的职能

统计在国家经济建设与发展中发挥着不可替代的重要作用。《中华人民共和国统计法》

第二条明确规定:"统计的基本任务是对国民经济和社会发展情况进行统计调查、统计分析,提供统计资料和统计咨询意见,实行统计监督。"1989年8月,国务院批准的国家统计局《关于加强统计工作,充分发挥统计监督作用的报告》中提出:"要深化统计体制改革,切实加强对统计工作的集中统一领导,进一步把统计部门建设成为社会经济信息的主体部门和国民经济核算的中心,成为国家重要的咨询和监督机构。"

因此,统计的职能可以归纳为以下三个方面。

1. 提供信息

提供信息是统计最基础的职能。现代社会是信息社会,统计工作运用科学的统计调查方法,全面、及时地采集、处理、传递和积累反映经济等有关方面基本情况的大量的统计资料信息,提供社会各界使用。

2. 咨询服务

咨询服务是统计信息职能的延续和深化。在系统积累统计资料的基础上,利用统计信息资源,运用科学的分析方法和先进的技术手段,开展综合分析和专题研究,为计划编制、经济决策和管理活动提供咨询建议和决策方案。

3. 监督检查

统计监督是国家监督体系中的重要环节,它通过统计调查和统计分析对社会经济的运行状态、是否符合预定的目标等进行定量检查、监督和预警,以促进国民经济健康发展。

二、统计学的研究方法

统计工作是"观察问题、提出问题、分析和解决问题"的过程,没有一整套科学的统计方法便不可能准确、及时、全面、系统地掌握社会经济现象的数量方面,更不可能由此达到对社会经济现象总体性的认识。统计学的研究方法主要有以下几种。

1. 大量观察法

大量观察法是指在统计研究过程中,对所研究的社会经济现象总体的全部或足够多的单位进行调查观察,借以掌握现象的综合特征,认识社会经济现象发展规律的一种方法。统计工作之所以要运用大量观察法,是由统计研究对象的大量性和复杂性决定的。通过观察全部或足够多的单位并加以综合,影响个别单位的偶然因素可以相互抵消,现象的一般特征可以显示出来。大量观察的意义在于可使个体与总体之间在数量上的偏差相互抵消。大量观察法的数学依据是大数定律。大数定律是随机现象的基本定律。

2. 统计分组法

统计分组法是根据一定的研究目的和现象的总体特征,将总体各单位按一定的标志,把社会经济现象划分不同性质或类型的组别。统计分组法是统计研究的基本方法,主要用于统计整理阶段。

统计分组法是研究总体内部差异的重要方法,通过分组可以研究总体中不同类型的性质以及它们的分布情况,如产业的经济类型及其行业分布情况;可以研究总体中的构成和比例关系,如生产要素的比例、三次产业的构成等;可以研究总体中现象之间的相互依存关系,如企业经营规模和利润率之间的关系等。

3. 综合指标法

综合指标法是指运用各种统计指标来反映和研究客观总体现象的一般数量特征和数量关系的方法。通过综合指标的计算可以显示出现象在具体时间、地点条件下的总量规模、相对水平、集中趋势、变异程度,并进一步从动态上研究现象的发展趋势和变化规律。

指标和分组是密切联系和相互依存的,它们共同反映社会经济现象的质和量。统计指标如果没有科学的分组,就容易掩盖矛盾,甚至成为虚构的指标。因此,在研究社会经济现象的数量关系时,必须科学地进行分组,合理地设置指标。

4. 统计模型分析法

统计模型分析法是根据一定的理论和假设条件,用数学方程去模拟客观经济现象相互关系的一种研究方法,如相关分析法、回归分析法和统计预测法。利用这种方法,可以对客观现象和过程中存在的数量关系进行比较完整和全面的描述,展现所研究的综合指标之间的关系,从而简化客观存在的复杂的其他关系,以便利用模型对所关心的现象变化进行评估和预测。

5. 统计推断法

统计推断法是以一定的置信标准,根据样本数据来判断总体数量特征的归纳推理方法。统计在研究现象的总体数量特征时,需要了解的总体对象的范围往往是很大的,有时甚至是无限的,而由于经费、时间和精力等各种原因,以至于有时在客观上只能从中观察部分单位或有限单位进行计算和分析,根据局部观察结果来推断总体。

三、统计工作过程

一个完整的统计工作过程通常包括四个阶段:统计设计、统计调查、统计整理和统计分析。当然,在实践中,并非每次统计工作都需如此完整程序,根据需要,可能只需要进行其中某些阶段的工作。

(1)统计设计是按照统计研究目的和实际状况,对统计工作的全部内容作出通盘规划,包括明确调查目的和调查对象的范围,规定反映对象的统计指标、指标体系和分组方法,还要对涉及的各种机构、人员、经费、设备以及工作进程等各项组织工作作出统筹安排,保证全部统计工作高质量、高效率地按时完成。

(2)统计调查是根据统计设计方案的要求,搜集所需要的各种原始资料数据,进行大量观察的阶段。

(3)统计整理是根据统计设计方案的要求,对搜集得到的原始数据进行加工整理,使其综合成能够反映总体数量特征的统计资料的阶段。

（4）统计分析是将经过初步加工整理的统计数字再作进一步的加工,从而揭示客观事物的内部关系、外部联系、发展趋势等方面更深刻的数量特征的阶段。

统计工作的四个过程彼此不是相互孤立的,而是紧密联系的一个整体,而且各个环节常常可能是交叉进行的。例如,在统计设计阶段,要对所调查的事物有一个初步的了解,就要先作一些试点调查,才能确定统计指标和指标体系,并设计好调查方案和整理汇总方案。在统计调查过程中,也要不断地进行分析,在整理阶段也需要进行一定的分析,如果发现资料有问题或资料不足,则需要作补充调查。统计工作过程如图1-1所示。

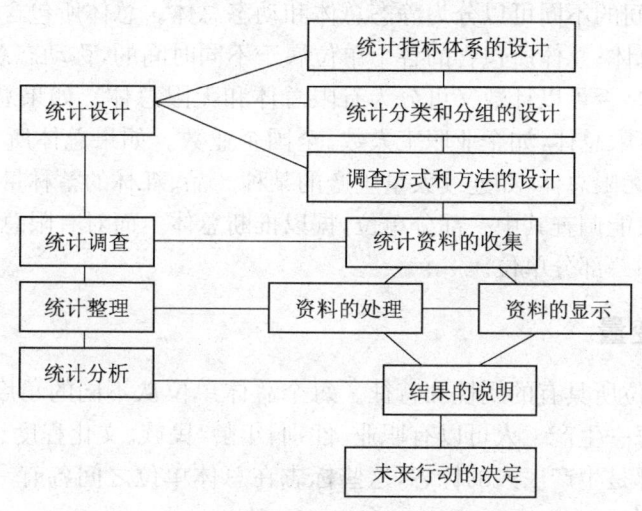

图 1-1　统计工作过程

第四节　统计的基本概念和术语

一、总体和总体单位

总体是客观存在的,在同质基础上结合起来的许多个别单位的整体。例如,上海市工业企业可以作为一个总体,因为它是客观存在的,由许多工业企业所组成,每一个工业企业就其经济职能而言都是同质的,即都是进行工业生产活动的基层单位。又如,上海市工业企业职工可以作为一个总体,因为它是客观存在的,由许多工业企业职工所组成,每一职工都是企业中从事生产或工作的人员,就这一点来说总体又都是同质的。总体单位也即构成总体的各个基本单位。例如,上海市工业企业为总体,则每一企业为总体单位。

总体的各个单位在某一方面或几个方面具有共同的性质,即总体具有同质性,这是构成总体的基础。另外,总体的各个单位之间除具有共同性质以外,在其他方面则各不相同,存在着质和量的差异,即总体又具有变异性。随着统计研究目的的不同,总体的内容和范围也可以有所不同,总体及总体单位是可以相互转化的,同一事物在不同情况下,可以是总体,也可以是总体单位,即总体和总体单位两者之间具有相对性。例如,当研究不同工业部门生产结构的变化时,全部工业企业为总体,每一工业企业为总体单位;而当研究企业内部劳动力配备情况时,可选择某一工业企业的全体职工作为总体,而企业的每一职工作为总体单位。因此,总体具有客观性、大量性、同质性、变异性和相对性五个特点。

总体按所属时间的不同可以分为静态总体和动态总体。总体所包含的各个单位属于同一时间的,称静态总体;总体所包含的各个单位属于不同时间的,称动态总体。

总体按其单位是否可以计数又可分为有限总体和无限总体。如果总体单位是有限的,可以计数的,称为有限总体,如企业职工人数、全国企业数。如果总体所包含的单位是无限的、数不清的,称为无限总体,如连续大量生产的某种产品、森林的蓄林量等。对无限总体无法进行全面调查,只能调查其中一部分单位,据以推断总体。而对有限总体既可进行全面调查,也可只调查其中一部分单位。

二、标志和变量

标志是总体单位所具有的属性和特征。每个总体单位从不同的角度考察,可有许多属性和特征。例如,每一生产工人可以有职业、性别、年龄、民族、文化程度、工种、工龄、工资等属性和特征,这些都是生产工人的标志,这些标志在总体单位之间各有一定的具体表现,有的相同,有的不相同。

根据标志在总体单位之间的具体表现是否相同,可以分为不变标志和可变(变异)标志。如果在总体单位之间的表现完全相同,即不变标志,如生产工人的职业。任何总体的各个单位至少有一个共同的性质使它们能够结合在一起的不变标志,它构成总体同质性的基础。

在总体各单位之间的具体表现不完全相同的标志称为可变标志。如上例中除职业以外的其他属性和特征,构成生产工人的变异标志。变异标志构成统计认识的内容和根据,也就是说,正是因为相互之间有所不同,才需要进行统计。

根据标志所说明现象的性质不同,标志又可分为品质标志和数量标志。凡以品质属性来表示的,称为品质标志,如生产工人的性别、民族、文化程度、工种等。标志若以数量特征来表示的,称为数量标志,如年龄、工龄、工资、产量等。

变异就是标志在各单位之间的变化或差别,包括质的差别和量的差别。统计中的可变标志都会发生差异,变异是统计的前提,正因为有变异才需要进行统计。

数量标志的不同具体表现称为变量,变量的具体数值称为变量值。例如,企业职工人数是一个变量,某企业有852人,另一企业有740人,这些数字则是变量值。

变量按其取值是否连续分为连续变量和离散变量。

连续变量的取值是连接不断的,可用任意数表示。例如,人的身高、体重,企业的资金、产值、生产费用和成本等。连续变量的数值要用测量或计算的方法取得。

离散变量的各变量值之间都是取整数位断开的,如人数、企业数、机器数等,都只能按整数取值计算,不可能有小数。离散变量的数值只能用计数(点数)的方法取得。但是,在统计上连续变量有时可以离散取值,如人的年龄。

三、统计指标

(一)统计指标的含义

统计指标是社会经济现象范畴的数量表现,它反映总体的综合特征。

统计指标由指标名称和指标数值所构成。指标名称是指标质的规定,也即指标的内涵,它反映一定的社会经济范畴;指标数值是指标量的规定,包括指标的计算范围和计算方法,是根据指标的内容所计算的数值。比如,中国 2013 年的国内生产总值 568 845 亿元,其中就包含了指标名称"国内生产总值",其特定的范畴是指一国或地区所有常住单位在一定时期内生产活动的最终成果。而"568 845 亿元"即指标数值,是根据该指标规定的计算范围和方法所计算得出的。

所以,统计指标一般具有三个特征:

(1)统计指标都表现为数字资料。

(2)它是综合性的,是说明总体的综合特征的,而反映个体情况的一般不能算作统计指标。

(3)它是客观事实的数量反映。统计指标是对总体事实记录的结果,在实际运用中要注意与其他一些指标,如计划指标、预测指标等区分开来,这两种指标都是预期的或主观的指标,而不是实际指标。

(二)统计指标的分类

第一,统计指标按其反映的数量特征不同,可以分为数量指标和质量指标。

(1)数量指标是说明社会现象的规模大小、数量多少的指标。比如,某地的商业网点数目、房屋施工面积、货物运输量以及人口数量等。但不能把数量指标仅仅看成是说明事物数量多少的指标,这种指标有时也可以说明事物的质量。比如,人口统计中"受过高等教育的人数",除了说明人数的绝对数量以外,也说明这一部分人口的素质。数量指标一般用绝对数表示。

(2)质量指标表示的是事物质的属性、反映生产效果和工作质量的指标,如优质品率、出勤率、劳动生产率等,一般用相对数、平均数表示。

第二,统计指标按其作用和表现形式不同,可分为总量指标、相对指标和平均指标。

(1)总量指标是反映现象总体在一定时间地点条件下达到的总规模或总水平的指标,也就是数量指标,用绝对数表示。例如,2013 年中国国内生产总值为 568 845 亿元,其中第三产业增加值为 262 204 亿元。

（2）相对指标是两个有联系的总量指标对比所形成的比值，用相对数表示。例如，用 2013 年第三产业增加值与国内生产总值相比，得到第三产业增加值所占比重为 46.09%。

（3）平均指标是说明总体内某一数量标志达到的一般水平的指标，用平均数表示。比如，平均工资、平均产量等。

以上两种分类不是相互排斥而是相容的，即同一指标按观察的角度不同可被归入不同类别。显然，以上讲的总量指标应归入数量指标类；而相对指标、平均指标都属于质量指标。这些指标的含义、内容、计算方法等还要在后面章节专门介绍分析。

第三，统计指标按其功能不同，可以分为描述指标、评价指标和预警指标。

（1）描述指标是用于反映社会经济资源条件和基本情况的指标，如社会劳动力资源总数、国有资产总量、国内生产总值、外汇储备、企业流动资金总量等，通过这类指标可以说明国民经济和社会发展的基本状况。

（2）评价指标是用于对社会经济活动的结果进行评估和考核的指标，如对工业企业经济效益的评价考核指标有产品销售率、劳动生产率、资金利润率、流动资金周转速度等。

（3）预警指标是用于对宏观经济运行的监测并根据指标数值对可能出现的总量失衡、结构性矛盾、突变事件等异常情况进行预报的指标，如国内生产总值和国民收入增长率、固定资产投资增长率、物价指数、股票价格指数、失业率等，这类指标一般涉及面广、敏感性强，对国民经济发展和社会稳定具有重要意义。当然，指标的功能划分并非绝对，有些指标可能具有描述、评价和预警多重功能。

（三）标志与指标的关系

注意标志与指标是统计学中两个不同的概念，两者有区别也有联系。

1. 标志与指标的区别

（1）两者说明的对象不同。标志是说明总体单位特征的，而指标是说明总体的数量特征的。

（2）标志分数量标志及品质标志，只有数量标志能用数值表示，品质标志则不能用数值表示。指标也分为数量指标和质量指标，但它们都用数值表示。

（3）数量标志的数值不一定经过汇总得到，而指标数值必须经过汇总才能得到。

（4）作为一个完整的统计指标必须具备一定的时间、地点等条件，而标志一般不需要这些条件。

2. 标志与指标的联系

（1）指标的数值都是由标志汇总得到的。比如，一个总公司的职工总数指标，是由各个分公司的职工人数这一标志值汇总而得到的。

（2）标志与指标之间存在着转化关系。即随着统计研究目的的改变，当总体单位转化为总体时，其相应的标志也转化为指标；反之，当总体转化为总体单位时，其相应的指标也就转化为标志了。

四、统计指标体系

统计设计贯穿于统计工作的各个阶段,在每个阶段都需要形成有关的设计方案。而统计指标和指标体系的设计则是综合性的,也是整个统计设计的中心内容。这里简单介绍统计指标体系的设计。

(一)统计指标体系的概念

某一统计指标只能反映社会经济现象的某一方面的数量特征,如要反映社会经济现象多方面的有机联系,就要计算使用多个统计指标。统计上把反映社会经济现象数量特征的一系列相互联系的统计指标称为统计指标体系。

例如,人口统计中,要反映人口总体的特征,就需要有反映性别、年龄、出生、死亡、迁移、结婚、离婚、职业、民族等方面的统计指标,这些有一定联系的统计指标就构成研究人口问题的统计指标体系。

又如,对工业企业进行统计研究,要反映一个工业企业的全面情况,应从各方面设置一系列统计指标,这就组成了工业统计指标体系,其指标体系包括六个方面:

(1)产品统计。产品是工业生产活动的直接目的,是工业统计的中心内容。

(2)工业劳动工资统计。劳动是工业生产过程的基本要素。

(3)劳动资料统计。劳动资料统计包括固定资产、动力设备和生产设备方面的统计。

(4)劳动对象统计。劳动对象统计主要指工业原材料、燃料、动力统计。

(5)产品销售、库存与价格统计。产品销售指标反映工业企业生产已实现产品销售的规模和速度。

(6)成本财务统计。成本财务指标是反映工业企业全部经营活动的最终经济效果的指标。

(二)统计指标体系的分类

统计指标体系的分类可以分为基本统计指标体系和专题统计指标体系。

(1)基本统计指标体系是反映国民经济和社会发展基本情况的指标体系,包括社会指标体系、经济指标体系和科学技术指标体系。比如,我国国民经济统计指标体系,主要由以下部分组成:①人口指标;②国民财富指标;③社会产品的生产指标;④社会产品的流通指标;⑤劳动指标;⑥成本、流通费用和价格指标;⑦财政、税收和金融指标;⑧社会产品和国民收入的分配、再分配与最终使用指标;⑨居民物质和文化生活指标。

(2)专题统计指标体系是针对某项社会经济问题而制定的专项指标体系,如企业经济效益指标体系、价格指标体系、小康生活指标体系等。根据国家统计局颁布的城市小康生活水平的指标体系,包括:①人均国内生产总值;②第三产业增加值比重;③人均实际收入;④人均住房使用面积;⑤人均蛋白质摄入量;⑥恩格尔系数;⑦人均期望寿命;⑧中学入学率;⑨电视机普及率;⑩文化娱乐消费支出比重;⑪人均园林绿地面积;⑫万人刑事案件立案数。

（三）统计指标体系设计的原则

1. 科学性原则

即要以科学的理论作为指导,以客观事物内部及事物之间的本质联系为依据,使设计的指标体系符合研究对象本身的特点。只有这样,才能正确确定统计指标的名称、含义、计算方法,从而使设计的统计指标体系能正确反映统计研究对象内部及其彼此之间的数量关系。

2. 目的性原则

即设计统计指标体系,应明确解决的问题、目标是什么。只有这样,才能明确应选择哪些指标进行观察和分析,确定哪个指标作为核心指标。

3. 整体性原则

该原则是指设计要从整体上或全局上考虑统计指标之间的联系,以确保统计指标体系内的各个统计指标在口径、时间、空间、方法等方面相互联系并保持一致,充分发挥统计指标体系的整体功能。

4. 统一性原则

这主要是指设计的指标体系要使计划、统计、会计和业务核算在指标口径、分类标准、计算方法等方面相统一,以充分发挥统计的信息监督、咨询等功能。

5. 可比性原则

即设计和改进统计指标时,要充分注意各省、直辖市、自治区,各部门的统一性和不同时期的相对稳定性。

五、统计数据的类型

无论是标志也好,指标也好,它们最终都以数据的形式出现。这些统计数据,根据所采用的计量尺度不同,可以分为定类数据、定序数据、定距数据和定比数据四类。定类数据和定序数据只能用文字或者数字代码来表现的品质特征或者属性特征,因此称其为定性数据,也称品质数据;定距数据和定比数据是用数值来表现事物的数量特征,因此称其为定量数据,也称数量数据。

（一）定类数据

定类数据是只能归于某一类别的非数值型数据,是对事物进行分类的结果,表现为类别,也叫分类数据。比如,性别可分为男和女两类,民族可分为汉族、少数民族等。虽然也可以用 1 或者 0 表示男性与女性,汉族与少数民族,但是这些数字没有大小比较之分,只是不同类别现象的一个代码,并不代表真正的值,不能进行数学计算。用定类数据对现象进行分析时,由于不同类别间地位平等,没有高低大小之分,因此各类之间的顺序是可以改变的。定类数据是最粗略、计量层次最低的数据。

（二）定序数据

定序数据是只能归于某一有序类别的非数值型数据，是对事物按照一定的次序进行分类的结果，表现为有顺序的类别，也叫顺序型数据。比如，高校教师的职称有助教、讲师、副教授和教授，业主对住房的满意度有很满意、满意、一般、不满意、很不满意等，属于定序数据。可以用数字1、2、3、4来表示职称，用5、4、3、2、1来表示满意程度，但这些数字代码只能体现一种顺序或者程度，不能体现事物之间的具体数量差别。由于客观现象的不同类别间存在顺序性差异，因此用定序数据在对现象进行分析时其顺序是不能随意排列的。

（三）定距数据

定距数据是一种不仅能反映事物所属的类别和顺序，还能反映事物类别或者顺序之间数量差距的数据。定距数据是比定序数据高一层次的数据。它不仅能将现象区分为不同类型并进行排序，而且可以准确地指出类别之间的差距。例如，学生某门课程的考试成绩可用"百分制"测量、物体的重量可用"千克"测量、物体的长度可用"米"测量等。由此可以看出，定距数据有确定的计量单位，其计量结果表现为数值。由于这种尺度的每一间隔都是相等的，所以只要给出一个度量单位，就可以准确地指出两个计数之间的差值。例如，将5位学生的考试成绩从小到大进行排序，得到0分、50分、60分、70分、90分的序列。序列中不仅有明确的高低之分，而且可以计算差距。比如，50分与60分之间相差10分，70分与90分之间相差20分等。

定距变量的值可以用数字表示，是真正意义上的值，可以进行加、减运算，但不能进行乘或除的运算，因为在等级序列中没有固定的、有确定意义的"零"位。例如，学生甲得分90分，学生乙得0分，可以说甲比乙多得90分，却不能说甲的成绩是乙的90倍或无穷大。因为"0"分在这里不是一个绝对的标准，并不意味着乙学生毫无知识。恰如我们不能说40℃比20℃温暖2倍一样。没有确定的标准的"零"位，但有基本的确定的测量单位，如学生成绩的测量单位是1分，温度的测量单位是1℃等。

（四）定比数据

定比数据是一种不仅能反映事物之间数量差距，还能通过对比计算来体现相对程度的数据，其计量的结果也表示为数值。只要是存在绝对零点现象（即零就代表没有）的数据，都是可以进行对比计算的定比数据。比如，企业的营业收入100万元、人的身高178厘米、人均国内生产总值3 000美元/人等，都是定比数据。定比数据既能作加减运算，也能作乘除的运算。例如，将某地区人口数和土地面积对比计算人口密度指标，说明人口相对的密集程度。定比数据是包含信息最多的数据，绝大多数统计数据都属于这一类。

上述四种数据类型对事物的计量层次是由低级到高级、由粗略到精确逐步递进的。高层次的数据具有低层次数据的全部特性，只要将高层次数据转化为低层次数据即可。比如，将考试成绩的百分制转化为五等级分制，定距数据就转化为定序数据了。因此，适用于低层次数据的统计方法，也适用于较高层次的数据。比如，在描述数据的集中趋势时，对定类数据通常是计算众数，对定序数据通常是计算中位数，但对定距和定比数据同样也可以计算众数和中位数。反之,适用于高层次测量数据的统计方法,则不能用于较低层次的测量数据,因为低层次测量数据不具有高层次测量数据的数学特性。比如,对于定距和定比数据可以计算数值平均数,但对于定类数据和定序数据则不能计算数值平均数。

区分数据的类型是十分重要的,因为对不同类型的数据将采用不同的统计方法来处理和分析。比如,对定类数据,通常计算出各组的频数或频率,计算其众数和异众比率等;对定序数据,可以计算其中位数和四分位差;对定距或定比数据还可以用更多的统计方法进行处理,如计算各种统计量、进行参数估计和检验等。

练习一

一、单项选择题

1. 统计一词的三种含义是(　　)。

A. 统计活动、统计资料、统计学　　　　　　B. 统计调查、统计整理、统计分析

C. 统计设计、统计分组、统计预测　　　　　D. 统计方法、统计分析、统计预测

2. 统计工作的成果是(　　)。

A. 统计学　　　　　　　　　　　　　　　B. 统计工作

C. 统计资料　　　　　　　　　　　　　　D. 统计分析和预测

3. (　　)是统计的基础职能。

A. 管理功能　　　　B. 咨询功能　　　　C. 信息功能　　　　D. 监督功能

4. 一个统计总体(　　)。

A. 只能有一个标志　　　　　　　　　　　B. 只能有一个指标

C. 可以有多个标志　　　　　　　　　　　D. 可以有多个指标

5. 下列各项中,属于连续变量的是(　　)。

A. 职工人数　　　　B. 机器台数　　　　C. 企业数　　　　D. 利润额

6. 在相邻两位整数之间可插入无限小数的变量是(　　)。

A. 确定变量　　　　B. 随机变量　　　　C. 连续变量　　　　D. 离散变量

7. 要调查了解全国的人口情况,总体单位是(　　)。

A. 每个省的人　　　B. 每一户　　　　C. 全国总人口　　　D. 每个人

8. 如果要调查某地区200家公司的职工工资水平情况,则统计总体为(　　)。

A. 200家公司的全部职工　　　　　　　　B. 200家公司

C. 200家公司职工的全部工资　　　　　　D. 200家公司每个职工的工资

9. 要了解某班50个学生的学习情况,则总体单位是(　　)。

A. 全体学生　　　　　　　　　　　　　　B. 50个学生的学习成绩

C. 每一个学生　　　　　　　　　　　　　D. 每一个学生的学习成绩

10. 某工人月工资为 5 000 元,工资是( )。

A. 品质标志　　　　　B. 数量标志　　　　　C. 变量值　　　　　D. 指标

11. 在调查设计时,学校作为总体,每个班作为总体单位,各班学生人数是( )。

A. 变量　　　　　B. 指标　　　　　C. 变量值　　　　　D. 指标值

二、多项选择题

1. 下列各项中,属于统计指标的有( )。

A. 2012 年全国人均国内生产总值　　　　B. 某台机床使用年限

C. 某市年供水量　　　　D. 某地区原煤生产量

E. 某学员平均成绩

2. 总体、总体单位、标志、指标间的相互关系表现为( )。

A. 没有总体单位就没有总体,总体单位离不开总体而存在

B. 总体单位是标志的承担者

C. 统计指标的数值来源于标志

D. 指标是说明总体特征的,标志是说明总体单位特征的

E. 指标和标志都是用数值表示的

3. 下列关于全国第五次人口普查的说法中,正确的有( )。

A. 全国人口数是统计总体　　　　B. 总体单位是每一个人

C. 全部男性人口数是统计指标　　　　D. 人口的性别比是总体的品质标志

E. 人的年龄是变量

4. 下列各项中,属于连续型变量的有( )。

A. 基本建设投资额　　　　B. 岛屿个数

C. 国内生产总值中三次产业比例　　　　D. 居民生活费用价格指数

E. 就业人口数

5. 下列指标中,属于数量指标的有( )。

A. 国内生产总值　　　　B. 人口密度

C. 全国总人口数　　　　D. 投资效果系数

E. 工程成本降低率

三、思考题

1. 统计的三种含义是什么? 相互关系如何?

2. 简述统计学的定义。

3. 简述标志与指标的区别和联系。

4. 统计学有哪些特点?

 **阅读资料一**

企业经济运行质量动态分析指标体系

企业经济运行质量的动态分析,也即反映企业综合经济效益的指标体系包括以下 10 个相对指标。

1. 应收账款周转率

应收账款周转率是销售收入净额与应收账款平均余额的比率,可分为周转次数和周转天数两种,是测定企业资金营运效率的指标,用以测定应收账款变现的速度。应收账款周转次数越多,说明其变现数额越大,流动性越强。其计算公式如下:

$$应收账款周转次数 = \frac{销售收入净额}{应收账款平均余额}$$

2. 存货周转率

存货周转率是产品销售成本与存货平均余额的比值,可分为存货周转次数和存货周转天数两种,用以测定企业存货变现的速度,反映企业的购、销、存平衡效率。一般认为存货周转次数越多或存货周转天数越少,表明存货变现速度越快,周转额越大,存货占用水平越低,成本费用越节约。其计算公式如下:

$$存货周转次数 = \frac{商(产)品销售成本}{存货平均余额}$$

3. 销售利润率

销售利润率是指企业在一定时期内实现代利润总额与销售收入净额的比值,反映企业销售商(产)品获利的水平。其计算公式如下:

$$销售利润率 = \frac{利润总额}{销售收入净额} \times 100\%$$

4. 总资产报酬率

总资产报酬率是企业在一定时期内实现代利润总额和利息支出之和与全部资产平均余额的比值,是衡量企业运用全部资产经营获利能力的重要指标。其计算公式如下:

$$总资产报酬率 = \frac{利润总额 + 利息支出}{资产总额平均余额} \times 100\%$$

5. 资产负债率

资产负债率是指报告期末企业负债总额与资产总额的比率,反映企业长期负债水平的高低情况和企业长期偿债能力,是衡量企业生产、经营安全程度的指标,一般小于50%为宜,如达到70%则须警戒。其计算公式如下:

$$资产负债率 = \frac{负债总额}{资产总额} \times 100\%$$

6. 流动比率

流动比率是企业报告期末流动资产总额与流动负债总额的比率,是衡量企业在某一时点偿付即将到期债务的能力的指标,反映了企业的短期偿债能力。流动比率一般为2或略低于2。其计算公式如下:

$$流动比率 = \frac{流动资产}{流动负债}$$

7. 资产保值增值率

资产保值增值率主要反映投入企业的资本的完整性和保全性,是报告期末所有者权益加(减)报告期内需调整的客观因素后与期初所有者权益的比率。资产保值增值率等于100%时,为资产保值;资产保值增值率大于100%,为资产增值。其计算公式如下:

$$资产保值增值率 = \frac{期末所有者权益 \pm 报告期内调整因素}{期初所有者权益} \times 100\%$$

8. 净资产收益率

净资产收益率是企业在一定时期内实现的税后利润与所有者权益(净资产)的比率,反映投资者投入企业的净资产获取净收益的水平,是评价企业经济效益的最有效也是最重要的指标。净资产收益率一般应高于同期银行贷款利率。其计算公式如下:

$$净资产收益率 = \frac{税后利润(净利润)}{所有者权益平均余额} \times 100\%$$

9. 社会贡献率

社会贡献率是企业在一定时期内对国家和社会的贡献总额与资产总额平均余额之比,反映企业运用全部资产为国家和社会创造或支付的价值总额。其计算公式如下:

$$社会贡献率 = \frac{社会贡献总额}{资产总额平均余额} \times 100\%$$

式中 社会贡献总额=工资总额(含奖金、津贴等工资性收入)+劳保退休统筹及其他社会福利支出+利息支出净额+应交增值税+应交销售(营业)税金及附加+应交所得税+其他税收+净利润

10. 社会积累率

社会积累率是企业在一定时期内上缴国家财政总额与对社会贡献总额之比,反映一定

时期内企业对社会的贡献总额中用于上交国家财政的比例。其计算公式如下：

$$社会积累率 = \frac{上交国家财政总额}{企业社会贡献总额} \times 100\%$$

式中　上交国家财政总额＝应交增值税＋应交销售（营业）税金及附加
　　　　　　　　　　　　＋应交所得税＋其他税收

　　本指标体系的特点是突出经济增长的质量和效益,强调依靠提高生产要素使用效益来实现经济增长的集约化经营指标,从企业的经营能力、盈利能力、偿债能力、资本成长潜力以及对社会和国家的贡献等 5 个方面共 10 个指标,用综合量化的方法对企业经济效益进行较为全面的评价。

　　（资料来源:中国统计信息网 http://www.stats.gov.cn/）

第二章 统 计 调 查

学习目标 --

1. 了解统计调查的概念、意义和种类,理解统计调查的基本要求。

2. 掌握调查方案的基本内容,学会根据实际问题选择正确的调查方法,具备独立设计调查方案和调查问卷的能力。

3. 熟悉统计调查的组织形式,了解我国的统计报表制度和普查、重点调查、典型调查、抽样调查的概念特点及应用条件。

第一节 统计调查概述

一、统计调查的概念

统计调查即根据统计研究的目的和要求,运用各种调查的组织形式和方法,有组织有计划地向所研究的社会现象总体各单位搜集统计资料的过程。

根据数据的来源统计资料可以分为初级资料和次级资料两种。

初级资料亦称第一手资料,即根据统计研究的目的和要求,运用各种调查的组织形式和方法,有组织有计划地向所研究的经济现象总体各单位搜集取得的统计资料。通过统计调查取得的原始资料是统计研究的最基础的材料,具有重要意义,本章将重点介绍初级资料的搜集方法和技巧。

次级资料亦称第二手资料,即来源于各种出版物和各级政府统计网站所公布的统计公报、统计分析报告和统计数据资料。根据我国统计法规定,国家建立集中统一的统计系统,实行统一领导分级负责的统计管理体制。国务院设国家统计局负责组织领导和协调全国的统计工作,并由国家统计局和省、自治区、直辖市的政府统计机构,依照国家规定定期公布国民经济及社会发展的各种统计资料。这些由国家统计局和各部委、地方统计局建立的统计信息网站和发行的各种公开或非公开的出版物所提供的统计信息、数据,构成经济统计研究分析的重要资料来源。我国主要政府统计网站和统计出版物如表2-1所示。

表 2-1   我国主要政府统计网站和统计出版物

网站或出版物	网址或出版单位
中华人民共和国国家统计局(中国统计信息网)	http://www.stats.gov.cn/
北京统计信息网	http://www.bjstats.gov.cn/
上海统计网	http://www.stats-sh.gov.cn/
天津统计信息网	http://www.stats-tj.gov.cn/
中国信息报	中国信息报社 http://www.zgxxb.com.cn/
中国统计年鉴	中国统计出版社
中国城市统计年鉴 ·	新世界出版社
中国物价统计年鉴	中国统计出版社
中国工业经济统计年鉴	中国统计出版社
中国社会统计资料	中国统计出版社
中国农村统计年鉴	中国统计出版社
中国劳动工资统计资料	中国统计出版社
中国固定资产投资统计资料	中国统计出版社
全国城镇居民家庭收支调查资料	中国统计出版社
国民收入统计资料汇编	中国统计出版社
世界工业统计汇编	中国统计出版社
国外经济统计资料	中国财政经济出版社
世界经济年鉴	中国社会科学出版社
海关统计	中华人民共和国海关总署

　　表 2-1 所列的统计出版物中,有的提供国民经济宏观统计数据资料,如中国统计年鉴、中国信息报,有的提供国民经济某一方面的数据资料,如中国物价统计年鉴、中国劳动工资统计资料等,有的提供世界各国的国民经济统计数据资料,如国外经济统计资料、世界经济年鉴等。除此以外,各省市也都出版有各省市的统计年鉴,各部委则有公开或内部的统计资料。以上资料,可以分别适用于各种宏观经济或区域经济研究、专题分析和国际比较研究。

二、统计调查的意义

　　统计调查主要是搜集原始资料,即直接对调查单位的情况进行登记或调查,如人口普查中,对每一户每一人直接填表登记。

　　统计调查是整个统计工作过程的第二阶段,其意义表现为:

　　(1) 统计调查所搜集和提供的资料是统计整理和分析的基础。只有通过调查得到的资料才能进行整理、分析。

（2）调查所搜集的原始资料的质量在很大程度上决定了整个统计工作的质量。正如工业企业中原材料的质量对于所生产产品的质量至关重要一样，如果统计调查搜集的原始资料发生错误，以后就难以弥补和纠正。因此，原始资料的质量对保证和提高统计工作的质量以及进行正确的决策判断有着重要意义。

三、对统计调查的基本要求

为保证统计调查任务的完成，确保统计整理和统计分析工作的顺利进行，统计调查所搜集的资料必须做到准确、及时、全面。

1. 准确性

首先要保证统计数字的准确。它们必须是客观现象的真实反映。这是最基本的要求。假如调查所得资料不真实，即使用最先进的计算机、最科学的程序加以汇总分析，也不会得到正确的结果和结论。因此，各级部门的统计人员必须以高度的责任心深入第一线，对实际情况进行调查并如实反映。不允许有任何虚报、瞒报、伪报造成篡改统计数字的行为。

2. 及时性

不但要准确反映社会经济现象的发展情况，在资料搜集过程中，还必须做到及时，在调查方案所规定的期限内完成调查任务。若统计资料时效性差，其使用价值就会降低。而且，各级部门的统计人员应树立全局观念，一个单位资料上报拖延，就会影响到全行业或全地区甚至全国的整个综合汇总工作。

3. 全面性

这体现在调查资料必须完整系统。在信息时代，各项统计调查指标往往较多，各种调查表之间的关系紧密，各调查单位应认真填报各类数字和情况，对应填报的各类表格都应填全，不能缺报、漏报。对与本单位无关的项目、指标或要求，应圈"○"或做上规定的符号，表示无此项内容。

四、统计调查的种类

统计调查的组织形式和调查方法是多种多样的，可按不同的标志进行分类。

1. 按搜集资料的组织方式可分为统计报表制度和专门调查

统计报表制度是以一定的表式和要求，统一布置、自下而上地定期上报基层单位统计资料的方式；是国家统计系统和各业务部门为了定期取得系统、全面的基本统计资料的而采用的一种调查方式；是取得我国国民经济基本统计资料的一种重要方式。

专门调查主要是为了解和研究某项情况或问题而专门组织的调查，包括普查、抽样调查、重点调查、典型调查。

2. 按调查对象是否完全可分为全面调查和非全面调查

区分的主要标志是调查对象所包括的单位是否完全。

凡是对属于调查对象的全部单位都加以调查的,即是全面调查,包括统计报表制度和普查。目的是为了取得全面而准确的资料,具有调查范围广、工作量大、耗费人力物力多、取得资料全面等特点。

非全面调查只是对调查对象中的一部分单位进行调查,如对农产品进行抽样调查,城乡居民家计抽样调查等。非全面调查包括重点调查、典型调查、抽样调查等几种方式。

非全面调查的特点是由于调查单位少,可做深入细致的调查研究,节时省力,运用灵活。

全面调查和非全面调查各有特点,有各自的作用,应根据需要选择采用,也可结合起来运用,能更好地发挥作用。但如果采用非全面调查即可满足调查任务的需要,为节约成本,一般不采用全面调查。

3. 按登记的连续性分为经常性调查和一次性调查

经常性调查即随着调查对象情况的变化而连续不断地进行登记的一种调查形式。其目的就是为了连续观察事物发展变化的过程及结果。具有连续性的特点,如对产品的产量、商品销售量、原材料和能源的消耗量数据等都是要连续登记才能取得的。

一次性调查是指不连续地进行登记的调查。一般是间隔相当长的一段时间再进行一次调查,如房屋普查、人口普查等。一次性调查可定期进行,也可不定期地进行。至于间隔时间的长短,要看具体情况而定。一次性调查大多是对时点现象进行调查,即这类现象是表现在一定时点上的状态。

4. 根据统计调查的具体方法分为直接观察法、报告法、采访法和通讯法

(1)直接观察法。由调查人员在现场对调查对象进行计数、登记,能保证资料的准确性,但需花费大量的人力、物力和时间。

(2)报告法。报告单位以各种原始凭证为基础,按规定填写调查表并按时上报,与统计报表制度相似。

(3)采访法,又分为口头询问法和被调查者自填法。口头询问法是由调查人员按照调查项目的要求,向调查对象询问,将结果记入表内。亦称派员法,可保证调查表的质量(内容规范、清楚、完整),回答率亦高,但花费人力、时间也多。被调查者自填法是由被调查者自填表格,较能节省人力和时间,且有些内容被调查者不愿公开的,采取这种形式较好。

(4)通讯法。主要通过寄发调查表的形式进行,提问范围广,可给被调查者以较充裕的时间,但回复率通常较低,有时得出的结论并无代表性,调查所需时间也较长。一般可采用附奖券或赠送小礼品的方法争取被调查者的合作,提高回复率。也可利用电话及互联网提问调查。

第二节 统计调查方案设计

统计调查或者说搜集原始资料是一项复杂细致的工作,为了在调查过程中统一认识、统

一方法、统一步调,顺利完成统计调查任务,在统计工作开展之前必须制定一个周密的调查方案。方案一般包括以下要素:

(1)项目名称。

(2)调查机关。

(3)调查目的。

(4)调查范围。

(5)调查对象。

(6)调查方式。

(7)调查时间。

(8)调查的主要内容等。

应该指出,调查方案的优劣是决定调查质量的关键因素,作为完整的调查方案还应涉及调查人员素质、被调查对象的素质及合作程度、调查精度要求和调查费用等等内容。

下面对调查方案设计中的主要方面加以分析。

一、确定调查目的

制订调查方案,首先要明确调查目的,即要解决什么问题。如果目的不明确,就无法确定向谁调查,调查什么,用什么方式调查等一系列问题,就会无的放矢,结果可能造成两种情况:一是列入一些无关紧要的调查项目,得到大量无用的资料,浪费了人力、物力;二是遗漏了重要的调查项目,真正需要的资料却没有得到,不能满足调查要求。

确定调查目的,要有中心,不能追求面面俱到,还必须与实际可能相结合。

例如,全国妇联和国家统计局于 2000 年 12 月联合进行的第二期中国妇女社会地位抽样调查调查的目的确定为四个方面:

(1)描述和反映 90 年代以来中国妇女社会地位状况及变化,分析并研究社会资源分配中的性别结构。

(2)对妇女社会地位进行历史比较、地区比较和群际比较,反映妇女社会地位的变迁和差异。

(3)分析和解释形成男女两性地位差异、影响妇女地位变化的因素,探究社会结构变化与妇女地位变化的关系。

(4)尝试建立妇女地位的综合评价指标体系,为妇女社会地位的定期监测和国家妇女发展纲要的实施与监测评估服务。

除了在调查方案中详细说明调查目的以外,一般也可在调查表或问卷的前面或填表说明中简要说明调查目的。

二、确定调查对象和调查单位

目的确定,就可以确定调查对象和调查单位。

调查对象是需进行调查的总体,它由许多性质相同的调查单位所组成,确定调查单位就是明确规定这个总体的范围。例如,调查目的是搜集某地区国有企业生产经营情况的资料,则该地区所有国有工业企业均为调查对象。再如,调查目的是为了了解地区国有企业职工教育培训情况,则所有国有企业的在职职工为调查对象。确定调查对象时,要注意划清范围,避免因界限不清而影响资料的准确性。

调查单位是构成调查对象总体的具体单位,即需要进行登记的标志的承担者。确定调查单位在于明确向谁进行调查。

确定调查单位的同时,还要确定报告单位,就是向上级提交报表或调查表的单位。调查单位和报告单位有时是一致的,有时则并不一致。如调查国有工业企业生产经营情况时,每一国有工业企业既是调查单位,又是报告单位。而当调查国有企业职工教育情况的资料时,每一位职工是调查单位,而报告单位则是企业。

三、确定调查内容

即明确对调查单位进行调查的具体项目,包括需要登记的调查单位的品质标志(企业的经济性质、规模、行业等等)及数量标志(如产量、产值、利润等等)有关情况。

一般可以将调查单位的有关标志登记在调查表上。采取表格形式,填写和整理汇总相对比较方便。

根据登记单位的多少,调查表可以分为单一表和一览表。

1. 单一表

在一份表上只登记一个调查单位的表格称为单一表。如果调查项目较多,一份表可由几页表格组成。目前工业企业的定期报表、职工情况登记表和学生卡均属此类。单一表的优点是可以容纳较多的标志,便于整理和分类,缺点是每份表格上都要注明调查地点、时间及其他共同事项,无法省略。

2. 一览表

在一份表上登记若干调查单位的表格称为一览表。如人口普查表,即一张表上可填几个人。再如学生成绩单。一览表的优点是每个调查单位的共同事项,只需登记一次,可节省人力和时间,也便于加总合计和核对差错。

搜集调查标志也可以采用问卷形式。需要强调的是,各项统计调查研究的成败在很大程度上取决于调查表(或问卷)的设计是否科学、所抽取的样本是否有代表性,调查工作是否可靠等。其中调查表(或问卷)的设计可以说是相当关键的基础环节,本章第3节将具体介绍调查问卷的设计方法和技巧。

四、确定调查时间

调查时间的确定有两层含义。

1. 规定资料所属的时点或时期

从资料的性质来看,有的资料反映现象在某一时点上的状态,如人口数、职工人数、企业数、原材料库存额等。对它们的调查,要规定统一的时点,如月底的库存额、年末的在册人数等。对普查来说,这一时点称为标准时间。如第六次全国人口普查中所规定的标准时间为2010年11月1日0点。

有的资料反映现象在一段时期内发展变化的结果,如产品的产量,商品的销售额和基本建设的投资额等。对它们的调查,要明确资料所属时期的长短(如一月、一季度或一年)。所登记的资料指该时期第一天到最后一天的累计数字。如调查某企业2013年产量,即指从2013年1月1日到12月31日这一段时期内产量的总合。

明确规定调查资料所属时点或时期,是保证统计资料准确性的重要条件。

2. 规定调查期间

调查期间是指调查工作进行的起止时间,包括资料搜集和报送的整个工作所需时间,为了保证资料的时效性,应尽可能缩短调查时间。

例如,2000年第五次人口普查的日程安排是:标准时间为2000年11月1日0点,登记资料时间为2000年11月1日至11月10日;复查时间为2000年11月15日;质量抽查时间为2000年11月30日;快速汇总资料上报时间为2000年12月31日;全部汇总资料上报时间为2001年9月30日;完成全部工作时间为2001年12月31日。

第三节 问卷设计

调查问卷(表)的设计是统计调查中的关键环节,对调查数据的质量乃至分析结论都有重要的影响。调查问卷(表)设计中的缺陷不仅会影响统计调查的其他环节的顺利展开,甚至可能导致整个调查研究项目的失败。

科学、严谨、周密的问卷设计是保证统计调查工作取得成功,调查分析结论具有较高价值的重要基础。而要设计出一份优秀的问卷,设计者一方面需要具备广博的知识,另一方面还应注意遵循问卷设计的必要程序和原则,掌握问卷设计的一些基本技巧。

一、问卷的基本类型

根据调查目的以及调查对象的不同,问卷可以采用不同形式,基本可以分为以下几种。

1. 自填式问卷和访问式问卷

（1）自填式问卷是通过面访、邮寄或网络途经，将问卷交给被调查者，由被调查者自行填写，较能节省人力和时间，且有些内容被调查者不愿公开的，采取这种形式较好。

（2）访问式问卷则是通过面访或电话途径，询问被调查者，并且由调查人员记录调查结果。可保证调查问卷的质量，使内容规范、清楚、完整，但花费人力、时间也较多。

2. 传统问卷和网络问卷

（1）传统问卷指以面访、邮寄或电话途径进行调查，其载体是纸质的书面问卷，仍然是目前大量采用的问卷形式。

（2）网络问卷则是随着计算机以及互联网技术的普及而发展起来的新型调查问卷形式，用于网上调查，其优点是快捷、高效、针对性强，一般来说，还可降低调查成本。

3. 结构型问卷和无结构型问卷

（1）结构型问卷中的问题要有一定数量，而且问卷的设计要有一定的结构，即要求按一定的提问方式和顺序进行安排。调查者要绝对遵从要求提问，不能任意变动问题和字句，更不能删减或添加问题。此类问卷适用于大规模的调查项目。

（2）无结构型问卷是指问卷中所提问题没有加以严格的设计与安排，只是围绕研究目的提出若干问题，一般采用调查提纲形式，此类问卷适用较小规模的深层次访谈调查。

二、问卷的基本结构

调查问卷（或调查表）一般由五部分组成。

1. 问卷标题

标题即问卷的题目，是对问卷调查内容的概括，通过问卷的标题可以反映调查的主题。

2. 问卷开头

问卷的开头部分通常包括问候语、填表说明和问卷编号。

问候语是为了引起被调查者的重视，消除其疑虑，激发他们的参与意识，争取得到他们的合作。

例：先生/女士：

您好！

我是金典市场研究有限公司的访问员，我们目前正在进行一项有关产品的调查研究，请问您是否可以抽空参加我们的访问呢？

多谢您的支持和配合！

问候语应该语气亲切、诚恳、礼貌；简要说明为什么要进行此项调查，即交待清楚调查目的。必要时还应说明保密原则和奖励措施等等。问候语不能拖沓冗长，以免引起被调查者的反感。总之，如果问候语内容和措辞得当，可以使被调查者易于接受和合作，从而降低拒访率，提高调查结果的可靠性和有效性。反之，如果内容或措辞不当，可能导致无回答率增高,增加调查成本,扩大调查偏差,影响调查结果的准确性。

填写说明是向被调查者提示填写时应注意的事项,解释某些指标或问题的含义等。填写说明可以帮助和规范被调查者对问卷的回答,尤其是自填式问卷。填写说明可以集中放在问卷前面,也可以分散到各有关问题之前。

问卷编号主要用于识别问卷、调查人员、被调查者地址等,可用于检查调查人员的工作,防止舞弊行为,便于校对检查、更正错误等。

3. 甄别部分

甄别也称为过滤,是在正式调查之前对被调查者进行过滤、筛选,剔除不合适的调查对象。一般而言,不合适的调查对象有两种情况,一种是与调查项目有直接利益关系的人群,为达到避嫌目的应剔除此类人群;另一种是不符合调查要求的人群,如在年龄、性别或其他方面不满足要求。甄别的目的是确保被调查者都是合格对象,提高调查工作的质量。

如某品牌服装的统计调查问卷,甄别部分为:

1. 请问您或您的家人及亲朋好友是否有人在以下地方工作:

A. 市场研究/广告公司

B. 社情民意调查机构/咨询公司

C. 电视台/电台/报纸/杂志等媒介机构

D. 服装生产/销售/研究部门

E. 以上均无

选 ABCD 终止访问,选 E 继续访问

2. 请问您的年龄(周岁):

A. 25 岁以下   B. 25~35

C. 35~45   D. 45~55

E. 55 以上

选 AE 终止访问,选 BCD 继续访问

3. 请问您最近 6 个月内是否接受过服装相关的市场研究访问:

A. 是   B. 否

选 A 终止访问,选 B 继续访问

4. 问卷主体

问卷主体也即问卷的正文,是问卷的核心内容,包括需要调查的全部内容,具体有问题和备选答案组成。问卷主体部分的设计,是问卷设计研究的重点,在后面将详细讨论。

5. 背景部分

背景部分是关于被调查者的基本情况的背景资料。如企业的名称、行业、职工人数等;又如个人的性别、年龄、职业、文化程度、婚姻状况、月收入等,以便对调查资料分组观察,比较分析。如果调查涉及个人隐私权,一般不要求被调查者填报姓名或工作单位。

三、问卷设计的程序

问卷设计的程序一般包括以下几个步骤。

1. 准备阶段

准备阶段的首要问题,就是必须明确调查目的和内容,这不仅是问卷设计的前提,也是它的基础,在进行问卷设计的时候必须对调查目的有一个清楚的认知,并且在调查方案(计划书)中进行具体的细化和文本化,以作为问卷设计的指导思想。

然后,要分析调查对象的基本特征,包括社会阶层、行为规范等社会特征;文化程度、知识水平、理解能力等文化特征;需求动机、消费行为等心理特征,以此作为拟订问卷的依据。在此阶段,应充分征求相关人员意见,力求使问卷切合实际,能够充分满足各方面分析研究的需要。

准备阶段是整个问卷设计的基础,是问卷调查取得成功的前提条件。

2. 拟订初稿

在充分准备的基础上,设计者就可以根据搜集到的资料,按照基本的设计原则写出问卷初稿。为进一步的修改和完善打下基础。

3. 试访和修改。

任何调查问卷(或调查表)的设计都很难做到完美无缺,尤其是开始阶段,难免存在这样那样的问题和缺陷。因此问卷初稿拟订以后,需要在小范围内进行试验性调查访问,以检验问卷在文字表达、题目顺序、问题的格式与问卷的长度等等方面是否存在矛盾和不妥当之处,剔除或修改不合适的项目,补充遗漏的问题,从而预先解决访问时可能发生的问题,使正式调查得以顺利进行。

试访的样本数一般在 20～30 人,要求受访者的特征和正式研究时的样本结构相似,才能达到试访的效果。试访时应以人员访问的方式进行,并分派经验丰富的优秀或资深调查人员进行访问。试访结束后,设计者可与调查人员甚至被调查者讨论答卷时的感受,据此作为修改问卷的依据。试访通常只需一次,但如果问卷经过大幅修改,则有必要进行第二次试访。

4. 定稿

根据试访的结果对问卷进行修改以后,便可将问卷定稿,同时设计者还应制定问卷使用说明,一起交付打印。

四、问卷设计原则

问卷(调查表)设计是一项创造性的工作,其总体要求是简明扼要,科学合理。当然问卷类型、问卷内容各不相同,不同设计者也各有风格,但都需满足问卷设计的根本要求,即在一定成本下获取最低误差的有效数据。具体原则体现在以下四个方面。

1. 功能性原则

功能性原则是问卷设计最基本的原则,即实现满足问卷的基本功能,达到规范设计和满足调查需求的目的。这一原则具体表现为一致性、完整性、准确性和可行性等方面。如在问卷设计时充分考虑方便后续的数据统计和分析工作,题目的设计必须是容易录入的,并且可以进行具体的数据分析,即使是主观性的问题也要进行量化,这样才能与后续的统计计算环节更好地衔接起来。

2. 可靠性原则

可靠性原则是指作为数据搜集工具的问卷,应使数据在一定条件下保持稳定性。具体来说,由于调查者、被调查者和调查环境不同,数据会产生波动,而好的问卷应具有一定的稳健型,以减少这些干扰对数据质量的影响。

3. 效率原则

效率原则是指在满足调查要求,获得充足信息的前提下,应选择最简捷的调查方式,使问卷的长度、题量和难度最小,以节省调查费用,降低调查成本。即一方面要使问卷尽量获取全面、准确、有效的信息,另一方面又要节省成本,避免浪费,不要询问与调查主题无关的问题或者可问可不问的问题。

4. 可维护性原则

问卷的设计不会一蹴而就,一份优秀的问卷需要经过反复的修改和检验,不断提高,不断完善。一份便于修正的问卷应当结构清晰,层次分明。当某一问题需要调整时,基本不会影响其他内容。另外,要提高调查数据的价值,应注意问卷的标准化,以使数据口径一致,保证数据在时间和空间上具有可比性。

五、问题与答案的设计

问题与答案是调查问卷的核心内容,包括调查所要了解的问题和回答问题的方式。因此对这一环节设计的好坏、质量水平的高低对整个问卷调查工作都会产生重要而直接的影响。

(一)问题的类型

根据问题内容和调查目的的不同,问题与答案的设计可有多种形式,其中最基本的形式有开放式和封闭式两种。

1. 开放式问题

开放式问题又称无结构的问答题。用这种形式的问题时,调查者只提出问题,不提供任何可供选择的标准答案,被调查者可自由回答。如:您想买什么样的手机?您对产品有何要求和建议?等等。优点是被调查者可以比较自由地发表意见,内容比较丰富,甚至可以搜集到意料之外的信息;但缺点是受提问方式及被调查者本人表达能力的影响和限制,可能会答非所问,也容易产生偏见。另一方面,由于此类问卷填写比较麻烦,当被调查者不愿意花费时间来填写答卷时,就可能使问卷的回收率较低,对资料的整理、分类造成困难。因此,设计问题时应尽量避免使用开放式问题。

2. 封闭式问题

封闭式问题又称有结构的问答题。它是在提出问题的同时给出标准答案,让被调查者根据自己的实际情况在几个答案中选择。封闭式问题的优点在于:能快速获取调查资料,便于统计资料的整理分析;因为所提供的答案有助于理解题意容易回答,这样可以避免被调查者在填写问卷时由于不理解题意而难以回答或拒绝回答的现象出现;填写方便而且规范,并且便于电子计算机汇总。

封闭式问题的缺点是:由于提供选择答案本身限制了问题回答的范围和方式,得到的信息量有限,问卷难以对被调查者的态度做出详细、准确的判断,对所搜集资料的质量难免会产生一定的影响。但只要合理、全面、充分地考虑备选答案,尽量避免封闭式问题所带来的影响,还是尽可能采取封闭式提问为好。

(二)问卷设计中应注意的问题

问卷设计是一项十分复杂又需要耐心细致的工作,即使是很有经验的研究人员在进行这项工作时也要反复推敲,否则问卷结果就达不到调查的目的。因此,设计问卷必须注意下列问题。

(1) 要围绕调查目的来设定问题,并注意调查项目的可行性。可问可不问或过于敏感的项目,如关于个人收入和财产的问题,关于政治态度等等如果不是十分必要,一般尽量避免涉及。

(2) 尽量避免需要大量回忆的问题,如"过去三年内你用于旅游的费用支出是多少?"诸如此类的问题即使得到答案,也是很不可靠的。

(3) 问题应明确和精确。例如不应询问"你的住房有多大?"而应询问"你的住房有多大面积?"否则被调查者可能回答住宅间数。应避免会产生歧义的问题。

(4) 避免逻辑错误。即问题的备选答案应互相排斥并完全划分。如婚姻状况仅分为"已婚"和"未婚"两项备选答案就是不完全划分。应列出已婚、丧偶、离婚、分居、未婚五种备选答案。又如企业生产如只分为"自备原材料"、"来料加工"两种,则是不互相排斥的。应增加第三种备选答案"一部分是自备原材料,一部分是来料加工"。

(5) 提问的排列顺序一般是先易后难、由浅入深,敏感的问题放在后面。即询问项目应按人们的思维习惯、逻辑顺序排列,或按照被调查者的兴趣、问题的难易程度排列,使被调查者易于回答、有兴趣回答。

(6) 避免诱导性提问,即问题不应暗示着答案。如不应直接问"您的收入增加了多少?"而应问"您的收入增加了吗?"如回答"是",则填写附加项"增加了多少?"

(7) 问卷题目设计必须有针对性,对于不同层次的人群,应该在题目的选择上有的放矢,必须充分考虑受调查人群的文化水平、年龄层次和协调合作的可能性,除了在题目的难度和题目性质的选择上考虑上述因素,在语言措辞上也应该进行相应的调整,比如面对家庭主妇做的调查,在语言上就必须尽量通俗,而对于文化水平较高的城市白领,在题目和语言的选择上就可以提高一定的水准。只有在这样的细节上综合考虑,调查才能够顺利进行。但一般来说除专业性较强的专家咨询调查表以外,询问项目和备选答案应尽量通俗易懂,使各种层次的被调查者都能理解、接受。

(8) 调查项目数量(即提问的数目)应适宜。一份问卷中问题不宜定得过多,否则被调查者会产生厌烦情绪,从而影响问题回答的准确性;当然问题也不宜太少,这样机会和资源没有能得到充分的利用,不能满足调查要求。一般中小规模的调查,一份问卷中的问题在20个左右,答卷时间在30分钟以内为宜。

(9) 问卷中的问题及答案都要编码,便于计算机进行处理。尤其对调查资料中属于品质标志的项目要数量化,即编制量表。

(三) 封闭式问题答案的设计

封闭式问题根据答案设计的方法不同有三种常见的类型。

1. 二项选择设计

二项选择式问题是让被调查者在两个可能答案中选择一个,如"是"与"不是","有"与"没有"等。此类方法易于发问,也易于回答,且方便统计汇总,但提供的信息量较少。

2. 多项选择设计

这种询问方法设置了多种答案供被调查者选择。一般设置三个以上的备选答案,让被调查者选择其中的一项或多项作答。这种方法能较全面地反映被调查者的看法,又易于统计和整理,但在设计时应注意备选答案不宜过多,只要能概括各种可能情况即可,一般不应超过10个。

例如,您是否在课堂上做过以下行为?

①玩手机　②看闲书　③听 MP3　④吃零食　⑤睡觉

这样的问题给了被调查者较大的选择范围,便于对搜集的资料作较细的分类。

3. 序列式设计

序列式问题是在多项选择的基础上,让被调查者对问题的答案按照自己认为的重要程度和喜欢程度的次序进行排列。顺位式一般分为两种:一种是预先给出多个答案,由被调查者定出先后顺序;另一种是不预先给出答案,而由被调查者按先后顺序自己填写。

例如,您购买商品考虑的主要因素是?(请按您认为的重要性□在中写上位序)

□实用价值　□品牌　□商品质量　□售后服务　□价格

(四) 量表设计

在统计调查工作中,经常需要对被调查者的态度、意见或感觉等心理活动进行测定和判别,如消费者对某种新产品的喜欢程度,对商品价格变动的态度和评价等等。等级式问题就是根据这样的问题,让被调查者回答其程度或者评价。等级式问题答案的设计也称为量表的设计。使用量表进行分析可以对被调查者回答的强度进行测量和区分,而且将被调查者的回答转化为数值以后,可以进行编码计算,便于进行深入的统计分析。这类问题往往是对定类数据和定序数据设计的。

在统计调查中使用的量表种类很多,根据测量的精确程度分类,量表可以分为定类量表、定序量表、等距量表和定距量表。

(1) 定类量表,又称名义变量、类别变量,用于测量定类数据,目的是辨识事物或将对象分类。

例如,受访者性别:①男　②女

您是否有集邮爱好:①有　②否

常用的定类量表有各种职业分类(职业:①单位负责人 ②专业技术人员 ③办事人员 ④商业、服务业人员 ⑤工人 ⑦农业人员 ⑧无业)、品牌编码等等。定类量表的分类是互相排斥而且是完全包括的,即答案要详尽且无遗漏。定类量表的数字大小没有高低之分,只是说明性质不同而已。

(2) 定序量表,这是一种排序量表,用不同数字表示程度、等级或大小顺序,用于测量定序数据。

例如,请问您是否喜欢××品牌手机:

①非常不喜欢 ②不喜欢 ③无所谓 ④喜欢 ⑤非常喜欢

这里的数字表示程度、等级或大小顺序,并不表示绝对量。但在使用时,须注意排列的逻辑性、合理性。例如,对饮用矿泉水的消费者调查问卷中,问:

您对目前使用的矿泉水包装的评价:

①很满意　②不满意　③满意

这种排列顺序显然不符合逻辑。

(3) 等距量表,不仅能表达顺序关系,还能表达、测量各顺序位置之间的距离,用于测量定距数据。

例:请用 10 分制对××牌洗衣机打分,1 分表示非常不满意,10 分表示非常满意:

非常不满意　1 2 3 4 5 6 7 8 9 10　非常满意

虽然各相邻数值之间的距离是相等的,但要注意等距量表上没有真正的零点,因此不能说这里的 8 是 4 的 2 倍。例中的分数是一个定距数据,而且是离散的变量。如果定距数据是连续的变量,则可用定距量表来设计其答案。

(4) 定距量表。对于定距数据和定比数据,假如它们是连续的变量,而且要设计成一个封闭式问题的话,可用定距量表来设计其答案,即设置一些数值区间作为备选的答案。

例如,你的统计学成绩是_____。

①60 分以下　②60~70 分　③70~80 分　④80~90 分 ⑤90~100 分

又如,您的月工资是_____。

①1 000 元以下 ②1 000～2 000 元 ③2 000～3 000 元 ④3 000～4 000 元
⑤4 000～5 000 元 ⑥5 000 元以上

例中的成绩是定距数据,月工资是定比数据,但是通过对数据的分组后,把数据降为定序数据。当然,如果要确切地知道这些变量的具体数值,只能使用开放式问题,让被调查者自行填写。

第四节　统计调查的组织方式

我国现阶段统计调查的组织形式主要有统计报表制度、普查、重点调查、典型调查和抽样调查。除了统计报表制度以外,其他的统计调查方式都属于专项调查。

一、统计报表制度

(一) 概念和种类

1. 统计报表制度的概念

统计报表制度是我国统计调查方法体系中的一种重要的组织方式。它是根据国家的统一规定,按照统一的表格形式、统一的指标内容、统一的报送时间,自上而下逐级提供统计资料的统计报告制度。统计报表制度具备统一性、时效性、全面性、可靠性的特点,可以满足各级管理层次的需要。

2. 统计报表制度的种类

统计报表制度由基层表和各专业综合表两部分组成。

基层表是以企业、行政事业单位作为基本统计调查单位,由基层企业、行政事业单位填报基本统计资料的一套统计调查表式,它们是构成国民经济宏观统计资料的基础,也是进行国民经济宏观调控的微观基础。基层表按照国民经济主要行业分为七种,它们是:农业、工业、建筑业、交通运输业、批发零售贸易餐饮业(包括商业、外贸、供销、饮食业)、服务业、行政事业。以上七种基层统计报表基本上覆盖了全社会各行业,并且适用于同一种行业中不同经济类型的基层单位。

基层表的指标体系由七个子指标体系构成,它们是:

(1) 企业(单位)基本情况指标体系,包括企业代码,法人代表,企业名称,地址及代码,行业、经济类型,隶属关系及代码,规模等。

(2) 企业主营业务活动指标体系,包括企业的生产、销售、库存及经营活动成果等。

(3) 企业财务状况指标体系,包括企业会计的六大要素:资产、负债、所有者权益、收入、费用和利润,反映企业的经济实力、经营状况和经济效益,并为计算国内生产总值等国民经济宏观指标提供资料。

（4）企业劳动情况指标体系，包括企业从业人员及变动情况、劳动报酬水平及劳动生产率等。

（5）企业原材料、能源的消耗和库存指标体系，包括原材料、能源的收入、库存及消耗情况。

（6）企业技术开发基本情况指标体系。

（7）企业附营业务活动情况指标体系。

综合表是以基层表为基础，按照国民经济宏观调控的要求，采用多种调查和推算的方式出基层单位的上级主管部门和统计部门填报。综合表共有九种，它们是：工业综合表、建筑业综合表、运输邮电综合表、贸易餐饮业综合表、外商投资企业综合表、劳动综合表、原材料、能源综合表和固定资产投资综合表。

（二）统计报表的一般格式

统计报表的格式力求清晰明了，一般由以下部分构成（见表2-2）：①表名；②填报单位；③制发机关和表号；④报表主体；⑤填表人；⑥负责人；⑦报出日期。①②③部分在实际工作中称为表头，④为表身，⑤⑥⑦部分为表脚。

表 2-2　　　　　　　　　　　　工业企业主要经济指标报表

企业法人代码：

企业详细名称：　　　　　　　　　　　　　　　　　　　　年　　月

指标名称	计量单位	代码	本年本月止累计	去年本月止累计	指标名称	计量单位	代码	本年本月止累计	去年本月止累计
甲	乙	丙	1	2	甲	乙	丙	1	2
应收账款净额	千元	02			产品销售税金及附加	千元	34		
产成品	千元	04			其他业务利润	千元	40		
流动资产平均余额	千元	06			管理费用	千元	44		
固定资产净值平均余额	千元	13			财务费用	千元	45		
资产合计	千元	17			利润总额	千元	48		
负债合计	千元	20			应交增值税	千元	55		
产品销售收入	千元	29			工业总产值（当年价格）	千元	90		
产品销售成本	千元	31			工业总产值（不变价格）	千元	91		
产品销售费用	千元	32			全部从业人员平均人数	人	99		

单位负责人：　　　　　　统计负责人：　　　　　填表人：　　　　　填表日期：　年　月　日

（三）统计报表资料的来源

统计报表资料来源于基层企业、行政事业单位的原始记录等，具体包括原始记录、统计台账和内部统计报表，这些都属于基层企业、行政事业单位的基础统计工作。

原始记录是基层企业、行政事业单位采用一定的表格形式对本单位的生产经营活动具体发生事件所作的第一手记录。它是反映基层企业和行政事业单位内部生产、经营和管理活动的最初资料。例如，工业企业的产品产量记录、生产工时记录、商业企业的商品进销记录、各单位的收付款项记录等。

建立和健全基层企业、行政事业单位的原始记录是贯彻执行统计报表制度的前提条件，是统计报表资料能够准确、及时、全面、系统地上报的基本保证。建立和健全基层单位的原始记录应遵守以下几条原则：

（1）设置原始记录要从基层企业、行政事业单位的实际需要出发。原始记录的建立要符合企业、行政单位生产经营的特点和管理水平。

（2）统一组织基层企业、行政事业单位内部的经济核算。基层企业、行政事业单位建立原始记录，必须同时满足单位内部统计、会计和业务三种核算的需要，并且必须符合国家统计制度和会计制度的要求，以利于基层企业、行政事业单位内部统一组织经济核算。

（3）便利职工参与本单位管理。原始记录大部分由一般职工填写，这样，一方面反映出原始记录是一项大众性的基础统计工作，另一方面也体现出职工参与单位内部管理的必要性。因此，原始记录的内容设置、表格形式设计、填写方式等都要做到通俗易懂、填写方便、手续简单，以确保原始记录的真实可靠。

统计台账是根据统计报表的要求，结合基层企业、行政事业单位生产经营管理的需要，用一定的表格形式将分散的原始记录资料按同一内容和时间先后顺序，系统地登记在一个表册上，这种表册就称为统计台账。

统计台账是介于原始记录和统计报表之间的一种统计资料积累形式。它既可以满足基层企业、行政事业单位生产经营管理对统计资料的需要，也可以使统计报表资料有可靠的依据，确保各基层单位上报统计报表资料的准确性和及时性。

（四）统计报表资料的汇总方式

统计报表资料的汇总方式取决于各级管理部门对统计资料的要求和统计部门所拥有的工具。在手工汇总条件下，统计报表资料的汇总主要是采取逐级汇总的方式。在电子计算机汇总条件下，一般采用集中汇总或集中汇总与逐级汇总相结合的方式。随着电子计算机向小型化发展和网络技术的日趋成熟，用电子计算机进行汇总已成为新趋势。

1. 逐级汇总

逐级汇总是按照一定的统计管理体制，对统计资料进行自下而上地逐级汇总，从而取得各层次统计综合指标的一种统计资料整理方式。

逐级汇总方式的优点是：可以将整理汇总出来的统计资料及时提供给各级领导机关和有关部门使用；当工作人员发现资料差错时便于及时查对纠正。其缺点是：由于逐级汇总整理的层次多，需要反复重录，容易发生登记误差；更重要的是在汇总过程中，统计信息的损失较多,对于已经汇总的资料无法进行交叉分组以便进行更深入的分析。

2. 集中汇总

集中汇总也称超级汇总,是把全部原始资料集中在统计调查机构中,直接进行汇总以取得综合资料的一种统计资料整理方式。对于十分重要或者时效要求高的统计资料,往往采用这种方式进行汇总整理。

集中汇总方式的优点是:在电子计算机汇总的条件下,能够提高统计资料的准确性和时效性;可以进行各种形式的交叉分组,提高统计资料的利用率。其缺点是:对原始资料的差错不容易发现和纠正;汇总的结果不能及时满足各级部门对统计资料的需要。

为了充分发挥逐级汇总与集中汇总各自的优势,可以采取逐级汇总与集中汇总相结合的方式,具体有两种形式:一种是将一些最基本的统计资料进行逐级汇总,以满足各级领导机关和管理部门的及时需要,同时将全部原始资料进行集中汇总。例如,在工业统计年报中,各级统计部门一方面将本地区汇总后的综合资料上报,另一方面也将本地区所属各单位的原始资料上报,以便上级部门进行集中汇总。另一种形式是在一定层次以下实行集中汇总,而在该层次以上实行逐级汇总。例如,在进行人口统计中,对于地区、省辖市一级的人口资料实行集中汇总,而地区、省辖市以上的人口资料实行逐级汇总。

二、普查

普查是指为了研究某种社会现象而专门组织的一时性全面调查,如全国人口普查、工业普查、物资普查等。

(一) 普查的特点

(1) 普查是专门组织的一次性调查,其登记是不连续的,是对社会经济现象在某一时点上的状态所进行的调查。由于普查的工作量大、时间性强,进行一次普查需要动员较大的人力、物力,组织工作也较繁重复杂,所以普查并不经常进行。例如,全国人口普查,新中国成立以来仅进行过五次。

(2) 普查是全面调查,能搜集到全面而系统的资料,与报表制度相比,普查可以解决一些特定任务的需要。普查所包括的单位,分组目录及指标内容可以更全面更详细,能解决报表所不能解决的问题。例如,我国第三次人口普查的项目有 19 项。其中,按人填报的 13 项,按户填报有 6 项。在我国历史上第一次获得了最完整、最准确的有关人口的国情、省情、市情、县情、乡情的资料,为我国经济、社会发展提供了一个信息宝库。

(二) 普查的组织方式

(1) 组织专门的普查机构,派出调查人员。对调查单位直接进行登记,如人口普查。

(2) 利用企事业单位本身的原始资料(如统计台账)及报表资料进行填报或根据这些资料结合实际盘点的情况进行登记,工业普查和历次物资库存普查都采用这种方式。

（三）普查必须遵循的原则

（1）要做好普查的准备工作。普查的规模大，涉及面广，必须做好各项准备工作。普查的准备工作包括：①组织准备，建立组织领导机构，进行人员的培训等；②普查方案的设计；③物质准备，如电子计算机汇总工具和各种文件、报表的印制；④普查的试点工作等。普查工作准备充分，就能为普查工作的顺利完成奠定基础。

（2）要确定一个调查资料所属的标准时点。即对被调查对象进行登记时所依据的统一时间。规定标准时点是为了保证普查资料的准确性，避免重复或遗漏。

（3）正确选择普查时期，应选在被调查现象变动最小或是普查工作最方便的时间。

（4）在普查范围内的各调查单位或调查点的登记工作要同时进行，在方法、步调上保持一致，并力求在最短的时间内完成，以保证调查资料的时效性。

（5）普查项目和指标要有统一的规定，不能任意改变或增减，以免影响汇总，降低资料质量。性质相同的普查，各个时期的普查项目和指标也应尽可能保持相对的稳定，便于对比及观察现象的发展变化及其规律性。

三、重点调查

1. 重点调查的概念

重点调查是在所调查的对象中，选择一部分重点单位进行调查登记，是一种非全面调查。

2. 重点单位的选择

重点调查的关键是选择好重点单位，这些重点单位虽只是总体中的一部分，单位数并不多，但就调查的标志值来说却在总量中占很大比重，能够反映全部现象的基本情况。重点单位可以是一些企业、部门，也可以是一些地区、城市等。例如，要了解我国船舶工业的基本情况，只要对全国最大的几个造船企业进行调查，就能掌握造船工业的基本情况了。

3. 重点调查的组织方式

重点调查可以采用专门组织的一次性调查方式，也可以对重点单位布置报表，用报告法搜集资料。

重点调查的优点是花费较少，可调查较多的项目和指标，了解较详细的情况。便于管理者及时掌握基本情况，发现问题，采取措施。但重点调查的结果一般不能用于推断总体，因为重点单位与一般单位的情况通常差别较大。

重点调查可以采用专门组织一次性调查的方式，或对重点单位布置报表。

四、典型调查

典型调查是根据调查研究的目的和要求，在对调查对象进行全面分析的基础上，有意识地选择一些具有代表性的典型单位进行深入调查,也属于非全面调查。

典型调查的关键是如何选择典型单位,其方法有两种:

(1) 在总体各单位差异较小时,只需选择个别或几个典型单位进行调查,通过典型单位来说明现象的一般情况或发展规律。

(2) 如果总体单位差异较大,可采用"划类选典"法,即把总体单位划分为若干类型,从每一类型中按其在总体中所占比例选取若干典型单位进行调查,然后再把这些典型单位的情况综合起来加以说明。如此典型单位具有一定的代表性,由若干典型单位组成的典型总体,是可以用来推断整个总体的基本情况的。

典型调查对于研究、分析社会经济生活中的新生事物,深入了解典型单位的情况以及补充、验证说明全面调查资料,都具有重要的意义。例如,在总结报告中可运用典型调查资料补充只有定期报表、年度报表的总括数据而没有具体情况、资料的不足。同时,用划类选典法典型调查结果进行统计推算,有时准确率也相当高。例如,农业上用典型调查法推算粮食产量,误差可以小到1%左右,还有对生猪存栏数的调查,也经常采用划类选典法进行推算,误差也较小。

五、抽样调查

1. 抽样调查的概念

抽样调查也是一种非全面调查,是根据随机原则从总体中抽取一定数量的单位(样本)进行调查,并以其结果来推断总体的一般情况。

2. 抽样调查的特点

抽样调查具有三个特点:

(1) 遵守随机原则,即要保证被调查总体的每一个单位都有同等被抽中的机会,而不是凭人的主观意图随意选择样本,使样本具有代表性。

(2) 可以从数量上推算总体。例如,可以抽查统计部分居民的平均收入以推算全体居民的平均收入进而推算全体居民的总收入。

(3) 抽样误差可以事先控制。用部分单位的指标数值去估计总体,当然会发生误差。但是,可以通过改善样本、增加抽样单位数等手段将误差控制在允许的范围内。

抽样调查是一种科学有效、国际通行的统计调查方法,也将逐步成为我国统计调查的主体。第七章将专门论述。

不同的统计调查的方式方法,各有其特点和作用。在实际工作中,并非只能单用一种方式方法,而是可以多种方式方法的结合运用,这样才能搜集到丰富翔实的统计资料。各种统计调查方法的特点归结如表2-3所示。

表 2-3　　　　　　　　　各种统计调查的特点

	调查范围	调查时间	组织形式	资料搜集方法
统计报表	全面或非全面	经常	报表制度	报告
普查	全面	一次	专项调查	采访或报告
抽样调查	非全面	经常或一次	专项调查	直接观察或报告
重点调查	非全面	经常或一次	报表或专项	报告
典型调查	非全面	一次	专项调查	采访、开座谈会

练 习 二

一、单项选择题

1. 某市拟对占全市储蓄额 75% 的 10 大储蓄所进行居民储蓄情况调查,这种调查方式属于(　　)。

A. 普查　　　　　　　　　　　B. 典型调查

C. 抽样调查　　　　　　　　　D. 重点调查

2. 某灯泡厂进行产品质量检验,应选择(　　)。

A. 统计报表　　　　　　　　　B. 重点调查

C. 全面调查　　　　　　　　　D. 抽样调查

3. 下列各项中,属于全面调查的是(　　)。

A. 重点调查　　　　　　　　　B. 典型调查

C. 抽样调查　　　　　　　　　D. 人口普查

4. 人口普查规定标准时间是为了(　　)。

A. 登记方便　　　　　　　　　B. 确定调查单位

C. 避免登记的重复与遗漏　　　D. 明确调查范围

5. 统计调查中搜集的原始资料是指(　　)。

A. 统计部门向上级提供的资料

B. 统计部门向下级统计部门布置的统计任务

C. 对总体单位调查所取得的反映个体特征,有待整理的统计资料

D. 汇总后能反映总体特征的综合资料

6. 要了解某工业企业职工的文化水平,则总体单位是(　　)。

A. 该工业企业的全部职工

B. 该工业企业的每一个职工

C. 该工业企业每一个职工的文化程度

D. 该企业全部职工的平均文化程度

7. 某地进行国有商业企业经营情况调查,则调查对象是(   )。

A. 该地所有商业企业   B. 该地所有国有商业企业

C. 该地每一国有商业企业   D. 该地每一商业企业

8. 某市进行工业企业生产设备普查,要求在 7 月 1 日至 7 月 10 日全部调查完毕,则这一时间规定是(   )。

A. 调查时间   B. 调查期限

C. 标准时间   D. 登记期限

9. 下列关于调查某市工业企业职工的工种、工龄、文化程度等情况的说法中,正确的是(   )。

A. 调查总体是所有企业

B. 调查单位是每个企业

C. 调查单位和填报单位都是企业

D. 调查单位是每个职工,填报单位是每个企业

二、多项选择题

1. 在工业普查中(   )。

A. 工业企业总数是统计总体   B. 每一个工业企业是总体单位

C. 固定资产总额是统计指标   D. 机器台数是连续变量

E. 职工人数是离散变量

2. 调查方案应包括的主要内容有(   )。

A. 确定调查目的   B. 确定调查对象和调查单位

C. 确定调查内容   D. 确定调查时间

E. 确定调查小组

3. 普查必须注意的原则有(   )。

A. 规定统一的标准时点   B. 规定统一的普查期限

C. 规定统一的普查人员   D. 规定统一的普查费用

E. 规定普查的项目和指标

4. 我国统计调查的方法有(   )。

A. 统计报表   B. 普查

C. 抽样调查   D. 重点调查

E. 典型调查

5. 普查是一种(   )。

A. 非全面调查   B. 专门调查

C. 全面调查   D. 一次性调查

E. 经常性调查

6. 非全面调查是指（   ）。

A. 普查   B. 统计报表

C. 重点调查   D. 典型调查

E. 抽样调查

7. 下列各调查中,调查单位和填报单位一致的是（   ）。

A. 企业设备调查   B. 人口普查

C. 工业企业普查   D. 商业企业调查

E. 商品价格水平调查

三、思考题

1. 对统计调查的基本要求有哪些?

2. 统计调查方案一般应包括哪些内容?

四、实践题

根据你所熟悉的经济活动或其他社会实践活动,确定一个调查研究课题,设计完整的调查方案(包括相关的调查问卷)。

 **阅读资料二**

国家统计调查体系的目标模式

长期以来,我国政府统计系统所使用的统计调查体系主要是以全面报表制度为基础,适当辅之以抽样调查、普查和重点调查等方法。改革开放以来,随着社会主义市场经济体系的建立,多种经济成分迅速发展,计划经济时代的统计调查模式已不能适应形势发展的需要。具体表现为,统计调查对象的规模迅猛扩展,统计调查对象的构成日趋复杂,不仅多种经济成分同时并存,而且国有经济中也出现了承包经营、租赁经营等多种经营形式;特别是随着现代企业制度的建立和产权的流动与重组,不同所有制的经济主体投资于同一企业的状况日趋扩大,财产混合所有的经济单位越来越多。由于利益格局的变化很大,被调查者对统计调查的合作与支持程度大为降低,统计信息在运行过程中的人为干扰现象日益增多,信息失真的危险性逐步增大。根据上述情况,从1994年起国家统计局按照建立社会主义市场经济体制的要求,参照国际成功经验,提出了我国统计调查体系改革的目标模式,即建立以必要的周期性普查为基础,经常性的抽样调查为主体,重点调查、科学核算等为补充的多种方法综合运用的国家统计调查方法体系。其要点有以下方面：

第一，实行周期性的普查制度。普查项目包括人口、工业、农业、第三产业和基本统计单位等。人口普查、第三产业普查、工业普查、农业普查每 10 年进行一次，分别在逢 0、3、5、7 的年份实施。建立基本统计单位普查，每 5 年进行一次，逢 1、6 的年份实施。

以上普查项目都属于重要的国情国力调查，在国务院和地方各级政府的统一领导下，由政府统计部门会同有关业务主管部门共同组织实施。经费由中央和地方各级政府共同负担，并列入相应年度的财政预算。

普查能搜集到全面而系统的资料，既可提供基本统计信息，又可为各种抽样调查提供抽样框架，因此在统计调查方法体系中处于基础地位。

第二，大力推广应用抽样调查技术，逐步确立抽样调查在统计调查方法体系中的主体地位。与其他调查方法相比，抽样调查周期短、时效性强，能大大降低调查费用，能提高调查的质量，还可以用来评价、修正和补充其他调查的统计资料。合理科学设计的抽样调查有着其他方法无法比拟的优势。因此在进一步完善农产品产量调查、城乡住户调查、价格调查和人口变动情况等项抽样调查工作的同时，在工业、商业、建筑业和固定资产投资统计中深入研究并广泛应用抽样调查方法，从根本上改变过分依赖全面统计报表的状况。改革和完善城乡社会经济调查队并建立一支机动灵活、精干高效的企业调查队伍，这支队伍负责对遍布全国城乡的各种所有制企业，特别是乡镇企业以及私营经济进行抽样调查；开展与建立现代企业制度和发展市场体系密切相关的快速专项调查；进行企事业单位的统计登记工作，建立和管理企事业单位名录库等。

第三，缩小和精简全面统计报表的范围，继续发挥重点调查的作用。重点调查具有投入少、效益高、速度快的特点，如果通过重点单位就能反映基本趋势的就不必进行全面调查。因此，全面报表制度的基础地位逐渐有所削弱，应进一步精简和改进报表指标，完善统计标准，使之形成稳定的、规范的统计制度。

第四，注重科学的综合分析推算方法的应用和统计信息自动化系统的建设。随着统计调查体系的改革，计算工作量将大量增加，一方面要求研究运用科学的分析推算方法；另一方面对统计信息自动化系统建设的要求也会更高、更迫切。各级政府和有关部门应高度重视并大力支持统计信息自动化系统的建设工作，并增加投入，以便于大规模、高效率、全方位、深层次地开发利用统计信息资源，为社会各界的决策和管理提供科学依据。

北京市流动人口调查方案

一、调查目的

此次北京市流动人口调查的目的是：

（1）掌握本市流动人口的数量、地区分布、结构、素质、流动原因、流向、职业以及流入人口中育龄妇女的生育情况。

（2）为市政府制定人口和计划生育政策、安排劳动力就业、加强流动人口的宏观调控等提供依据。

（3）为首都的政治稳定、社会治安和经济发展服务。

二、调查范围及对象

本次流动人口调查拟在全市 18 个区县、20 多万人中进行。调查的对象是指调查时居住或停留在本地区，但户口不在本地区范围内的流入人口，以及户口在本地区范围内，但调查时已离开该地区的流出人口（本地区是指城近郊八区或远郊每个区县）。

三、调查时间及主要内容

1994 年 11 月 10 日为本次调查的标准时间。

调查的主要内容包括：流动人口的数量、构成、来京（本地区）原因、来京（本地区）时间、来自何地、原来职业等内容。

四、调查方法

本次流动人口调查是在全面摸底的基础上，主要采用抽样的方法，以块为主组织调查，调查分三个途径进行：

（1）对居住在居民户中的流入、流出人口，采取对全市居（村）委会分层、等距抽样的方法，对抽中点内的流动人口进行全面登记。

（2）对居住在旅馆、饭店、招待所、医院、临时工棚、集贸市场等有固定处所的流入人口，在 8 月份进行一次摸底工作，在摸底的基础上抽取 2％的单位，对抽中单位的流入人口在 11 月 10 日进行逐项登记。对于有固定处所流入人口的总量则在 11 月 1 日进行全面清点。

（3）对 11 月 10 日调查当天出入北京市各交通路口、车站、机场的流出、流入人口进行人口流量的全面清点。

五、调查的组织领导及分工

本次调查在市人民政府领导下进行，由市计委牵头，市统计局、市公安局、市计生委及市各有关部门组成流动人口调查办公室，负责组织实施调查工作。各区县及乡、镇、街道和居、村委会成立相应机构，负责本地区流动人口调查工作。

六、手工汇总

流入人口及流出人口调查的一些主要数字，先进行手工汇总。全市汇总数据，上报市政府，经市政府审批后发布。

七、机器汇总

（1）编码：调查表经过复查后，逐项进行编码。编码由乡、镇、街道组织调查员直接进行。

（2）数据处理：由区县统计局负责调查资料的录入，由市统计局负责调查资料的编辑、制表等工作。

（3）数据发布：本次流动人口调查机器汇总资料的主要数据，经市政府审批后，由市统计局公布。

北京市统计局　1994年1月

大学生网购意向调查问卷

同学，您好。随着社会的进步、科技的不断发展、互联网的发展与普及，人们的消费模式也在悄然改变，越来越多的消费者从传统的购物方式转向了足不出户的网络消费。大学生是网购一族的主力军，为了了解大学生的网购倾向和对网购的看法，我们特地对在校大学生展开此次调查。此次调查为无记名调查，信息只作学术研究用。感谢您的支持与合作。

（备注：若是纸质问卷，请您在选项答案上打钩；若是电子问卷，请您把选项答案涂成红色。）

1. 请问您是否有过网购的经历（选 B 者可以不再继续做下去）：

A. 有　　　　　　　　　　　　　　　　　B. 没有

2. 请问您的性别是：

A. 男　　　　　　　　　　　　　　　　　B. 女

3. 您的家庭居住于：

A. 城市　　　　　　B. 乡镇　　　　　　C. 农村

4. 您的年级是：

A. 大一　　　　　B. 大二　　　　　C. 大三　　　　　D. 大四

5. 您的月生活费在哪个范围？

A. 500 元以下　　B. 500～1 000 元　　C. 1 000～1 500 元　　D. 1 500 元以上

6. 您一年网购的花费约是多少：

A. 1 000 元以内　　B. 1 000～3 000 元　　C. 3 000～5 000 元　　D. 5 000 元以上

7. 您每月网购的频率：

A. 1～2 次　　　　B. 3～4 次　　　　C. 5～6 次　　　　D. 7 次以上

8. 您或您的朋友对网上购物有哪些顾虑（可多选）：

A. 担心物品的质量　　　　　　　　　B. 担心售后服务没有保障

C. 担心网上交易的安全性　　　　　　D. 快递到达的时间不尽如人意

9. 相对于传统购物而言，您选择网络购物的原因是什么（可多选）：

A. 不受时间和空间的限制

B. 足不出户货物就能送到家门

C. 网上商品廉价，性价比高、选择面广

D. 更易找到符合自己需求的商品

10. 您身边是否有同学也喜欢网购？

A. 很少　　　　　　　B. 有一部分　　　　C. 基本都喜欢　　　D. 不清楚

11. 您了解网上购物的法规等吗?

A. 不了解　　　　　　B. 一点　　　　　　C. 很了解

12. 在网购商品出现质量问题或难以让自己满意时,您的解决方案是什么:

A. 找朋友转卖出去

B. 主动联系网上的商家,要求退换货物

C. 网上东西便宜,懒得退了

D. 没有碰到过这类问题,都很满意

13. 对于网购,您最关注的是哪一方面?

A. 价格　　　　　　　B. 质量　　　　　　C. 运费　　　　　　D. 评价

14. 您网购时经常购买哪类商品(可多选):

A. 虚拟商品　　　　　　　　　　　　B. 图书音像制品

C. 数码科技产品　　　　　　　　　　D. 日用品

E. 服装鞋帽箱包　　　　　　　　　　F. 食品

G. 二手商品　　　　　　　　　　　　H. 其他_____

15. 网购时,您习惯从哪些途径得到商品信息(可多选)?

A. 朋友推荐　　　　　　　　　　　　B. 网页广告信息

C. 邮件推送信息　　　　　　　　　　D. 手机短信

E. 收藏的店铺信息　　　　　　　　　F. 通过有目的的检索

G. 其他_____

16. 您在网购时遇到的主要困难是什么?(可多选并按序填写)_____

A. 商品描述不够清楚　　　　　　　　B. 支付环节太复杂

C. 网站速度太慢　　　　　　　　　　D. 其他_____

17. 您一般习惯上选择哪种支付方式进行付款(可多选,最多选3种方式)?

A. 网上银行支付　　　　　　　　　　B. 货到付款

C. 信用卡支付　　　　　　　　　　　D. 支付宝

E. 其他_____

18. 您认为网购会成为未来消费的主流模式吗?

A. 会　　　　　　　　B. 不会　　　　　　C. 不清楚

19. 您网购的第三方平台通常是(可多选):

A. 淘宝网　　　　　　　　　　　　　B. 当当网

C. 京东网　　　　　　　　　　　　　D. 各类团购网

E. 看买啥东西而论　　　　　　　　　F. 其他_____

20. 您对网购商品的满意度:

A. 满意   B. 比较满意   C. 一般   D. 不满意

21. 您认为目前网上购物还有哪些地方需要改进的?

_____

问卷到此结束,再次感谢您的合作

大学生网购意向调查组

2014 年 6 月

第三章 统计整理

学习目标

1. 理解统计整理的意义和内容,了解统计整理的步骤。
2. 掌握问卷数据的登记、审核和对问题问卷的处理方法,学会对问卷资料进行编码。
3. 理解统计数据分组的含义和作用,学会分配数列的编制,了解统计数据的显示方式。
4. 了解统计数据的分类方法,理解绝对数、相对数和平均数的含义,并熟练计算各种相对数。

第一节　统计整理概述

一、统计整理的意义

统计资料的整理是统计工作的第三个阶段,也称资料整理阶段。通过统计调查得到的大量原始资料,只是统计研究的基础,这些资料反映的是总体单位(个体)的状况,是分散凌乱的,不能系统完整地反映总体的情况。因此,必须对这些资料进行科学整理,才能得到能够说明总体特征的指标数值。

统计整理是根据统计研究的目的与要求,对所搜集到的大量、零星分散的个体原始资料进行科学加工与综合,使之系统化、条理化、科学化,为统计分析提供反映事物总体综合特征资料的工作过程。

统计整理是统计调查的继续,也是统计分析的基础和前提,发挥着承前启后的作用。从认识论的角度来说,统计整理是从个体到总体的过渡,是人们对社会经济现象的认识从感性上升到理性的过程。

二、统计整理的内容

统计整理的内容主要有统计资料的审核、统计资料分组、统计资料汇总、编制统计表、绘制统计图,其核心则是统计资料分组。在统计整理时,需要按照一定的步骤进行。

1. 统计资料的审核

对搜集到的资料进行全面审核,以确保统计资料符合统计研究的目的和要求,保证统计资料的准确性、完整性和及时性。

2. 统计资料分组

对原始数据审核结束后,根据研究的目和统计分析的需要,选择整理的标志,进行划类分组,即对统计资料进行分组。例如,在我国人口普查中,作为个体的每个人,在年龄、性别、民族、文化程度以及居住地等诸多调查标志上不完全相同,为反映我国人口总体内部的差异,就需要按照不同的标志对全国人口进行分组。比如,按性别可分为男、女两组;按年龄、民族可划分为若干组,这有助于对我国人口的性别、年龄、民族等各方面的结构及其比例关系的认识。

3. 统计资料汇总

在分组的基础上,将各总体单位归入相应的组,并汇总各组和整个总体的数据,得出反映各组和总体数量特征的各种指标。

4. 编制统计图表

将统计资料汇总阶段整理出来的资料,通过编制统计表和绘制统计图,简洁明了、系统有序地显示出来,以备分析之用。

5. 统计资料的系统积累

将原始资料以及汇总的资料等存入数据库,以便在需要时进一步加工,用于特定课题的研究,也便于以后同类调查数据的对比分析。

三、数据的预处理

(一)资料的审核

对调查资料进行审核是统计整理的第一步,包括以下内容。

1. 审核资料的完整性和及时性

完整性审核包括检查应调查的总体单位是否齐全,规定的项目是否都有答案,应报资料的份数是否符合规定。在处理调查问卷时,特别要注意答案缺失的情况。对于某些关键的问题,如果答案缺失的话,一种方法是追溯原始填问卷的人员,填补问卷的空白;另一种方法只能放弃该份问卷,以确保资料的可靠性。

审核资料的及时性,是看填报单位是否按时报送了有关资料。对不报、漏报或迟报的现象都要及时查清。

2. 审核资料的准确性

审核资料的准确性,是检查所填报的资料是否准确可靠。常用的审核方法有逻辑检查、比较审查法和设置疑问框审查。

逻辑检查是分析标志、数据之间是否符合逻辑,有无矛盾及违背常理的地方,即进行合理性检查。比如,一张调查表中,某人的年龄是 6 岁,职业是工程师,则其中必有一个是错误的。又如,企业的净产值大于同期总产值,这也是明显的逻辑错误。

比较审查法是利用指标数据之间的关系及规律进行审查,如地区居民户数不可能大于居民人数,工业总产值应等于重工业产值与轻工业产值之和,全国的 GDP 总额应等于各省、市、自治区的 GDP 之和等。这种审核方法容易通过计算机实现。

设置疑问框审查则是利用指标之间存在一定的量值与比例关系,通过规定疑问框,审查数据是否有疑问。例如,规定工业净产值与现价总产值的比值不低于 0.2,不高于 0.6,如果数据在此范围之外,即属于有疑问数据,被检出审查。操作中应注意疑问框的设置不能相距过大,否则会遗漏有差错的数据;但也不能过小,过小会使大量正确数据被检出来,增加审查的工作量。因此,疑问框的设计应由经验丰富的专家负责,才能取得良好的效果。

3. 次级资料的审核

对次级资料的审核,主要审核资料的可靠程度、指标含义、所属时间与空间范围、计算方法和分组条件与规定的要求是否一致。一般可以从调查资料的历史背景、调查者搜集资料的目的以及资料来源等,来判断资料的可靠程度,也可以从指标间的相互关系以及指标的变动趋势来检查它的准确性。对不能满足现在要求、缺漏或有疑问的资料,要进行有科学根据的推算、弥补和订正。

(二) 资料审核后的订正

通过审核发现有缺报、缺份和缺项等情况,应及时催报、补报;如果发现数据差错,应根据不同情况及时纠正或处理。

(1) 对于可以肯定的一般错误,应及时代为更正,并通知原报单位。

(2) 对于可疑之数或无法代为更正的错误,应要求原单位复查更正。

(3) 如果所发现的差错在其他单位也可能发生时,应将错误情况通报所有单位,以免发生类似错误。

(4) 对于严重的错误,应发还重新填报,并查明发生错误的原因,若属于违法行为,则应依法严肃处理。

四、统计整理方案的设计

在进行上述统计整理之前,要设计统计资料整理方案,即对统计整理的各个环节作出具体的安排与规定,拟定工作计划,以保证整理工作顺利进行。统计整理方案应包括的内容如下:

(1) 确定汇总的指标与综合表。应根据研究任务的要求或按照调查方案的规定,选择有关指标汇总,并设计综合表。

(2) 确定分组方法。规定各种指标汇总时要进行哪些分组,如果是按数量标志分组,还要确定组数、组距、组限值等。

（3）选择资料汇总的形式。资料汇总的形式是采用手工汇总还是采用计算机汇总,计算机汇总又采用哪种形式,以及汇总的组织工作与时间安排。

（4）确定资料的审查内容与方法。上面已经介绍了资料审查方法,在实际工作中应根据具体情况选用某种方法,或者以某种方法为主,结合采用其他方法。

此外,有些调查资料需要同历史资料衔接比较,为此还必须进行资料口径调整,以便能够进行对比。

资料整理方案是保证资料整理工作按质、按量、按时完成的指导性文件,方案的好坏直接关系到资料整理工作的质量。

第二节 问卷数据的处理

有些原始资料来源于问卷调查,此时对原始资料的整理首先是从调查问卷的回收与登记开始的。同时,为保证调查资料准确、真实和完整,还必须对问卷资料进行严格的审核,以确定哪些问卷是合格的,可以接受,哪些问卷是不合格的,必须作废。

一、调查问卷的回收与登记

对于发放的问卷,应在计划规定的时间内及时进行回收。在回收过程中,应加强责任制,保证问卷的完整和安全。要做好问卷的登记和编号工作,从不同调查点由不同调查人员交回的问卷,都要立即登记和编号。

一般事先需要专门设计登记表格,具体内容有:

（1）调查地区及编号,调查人员姓名及编号。

（2）调查实施的时间,问卷交付的日期。

（3）问卷编号。

（4）实发问卷数、上交问卷数、未答或拒答问卷数、丢失问卷数等。

回收的问卷应分别按照调查人员和不同地区（或单位）放置,醒目标明编号或注明调查人员和地区、单位,以方便整理和查找。

如果发现没有满足调查方案设计中对调查单位数的规定,应及时在正式的整理工作开始之前进行补充调查。

二、调查问卷的审核与处理

（一）调查问卷的审核

调查资料是资料整理工作的基础,通过对原始资料进行审查核实,可以避免调查资料的遗漏、错误或重复,保证调查资料准确、真实、完整和一致,达到调查资料整理的目的和要求。

因此,对于回收的问卷资料,不能马上进行数据录入处理,要对其进行完整性、准确性和及时性审核。

在进行完整性审核时,应注意问卷答案缺失的三种表现。第一种是全部不回答,第二种是部分不回答,第三种是隐含不回答,如对所有问题都选 A,或都回答"是"。第一种和第二种容易发现,对第三种情况应仔细辨别,谨慎处理,一旦确认,一般作为无效问卷,加以剔除。

在准确性审核时,可以通过上述讲过的逻辑检查、比较审查法和设置疑问框等方法进行审核,尤其要注意问卷前后答案逻辑上是否一致。如某位答卷者在某一问题中回答说自己最喜爱 A 品牌的产品,但在回答另一个问题时却说自己经常购买 B 品牌的同类产品。显然该被调查者的答案是前后矛盾的。对于这种情况,审核人员应决定是再向被调查者询问,还是将该份问卷作为无效问卷剔除。

在进行及时性审核时,要检查各调查单位的资料在时间上是否符合本次调查的要求,其中包括接受的资料是否延迟,填写的资料是否是最新的资料等,从而避免将失效、过时的信息资料用作决策的依据。

(二) 问题问卷的处理方法

对于审核检出的有问题的问卷,可以有三种处理方法。

1. 退回原地重新调查

该方法适用于规模较小、被调查者容易找到的情形。但是,调查时间、调查地点和调查方式可能发生变化,从而影响二次调查的数据结果。

2. 视为缺失数据

在无法退回问卷重新调查的情形下,可以将这些不满意的问卷数据作为缺失值处理。如果不满意的问卷数量较少而且这些问卷中令人不满意回答的比例也很小,涉及的变量不是关键变量,在此情况下,可采取此方法。

3. 放弃不用

如果问卷关键变量的回答缺失比较严重,存在的一些错误又无法更正,则只能把这些问卷作为废卷处理。如果令人不满意回答的问卷数占问卷总数的比例较大,且不满意问卷与合格问卷的答卷者在人口特征、职业、收入等关键变量方面的分布没有显著差异,则可以放弃问卷,说明此次问卷调查无效。

三、问卷资料的编码

(一) 编码的概念

编码就是将问卷信息(包括问题和答案)转化为计算机可识别的代码,以便于进行数据整理和分析。编码是信息转换的一种手段。原始信息一般可分为数字信息和文字信息两类,数字信息可以直接录入计算机,文字信息则需要经过编码转化为数字信息,才能高效准确地进行统计计算和分析。

（二）编码的作用

编码的作用主要体现在以下方面：

（1）将定性资料转化为定量数据，使问卷信息转化为规范标准的数据库，进而可以利用统计软件进行计算分析。

（2）减少数据录入和统计分析的工作量，节省时间和费用，提高工作效率。

（3）降低误差。资料经过量化后，清晰明了，不容易丢失。另外利用编码技术修正答案误差，替代缺失值，都可以降低误差。

（三）编码的基本原则

在编码过程中，应遵循以下原则：

（1）准确性原则。设计的代码要能准确有效地替代原信息。

（2）完整性原则。在转换信息形式的同时尽量不丢失信息，减少信息的损失和浪费。编码时一般需预留足够位置，以适应调整代码或插入新的号码的需要。

（3）效率性原则。易于操作，节约人力、物力。

（4）标准性原则。一般每一个代码只代表一个数据，代码的设计要避免混淆和误解。

（5）兼容性原则。即通用性原则，以便与其他系统接轨，增加调查资料的使用范围。

（四）事前编码

事前编码（pre-coding）是针对结构性问题的一种编码方法，编码方法相对简单，因为问题事先都已规定备选答案，所以每一个问题的每个答案都可以赋予编码，并对答案代码的含义和所在栏目予以说明。例：

您家里是否有电脑？　　　　　　　　　　1—有　2—没有

在这个问题中，代码1代表"有"，代码2代表"没有"。

以上是单选题，在1和2两个选项中只能选择一个答案。如果是多项选择题（即答案可选两个以上），编码处理方式是将每个选项设为二分变量，即对于每个选项给予"0"、"1"两个码，选中的标"1"，未被选中的则标"0"。例：

您喜欢的牛奶品牌是（可多选）：

① 光明　　　　　　（0，1）

② 达能　　　　　　（0，1）

③ 蒙牛　　　　　　（0，1）

④ 伊利　　　　　　（0，1）

⑤ 三元　　　　　　（0，1）

⑥ 均瑶　　　　　　（0，1）

（五）事后编码

事后编码（post-coding）是指问卷调查及回收工作完成以后再进行编码设计。需要进行事后编码的问题主要有两类：①封闭式问题的"其他"项；②开放题或非结构式问题。由于以上两类问题的回答较为复杂,所以一般需要在资料搜集完成后再进行编码设计。事后编码一般需由具有专业素质的编码人员进行。

对于事后编码要注意以下问题:

(1) 调查资料的编码要尽可能保持其内容的翔实性。

(2) 编码应采取一一对应的原则,即每个答案对应一个编码,不应交叉重叠。

(3) 一些重要项目即使未在问卷中出现,也应进行编码。

四、数据录入

如果是采用计算机辅助电话调查(CATI)、计算机辅助面访(CAPI)以及网络调查,数据搜集与录入可以同时完成。而对于面访、邮寄调查以及传真调查,事后还需要进行数据录入。数据录入的传统方式是键盘录入。此外还可以采用扫描、光标阅读器等光电录入方式。光电录入要求填写的调查表和编码的数字书写规范,否则容易造成数字误识。数据录入可以利用数据库形式,也可以采用一些专门的数据录入软件。

键盘录入容易出错,录入员可能因为手指错位、错看、串行等原因造成录入错误。如果录入人员工作态度不够认真负责或者技术不熟练,更会扩大差错率。因此,采用手工录入时,可采取以下措施,控制录入质量:

(1) 挑选工作认真、有责任心、技术熟练的录入员。

(2) 加强对录入员的监督管理。

(3) 定期检查录入员的工作质量和工作效率,对差错率和录入速度达不到要求的录入员予以淘汰。

(4) 对录入的资料进行抽样复查,一般复查比例为 25%～35%。

(5) 双机录入。即用两台计算机分别录入相同资料,比较并找出不一致的数据,确定差错,然后加以更正。双机录入可有效提高数据质量,但花费的时间和费用也较高。

第三节 统计数据的分组

一、统计分组的意义

对原始数据进行处理后,按照统计设计阶段制定的分组方法对统计资料或统计数据进行分组。统计分组是根据统计研究的目的和任务,按照某种标志,将总体区分为若干部分的一种统计方法。总体的这些组成部分,称为“组”。统计分组有两层含义:对于总体而言是“分”,即把不同性质的现象区分开来;对于个体而言是“合”,即把性质相同的个体归纳在一起。统计分组的基本原则是:保持各组内统计资料的同质性和组与组之间资料的差别性。

统计分组是统计工作的基本方法之一,也是统计整理中最重要的环节。准确的分组,能够说明现象的本质和特征,而分组不当,则会掩盖事实的真相。因此,在保证调查资料准确性的前提下,分组是否合理、科学,关系到整个统计分析研究的成败。

二、统计分组的作用

统计分组是统计整理的重要环节,其作用主要有三个方面。

1. 区分现象的性质,划分现象的类型

社会经济现象是复杂多样的,它们具有不同的性质、特征和规律。在统计分析研究中,需要运用统计分组方法,将总体根据一定的标志,划分为若干不同性质的组,使其显示各自不同的特征以及发展规律。

关于社会经济现象的分组是国民经济核算理论的重要组成部分,常用的分类方法有按生产资料所有制进行的经济成分的划分;按经济活动的性质进行的行业分类;按机构单位所具有的基本特征进行的机构部门分类以及三次产业分类、企业规模分类等。

2. 反映现象的内部结构

将社会经济现象总体按照某个标志分成若干组成部分,即可计算总体内部各组成部分所占比重,揭示总体内部的构成,反映部分与总体、部分与部分之间的比例关系。而且这种比例关系,往往还能表明总体结构所属的类型。将总体的结构分组资料按照时间的顺序排列分析,可以反映各组比重的变化以及由此引起的各组地位的变化、总体性质的发展变化。

上海市生产总值(增加值)构成如表 3-1 所示。

表 3-1   上海市生产总值(增加值)构成

产业	1978 年		1990 年		2000 年		2013 年	
	绝对数(亿元)	比 重(%)	绝对数(亿元)	比 重(%)	绝对数(亿元)	比 重(%)	绝对数(亿元)	比 重(%)
第一产业	11.00	4.03	32.60	4.31	83.2	1.83	129.28	0.60
第二产业	211.05	77.36	482.68	63.81	2 163.68	47.54	8 027.77	37.16
第三产业	50.76	18.61	241.17	31.88	2 304.27	50.63	13 445.07	62.24
合 计	272.81	100.00	756.45	100.00	4 551.15	100.00	21 602.12	100.00

资料来源:历年上海市国民经济和社会发展统计公报

从表 3-1 中可以看出上海自 1978 年改革开放以来至 2013 年期间产业结构的发展变化情况。2013 年上海市第三产业增加值占上海市生产总值的比重已经超过 60%。

3. 反映现象之间的依存关系或因果关系

社会经济现象不是孤立存在的,相互之间存在着依存或制约关系,一个现象的变化常常是相关现象变化的原因或结果。例如,工业企业中,劳动生产率水平变化与成本、利润变化的依存关系;商业企业中,商品销售额与流通费用的关系;居民收入水平与消费水平、储蓄水

平的关系等。

运用分组法研究经济现象的依存或因果关系时,选择总体单位的某个标志作为分组标志,观察其他标志与分组标志的联系情况。

表 3-2 上海市近几年生产总值与 R&D 经费支出 单位:亿元

年份	生产总值	R&D 经费支出
2009	15 046.46	423.38
2010	17 165.98	481.70
2011	19 195.69	597.71
2012	20 181.72	679.46
2013	21 602.12	737.00

资料来源:《2013 年上海市国民经济和社会发展统计公报》

从表 3-2 中可以看出,上海市研究与试验发展(R&D)经费支出与生产总值有明显的依存关系,生产总值越高,研究与试验发展(R&D)经费支出也越多。

三、分组标志的选择

分组标志是统计分组的依据或标准。正确选择分组标志是进行统计分组的关键,分组标志确定得恰当与否会直接影响统计分组的作用。分组标志的选择,必须遵循以下几条原则。

1. 根据研究目的选择分组标志

同一总体由于研究目的的不同,采用的分组标志也不同。例如,对某地区所有企业这一总体,如果研究目的是企业规模大小对于效益的影响,可以采用资产总额和年销售额作为分组标志;如果研究目的是不同经济类型的企业发展情况,则应采用经济类型(公有经济和非公有经济)作为分组标志。

2. 选择能够反映现象本质或主要特征的标志

有时能够反映某一研究目的的标志有多个,此时应尽可能选取最能反映现象本质的关键性标志。例如,研究职工生活水平,有关的标志有职工工资水平与职工家庭人均收入水平,而其中人均收入水平更能反映职工生活水平的真实情况,是应该被采用的关键性标志。

不过需要指出的是,有些经济现象由于其复杂性,采用单个分组标志不能满足要求,必须采用两个以上的分组标志。比如,对企业规模的划分,就需采用资产总额和年销售额双重标志进行分组。

3. 考虑现象所处的具体历史条件和经济条件

随着社会的发展,现象所处的历史条件和经济条件也在不断变化,改革开放以后,我国经济体制已从计划经济转轨为市场经济,尤其是中国加入 WTO 以后,包括统计制度在内的经济活动逐步与国际接轨,因此许多过去适用的分组标志现在可能不再适用,应根据条件的变化选用新的、合适的标志。

例如,在经济发展水平较低的时候,企业规模的划分可采用职工人数作为分组标志;而在经济发展水平较高的时候,企业规模的划分则应选择固定资产价值或生产能力作为分组标志。

四、简单分组与复合分组

根据统计分组时采用标志的多少,有简单分组和复合分组两种分组方法。

(1) 简单分组是按照一个分组标志对所研究的对象进行分组。例如,人口按性别分为男、女两组;企业按经济类型分成公有经济和非公有经济两组。

(2) 复合分组是对所研究的现象采用两个或两个以上的标志进行层叠分组。例如,对某地区工业企业总体,可以先分为轻工业和重工业,然后再按照经济类型进行分组,还可以进一步根据规模、地区等标志进行第三次、第四次分组。

在实际工作中是采用简单分组还是复合分组,要根据总体的特点、分组的目的以及资料的条件来决定。一般来说,如果总体单位数很多,情况复杂,适宜采用复合分组。但是需要注意的是,如果采用标志太多,会使所分组数成倍增加,导致各组单位数过少,反而达不到分组目的。因此,一般情况下不宜采用过多标志进行分组。

选择一定的分组标志进行分组后,统计每组所拥有的次数,再将其列成表格,就形成了次数分布数列,即分配数列。

五、分组的种类及方法

分配数列可以按品质标志分组,也可以按数量标志分组,分别形成品质数列和变量数列。按品质标志分组,也就是对定性数据进行分组;按数量标志分组也就是对定量数据进行分组。

(一) 定性数据的分组

对于定性数据的分组,分组标志一旦确定,各组的特征也同时确定,分组的界限比较明确,如,人口按性别分为男、女两组。但是,对于复杂的定性数据分组,组与组的界限不易划分,如工业产品分组、工业部门的分组等。对这些复杂的分组,国家有专门的分类标准,制定统一的分类目录,如工业产品分类目录、工业部门分类目录等。

品质数列用来观察总体中不同属性的单位分布情况。例如,人口统计中按民族、性别、籍贯等进行分组形成的数列;工业统计中按工业企业的经济类型、行业进行分组形成的数列,运输业按运输方式进行分组形成的数列等。

(二) 定量数据的分组

对定量数据进行分组后形成的变量数列,主要由两部分构成:一是总体各分组;二是总体单位在各组分配的次数。次数可用绝对数表示，也可用相对数表示。次数的绝对数称为频数，即各组的总体单位数；次数的相对数称为频率或比重，是次数与总次数的比值，通常用百分数表示。

变量数列通常用表格来显示，这种表称为次数分布表（见表 3-3）。由表 3-3 可以看到，工人数是次数的绝对数（即频数），比重是次数的相对数（即频率）。

表 3-3 　　　　　　　　　　某工厂 1 月份工人平均日产量

按日均产量分组（件）	工人数（人）	比重（%）
11	60	18.75
12	120	37.5
13	100	31.25
14	40	12.5
合计	320	100.00

根据数列中每组变量值的多少及取值范围的不同，变量数列可分为单项数列和组距数列两种。

1. 单项数列

单项数列就是每一个组只有一个变量值的数列。它是按变量值大小顺序排列的。当离散变量取值个数不多、变量值波动范围不大时，可编制单项数列。这时，通常有多少个不同的变量值就分为多少个组。表 3-3 就是某工厂 1 月份按日均产量分组所形成的单项数列。连续变量不能编制单项数列，只能编制组距数列。

2. 组距数列

组距数列就是把变量的取值范围划分成若干区间，以一段变动区间为一个组的数列。即组距数列中每个组由两个变量值形成的一个区间来表示。每个组的变量最大值称为上限，变量最小值称为下限，上限、下限通称为组限。组距数列适用于连续变量，或离散变量且变量取值个数很多、变量波动范围很大的情况。

组距数列的每组区间的距离就是组距，即

$$组距 ＝ 上限 － 下限$$

在全部数列中，最小组的下限与最大组的上限之间的差额为全距。其计算公式如下：

$$全距 ＝ 最大组的上限 － 最小组的下限$$

或　　　　　　　　　　　$$全距 ＝ 最大变量值 － 最小变量值$$

每个组上限、下限的中点为组中值。其计算公式如下：

$$组中值 = \frac{上限值 + 下限值}{2}$$

在组距数列中,上限、下限齐全的组称为闭口组,如缺上限或缺下限的组称为开口组。开口组组中值的计算公式如下:

$$缺下限的开口组组中值 = 上限 - \frac{邻组组距}{2}$$

$$缺上限的开口组组中值 = 下限 + \frac{邻组组距}{2}$$

每一个组中,如果变量值分布均匀,组中值便与平均数一致,所以组中值常用来代表各组的平均水平,是一个很重要的指标,在统计分析中被广泛采用。

根据每组的组距是否相等,组距数列又分为等距数列和异距数列。

(1)等距数列。每组的组距都相等的数列称为等距数列。当变量值变动比较均匀的情况下,都可采用等距分组。例如,工人的年龄、工龄、工资的分组;零件尺寸的误差、加工时间的分组;农产品单位面积产量、单位产品成本的分组等。等距分组有很多好处,它便于绘制统计图,也便于进行各类运算。表 3-4 是一个等距数列,各组的组距均为 1 000 元。

表 3-4　　　　　　　　　　　　某公司职工月工资资料

月工资(元)	人数(人)	比重(%)
1 000 以下	22	2.8
1 000～2 000	85	10.6
2 000～3 000	124	15.5
3 000～4 000	306	38.3
4 000～5 000	187	23.4
5 000～6 000	51	6.4
6 000 以上	25	3.1
合　计	800	100.0

(2)异距数列。每组的组距不全相等的数列称为异距数列。当变量值分布很不均匀时,或者标志值相等的量具有不同意义时,宜采用异距分组。

在编制变量数列时,究竟是采用等距数列还是异距数列,要根据资料的特点和统计研究的需要而定,要能反映分布的规律,另外还应服从分组的要求,即性质相同的单位合并在一起,保持各组内统计资料的一致性和各组之间资料的差异性。例如,研究某市不同年龄别的人口分布,采用异距数列(见表 3-5)。

表 3-5 　　　　　　　　　　　某市不同年龄别的人口分布

人口按年龄分组(岁)	人口数(万人)	比重(%)
1 以下(婴儿组)	11.2	2.1
1～6(幼儿组)	63.4	11.8
7～16(中、小学生组)	126.5	23.6
17～55(劳动力年龄组)	246.8	45.8
55 以上 (老年组)	88.9	16.6
合　计	536.8	100.0

(三) 变量数列的编制方法

单项数列的编制比较简单,因此,变量数列的编制主要是说明组距数列的编制。

1. 确定组距和组数

首先将原始资料按标志值的大小顺序排列,找出最大值、最小值,确定全距,然后再根据标志值的数量及全距确定组距和组数。组距和组数互为制约,组数多则组距小,组数少则组距大。一般可先确定组距,再根据组距确定组数。

以 R 代表全距,I 代表组距,K 代表组数,如已知全距和组距,则有

$$K = \frac{R}{I}$$

反之,如已知全距和组数,则有

$$I = \frac{R}{K}$$

在社会经济统计中,所分组数不宜太多或太少,一般为 5～15 组较合适,当然,不同情况需区别对待。重要的是通过分组应将总体单位的性质区别及其分布特征、集中趋势显示出来。

2. 组限的确定

确定组限时应注意:最小组的下限应低于或等于最小变量值,而最大组的上限应高于或等于最大变量值。因为只有如此,才能把所有的变量值都包括在各组中,但组限和变量值的距离又不要差距过大,必要时,可采用开口组(如人口统计中的年龄分组见表 3-5)。

组限的表达形式与变量的特点密切相关。如果分组标志是连续变量,组限一般采用重合式表达,即用同一个数字作为相邻组的上下限;如果分组标志是离散变量,组限一般用不重合式表达,即用顺序两个数字作为相邻组的上下限。当然,组限的表示方法不局限于此,常用的表示方法见表 3-6。

表 3-6   组限表示方法

一	二	三	四	五
0～10	0～不足 10	0～9	0～9.99	0～10
10～20	10～不足 20	10～19	10～19.9	10 以上～20
20～30	20～不足 30	20～29	20～29.9	20 以上～30
30～40	30～不足 40	30～39	30～39.9	30 以上～40
……	……	……	……	……

表 3-6 中第一列是常用形式,适用于连续变量数列,一般不包括上限,即上限不在内。第二列是对第一栏的补充或修正,规定更为明确。第三列适用于离散变量数列,第四列是第三列的延伸,但适用于连续变量数列,可根据需要,规定不同的小数点后的有效位数。第五列是下限不在内,即不包括下组限。

(四)累计次数表

在研究变量数列的频数或频率分配情况时,往往还需要累计次数和频率的分配情况,这就需要编制累计次数表。

累计次数即从数列的头或尾开始,截止到某一组的上限或下限止,累计出现的次数是多少。分为:

(1)较小制累计次数。从最小的一组算起,小于该组的上限的累计次数。

(2)较大制累计次数。从最大的一组算起,大于该组的下限的累计次数。

根据累计次数表(如表 3-7 所示)可以绘制累计次数图(如图 3-1 所示)。累计次数图是以累计次数为纵坐标,分组为横坐标,较小制累计次数曲线以各组上限为横轴,较大制累计次数曲线以各组下限为横轴。

表 3-7   某公司职工工资累计次数表

月工资(元)	次 数		较小制累计次数		较大制累计次数	
	人数(人)	比重(%)	人数(人)	比重(%)	人数(人)	比重(%)
1 000 以下	22	2.8	22	2.8	800	100.0
1 000～2 000	85	10.6	107	13.4	778	97.3
2 000～3 000	124	15.5	231	28.9	693	86.6
3 000～4 000	306	38.3	537	67.1	569	71.1
4 000～5 000	187	23.4	724	90.5	263	32.9
5 000～6 000	51	6.4	775	96.9	76	9.5
6 000 以上	25	3.1	800	100.0	25	3.1
合计	800	100.0	—	—	—	—

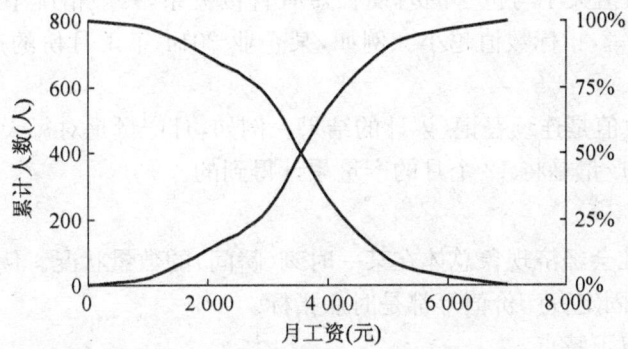

图 3-1 某公司职工工资累计次数图

第四节 统计数据的分类

对分组后得到的数据进行加工、汇总等处理,得到说明总体综合特征的指标。这些统计数据按其作用和表现形式分类,可分为绝对数、相对数和平均数;按照被描述的对象与时间的关系分类,可分为截面数据与时间数列数据。

一、绝对数、相对数和平均数

(一)绝对数

通过统计资料汇总得到的统计数据大都是以绝对数的形式表现的,绝对数是反映社会经济现象总规模、总水平的总量指标。将总体单位数相加或总体单位标志值相加,就可得到说明社会经济现象总体的总量指标。例如,我国第六次人口普查,所有被调查者相加就得到我国 2010 年 11 月 1 日零点的全国总人口为 133 972 万人;2013 年年末全国就业人员为76 977 万人;2013 年全年全社会固定资产投资为 447 074 亿元。以上指标均为总量指标,也就是绝对数。

总量指标按反映的时间状态不同,分为时期指标和时点指标。

1. 时期指标

时期指标表明社会经济现象总体在一段时期内发展过程的总结果。例如,某种产品的产量、商品销售额、工资总额、国内生产总值等都是时期指标。

时期指标具有以下特点:

(1)不同时期的指标数值具有可加性,即可以累计,相加后表示较长时期现象总的发展水平。例如,将 1 年内 12 个月的钢产量相加就得到全年的钢产量。

（2）时期指标数值大小与包含的时期长短有直接关系，一般情况下，包含时期越长，指标数值越大；时期越短，指标数值越小。例如，某企业 2014 年 1 月份的产值总是小于 2014 年第一季度的产值。

（3）时期指标数值是连续登记、累计的结果。例如，月产量是对每天的生产量进行登记然后累计得到的，年产量是将 12 个月的产量累计得到的。

2. 时点指标

时点指标表明社会经济现象总体在某一时刻（瞬间）的数量状况。例如，年末人口数、期末商品库存量、年初固定资产价值等都是时点指标。

时点指标具有以下特点：

（1）不同时点的指标数值不具有可加性，即相加后不具有实际意义。例如，将某企业 1 月末的库存、2 月末的库存、3 月末的库存相加就没有实际意义。

（2）时点指标的数值大小与其时间间隔（两个不同时点的指标之间的时间距离）长短无直接关系。例如，某年某种商品库存量 1 月 1 日为 2 500 吨，4 月 30 日为 3 700 吨，12 月 31 日为 2 300 吨，4 月 30 日至 12 月 31 日相隔 8 个月，其指标数值却减少了，这是因为时点指标数值是现象发展变化差异的结果，与时间间隔长短无关。

（3）时点指标数值是间断计数的，因为不可能对每一时点（瞬间）的数量都进行登记，通常是隔一段时间登记一次。这种登记的间隔可长可短，有的相隔 1 天，有的相隔 1 月，有的相隔 1 年等。

（二）相对数

相对数是说明社会经济现象之间数量对比关系的相对指标，是两个有联系的指标数值对比求得的比值或商数。因此，相对数就是相对指标。用来进行比较的指标，可以是总量指标，也可以是平均指标或者是相对指标。

相对指标按其表现形式不同可分为两类：一类是没有计量单位的，是一种抽象化的数值，称此为无名数。无名数虽然没有计量单位，但可以有多种表现形式，如系数、倍数、成数、百分数、千分数、百分点等。另一类是有计量单位的，称此为名数，其计量单位通常是由分子分母的单位复合而成。例如，人口密度指标是以"人/平方公里"表示，劳动力装备程度指标用"瓦/人"表示，人均国内生产总值（人均 GDP）用"元/人"表示。

相对指标按其研究目的、作用和计算方法不同可分为计划完成程度相对指标、结构相对指标、比例相对指标、比较相对指标、动态相对指标和强度相对指标。

1. 计划完成程度相对指标

计划完成程度相对指标也可简称计划完成相对数，是用来检查和监督计划完成情况的相对指标，等于某一时期实际完成的指标数值与计划指标数值相对比的结果。一般用百分数表示。其基本计算公式如下：

$$计划完成程度相对指标 = \frac{实际完成指标值}{计划指标值} \times 100\%$$

【例3-1】 某公司2012年计划销售额为2.5亿元,实际销售2.8亿元,则该公司当年销售额计划完成程度相对指标如下:

$$销售额计划完成相对指标 = \frac{2.8}{2.5} \times 100\% = 112\%$$

即该公司销售额超额完成计划12%。

对于计划完成情况好坏的评价,要看计划指标的性质和要求。有的计划指标是以最低限额提出的任务,如利润额、销售额等收入成果性指标,计划完成程度大于等于100%为好,大于100%的部分属于超额完成的部分;有的计划指标是以最高限额提出的任务,如产品的成本、单位原材料消耗量等消耗支出性指标,计划完成程度小于等于100%为好,小于100%的部分属于超额完成的部分。

由于现象的不同特点,在制订计划时可采用总量指标、相对指标和平均指标等不同形式,因此计算计划完成程度相对指标时也有所区别。

1)总量指标的计划完成程度

计算总量指标的计划完成程度一般采用上述基本公式,即将实际完成数值与计划指标值直接对比。但检查长期计划,如五年计划的执行情况时,由于计划指标有两种不同的制定方法,在计算其计划完成程度相对指标时也有两种不同方法:水平法和累计法。

(1)水平法。当计划指标为长期计划最后一个时期应达到的水平时,计算计划完成程度相对指标是将计划期最后一个时期实际完成的指标数值与计划规定应达到的指标数值对比。其计算公式如下:

$$计划完成程度 = \frac{计划期最末期实际达到水平}{计划要求最末期应达到水平} \times 100\%$$

【例3-2】 某企业1996—2000年第九个五年计划规定到2000年某种产品年产量达到4 500万台,实际完成了4 800万台。其计划完成程度如下:

$$计划完成相对指标 = \frac{4\ 800}{4\ 500} \times 100\% = 106.7\%$$

说明这种产品超额6.7%完成五年计划。

(2)累计法。当计划指标为计划期内完成工作总量时,计算计划完成程度相对指标是将计划期内实际完成的累计数与计划规定应完成的工作总量对比。其计算公式如下:

$$计划完成程度 = \frac{全期累计实际完成数}{全期累计计划数} \times 100\%$$

【例 3-3】 某地区第十个五年计划规定基本建设投资总额为 520 亿元,五年内累计完成 530 亿元,计划完成程度相对指标如下:

$$计划完成相对指标 = \frac{530}{520} \times 100\% = 101.9\%$$

即超额完成计划 1.9%。

2)相对指标的计划完成程度

在实际工作中有些计划指标是以提高率或降低率,即以相对指标的形式来表示的,如劳动生产率提高率、成本降低率、单位产品的能耗降低率等。

如果计划指标是提高率,则计划完成程度的计算公式如下:

$$计划完成程度 = \frac{1 + 实际提高率}{1 + 计划提高率} \times 100\%$$

如果计划指标是降低率,则计划完成程度的计算公式如下:

$$计划完成程度 = \frac{1 - 实际降低率}{1 - 计划降低率} \times 100\%$$

【例 3-4】 某企业计划要求产品单位成本下降 5%,实际单位成本下降了 8%,则计划完成程度指标如下:

$$单位成本降低计划完成程度相对指标 = \frac{100\% - 8\%}{100\% - 5\%} \times 100\% = 96.84\%$$

计算结果表明,单位成本计划完成程度小于 100%,说明实际成本比计划成本有所降低,超额完成了成本降低计划。

在实际工作中也有采用实际提高(或降低)率与计划提高(或降低)率相减的方法计算。相减的结果说明实际比计划多提高(或多降低)的百分数,用百分点表示。如上例中,单位成本完成计划情况用 3%(8%-5%),说明实际比计划多降低 3 个百分点。

3)平均指标的计划完成程度

平均指标计划完成程度相对指标的计算直接采用基本公式,用实际指标数值与计划指标数值对比求得,这里不再多述。

2. 结构相对指标

结构相对指标是将总体按某一标志分组,然后将各组指标数值与总体指标数值对比求得的结果,反映总体内部的构成状况。结构相对指标一般用百分数表示,其计算公式如下:

$$结构相对指标 = \frac{总体内某组指标数值}{总体指标数值} \times 100\%$$

概括地说,结构相对指标就是部分与总体对比得出的比重或比率。总体在分组的情况下,可以计算结构相对指标,以说明各组指标在总体指标中所占的比重。由于对比的基础是同一总体的总数值,所以各部分(或组)的结构相对指标数值之和等于100%或1。

【例 3-5】 2013 年全国国内生产总值(GDP)568 845亿元,其中,第一产业增加值56 957 亿元,第二产业增加值 249 684 亿元,第三产业增加值 262 204 亿元,则三个结构相对指标分别如下:

$$第一产业增加值占 GDP 的比重 = \frac{56\ 957}{568\ 845} \times 100\% = 10.0\%$$

$$第二产业增加值占 GDP 的比重 = \frac{249\ 684}{568\ 845} \times 100\% = 43.9\%$$

$$第三产业增加值占 GDP 的比重 = \frac{262\ 204}{568\ 845} \times 100\% = 46.1\%$$

在研究经济现象时,结构相对指标具有以下方面的重要意义:

(1)用于分析现象总体的内部构成状况,说明事物的性质和特征。例如,瑞典人口学家桑德巴根据人口的年龄构成,将人口结构分成如表 3-8 所示的三种类型。

表 3-8 人口构成的类型(%)

年龄	0~14 岁	15~49 岁	50 岁以上
增加型	40	50	10
稳定型	26.5	50.5	23
减少型	20	50	30

资料来源:《人口统计学》中国人民大学出版社 2001 年版

一般来说,14 岁以下也即青少年人口在总人口中所占比例的大小,决定着未来的人口出生率和自然增长率,因此,人口年龄的结构相对指标,可以反映人口再生产是增加型、稳定型或者减少型。

(2)通过将不同时间的结构相对数进行对比分析,可以说明现象的变化过程和发展规律(如表 3-9 所示)。

表 3-9 我国国内生产总值构成(%)

年份	1978	1985	1995	2005	2013
第一产业	28.1	28.4	20.5	12.4	10.0
第二产业	48.2	43.1	48.8	47.3	43.9
第三产业	23.7	28.5	30.7	40.3	46.1
合 计	100.0	100.0	100.0	100.0	100.0

资料来源:国家统计局网站 http://www.stats.gov.cn/

上述资料表明,我国自 1978 年改革开放以来,国民经济产业结构的发展变化规律。可以看出,第一产业在国内生产总值中所占比重趋于下降,而第三产业所占比重是不断上升,2013 年第三产业所占比重超过了第二产业的比重。

(3)总体各组的结构相对指标可以说明各组在总体中的地位和作用,对于计算平均指标有特殊的意义。

一般来说,在同一总体内部,某一部分的结构相对指标越大,其在总体中的地位越重要,作用也越大,在计算平均指标时所占的权重越大。

3. 比例相对指标

比例相对指标是同一总体内不同组成部分的指标数值对比的结果,它可以表明总体内部的比例关系。其计算公式如下:

$$比例相对指标 = \frac{总体内某部分指标值}{总体内另一部分指标值}$$

比例相对指标可以用百分数表示,也可以用一比几或几比几的形式表示。例如,某学校教学人员为 900 人,非教学人员 100 人,则教学人员与非教学人员的比例用几比几形式可表示为 9:1。统计分析中,有时还要求用连比形式表示总体中若干个组的比例关系。

【例 3-6】 承[例 3-5],全国国内生产总值(GDP)产业构成比例相对数为:

$$\frac{第一产业}{第二产业} = \frac{56\ 957}{249\ 684} = 22.81\%$$ 或写成:第一产业:第二产业 $= 1:4.38$

$$\frac{第一产业}{第三产业} = \frac{56\ 957}{262\ 204} = 21.72\%$$ 或写成:第一产业:第三产业 $= 1:4.60$

同样可以表示为:

$$第一产业:第二产业:第三产业 = 1:4.38:4.60$$

比例相对指标分子分母通常可以交换,但是有些特殊的比例相对指标不能交换,如出生人口性别比。所谓出生人口性别比,是指该人口某一时期(通常为一年)内出生的男婴总数与女婴总数的比值,用每百名出生女婴数相对应的出生男婴数表示。用公式表示即为:

$$出生人口性别比 = \frac{男婴总数}{女婴总数} \times 100$$

例如,某地区人口 1975 年的出生人口性别比为 105,则表明该地区在 1975 年出生总人口中,每出生 100 名女婴相对应的男婴出生数为 105。

在人口普查中,出生人口性别比是一个重要的指标,我国从 20 世纪 80 年代以来,已经历了近 30 年的出生人口性别比偏高且持续上升的过程(见表 3-10)。

表 3-10 我国出生人口性别比指标

年份	1982	1990	2000	2005	2008	2009	2012
出生人口性别比	108.5	111.3	116.9	118.6	119.58	119.45	117.70

比例相对指标可以反映有关事物之间的实际比例关系,有助于我们认识客观事物是否符合按比例协调发展的要求,参照有关标准,可以判断比例关系是否合理。在宏观经济管理中,利用比例相对指标可以分析国民经济中各种比例关系,调整不合理的比例,促进国民经济稳步协调发展。

4. 比较相对指标

比较相对指标是同一时间不同空间(不同国家、不同地区、不同单位)的某项指标对比的结果。其计算公式如下:

$$比较相对指标 = \frac{甲地(或单位)某指标值}{乙地(或单位)某指标值}$$

比较相对指标一般用倍数或系数表示,有时也可用百分数表示。

【例 3-7】 甲、乙两公司 2013 年商品销售额分别为 5.4 亿元和 3.6 亿元,则甲公司商品销售额对乙公司销售额的比较相对指标计算如下:

$$比较相对指标 = \frac{甲公司销售额}{乙公司销售额} = \frac{5.4}{3.6} = 1.50(倍)$$

比较相对指标用总量指标进行计算对比,往往受到总体规模和条件的影响,其结果不能准确反映现象发展的本质差异,所以一般采用相对指标或平均指标计算。

[例 3-7]中,用甲、乙两公司平均每个职工年销售额进行对比,假设甲公司平均每一职工销售额为 21.6 万元,乙公司平均每个职工销售额为 23.2 万元,则

$$甲公司对乙公司的比较相对指标 = \frac{21.6}{23.2} \times 100\% = 93\%$$

这说明虽然甲公司总销售额比乙公司多,但劳动效率却低于乙公司,因此应该在提高劳动效率方面做更大努力,以达到提高经济效益的目的。

一般情况下,比较相对指标的分子、分母可以互换,便于从不同的角度来说明同一问题。但如果对比的基数是一个统一的标准,如将各单位产品的质量、成本、单耗等技术经济指标和国家规定的水平比较,和同行业的先进水平比较,和国外先进水平比较等,这时分子和分母的位置不能互换。另外,还须注意与比例相对指标的区别。比例相对指标的分子分母数值属于同一总体,而比较相对指标的分子分母数值属于两个不同的总体。由于统计总体随着研究目的的不同而不同,造成同一比率有时是比例相对指标,有时又是比较相对指标。例如,北京市人口数与上海市人口数相比,如果研究的是全国的人口情况,并了解不同地区之

间人口数的对比情况,则这个指标是比例相对指标;如果研究的是北京市的人口状况,只是与上海来做个比较,则是比较相对指标。

运用比较相对指标对不同国家、不同地区、不同单位的同类指标对比,有助于揭露矛盾、找出差距、挖掘潜力,促进事物进一步发展。

5. 动态相对指标

动态相对指标是某一指标在不同时间上的数值对比的结果,说明同类现象在不同时间上的发展程度。动态相对指标一般用百分数表示,其计算公式如下:

$$动态相对指标 = \frac{报告期水平}{基期水平} \times 100\%$$

公式中的基期是作为比较标准的基础时期,报告期是用来与基期对比的时期,也称比较期或计算期。

动态相对指标也称发展速度,与它一起经常计算的指标是增长速度。增长速度是人们在日常社会经济工作中经常用来表示某一时期内某动态指标发展变化状况的动态相对数。增长速度是表明社会现象增长程度的相对指标,它是报告期的增长量与基期发展水平之比。其计算公式如下:

$$增长速度 = \frac{报告期水平 - 基期水平}{基期水平} \times 100\% = 发展速度 - 1$$

计算结果若是正值,则称为增长速度,也可称为增长率;若是负值,则称为降低速度,也可称为降低率。

【例 3-8】 甲公司 2013 年的产值是 2 400 万元,2012 年的产值是 2 000 万元,则该公司的产值发展速度如下:

$$发展速度 = \frac{报告期水平}{基期水平} \times 100\% = \frac{2\ 400}{2\ 000} \times 100\% = 120\%$$

该公司产值的增长速度为 20%。

动态相对指标属动态分析指标,它的应用主要在时间数列分析中,用于研究社会经济现象的发展变化过程。在第五章将予以详细介绍。

6. 强度相对指标

强度相对指标是两个性质不同而有联系的总量指标对比的结果,可以反映现象的强度、密度和普遍程度。其计算公式如下:

$$强度相对指标 = \frac{某一总量指标值}{另一总量指标值}$$

有的强度相对指标是以名数表示的,如商品流转次数用"次"表示,且有些强度相对指标的名数是由分子分母的计量单位组成,例如,某地区一定时期的粮食产量与人口数对比,得到人均粮食产量为"千克/人"。还有些强度相对指标是采用百分数、千分数等无名数表示,如资金利税率、商品流通费用率等用百分数表示,人口出生率、人口死亡率、人口自然增长率用千分数表示。

在实际运用中,有些强度相对指标的分子和分母可以互换,形成正指标和逆指标两种计算方法。正指标的数值大小与现象的发展程度或密度成正比,逆指标的数值大小与现象的发展程度或密度成反比。例如,反映卫生事业对居民服务保证程度的指标计算如下:

$$每千人口的医院床位数 = \frac{医院床位数(张)}{人口数(千人)} \quad (正指标)$$

计算结果的指标数值越大,说明对居民的医疗保证程度越高,这是从正面说明问题,因此称为正指标。如果把分子与分母互换位置,得

$$每张医院床位负担人口数 = \frac{人口数(人)}{医院床位数(张)} \quad (逆指标)$$

计算结果的指标数值越小,说明对居民的医疗保证程度越好,这是从反面说明问题,故为逆指标。

但要注意的是,并不是所有强度相对指标的分子分母都可以互换。例如,人均 GDP、人口出生率和人口死亡率等,其分子、分母是不能互换的。

(三)平均数

平均数是反映同质总体各单位某一标志在具体时间、地点条件下达到的一般水平的统计指标,也就是平均指标。例如,对某单位职工的某月工资额进行平均,得到职工的月平均工资;对某种产品的成本进行平均,得到该种产品单位平均成本;对某人口总体的每人年龄进行平均得到平均年龄。这里的平均工资、单位产品成本、平均年龄都是平均指标。平均指标通过平均将总体各单位标志表现的差异抽象化,用一个数值说明总体的一般水平。

平均指标的作用及计算将在第四章介绍。

二、截面数据与时间数列数据

统计数据按照被描述的对象与时间的关系分为截面数据与时间数列数据。截面数据指的是在同一时刻或同一状态下社会经济现象(指标)的变化情况。一组截面数据各指标的量纲或者属性可以不同,因此截面数据之间一般不能进行四则运算,特别不能做加减运算。时间数列数据描述的是同一社会经济现象(指标)在不同时间或者状态下的变化情况。

【例 3-9】 表 3-11 列出了 2000—2012 年上海市生产总值(GDP)主要指标的数据。就某个指标而言,如果看其历年来的发展变化情况,这就是时间数列数据,如研究 2000—2012 年上海市的 GDP(本币)指标的变化情况,我们构建的就是一个时间数列数据;如果要考察某一年上海市 GDP、名义增长率在本币、美元、购买力平价下的指标数值,以及其实际增长

率和占全国的比重,我们可以获取表中的某一行数据,这行数据就是截面数据。

表 3-11　　　　　　　2000—2012 年上海市历年生产总值(GDP)主要指标数据

年份	GDP(本币)	名义增长率(基于本币)(%)	美元	名义增长率(基于美元)(%)	购买力平价	名义增长率(购买力平价)(%)	实际增长率(%)	占全国比重(%)
2012	2 018 172	4.7	318 437	7.1	480 181	4.7	7.5	3.87
2011	1 919 569	11.8	297 202	17.2	458 722	5.9	8.2	4.06
2010	1 716 598	14.1	253 578	15.1	433 025	8.4	10.3	4.28
2009	1 504 645	6.9	220 267	8.7	399 417	8.5	8.2	4.41
2008	1 406 987	12.6	202 587	23.3	368 023	6.8	9.7	4.48
2007	1 249 401	18.2	164 308	23.9	344 529	13	15.2	4.7
2006	1 057 224	14.3	132 620	17.5	304 957	13.7	12.7	4.89
2005	924 766	14.6	112 891	15.7	268 235	13.1	11.4	5
2004	807 283	20.6	97 536	20.6	237 213	15.8	14.2	5.05
2003	669 423	16.6	80 877	16.6	204 923	16.1	12.3	4.93
2002	574 103	10.2	69 361	10.2	176 582	11.3	11.3	4.77
2001	521 012	9.2	62 947	9.2	158 642	9.4	10.5	4.75
2 000	477 117	13.9	57 634	13.9	144 985	14.1	11	4.81

第五节　统计数据的显示

经过整理的统计数据资料,可以用统计表或统计图显示。统计表不仅可以节省大量的文字叙述,而且更为集中醒目、条理分明,也便于资料的对比分析与积累;统计图可以形象、生动、直观地显示现象之间的相互关系。

一、统计表

(一)统计表的意义

统计表是表现统计数据资料的一种显示形式,即将调查得来的原始资料经过整理,使之系统化,用表格形式表现。其优点有四个方面:

(1)使统计资料条理化、清晰化。

(2)简明易懂、节省篇幅。

(3)便于比较(项目、指标)、便于计算(直接通过表格计算)。

(4)方便检查、核对数字的完整性和准确性。

(二)统计表的结构

从形式上看,统计表是由纵横交叉的直线组成的左、右两边不封口的表格,表的上面有

总标题,即表的名称,左边有横行标题,上方有纵栏标题,表内是统计数据。因此,统计表的构成一般包括四个部分:

(1) 总标题。它相当于一篇文章的总标题,概括表明全部统计资料的内容,一般写在表的上端正中。

(2) 横行标题。通常也称为统计表的主词(主栏),它是表明研究总体及其分组的名称,也是统计表所要说明的对象,一般列于表的左方。

(3) 纵栏标题。通常也称为统计表的宾词(宾栏),它是表明总体特征的统计指标的名称,一般写在表的上方。

(4) 数字资料。即表格中的数字。

统计表的结构如表 3-12 所示。

表 3-12   2013 年全国国内生产总值构成(总标题)

项 目	增 加 值		〉纵栏标题(纵标目)
	产值(亿元)	比重(%)	
横行标题 (横标目) 第一产业 第二产业 第三产业	56 957 249 684 262 204	10.0 43.9 46.1	〉数字资料
合 计	568 845	100.0	

(三) 统计表的种类

统计表按主词的分组不同,可以分为以下几种。

1. 简单表

即统计表的主词栏,未经任何分组,仅仅罗列各总体单位名称,或按时间顺序排列的表格(见表 3-13)。

表 3-13   上海市主要年份国内生产总值

年 份	国内生产总值(亿元)
2005	9 247.66
2006	10 572.24
2007	12 494.01
2008	14 069.87
2009	15 046.45
2010	17 165.98
2011	19 195.69
2012	20 181.72

资料来源:《上海统计年鉴 2012》

2. 简单分组表

即统计表的主词栏,按某一个标志进行分组(见表 3-12)。

3. 复合分组表

即统计表的主词栏,按两个及两个以上标志进行分组(见表 3-14)。宾词也可以进行复合设计,见表 3-15。复合分组表可以对社会经济现象进行深入的分析,尤其在因素分析时更为重要。但是复合分组的层次不宜太多,以避免过于繁杂。

表 3-14　　　　　　　某地区公有经济工业企业 2012 年计划完成情况

企业分组	企业数(个)	比重(%)
国有经济	1 230	100
完成计划	1 081	87.9
未完成计划	149	12.1
集体经济	3 452	100
完成计划	2 697	78.1
未完成计划	755	21.9

表 3-15　　　　　　　某公司所属企业员工性别和文化程度

企业名称	全部人员			初中			高中			大学		
	合计	男	女	合计	男	女	合计	男	女	合计	男	女
(甲)	(1)	(2)	(3)	(4)	(5)	(6)	(7)	(8)	(9)	(10)	(11)	(12)
××机床厂												
××齿轮厂												
……												

二、统计图

统计图是统计数据资料的另一种常用的显示形式,用各种图形形式直观地表示统计数据资料的基本特征和变化趋势。从视觉角度来说具有简洁具体、形象生动和直观易懂的特点,能给人明确深刻的印象,一般能取得较好的效果。当然,统计图只是描述和揭示统计数据特征的一种有效方法,它并不能代替统计分析。

绘制统计图,应明确制图目的,并根据统计资料的数据特点选择合适的图式、字体和色彩,以使图示内容正确而又简明扼要,效果突出。统计图的标题要明确而鲜明,必要时可附加统计表和文字说明。

统计图的种类有很多,常用的统计图有以下几种。

1. 条形图

条形图是以宽度相等的条形的长度或高度来反映统计数据资料。所表示的统计指标可以是绝对数,也可以是相对数和平均数;可以是不同地区、单位之间的同类现象,也可以是不同时间的同类现象。

条形图可以横置也可纵置。当各类别放在纵轴时,称为条形图;当各类别放在横轴时,称为柱形图。

条形图适用于分类资料和离散变量资料的频率分布。例如,消费者获取洗涤用品信息渠道的条形图(见图 3-2)。

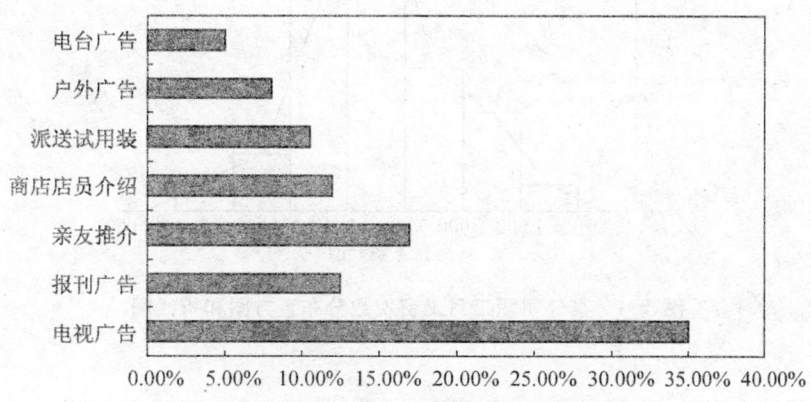

图 3-2 消费者获取洗涤用品信息的渠道

2. 饼形图

饼形图也称圆形图,是用圆形面积的大小代表总体数值,或用圆形中的扇形面积反映总体内部各构成指标的数值,后者也称圆形结构图。圆形结构图是最普遍使用的一种统计图,常用于在总体分组的情况下,反映总体的结构、各组所占比重(百分比)资料。可以利用EXCEL 直接选择图形的种类绘制圆形结构图。如根据表 3-12,绘制出相应的圆形结构图(见图 3-3)。

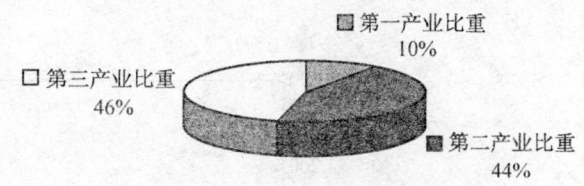

图 3-3 2013 年全国国内生产总值构成

资料来源:2013 年国民经济和社会发展统计公报

3. 直方图

直方图是用矩形的宽度和高度来表示次数分布的图形。在平面直角坐标中,横轴表示数据分组,即各组组限,纵轴表示次数。一般,纵轴的左侧标明频数,右侧标明频率,如果没有频率,直方图只在左侧标明频数。用各组组距的宽度与相应次数的高度绘制成一个个矩形,形成直方图。它与条形图的区别是各矩形之间不留间隔,且各矩形的宽度是各组组距,而条形图宽度只表示类别。

直方图通常用来显示组距数列次数分布的特征,常常和折线图相结合。折线图可以在直方图的基础上,把各矩形顶边的中点用直线连接而成,也可以用组中值与次数求坐标连接而成。例如,用表3-4绘制的直方图与折线图(见图3-4)。

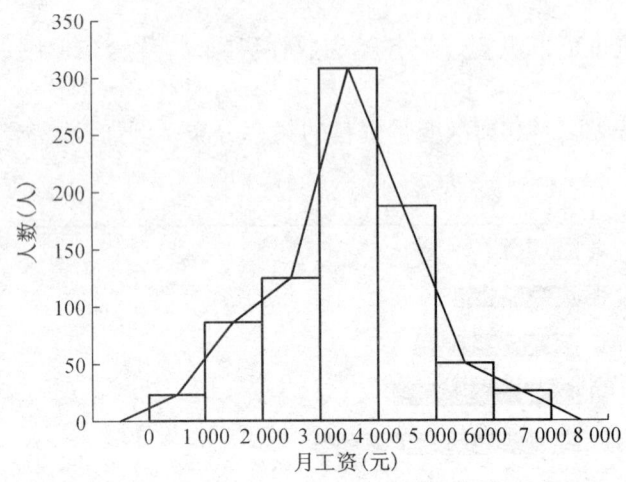

图3-4 某公司职工月工资次数分布直方图和折线图

4. 曲线图

曲线图亦称线形图,是用折线(多角曲线)或曲线(平滑线)在直角坐标中反映统计指标数值,是统计图中应用最多的一种图形。根据所反映的统计资料内容,分为分配曲线(折线)图、依存关系曲线(折线)图和动态曲线(折线)图。图3-5是我国1995—2001年冰箱年产量(万台)动态曲线图,它反映我国冰箱年产量在这段时间内的增长趋势。

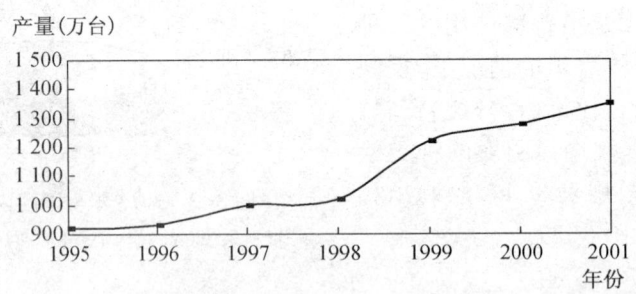

图3-5 1995—2001年我国冰箱年产量(万台)动态曲线图

资料来源:中国家电协会

5. 象形图

象形图(见图3-6)是用人或各种实物的形象来反映统计数据资料,如用人形来反映人口数或劳动力数量,小汽车反映汽车的产量或拥有量,用农产品的图片反映其产量或交易量等,一般使用一系列大小相同的象形符号代表一定比例的数据资料(如一幅小汽车的图片代表 10 000 辆小汽车),在各种非专业的宣传资料中运用较多,主要用于不同时间、不同地区(单位)或不同条件下的统计指标的对比。其特点是具体形象、鲜明生动,给人印象深刻。

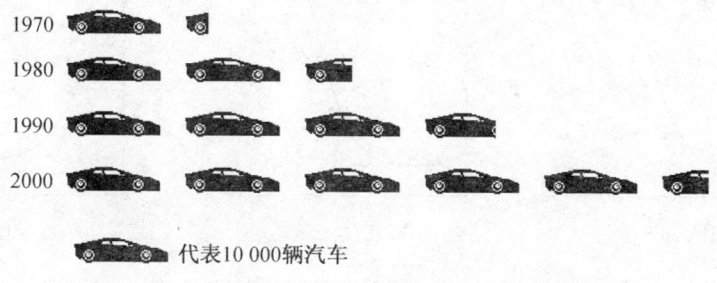

代表10 000辆汽车

图 3-6　某地区 1970—2000 年小汽车拥有量

三、次数分布类型

次数分布是指在统计分组的基础上,将总体的所有单位按组归类,并按顺序排列,形成总体中各单位在各组间的分布。由于社会经济现象性质的不同,各种统计总体都有不同的次数分布,形成各种不同类型的分布特征。描述统计总体的分布特征,除了采用统计表的形式以外,还可采用直方图和曲线图等进行描述。通过这些图形,可以明显地表明不同类型现象的分布特征。归纳起来,次数分布主要有三种类型:钟型分布、U 型分布和 J 型分布。

1. 钟型分布

钟型分布的特征是"两头小,中间大",即靠近中间的变量值分布的次数多,靠近两边的变量值分布次数少,形若古钟。这种分布在统计学上也称为正态分布。社会经济现象中许多变量分布呈现为正态分布或接近正态分布。例如,居民家庭人均月生活费收入、商品市场价格的分布等。图 3-4 描绘的职工月工资分布就是一个正态分布。

2. U 型分布

U 型分布的特征与钟型分布正相反,靠近中间的变量值分布的次数少,靠近两端的变量值分布次数多,形成"两头大,中间小"的 U 型分布。例如,人口在不同年龄上的死亡率,其曲线一般都是 U 型的。由于人口总体中幼儿和老年人的死亡率较高,而中年死亡率最低,因而死亡率按年龄分组表现为 U 型分布(见图 3-7a)。

3. J 型分布

J 型分布的特征是"一头大,一头小",次数随着变量值的增大而增加或者减少,因此有正反两种情形。若次数随着变量值的增大而增加,绘制的图形称为正 J 型分布(见图 3-

7b);若次数随着变量值的增大而减少,绘制的图形称为反 J 型分布(见图 3-7c)。例如,经济学中的供给曲线是正 J 型分布曲线,供给量随着价格的增大而增加;需求曲线是反 J 型分布曲线,需求量为随着价格的增加而减少。

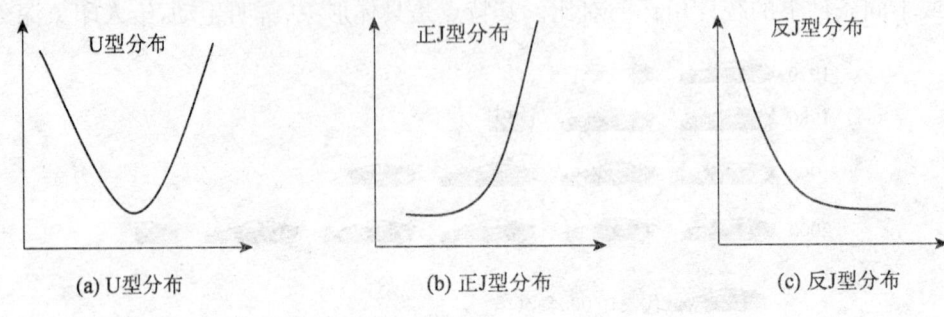

图 3-7　U 型分布和 J 型分布图

由于大多数的次数分布图形是针对变量进行描述的,因此,次数分布通常也统称为变量分布。分布类型中,钟型分布在社会经济现象中最常见。例如,一个班级学生的考试成绩分布,成绩最好和成绩最差的学生总是少数,而大多数学生的成绩是分布在中间的。又如,大学生的身高分布,身高特别矮和特别高的学生较少,而大多数学生的身高分布在中间。了解变量数列的分布状态,将有利于我们进一步认识事物的本质以及发展变化的规律性。

练 习 三

一、单项选择题

1. 变量数列中各组频率的总和应该(　　　)。

A. 小于 1　　　　　　　B. 等于 1　　　　　　C. 大于 1　　　　　　D. 不等于 1

2. 简单分组与复合分组的区别在于(　　)不同。

A. 分组标志的性质　　　　　　　　　B. 组数的多少

C. 分组标志的多少　　　　　　　　　D. 总体复杂程度

3. 某连续变量分为 5 组:第一组为 40～50,第二组为 50～60,第三组为 60～70,第四组为 70～80,第五组为 80 以上。依习惯上规定(　　　)。

A. 50 在第一组,70 在第四组　　　　B. 60 在第二组,80 在第五组

C. 70 在第四组,80 在第五组　　　　D. 80 在第四组,50 在第二组

4. 在组距分组时,对于连续变量,相邻两组的组限(　　　)。

A. 必须是重合的　　　　　　　　　　B. 必须是间断的

C. 可以是重合的,也可以是间断的　　D. 必须取整数

5. 下列分组中,属于按品质标志分组的是( )。

A. 学生按考试分数分组   B. 产品按品种分组

C. 企业按计划完成程度分组   D. 家庭按年收入分组

6. 总量指标数值大小( )。

A. 随总体范围扩大而增大   B. 随总体范围扩大而减小

C. 随总体范围缩小而增大   D. 与总体范围大小无关

7. 某医院某月的出生婴儿中,男婴占 52%,女婴占 48%,该指标是( )。

A. 比例相对数   B. 比较相对数   C. 结构相对数   D. 强度相对数

8. 按反映的时间状况不同,总量指标又可分为( )。

A. 时间指标和时点指标   B. 时点指标和时期指标

C. 时期指标和时间指标   D. 实物指标和价值指标

9. 某企业产值计划完成 103%,本年实际比上年实际增长 5%,则计划规定比上年实际增长的算式为( )。

A. $\dfrac{5\%}{3\%}$

B. $\dfrac{3\%}{5\%}$

C. $\dfrac{105\%}{103\%}-1$

D. $\dfrac{103\%}{105\%}-1$

10. 下列各项中,属于时期指标的是( )。

A. 商场数量   B. 营业员人数

C. 商品价格   D. 商品销售量

二、多项选择题

1. 在组距数列中,组中值是( )。

A. 上限和下限之间的中点数值

B. 用来代表各组标志值的平均水平

C. 在开放式分组中无法确定

D. 在开放式分组中,可以参照相邻组的组距来确定

E. 就是组平均数

2. 在变量数列中( )。

A. 总次数一定,频数和频率成反比

B. 各组的频数之和等于 100

C. 各组频率大于 0,频率之和等于 1

D. 频数越小,则该组的标志值所起的作用越小

E. 频率、频数统称为次数

3. 统计表从形式上看,主要由(   )构成。

A. 总标题　　　　　　　　　　　B. 横栏标题

C. 纵栏标题　　　　　　　　　　D. 总体及分组

E. 数字资料

4. 统计整理的主要内容有(   )。

A. 资料的审核　　　　　　　　　B. 划分经济类型

C. 统计分组　　　　　　　　　　D. 统计汇总

E. 编制统计图表

5. 统计表按主词是否分组及分组的程度不同,可以分为(   )。

A. 简单表　　　　　　　　　　　B. 一览表

C. 简单分组表　　　　　　　　　D. 复合分组表

E. 单一表

6. 统计数据按照所采用的计量尺度不同,可以分为(   )。

A. 定类数据　　　　　　　　　　B. 定序数据

C. 定距数据　　　　　　　　　　D. 定比数据

E. 原始数据

7. 在相对数中,子项和母项可以互换位置的有(   )。

A. 结构相对数　　　　　　　　　B. 比例相对数

C. 比较相对数　　　　　　　　　D. 动态相对数

E. 强度相对数

8. 2012 年,债券市场累计发行人民币债券 8.0 万亿元,与 2011 年相比,公司信用类债券发行量增加显著。截至 2012 年年末,债券市场债券托管量达 26.0 万亿元,其中,银行间市场债券托管量为 25.0 万亿元。这三个指标(   )。

A. 都是时期数

B. 都是时点数

C. 都是绝对数

D. 第一个指标是时点数,后两个指标是时期数

E. 第一个指标是时期数,后两个指标是时点数

三、思考题

1. 简述统计整理的内容。

2. 简述统计数据的分类。

3. 统计分组的作用是什么?

4. 什么是分配数列?它有哪两种形式?

四、整理题

1. 有 20 个工厂产值计划完成情况如表 3-16 所示。

表 3-16   20 个工厂产值计划完成情况表

工厂代号	计划完成(%)	工厂代号	计划完成(%)	工厂代号	计划完成(%)	工厂代号	计划完成(%)
1	83.3	6	117.2	11	98.2	16	109.1
2	81.2	7	105.6	12	99.1	17	114.5
3	96.5	8	101.5	13	89.3	18	106.2
4	103.7	9	93.6	14	118.0	19	99.5
5	106.1	10	96.3	15	119.3	20	117.3

试按计划完成程度作如表 3-17 所示的分组表。

表 3-17   计划完成程度表

计划完成程度	工厂数(个)
80%~90%	
90%~100%	
100%~110%	
110%~120%	
合计	

2. 某车间 40 名工人日产量资料如下(单位:件):

80, 90, 63, 97, 105, 52, 69, 78, 109, 98, 92, 83, 83, 70, 76, 75, 94, 81, 85, 100, 70, 88, 73, 78, 64, 88, 61, 81, 98, 89, 96, 64, 75, 88, 108, 82, 67, 85, 95, 58

要求:

(1) 试编制等距数列,并计算各组频率(提示:以 50~60 件为第一组)。

(2) 绘制次数分布直方图和折线图。

五、计算题

1. 我国某年高校招生及在校生资料如表 3-18 所示。

表 3-18   我国某年高校招生及在校生资料表   单位:万人

学校	招生人数	比上年增招人数	在校生人数
普通高校	268	48	719
成人高等学校	196	40	456

要求：

(1) 分别计算各类高校招生人数的动态相对数。

(2) 计算普通高校与成人高校招生人数比。

(3) 计算普通高校和成人高校在校生人数占全部高校在校生人数的比重。

2. 某公司下属三个企业有关资料如表 3-19 所示，试根据指标之间的关系计算并填写表中所缺数字。

表 3-19　　　　　　　　　某公司下属三个企业的有关资料表

| 企业 | 一月实际产值（万元） | 二月份 | | | | 二月实际产值为一月的(%) |
		计划产值（万元）	计划产值比重(%)	实际产值（万元）	计划完成(%)	
甲	125	150			110	
乙	200	250			100	
丙	100					
合计		500			95	

阅读资料三

中青年成网购主力 网店诚信仍需提高

——上海市民网购信心调查报告

上海市统计局　2014-03-13

网购作为新型购物方式已逐步为上海市民所认可和接受。消费者从过去的"进店购物"演变为"坐家购物"，足不出户，便能轻松完成购物。为了解当前上海市民网购消费状况和对网购的评价，近日，上海市统计局社情民意调查中心利用 12 340 社情民意调查热线，进行了一次上海市民网购信心调查。调查采取计算机辅助电话调查方式进行，成功访问了 751 位 16 周岁以上的上海常住市民。

一、网购市民的主要特征

调查显示，在 751 位受访市民中，有 384 位表示有过网购经历，占 51.13%，显示过半受访市民有过网购经历。以下分析观点根据具有网购经历的受访市民（以下简称"市民"）回答分析而得。

1. 中青年市民是网购主力群体

在有网购经历的市民中，63.80% 为中青年（16～40 岁，下同），为网购主力群体；28.90% 为中年（41～60 岁，下同），7.30% 为老年（61 岁及以上，下同）。这与中青年思维活跃，崇尚时新，容易接受新事物、新观念有很大关系（见图 3-8）。

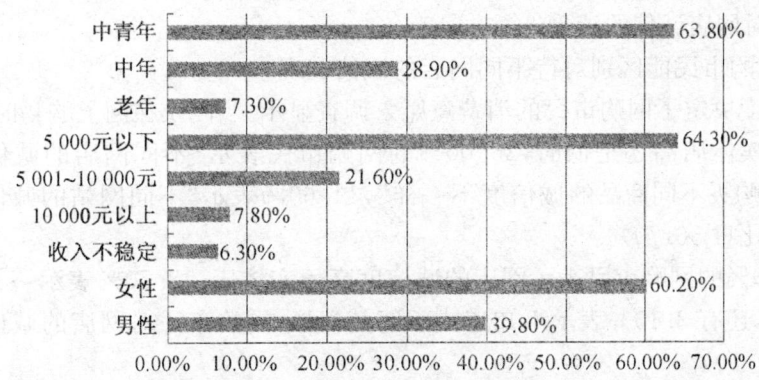

图 3-8　上海网购市民的主要特征

2. 月收入 5 000 元以下的市民群体网购活跃

从收入看,在有网购经历的市民中,月收入 5 000 元以下群体网购较为活跃,占 64.30%,月收入 5 001~10 000 元的占 21.60%,10 000 元以上的占 7.80%,还有 6.30%为收入不稳定市民。这表明月收入 5 000 元以下的市民群体更为青睐网购的低价与便捷(见图 3-8)。

3. 女性市民更易接受网购

分性别看,在有网购经历的市民中,女性比重为 60.20%,男性为 39.80%。这与女性更多注重家务管理、喜欢个性购物等消费行为有关(见图 3-8)。

4. 逾六成市民网购月平均支出在 6 000 元及以下

尽管上海市民参与网购的比重较高,但多数市民网购消费支出仍较为谨慎。当问及在过去的一年中,网上购买商品的金额大致是多少时,24.20%的网购市民表示在 1 200 元及以下,38.00%表示在 1 201~6 000 元之间,这表明逾六成市民网购月平均支出在 6 000 元及以下。此外,18.20%的网购市民表示消费支出在 6 001~12 000 元之间。13.80%表示在 12 001~30 000 元之间,5.80%表示消费在 30 001 元及以上(见图 3-9)。

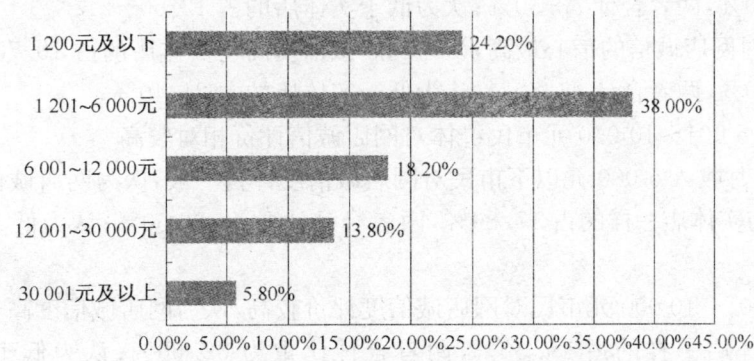

图 3-9　2013 年市民网购消费支出水平

二、市民对网店诚信的感受

1. 过半网购市民能区别对待不同网店的诚信表现

网店诚信度决定了网购市民的消费意愿。调查显示,当问及在网上购物时,感觉网店的诚信度总体比实体店高还是低时,26.00%的网购市民表示"不同网店的诚信度不一样",16.10%表示"购买不同商品的诚信度不一样",14.60%表示"不同网站的诚信度不一样",以上三者合计比重56.70%。

此外,7.60%的网购市民表示网店的诚信度高于实体店,18.50%表示一样,14.10%表示低于实体店,还有3.10%表示不知道或不清楚,显示网购市民对网店的诚信评价仍有较大保留(见图3-10)。

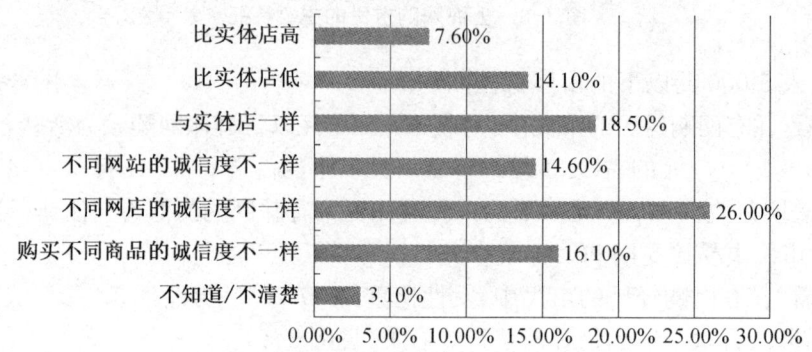

图 3-10　市民对网络商店诚信度的主观感受

2. 年龄越大对网店诚信的信心相对越高

分年龄看,中青年市民对网店诚信的信心比较一般,认为网店诚信度高于实体店的占5.30%,与实体店一样的占16.30%,两者合计21.60%;认为低于实体店占13.90%。

中年市民对网店诚信的信心较高,认为网店诚信度高于实体店的占11.70%,与实体店一样的占21.60%,两者合计33.30%;认为低于实体店的占12.60%。

老年市民对网店诚信的信心最高,认为网店诚信度高于实体店的占10.70%,与实体店一样的占25.00%,两者合计35.70%;认为低于实体店的占21.40%。

3. 月收入5 001～10 000元市民群体对网店诚信评价相对较高

分收入看,月收入5 000元以下市民对网店诚信度评价一般,认为网店诚信高于实体店的占5.70%,与实体店一样的占17.80%,两者合计比重为23.50%;认为低于实体店的占17.00%。

月收入5 001～10 000元市民对网店诚信度评价较高,认为网店诚信度高于实体店的占13.30%,与实体店一样的占19.30%,两者合计比重为32.60%;认为低于实体店的占7.20%。

月收入 10 000 元以上市民对网店诚信度评价较低,认为网店诚信度高于实体店的占 3.30%,与实体店一样的占 20.00%,两者合计比重为 23.30%;认为低于实体店的占 16.70%。

三、市民对网购纠纷处理的感受

1. 三成网购市民能区别对待不同网店的纠纷处理方式

网店品质良莠不齐,网购中也存在欺诈、劣质、不实描述、退换难等问题。如何维护消费者权利,是"网购族"最为关心的问题之一。调查显示,当问及在网上购物时,如果遇到纠纷,解决起来比实体店容易还是困难时,调查显示,13.00%的网购市民表示不同的网店表现不一样,9.90%表示不同的商品处理情况不一样,8.10%表示不同的网站表现不一样,三者合计比重为 31.00%。

此外,32.60%的市民表示解决起来困难,14.30%表示难易相当,14.10%表示容易,还有 8.00%表示不清楚(见图 3-11)。

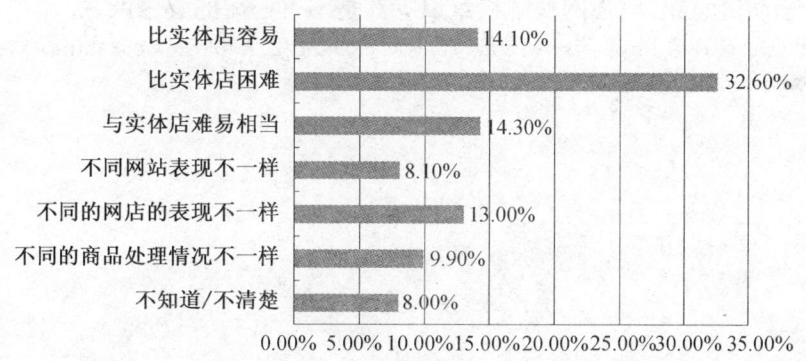

图 3-11 市民对网购纠纷维权处理的主观感受

2. 中年市民对网购纠纷维权处理困难的反映最为强烈

从年龄看,中青年市民对网购纠纷维权处理困难的反映相对比较强烈,认为网购纠纷维权处理比实体店困难的比重为 31.40%,认为难易相当的占 13.10%,认为比实体店容易的占 14.70%。

中年市民对网购纠纷维权处理困难的反映相对最为强烈,认为网购纠纷维权处理比实体店困难的比重为 37.80%,认为难易相当的占 16.20%,认为比实体店容易的占 11.70%。

老年市民对网购纠纷维权处理困难的反映相对比较缓和,认为网购纠纷维权处理比实体店困难的比重为 21.40%,认为难易相当的占 17.90%,认为比实体店容易的占 17.90%。

3. 不同收入市民群体对网购纠纷维权困难的呼声不尽相同

从收入看,月收入 5 000 元以下市民对网购纠纷维权处理困难的呼声较高,认为网购纠纷维权处理比实体店困难的比重为 34.80%,认为难易相当的占 12.60%,认为比实体店容易的占 12.10%。

月收入 5 001~10 000 元市民对网购纠纷维权处理困难的呼声相对较低,认为网购纠纷维权处理比实体店困难的比重占 25.30%,认为难易相当的占 19.30%,认为比实体店容易的占 16.90%。

月收入 10 000 元以上市民对网购纠纷维权处理困难的呼声最高,认为网购纠纷维权处理比实体店困难的比重占 36.70%,认为难易相当的占 13.30%,认为比实体店容易的占 16.70%。

据中国互联网信息中心《2013 中国网络购物市场分析报告》数据显示,中国网购用户规模已达到 2.42 亿人,2011 年,中国网购规模已经超越日本位居世界第二;2012 年,网购交易规模达人民币 12 594 亿元,年增长达 66.50%。网购有着很广阔的市场,将被越来越多的人所认可和接受。作为网络商户,在提供丰富、周到的购物体验的同时,及时做好售后服务,建立优良的诚信商誉,是吸引和留住网购消费者的重要因素。作为消费者,在扩大网购规模的同时,加强安全防范意识,增强网购维权意识等都是不可松懈的必修课。

(资料来源:上海统计网 http://www.stats-sh.gov.cn/fxbg/201 403/267 883.html)

第四章 数据分布特征的描述

学习目标

1. 理解数据分布的集中趋势、离中趋势和分布形状的含义。
2. 熟练掌握各种平均数的计算，了解算术平均数、中位数和众数之间的关系。
3. 熟练掌握标志变异指标的计算，深刻理解标准差、方差和离散系数的含义。
4. 了解偏度和峰度的计算方法和含义。

第一节 集中趋势的描述

统计数据分布的特征，可以从三个方面进行描述：一是数据分布的集中趋势，反映各数据向其中心值靠拢或聚集的程度，可以用平均指标描述；二是数据分布的离中趋势，反映各数据远离其中心值的程度，可以用标志变异指标描述；三是数据分布的偏斜程度和陡峭程度，反映数据分布的形状，可以用偏度和峰度描述。本节主要介绍反映数据分布集中趋势的平均指标。

一、平均指标的种类和作用

平均指标按计算或确定的方法不同，分为数值平均数和位置平均数。数值平均数是根据总体各单位的标志值计算得到的平均值，主要有算术平均数、调和平均数、几何平均数。例如，根据某班的数学成绩计算的平均成绩即为数值平均数。数值平均数比较适合于计算数值型的数据，即对定距数据和定比数据的集中趋势进行测定。位置平均数是根据标志值在分配数列中的位置或出现次数的多少确定的，主要有中位数和众数。例如，根据某百货商场某种商品在不同价格时的销售量的多少，确定该商品的平均价格即为位置平均数。定类数据和定序数据的集中趋势只能用位置平均数进行测定。

平均指标是认识社会经济现象的本质和规律性的工具，它在统计中占有重要的地位，具有以下作用：

（1）可以反映现象总体的综合特征，从而消除总体范围不同而带来的总体数量差异，使不同总体具有可比性。例如，将两个企业的平均工资进行比较，可以反映两个企业的工资差异情况。

（2）可以反映分配数列中各变量值分布的集中趋势。大多数情况下，总体的分布成正态分布，即接近于平均指标的变量值较多，而远离平均指标的变量值较少。因此，平均指标作为总体一般水平的代表值，可以用来说明总体分布的集中趋势。

（3）可以对同类现象在不同空间、不同时间、不同条件下的指标数值进行对比分析，从而反映现象在不同地区之间的差异，揭示现象在不同时间之间的发展趋势。例如，从不同时期同一总体职工的平均工资的变化，可以发现职工工资水平的提高或降低趋势。

二、数值平均数

（一）算术平均数

1. 算术平均数的基本形式

算术平均数是总体单位某一数量标志值之和除以总体单位总量（即总体单位数）。其计算公式如下：

$$算术平均数 = \frac{总体标志总量}{总体单位总量}$$

例如，某企业 2013 年 12 月职工平均人数为 500 人，其工资总额为 2 500 000 元，则该企业职工月平均工资为 5 000 元。

算术平均数适用于对定距数据和定比数据的集中趋势进行测定，如计算平均成绩、平均亩产量等，因此，计算的对象就是变量。算术平均数根据所掌握资料的分组情况不同，可分为简单算术平均数和加权算术平均数。

2. 简单算术平均数

若总体资料未进行分组，则先计算总体标志总量，再用总体单位数去除，计算的结果为简单算术平均数。其计算公式如下：

$$\bar{x} = \frac{x_1 + x_2 + \cdots + x_n}{n} = \frac{\sum x}{n}$$

式中 $\bar{x}$ 表示算术平均数；

x 表示各单位的标志值，也就是变量值；

n 表示总体单位数；

$\sum$ 表示总和。

例如，某生产小组有 6 人，某天生产的产品零件数分别为 12 件，14 件，13 件，12 件，16 件，11 件，则平均每人日生产零件数如下：

$$\overline{x} = \frac{\sum x}{n} = \frac{12 + 14 + 13 + 12 + 16 + 11}{6} = \frac{78}{6} = 13（件）$$

3. 加权算术平均数

若总体资料已经分组,编成变量数列,这时将各组变量值乘以相应的次数,然后加总求和,再除以总次数(总体单位数),所得结果为加权算术平均数。其计算公式如下:

$$\overline{x} = \frac{x_1 f_1 + x_2 f_2 + \cdots + x_n f_n}{f_1 + f_2 + \cdots + f_n} = \frac{\sum xf}{\sum f}$$

式中 $\overline{x}$ 表示算术平均数;

  x 表示各单位的变量值;

  f 表示各组变量值出现的次数(也称为权数);

  $\sum xf$ 表示总体标志总量;

  $\sum f$ 表示总体单位数。

若分组资料为单项数列,则可直接按公式计算加权算术平均数;若分组资料是组距数列,则先计算组中值,用组中值代替各组变量值的一般水平,再计算加权算术平均数。

【例4-1】 某车间有100个工人,他们每日生产某种零件件数如表4-1所示,计算平均每个工人的日产量。

表4-1   某车间工人人数及日产量资料

工人按日产量零件分组(件) x	工人数(人) f	每个工人生产零件数×工人数 xf
12	12	144
14	18	252
15	30	450
16	26	416
18	14	252
合计	100	1 514

解:根据表4-1中资料,计算加权算术平均数如下:

$$\overline{x} = \frac{\sum xf}{\sum f} = \frac{1\ 514}{100} = 15.14（件）$$

从上式可以看到,权数起着一个权衡轻重的作用。显然,如果各组权数相等,则 f_i 对各组变量值产生同等的影响,它不再具有权衡轻重的作用,这时,加权算术平均数就等于简单算术平均数。不妨设 $f_1 = f_2 = \cdots = f_n = c$,则

$$\bar{x} = \frac{\sum xf}{\sum f} = \frac{\sum xc}{\sum c} = \frac{c\sum x}{nc} = \frac{\sum x}{n}$$

加权算术平均数也可以采用比重为权数。其计算公式如下：

$$\bar{x} = \frac{\sum xf}{\sum f} = \sum x\frac{f}{\sum f}$$

式中 $\dfrac{f}{\sum f}$ 表示各组单位数占总体单位数的比重。

【例4-2】 某企业150名职工月工资资料如表4-2所示，计算该企业职工的月平均工资。

表4-2   某企业150名职工月工资分组资料

月工资分组（元）	组中值 x	工人人数（人）		$x\dfrac{f}{\sum f}$
		绝对数 f	比重(%) $f/\sum f$	
1 000 以下	750	20	13.33	99.98
1 000~1 500	1 250	35	23.33	291.63
1 500~2 000	1 750	56	37.33	653.28
2 000~2 500	2 250	28	18.67	420.08
2 500 以上	2 750	11	7.34	201.85
合计	—	150	100	1 666.82

解：该企业职工的月平均工资为：

$$\bar{x} = \frac{\sum xf}{\sum f} = \sum x\frac{f}{\sum f} = 1\ 666.82(元)$$

这里需要说明，用组中值代替各组变量值具有假定性，即假定各组内部的变量值分布是均匀的。因此，计算的平均数只是近似值，而不是准确数值。

4. 算术平均数的数学性质

（1）各变量值与算术平均数的离差之和等于零，即

未分组资料：$\sum(x_i - \bar{x}) = 0$

分组资料：$\sum(x_i - \bar{x})f_i = 0$

（2）各变量值与算术平均数的离差平方和等于最小值，即

未分组资料：$\sum(x_i - \bar{x})^2 = 最小值$

分组资料：$\sum (x_i - \bar{x})^2 f_i = $ 最小值

所谓最小值是指变量值与算术平均数的离差平方和，比变量值减去任何一个不等于平均数的常数的离差平方之和还要小。这一关系可用数学方法证明，这里不再叙述。

这两个性质是进行趋势预测、回归预测、建立数学模型的重要数学理论依据，在以后的章节中还会碰到。

算术平均数的优点是：计算方法简单，容易掌握；缺点是易受极端数值的影响。当组距数列有开口组时，按相邻组组距计算的组中值，假定性很大，会影响平均数的代表性。

（二）调和平均数

调和平均数是总体各单位变量值倒数的算术平均数的倒数，也称倒数平均数。调和平均数按其计算方法不同，可分为简单调和平均数和加权调和平均数。

调和平均数适用于对定比数据的集中趋势进行测定，如计算平均价格、平均计划完成程度等。调和平均数根据其计算方法的不同，可分为简单算术平均数和加权算术平均数。

1. 简单调和平均数的计算公式

简单调和平均数是先计算总体单位变量值倒数的简单算术平均数，然后求其倒数。其计算公式如下：

$$\bar{x}_H = \frac{n}{\sum \frac{1}{x}}$$

【例 4-3】 某菜市场某种蔬菜每千克的价格早晨为 2.4 元，中午为 2.0 元，晚上为 3.1 元。若早中晚各买 1 元钱，问该蔬菜的平均价格为多少？

解：由

$$价格 = \frac{购买额}{购买量}$$

可知，该种蔬菜的平均价格如下：

$$\bar{x}_H = \frac{n}{\sum \frac{1}{x}} = \frac{1+1+1}{\frac{1}{2.4} + \frac{1}{2.0} + \frac{1}{3.1}} = 2.42（元／千克）$$

2. 加权调和平均数的计算公式

加权调和平均数是先计算总体单位变量值倒数的加权算术平均数，然后求其倒数。其计算公式如下：

$$\bar{x}_H = \frac{\sum m}{\sum \frac{m}{x}}$$

式中 m 表示调和平均数的权数。

在统计分析中,调和平均数往往是对质量指标(定比数据)求平均数而使用的。例如,计算平均利润率、平均合格率等。加权调和平均数大多数情况下是作为加权算术平均数的一种变形来使用的。如果设质量指标为 x,它由分子 m 与分母 f 相除得到,那么,如果知道该质量指标的分子资料,则用加权调和平均数公式计算该指标的平均数;如果知道该质量指标的分母资料,则用加权算术平均数公式计算该指标的平均数。其计算公式如下:

$$\overline{x}_H = \frac{\sum m}{\sum \frac{m}{x}} = \frac{\sum xf}{\sum f}$$

【例 4-4】 某公司有三个工厂,已知其计划完成程度(%)及实际产值如表 4-3 所示,试求平均计划完成程度。

表 4-3 某公司三个工厂计划完成程度情况

工 厂	计划完成程度(%)x	实际产值(万元)m	m / x
甲	95	1 140	1 200
乙	105	13 440	12 800
丙	115	2 300	2 000
合 计	—	16 880	16 000

解: $$计划完成程度(\%) = \frac{实际产值}{计划产值}$$

由题意,已知的是实际产值,也就是质量指标的分子资料,因此计算平均计划完成程度,则应采用加权调和平均法。

即平均计划完成程度 $\overline{x}_H = \dfrac{\sum m}{\sum \dfrac{m}{x}} = \dfrac{16\ 880}{16\ 000} = 105.5\%$

【例 4-5】 某公司有三个工厂,已知其计划完成程度(%)及计划产值如表 4-4 所示,试求平均计划完成程度。

表 4-4 某公司三个工厂计划完成程度情况

工 厂	计划完成程度(%)x	计划产值(万元)f	xf
甲	95	1 200	1 400
乙	105	12 800	13 440
丙	115	2 000	2 300
合 计	—	16 000	16 880

解：由题意，已知的是计划产值，也就是质量指标的分母资料，因此计算平均计划完成程度，则应采用加权算术平均法。

即平均计划完成程度 $\bar{x} = \dfrac{\sum x_i f_i}{\sum f_i} = \dfrac{16\ 880}{16\ 000} = 105.5\%$

调和平均数也容易受极端数值的影响，而且受极小值的影响大于受极大值的影响。调和平均数的应用范围较小，当变量值中有一项为 0 时，无法计算调和平均数。

(三) 几何平均数

几何平均数是 n 个比率乘积的 n 次方根，即把若干个变量连乘，得其乘积再开 n 次方根。社会经济统计中，几何平均数适用于计算平均比率和平均速度。

几何平均数按计算方法不同分为简单几何平均数和加权几何平均数。

1. 简单几何平均数的计算公式

$$\bar{x}_G = \sqrt[n]{x_1 \cdot x_2 \cdot \cdots \cdot x_n} = \sqrt[n]{\prod x}$$

式中　$\bar{x}_G$ 表示几何平均数；

　　　x 表示变量值；

　　　n 表示变量值个数；

　　　$\prod$ 表示连乘符号。

【例 4-6】 某公司有三个连续作业的车间，其车间产品合格率分别为 92.1%、96.4%、98.3%，试求车间产品平均合格率。

解：车间产品平均合格率为：

$$\bar{x}_G = \sqrt[n]{\prod x} = \sqrt[3]{92.1\% \times 96.4\% \times 98.3\%} = 95.56\%$$

2. 加权几何平均数的计算公式

$$\bar{x}_G = \sqrt[\sum f]{x_1^{f_1} \cdot x_2^{f_2} \cdot \cdots \cdot x_n^{f_n}} = \sqrt[\sum f]{\prod x^f}$$

【例 4-7】 某银行实行复利计算利息，已知前三年年利率为 3.28%，后两年年利率为 4.57%，试求平均年利率。某人在第一年年初存入银行 10 万元，求五年后的本利和。

解：先将年利率改为本利率，再求年平均本利率：

$$\bar{x}_G = \sqrt[\sum f]{\prod x^f} = \sqrt[5]{(103.28\%)^3 \times (104.57\%)^2} = 103.79\%$$

则平均年利率＝103.79%－100%＝3.79%

五年后的本利和如下：

$$10 \times (103.79\%)^5 = 12.044 2(万元)$$

几何平均数在时间数列中的应用将在第五章中平均发展速度部分讲述。

三、位置平均数

(一) 众数

1. 众数的概念

众数(mode)是总体中出现次数最多的标志值,一般用字母 Mo 表示,反映一种最普遍、最常见的现象,在一定条件下,众数常常用来代替算术平均数,反映现象的一般水平。

众数是位置平均数,不受极端数值的影响,主要用于对定类数据的集中趋势测定,也适用于对定序数据与数值型数据的集中趋势测定,在实际工作中应用比较广泛。比如,大多数人穿戴的服装、鞋子、帽子等的尺寸;集贸市场上某商品成交量较多的价格;我国大多数家庭中的人口数等,都是众数。众数只有在总体单位数多而且具有明显的集中趋势时,才有合理的代表性和现实意义;当总体单位数少,或者总体单位数虽多,但无明显集中趋势时,就不存在众数。

2. 众数的确定

根据资料的不同情况,可采用不同的方法确定众数。

1) 单项数列确定众数

采用直接观察法确定众数。单项数列确定众数比较简单,只需找出次数最多的标志值即为众数。

【例 4-8】 某城市居民住房满意程度调查资料如表 4-5 所示,试确定住房满意程度的众数。

表 4-5 城市住房满意度调查

住房满意程度	很不满意	不满意	一般	比较满意	满意
户数	80	100	180	250	160

解:上面数列中比较满意的户数最多,即出现次数最多,所以众数 Mo 为"比较满意"。也就是总体来说,该城市居民对现有住房还是比较满意的。

2) 组距数列确定众数

组距数列确定众数,只能适用于数值型数据。首先,根据出现的最多次数确定众数所在组(简称众数组);然后,利用公式计算众数的近似值。

其计算公式如下:

下限公式:

$$Mo = L + \frac{\Delta_1}{\Delta_1 + \Delta_2} \times d$$

上限公式：
$$Mo = U - \frac{\Delta_2}{\Delta_1 + \Delta_2} \times d$$

式中　Mo 表示众数；

　　　L 表示众数组的下限；

　　　U 表示众数组的上限；

　　　Δ_1 表示众数组次数与前一组次数之差；

　　　Δ_2 表示众数组次数与后一组次数之差；

　　　d 表示众数组的组距。

【例 4-9】　调查某乡 180 户农户年收入资料如表 4-6 所示,试计算年收入的众数。

表 4-6　　　　　　　　　　　　某乡农户年收入统计表

按年收入分组(元)	农户数(户)
6 000 以下	10
6 000～8 000	24
8 000～10 000	34
10 000～12 000	68
12 000～14 000	32
14 000 以上	12
合计	180

解:首先找出年收入的众数所在组,年收入为 10 000～12 000 元的有 68 户,即次数最多,该组为众数所在组。然后利用公式计算近似值。

用下限公式计算:

$$Mo = L + \frac{\Delta_1}{\Delta_1 + \Delta_2} \times d = 10\ 000 + \frac{68 - 34}{68 - 34 + 68 - 32} \times 2\ 000 = 10\ 971.43(元)$$

用上限公式计算:

$$Mo = U - \frac{\Delta_2}{\Delta_1 + \Delta_2} \times d = 12\ 000 - \frac{68 - 32}{68 - 34 + 68 - 32} \times 2\ 000 = 10\ 971.43(元)$$

利用下限公式与上限公式计算的结果相同。

众数也可以根据各组次数占总次数的比重来确定。变量数列中比重最大的变量值为众数。其确定方法与绝对数表示的次数相同,这里不再重述。

(二)中位数

1. 中位数的概念

将总体各单位的标志值按大小顺序排列,处于数列中点位置的标志值为中位数(mediam），一般用字母 Me 表示。中位数将数列分为相等的两部分，一部分的标志值小于中位数，另一部分的标志值大于中位数。在有些情况下，不易计算平均值，可用中位数代表总体的一般水平。中位数主要用于对定序数据集中趋势的测定，也适用于对定量数据的集中趋势测定，但不能用于定类数据。例如，人口年龄中位数，可表示人口总体年龄的一般水平；集贸市场上某种商品的价格中位数，可代表该种商品的价格水平。

中位数与众数一样，不受极端数值的影响。中位数的大小仅取决于它在数列中的位置，因此，在总体标志值差异很大的情况下，中位数具有较强的代表性。

2. 中位数的确定

根据资料的不同情况，可采用不同的方法确定中位数。

1）未分组资料确定中位数

根据未分组资料确定中位数时，首先将标志值按大小顺序排列，然后确定中点位次 $O_m = \dfrac{n+1}{2}$，再根据中位数的位次找出对应的标志值。当总体单位数 n 是奇数时，中位数即处于中间位置的变量值；如果 n 是偶数时，中位数则是中间的两个数值的算术平均数。

【例 4-10】 某班 7 个学生的数学成绩依次排列为 65 分，75 分，78 分，82 分，89 分，91 分，95 分，则该数列的中点位次如下：

$$O_m = \frac{7+1}{2} = 4$$

所以，排在第四位的标志值即为中位数，即

$$Me = 82（分）$$

如有 8 位学生的成绩，他们依次为 65 分，68 分，75 分，78 分，82 分，89 分，91 分，95 分，则该数列的中点位次如下：

$$O_m = \frac{8+1}{2} = 4.5$$

该位次在第 4 和第 5 位次中间，则中位数为第 4、第 5 位次对应的标志值的算术平均数。即

$$Me = \frac{78+82}{2} = 80（分）$$

2）单项数列确定中位数

根据单项数列确定中位数时，因资料经过整理已编制成标志值按大小顺序排列的变量数列，因此可直接用公式 $\dfrac{\sum f + 1}{2}$ 或 $\dfrac{\sum f}{2}$ 确定中点位次，再根据位次用较小累计次数或较

大累计次数的方法将累计次数刚超过中点位次的组确定为中位数组,该组的标志值即为中位数。

【例 4-11】　某城市居民住房满意程度调查资料如表 4-5 所示,试确定住房满意程度的中位数。

解:住房满意程度是定序数据,可用中位数来测定其一般水平。由表 4-5 可知,$\dfrac{\sum f}{2}=\dfrac{770}{2}=385$,所以,中点位次是该数列的第 385 户人家。从表 4-5 可以看出,第三组的较小累计次数为 360,小于 385,而第四组的较小累计次数为 610,大于 385,因此中位数组为第四组,该组的标志"比较满意"即为所求的中位数。

3) 组距数列确定中位数

组距数列确定中位数,只能适用于数值型数据。根据组距数列确定中位数与单项数列相似,不同的是根据中点位次及累计次数确定中位数组后,无法得到中位数的准确值,而要用公式计算中位数的近似值。其计算公式如下:

下限公式:
$$M_e = L + \dfrac{\dfrac{\sum f}{2} - S_{m-1}}{f_m} \times d$$

上限公式:
$$M_e = U - \dfrac{\dfrac{\sum f}{2} - S_{m+1}}{f_m} \times d$$

式中　L 表示中位数组的下限;

　　　U 表示中位数组的上限;

　　　f_m 表示中位数组的次数;

　　　S_{m-1} 表示中位数组以前各组的次数之和;

　　　S_{m+1} 表示中位数组以后各组的次数之和;

　　　d 表示中位数组的组距。

【例 4-12】　调查某乡 180 户农户年收入资料如表 4-6 所示,试计算年收入的中位数。

解:由表 4-6 可知,中点位次为 $\dfrac{\sum f}{2}=\dfrac{180}{2}=90$,所以,中位数组为 10 000～12 000 元这一组。利用下限公式计算年收入的中位数如下:

$$M_e = L + \dfrac{\dfrac{\sum f}{2} - S_{m-1}}{f_m} \times d = 10\,000 + \dfrac{90 - 68}{68} \times 2\,000 = 10\,647.06(元)$$

利用上限公式计算,可以得到同样的结果。

四、位置平均数与算术平均数之间的相互关系

不同的平均数适用于不同数据类型的集中趋势测定,它们各自具有自己的含义、特点和应用场合。当总体分布为正态分布时,如果对同一资料同时计算众数、中位数和算术平均数,则它们三者之间存在一定的数量关系。

(1) 在对称正态分布时,有 $Mo = Me = \bar{x}$。

(2) 在非对称正态分布时,三者之间有差异。当变量的次数分布左偏时,有 $Mo > Me > \bar{x}$;当变量的次数分布右偏时,有 $Mo < Me < \bar{x}$。左偏、右偏的示意图形见图 4-1。

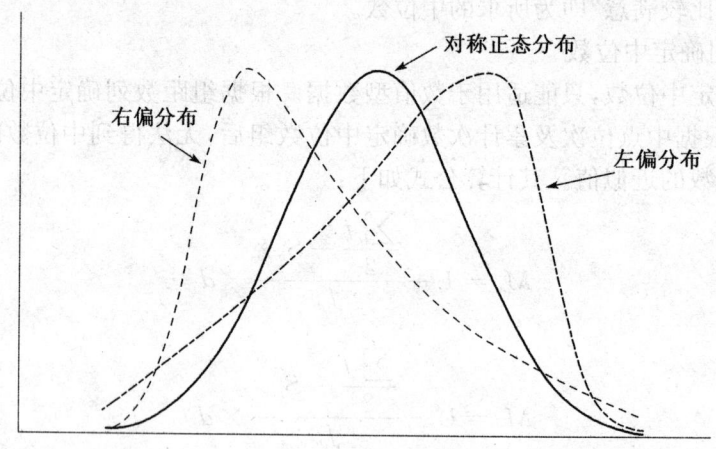

图 4-1 偏态分布示意图

英国统计学家卡尔·皮尔逊根据其经验认为:当正态分布适度偏态时,Mo、Me 和 $\bar{x}$ 之间还存在以下的近似关系:

$$|\bar{x} - Mo| \approx 3|\bar{x} - Me|$$

即 Me 与 $\bar{x}$ 的距离约等于 Mo 与 $\bar{x}$ 的距离的 $\frac{1}{3}$。如果 $\bar{x} > Me$,说明分布右偏;如果 $\bar{x} < Me$,说明分布左偏;如果 $\bar{x} = Me$,说明分布对称。

第二节 离中趋势的描述

离中趋势是指数据分布中各变量值背离中心值的倾向。如果说集中趋势是数据分布同质性的体现,那么离中趋势就是数据分布变异性的体现。对离中趋势的描述,就是要反映数

据分布中各变量值远离中心值的离散程度,主要用标志变异指标来反映。

一、标志变异指标的概念和作用

(一)标志变异指标的概念

标志变异指标又称为标志变动度,是反映总体各单位标志值之间变异程度的综合指标,即反映数据分布中各变量值远离中心值程度的指标。标志变异指标是和平均指标相联系的一种分析指标。平均指标反映总体的一般水平,可以说明分配数列中变量值的集中趋势,但它本身无法说明其代表性的大小。标志变异指标正好弥补这一点,它可以说明平均指标代表性的大小,说明现象的离中趋势。一般来说,标志变动度越小,平均数的代表性就越大;标志变动度越大,平均数的代表性就越小。如果标志变动度等于零,说明所有的变量值没有差异,此时平均数具有绝对的代表性。常用的标志变异指标有异众比率、四分位差、全距、平均差、标准差和离散系数。

(二)标志变异指标的作用

标志变异指标在统计分析中的作用主要有以下几个方面:

(1)标志变异指标可以衡量平均指标代表性的大小。

(2)标志变异指标可以用来研究现象的稳定性和均衡性。企业、部门在分析计划执行情况时,通过标志变动度可以显示计划执行过程中的均衡性。标志变动度越小,说明计划完成情况越均衡;反之,则不均衡。

【例4-13】 甲、乙两个车间某年第一季度生产同种产品的产值计划完成情况如表4-7所示,试比较两个车间的生产稳定性。

表4-7　　　　　　　　甲乙两个车间某年第一季度生产计划完成情况　　　　　单位:万元

车间	计划数	计划完成百分比(%)			
		1月	2月	3月	全季
甲	500	33	33	34	100
乙	500	25	35	40	100

解:从表4-7中可知,两个车间都完成了第一季度的计划,但执行过程的进度情况不同。甲车间全季均衡地完成了生产计划,各月计划完成百分比差异较小,而乙车间则前松后紧,各月计划完成百分比差异较大。

(3)掌握标志变动度,可以合理地确定必要抽样单位数。抽样调查数据的可靠程度,与抽样单位数有关。抽取的样本单位数过少,则调查结果的误差就大,代表性不足;而抽取的样本单位数过多,则会造成人力、物力和时间浪费。根据标志变异指标决定抽取的样本单位数,可以提高抽样调查的质量。

二、标志变异指标的计算方法

(一) 异众比率

异众比率是指非众数组的次数占总次数的比率,用 V_r 表示。其计算公式如下:

$$V_r = \frac{\sum f - f_t}{\sum f} = 1 - \frac{f_t}{\sum f}$$

式中 f_t 表示众数组的次数;

其他符号表示如前。

异众比率的作用是衡量众数对一组数据的代表程度。异众比率越大,说明非众数组的次数占总次数的比重越大,众数的代表性越差。异众比率越小,说明非众数组的次数占总次数的比重越小,众数的代表性越好。异众比率主要用于测定定类数据的离散程度,也可以测定定序数据和数值型数据的离散程度。

【例 4-14】 根据表 4-5 中的数据,计算异众比率。

解:根据公式,得

$$V_r = 1 - \frac{f_t}{\sum f} = 1 - \frac{250}{770} = 67.53\%$$

说明在调查的 770 户人家中,有 67.53% 的家庭不是选择比较满意,异众比率较大。因此,众数"比较满意"的代表性不是很好。

(二) 四分位差

把变量从小到大排序,并把它们分为四等分,形成三个分割点,这三个分割点的数值就称为四分位数,记为 Q_1(第一四分位数)、Q_2(第二四分位数)、Q_3(第三四分位数),其中第二四分位数 Q_2 就是中位数。Q_1 和 Q_3 的计算如下:

$$Q_1 = 第 \frac{n+1}{4} 个变量值$$

$$Q_3 = 第 \frac{3(n+1)}{4} 个变量值$$

由上式计算的位置有时不是整数,因此,可以利用以下规则计算四分位数:

规则 1,如果求得的位置是整数,该位置上的变量值就是四分位数。例如,样本数大小为 $n=7$,第一四分位数等于 $(7+1) \div 4 =$ 第 2 个顺序排列的变量值。

规则 2,如果求得的位置处于两个整数之间,则它们相应的变量值的平均数即为四分位数。例如,样本数大小为 $n=9$,第一四分位数等于 $(9+1) \div 4 =$ 第 2.5 个顺序排列的变量值,介于第二个、第三个变量值之间。因此,第一四分位数等于第二个变量值与第三个变量值的平均数。

　　规则3,如果求得的位置既不是整数也不是两个整数的中间,则可以就近取值,找出离这个位置最近的变量值即为四分位数。例如,样本数大小为 $n=10$,第一四分位数等于 $(10+1)\div4=$ 第2.75个顺序排列的变量值,则离2.75位置最近的第3个变量值就是第一四分位数。

　　四分位差就是第三四分位数 Q_3 与第一四分位数 Q_1 之差,用 $Q.D.$ 表示。其计算公式如下:

$$Q.D. = Q_3 - Q_1$$

　　四分位差仅用中间50%的数据来反映数据的离散程度。其数值越小,说明中间的数据越集中;数值越大,说明中间的数据越分散。由于中位数处于数据的中间位置,因此,四分位差的大小,从一定的程度上也说明了中位数代表性的大小。四分位差越大,中位数代表性越差;四分位差越小,中位数代表性越好。四分位差主要用于测定定序数据的离散程度,也适用于测定数值型数据的离散程度,但不适用于定类数据离散程度的测定。

　　【例4-15】　将某饮品店7种冰咖啡饮品的卡路里含量排序如表4-8所示,试计算冰咖啡饮品的四分位差。

表4-8　　　　　　　　　　　　　冰咖啡饮品的卡路里含量表

冰咖啡饮品品种	品种1	品种2	品种3	品种4	品种5	品种6	品种7
卡路里含量	240	260	350	350	420	510	530

　　解:计算四分位数的位置。

$$Q_1 \text{ 的位置} = \frac{7+1}{4} = 2; \quad Q_3 \text{ 的位置} = \frac{3\times(7+1)}{4} = 6$$

则 $Q_1 = 260$, $Q_3 = 510$,四分位差如下:

$$Q.D. = Q_3 - Q_1 = 510 - 260 = 250$$

　　因此,这7种冰咖啡饮品的卡路里含量的四分位差为250卡路里,说明这些冰咖啡饮品的卡路里含量差异还是比较大的。因此,冰咖啡饮品卡路里含量中位数(350)的代表性不是很好。

　　因为四分位差不考虑比 Q_1 小且比 Q_3 大的变量值,因此,不受极端数值的影响。

(三) 全距

　　全距也称极差,它是总体各单位变量值中最大值与最小值之差,用R表示。即

$$R = x_{\max} - x_{\min}$$

全距可以说明总体中变量值变动的范围。全距越大,说明总体中变量值变动的范围越大,从而说明总体各单位变量值差异大;全距越小,说明总体中变量值变动的范围越小,从而说明总体各单位变量值差异也小。全距只适用于数值型数据离散程度的测定。

【例 4-16】 两组工人的日产量数据(单位:件)如下:

甲组:28 29 30 31 32

乙组:10 20 30 40 50

比较两组工人的平均日产量,$\overline{x}_{甲} = 30$(件),$\overline{x}_{乙} = 30$(件),日产量的全距,甲组为 4 件,乙组为 40 件;这说明甲组工人日产量的差别比乙组工人日产量差别小,所以甲组平均数的代表性大于乙组平均数的代表性。

若根据组距数列计算全距,可用数列中最高一组的上限减去最低一组的下限求得全距的近似值。

全距测定标志变异程度的优点是计算简单,但由于它取决于总体中两个极端数值的差距,与变量数列的其他数值无关,其提供的信息是不全面的,因而不能全面反映变量值的离散程度。如果极端数值相差较大,而中间数值分布比较均匀时,全距便不能确切反映其离散程度。

(四) 平均差

平均差是总体各单位的变量值同其算术平均数的离差绝对值的算术平均数,用 *A.D.* 表示。平均差的计算考虑了各个变量值之间的差异,因而比全距更能反映总体各单位的差异程度。由于各变量值与算术平均数的离差之和等于零,所以,采用绝对值来消除离差的正负号,以求得平均差。从几何上看,平均差是总体各单位变量值对算术平均数的平均距离。

平均差越大,说明各变量值分布越分散,平均数代表性就越小;平均差越小,说明各变量值分布越集中,平均数代表性就越大。

根据掌握的资料不同,平均差有两种计算方法:简单平均法和加权平均法。

1. 简单平均法

对未分组资料计算平均差应采用简单算术平均方法。其计算公式如下:

$$A.D. = \frac{\sum |x - \overline{x}|}{n}$$

【例 4-17】 两组工人的日产量资料如表 4-9 所示,计算两组工人日产量的平均差。

表 4-9　　　　　　　　　　　　两组工人的日产量资料

甲组			乙组		
日产量(件)	离差	离差绝对值	日产量(件)	离差	离差绝对值
x	$x-\bar{x}$	$|x-\bar{x}|$	x	$x-\bar{x}$	$|x-\bar{x}|$
28	−2	2	10	−20	20
29	−1	1	20	−10	10
30	0	0	30	0	0
31	1	1	40	10	10
32	2	2	50	20	20
合计	—	6	合计	—	60

解:根据表 4-9 资料,计算两组平均差分别如下:

$$A.D._{甲} = \frac{\sum |x-\bar{x}|}{n} = \frac{6}{5} = 1.2(件)$$

$$A.D._{乙} = \frac{\sum |x-\bar{x}|}{n} = \frac{60}{5} = 12(件)$$

计算结果表明,虽然甲乙两组的平均数相同,但是他们的平均差相差很大。甲组的平均差为 1.2 件,小于乙组的平均差 12 件,所以甲组的平均数代表性比乙组的平均数代表性大。

2. 加权平均法

对已分组资料计算平均差应采用加权算术平均方法。其计算公式如下:

$$A.D. = \frac{\sum |x-\bar{x}|f}{\sum f}$$

【例 4-18】 已知某企业的工人工资资料如表 4-10 所示,计算工资的平均差。

解:根据表中资料可以计算工资的平均数如下:

$$\bar{x} = \frac{\sum xf}{\sum f} = \frac{75\,000}{50} = 1\,500(元)$$

从而可得工资的平均差如下:

$$A.D. = \frac{\sum |x-\bar{x}|f}{\sum f} = \frac{21\,000}{50} = 420(元)$$

表 4-10   某企业工人工资的平均差计算表

按工资水平分组（元）	组中值	工人人数	工资总额	离差绝对值	离差绝对值乘权数
	x	f	xf	$|x-\bar{x}|$	$|x-\bar{x}|f$
1 000 以下	750	9	6 750	750	6 750
1 000～1 500	1 250	15	18 750	250	3 750
1 500～2 000	1 750	18	31 500	250	4 500
2 000 以上	2 250	8	18 000	750	6 000
合计	—	50	75 000	—	21 000

虽然平均差能够比较全面反映总体现象中各变量值的变动范围，比全距能更准确地说明某一数量标志变动的幅度。但是，计算平均差不能根据各离差的代数值而必须采用取绝对值的方法对离差的正负忽略不计，这种方法从代数演算的逻辑角度是不够严谨的。而且，平均差在求极值时不可导，不便于进行进一步的计算分析。因此，平均差在统计上应用较少，而常常代之以标准差。

（五）标准差

标准差是各变量值与其算术平均数的离差平方的算术平均数，最后开方根，用 σ 表示。它的含义与平均差基本相同，也表示各变量值对算术平均数的平均距离，所不同的只是在数学处理上有所区别。平均差是用绝对值消除各变量值与算术平均数离差的正负值问题，而标准差是用平方的方法消除各变量值与平均数离差的正负值，所以用标准差测定标志变动度比平均差更为合理。另外，标准差的计算结果稍大于平均差，这对于进行抽样估计，提高抽样保证程度具有一定意义，因此标准差在统计中的应用很广泛。

根据掌握的资料不同，标准差也有两种计算方法：简单平均法和加权平均法。

1. 简单平均法

根据未分组的资料计算标准差是将每个变量值与算术平均数的离差平方和除以总体单位数后再开平方求得。其计算公式如下：

$$\sigma = \sqrt{\frac{\sum(x-\bar{x})^2}{n}}$$

【例 4-19】 以前例两组工人的日产量资料，计算日产量标准差。

解：根据［例 4-17］和表 4-11 中的计算结果，可得甲、乙两组的平均日产量均为 30 件，其标准差分别如下：

$$\sigma_{甲} = \sqrt{\frac{\sum(x-\bar{x})^2}{n}} = \sqrt{\frac{10}{5}} = 1.41（件）$$

$$\sigma_\text{乙} = \sqrt{\frac{\sum (x - \bar{x})^2}{n}} = \sqrt{\frac{1\ 000}{5}} = 14.14(件)$$

计算结果表明,在甲、乙两组平均数相同的情况下,甲组的标准差小于乙组的标准差,所以,甲组平均数 30 件的代表性比乙组平均数 30 件的代表性要大。

表 4-11　　　　　　　　　两组工人的日产量标准差计算表

甲组			乙组		
日产量(件)	离差	离差平方	日产量(件)	离差	离差平方
x	$x - \bar{x}$	$(x - \bar{x})^2$	x	$x - \bar{x}$	$(x - \bar{x})^2$
28	-2	4	10	-20	400
29	-1	1	20	-10	100
30	0	0	30	0	0
31	1	1	40	10	100
32	2	4	50	20	400
合计	—	10	合计	—	1 000

2. 加权平均法

在分组情况下,计算标准差是将各组变量值与算术平均数的离差平方乘以各组次数(权数),然后除以总次数,再开平方。其计算公式如下:

$$\sigma = \sqrt{\frac{\sum (x - \bar{x})^2 f}{\sum f}}$$

【例 4-20】　已知某企业的工人工资资料如表 4-12 所示,计算工资的标准差。

表 4-12　　　　　　　　　某企业工人工资的标准差计算表

按工资水平分组(元)	组中值	工人人数	离差	离差平方	离差平方乘权数
	x	f	$x - \bar{x}$	$(x - \bar{x})^2$	$(x - \bar{x})^2 f$
1 000 以下	750	9	-750	562 500	5 062 500
1 000~1 500	1 250	15	-250	62 500	937 500
1 500~2 000	1 750	18	250	62 500	1 125 000
2 000 以上	2 250	8	750	562 500	4 500 000
合计	—	50			11 625 000

解:根据例[4-18]和表 4-12 中的计算结果,可得工资的平均数为 1 500 元,工资的标准差如下:

$$\sigma = \sqrt{\frac{\sum (x-\bar{x})^2 f}{\sum f}} = \sqrt{\frac{11\ 625\ 000}{50}} = 482.18(元)$$

依上述公式计算标准差,计算比较复杂。不难推出以下的标准差简便计算公式:

$$\sigma = \sqrt{\frac{\sum x^2}{n} - \left(\frac{\sum x}{n}\right)^2} \quad (未分组资料采用)$$

$$\sigma = \sqrt{\frac{\sum x^2 f}{\sum f} - \left(\frac{\sum xf}{\sum f}\right)^2} \quad (已分组资料采用)$$

需要注意的是,抽样调查中样本标准差在计算时往往用 $(n-1)$ 或者 $\sum f - 1$,代替上述公式中的 n 或 $\sum f$,并记为 s。

$$s = \sqrt{\frac{\sum (x-\bar{x})^2}{n-1}} \quad (未分组资料采用)$$

$$s = \sqrt{\frac{\sum (x-\bar{x})^2 f}{\sum f - 1}} \quad (已分组资料采用)$$

标准差的平方称为方差,它也是描述变量之间差异程度的一个重要指标,在统计中非常有用。在抽样推断中,经常用样本的方差 s^2 来推断总体的方差 σ^2。

(六) 离散系数

全距、平均差、标准差适用于对数值型数据的离中趋势进行测定,它们的计量单位与平均数的计量单位相同。当两个不同计量单位的数列进行比较时,很难对两者的平均数代表性大小直接进行对比。因此,在比较两个数列的平均数代表性大小时,如果它们的平均水平不同或计量单位不同,就不能用前述的标志变异指标直接比较它们的离散程度,而应该用标志变异指标的相对指标即离散系数进行比较。

常用的离散系数有平均差系数和标准差系数。

1. 平均差系数

其计算公式如下:

$$V_{A.D.} = \frac{A.D.}{\bar{x}} \times 100\%$$

2. 标准差系数

其计算公式如下:

$$V_\sigma = \frac{\sigma}{\bar{x}} \times 100\%$$

标准差系数是统计中最常用的分析指标之一,它消除了不同水平和不同计量单位的影响,从而用于比较不同总体各单位之间的离散程度。

【例 4-21】　甲、乙两组平均日产量和相关资料如表 4-13 所示,试比较两组日产量的平均数代表性的大小。

解:从表 4-13 中资料可知,由于计量单位不同,所以甲、乙两组日产量的标准差是无法比较的。因此,只能用标准差系数比较两组日产量的平均数代表性的大小。由于甲组的标准差系数小于乙组的标准差系数,所以,甲组日产量平均数 80 件的代表性要比乙组日产量平均数 10 箱的代表性要大。

表 4-13　　　　　　　　　　甲、乙两组日产量及相关资料

组别	平均数 $\bar{x}$	标准差 σ	标准差系数 V_σ
甲	80 件	8 件	10%
乙	10 箱	2 箱	20%

第三节　分布形态的描述

平均指标与标志变异指标是用于描述数据分布的集中趋势与离中趋势,而偏度与峰度是用于描述数据的分布形态。数据的分布形态是指数据分布是否对称,偏斜程度如何,分布陡峭程度等。

一、偏度的概念与计算

偏度是描述变量取值分布形态是否对称的指标。

资料没有分组时,偏度的计算公式如下:

$$SK = \frac{n}{(n-1)(n-2)} \sum \left(\frac{x - \bar{x}}{s} \right)^3$$

资料分组时,偏度的计算公式如下:

$$SK = \frac{\sum (x - \bar{x})^3 f}{ns^3}$$

上式表明,当分布对称时,正负总偏差相等,偏度值为0;当分布不对称时,正负总偏差不等,偏度值大于0或小于0。偏度值大于0表示正偏差值大,可以判断为正偏或者右偏;偏度值小于0表示负偏差值大,可以判断为负偏或者左偏。偏度绝对值越大,表示数据分布形态的偏斜程度越大。偏度形态的示意图形见本章第一节中的图4-1。

二、峰度的概念与计算

峰度是描述变量值取值分布形态陡峭程度的指标。

资料没有分组时,峰度的计算公式如下:

$$K = \frac{n(n+1)\sum(x-\bar{x})^4 - 3[\sum(x-\bar{x})^2]^2(n-1)}{(n-1)(n-2)(n-3)s^4}$$

资料分组时,峰度的计算公式如下:

$$K = \frac{\sum(x-\bar{x})^4 f}{ns^4} - 3$$

上式表明,当峰度值等于0时,数据分布与标准正态分布的陡峭程度相同,为正态分布;峰度值大于0时,数据分布比标准正态分布更陡峭,为尖峰分布;峰度值小于0时,数据分布比标准正态分布平缓,为平峰分布。峰度形态的示意图形见图4-2。

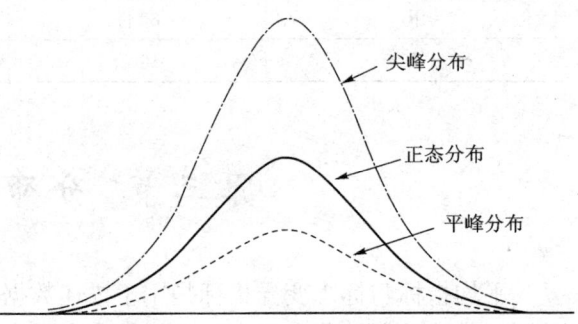

图4-2 峰度形态示意图

【例4-22】 某企业抽样调查115名工人日生产零件个数资料如表4-14所示,根据表中数据计算偏度和峰度。

表4-14 115名职工月奖金抽样资料

按日生产零件分组(个)	职工数 f	组中值 x	$(x-\bar{x})^3 f$	$(x-\bar{x})^4 f$
20以下	8	15	−57 551.33	1 110 990.96
20~30	30	25	−24 164.57	224 835.56
30~40	44	35	14.81	10.30
40~50	28	45	34 259.41	366 426.70
50以上	5	55	44 320.78	917 247.36
合计	115	—	−3 120.91	2 619 510.89

解:根据表中数据,可计算工人日生产零件平均为 34.30 个,样本标准差为 9.8 个。由表 4-14 数据可得

$$SK = \frac{\sum (x-\bar{x})^3 f}{ns^3} = \frac{-3\,120.91}{115 \times 9.8^3} = -0.03$$

偏度为负值,但数值不是很大,说明该企业工人的日生产零件个数的分布为左偏分布,但偏斜程度很小,接近于正态分布。

$$K = \frac{\sum (x-\bar{x})^4 f}{ns^4} - 3 = \frac{2\,619\,510.89}{115 \times 9.8^4} - 3 = 2.47$$

峰度大于 0,说明该企业工人的日生产零件的分布比标准正态分布更陡峭些,属于尖峰分布。

以上介绍的数据分布特征的计算方法,大多可以通过 EXCEL"数据分析"选项中的"描述统计"或者 SPSS 中的描述统计过程进行计算。

练 习 四

一、单项选择题

1. 加权算术平均数的大小( )。

A. 受各组次数 f 的影响最大

B. 受各组标志值 X 的影响最大

C. 只受各组标志值 X 的影响

D. 受各组次数 f 和各组标志值 X 的共同影响

2. 在变量数列中,如果标志值较小的一组权数较大,则计算出来的算术平均数( )。

A. 接近于标志值大的一方   B. 接近于标志值小的一方

C. 不受权数的影响   D. 无法判断

3. 已知 5 个水果商店苹果的单价和销售额,要求计算 5 个商店苹果的平均单价,应该采用( )。

A. 简单算术平均法   B. 加权算术平均法

C. 加权调和平均法   D. 几何平均法

4. 某公司下属 5 个企业,已知每个企业某月产值计划完成百分比和实际产值,要求计算该公司平均计划完成程度,应采用加权调和平均数的方法计算,其权数是( )。

A. 计划产值   B. 实际产值

C. 工人数   D. 企业数

5. 离中趋势指标中,最容易受极端值影响的是(　　)。

A. 全距　　　　　　　B. 平均差　　　　　　C. 标准差　　　　　　D. 标准差系数

6. 当一组数据属于左偏分布时,则(　　)。

A. 平均数、中位数与众数是合而为一的　　　B. 众数在左边,平均数在右边

C. 众数的数值较小,平均数的数值较大　　　D. 众数在右边,平均数在左边

7. 四分位差排除了数列两端各(　　)单位标志值的影响。

A. 10%　　　　　　B. 15%　　　　　　C. 25%　　　　　　D. 35%

8. 一组数据的偏态系数为1.3,表明该组数据的分布是(　　)。

A. 正态分布　　　　　B. 平顶分布　　　　　C. 左偏分布　　　　　D. 右偏分布

二、多项选择题

1. 在各种平均数中,不受极端值影响的平均数是(　　)。

A. 算术平均数　　　　　　　　　　　B. 调和平均数

C. 中位数　　　　　　　　　　　　　D. 几何平均数

E. 众数

2. 众数是(　　)。

A. 位置平均数

B. 总体中出现次数最多的标志值

C. 不受极端值的影响

D. 适用于总体单位数多,有明显集中趋势的情况

E. 处于变量数列中点位置的那个标志值

3. 有些离中趋势指标是用有名数表示的,它们是(　　)。

A. 全距　　　　　　　　　　　　　　B. 平均差

C. 标准差　　　　　　　　　　　　　D. 平均差系数

E. 四分位差

4. 不同总体间各标志值的差异程度可以通过标准差系数进行比较,因为标准差系数(　　)。

A. 消除了不同总体各标志值的计量单位的影响

B. 消除了不同总体的平均水平高低的影响

C. 消除了两个总体标志值差异的影响

D. 数值的大小与总体的差异水平无关

E. 数值的大小与总体的平均数大小无关

5. 下列关于全距的说法中,正确的有(　　)。

A. 可以说明变量值变动的范围　　　　　B. 不反映所有变量值差异的大小

C. 反映数据的分布状况　　　　　　　　D. 最大的缺点是受极端值的影响

E. 最大的优点是不受极端值的影响

三、思考题

1. 什么是平均指标? 其作用是什么?

2. 什么是标志变异指标? 其作用是什么? 常用的标志变异指标有哪些?

3. 什么是离散系数? 为什么要计算离散系数?

4. 异众比率、四分位差和标准差分别适用于对什么类型的数据进行测定?

四、计算题

1. 某企业600名职工月工资资料如表4-15所示,试计算该企业职工工资的算术平均数、中位数、众数。

表4-15　　　　　　　　　　　　某企业600名职工月工资资料

按月工资分组(元)	职工人数(人)
3 000 以下	25
3 000～5 000	340
5 000～7 000	200
7 000 以上	35
合计	600

2. 某月份甲、乙两农贸市场某农产品价格、成交量和成交额资料如表4-16所示,试问哪一个农贸市场农产品的平均价格高? 说明原因。

表4-16　　　　　　　　　　　　某月份甲、乙两农贸市场资料表

品种	价格(元/千克)	甲农贸市场成交额(万元)	乙贸市场成交量(万千克)
A	12	1.2	2
B	14	2.8	1
C	15	1.5	1
合计	—	5.5	4

3. 某厂生产某种机床配件,要经过三道生产工序,假如该产品在各道生产工序上的合格率分别为95%、93%、97%。根据资料计算该产品在三道生产工序上的平均合格率。

4. 某集团公司所属30个企业的产值计划完成资料分组如表4-17所示,试计算该集团公司的计划完成百分比。

表 4-17　　　　　　　　　　　　　某集团公司所属企业资料表

按计划完成百分比分组	企业数	实际产值(万元)
90%以下	3	1 200
90%～100%	7	3 180
100%～110%	15	7 820
110%～120%	5	3 500

5. 某市场有三种不同的苹果,其每千克价格分别为 12 元,16 元和 20 元,试计算:

(1) 各买 1 千克,平均每千克多少钱?

(2) 各买 10 元,平均每千克多少钱?

6. 对成年组和幼儿组共 500 人身高资料分组,分组资料如表 4-18 所示。

表 4-18　　　　　　　　　　　成年组和幼儿组身高资料表

成年组		幼儿组	
按身高分组(cm)	人数(人)	按身高分组(cm)	人数(人)
150～155	30	70～75	20
155～160	120	75～80	80
160～165	90	80～85	40
165～170	40	85～90	30
170 以上	20	90 以上	30
合计	300	合计	200

要求:

(1) 分别计算成年组和幼儿组身高的平均数、标准差和标准差系数。

(2) 说明成年组和幼儿组平均身高的代表性哪个大。为什么?

(3) 计算成人身高分布的偏度和峰度,并说明身高的分布状况。

7. 某超市某天顾客购买饮料的资料如表 4-19 所示,试计算众数和异众比率,并说明众数代表性的大小。

表 4-19　　　　　　　　　　　某超市某天顾客购买饮料表

饮料名称	购买量
汇源果汁	8
百事可乐	10
可口可乐	15
旭日升冰茶	20
露露	9
乌龙茶	8
其他	5

8. 已知某公司职工的月工资收入为 4 800 元的人数最多,其中,位于全公司职工月工资收入中间位置的职工的月工资收入为 4 500 元,试根据资料计算出全公司职工的月平均工资。并指出该公司职工月工资收入变量数列属于何种偏态?

9. 当每天生产线的每小时产量低于平均每小时产量,并超出其 2 个标准差的范围时,该生产线被认为是"失去控制"。对该生产线来说,昨天平均每小时产量是 370 件,其标准差每小时为 5 件。表 4-20 是该天头几个小时的产量,该生产线在什么时候失去了控制?

表 4-20 　　　　　　　某生产线某天资料表 　　　　　　　单位:件

时间	8:00	9:00	10:00	11:00	12:00	13:00	14:00	15:00
产量	372	375	369	367	364	361	359	356

10. 你是定时器的购买者,定时器在新道路爆破中用来起爆炸药。你必须在两个供应者之间选择,分别用 A 和 B 表示。在各自的说明书中,你发现由 A 出售的导火线引爆的平均时间为 30 秒,其标准差为 0.5 秒;而由 B 出售的导火线引爆的平均时间为 30 秒,其标准差为 6 秒。请你作出选择,并说明原因。

阅读资料四

2013 年上海市国民经济运行情况简介

上海市统计局　　2014 年 1 月 26 日

2013 年,上海牢牢把握稳中求进工作总基调,紧紧围绕创新驱动发展、经济转型升级,全力推进稳增长、调结构、促改革、惠民生,总体经济实现稳中有进、稳中向好的积极态势。全年经济运行主要呈现以下特点。

一、经济运行平稳有序,三产比重进一步提升

初步核算,全年实现生产总值 21 602.12 亿元,按可比价格计算,比上年增长 7.7%,增幅比上年提高 0.2 个百分点。其中,第一产业增加值 129.28 亿元,下降 2.9%;第二产业增加值 8 027.77 亿元,增长 6.1%;第三产业增加值 13 445.07 亿元,增长 8.8%。分季度看,第一季度生产总值同比增长 7.8%,第二季度增长 7.6%,第三季度增长 7.8%,第四季度增长 7.6%。全年第三产业增加值占生产总值的比重达到 62.2%,比上年提高 1.8 个百分点。

全年金融业实现增加值 2 823.29 亿元,比上年增长 13.7%。上海证券交易所股票成交额 23.03 万亿元,增长 39.9%;上海期货交易所成交额 120.83 万亿元,增长 35.5%;上海黄金交易所成交额 5.22 万亿元,增长 48%。

全年批发和零售业实现增加值 3 533.1 亿元,比上年增长 7.1%。商品销售总额 60 496.05 亿元,增长 12.5%。住宿餐饮业实现增加值 314.34 亿元,增长 2.3%。

全年房地产业实现增加值 1 343.77 亿元,比上年增长 11.3%。商品房销售面积 2 382.2 万平方米,增长 25.5%。其中,商品住宅销售面积 2015.81 万平方米,增长 26.6%。

全年交通运输、仓储和邮政业实现增加值 935.06 亿元,比上年增长 1%。货物运输总量 91 535.07 万吨,下降 3%;集装箱吞吐量 3 361.68 万标准箱,增长 3.3%。

全年信息传输、计算机服务和软件业实现增加值 1 036.62 亿元,比上年增长 12.8%。

二、工业生产稳步回升,企业效益有所好转

全年实现规模以上工业增加值 6 769.64 亿元,比上年增长 6.6%,增幅比上年提高 3.7 个百分点。规模以上工业总产值 32 088.88 亿元,增长 4.4%,而上年为下降 0.4%。分行业看,六个重点发展工业行业实现工业总产值 21 585.91 亿元,增长 4.5%。其中,汽车制造业增长 15.9%,生物医药制造业增长 14.9%,石油化工及精细化工制造业增长 8.4%;而成套设备制造业下降 0.6%,精品钢材制造业下降 1.5%,电子信息产品制造业下降 1.8%。战略性新兴产业制造业总产值 7 743.53 亿元,增长 1.4%。全年规模以上工业出口交货值 7 727.6 亿元,下降 3.5%,降幅同比缩小 2 个百分点。

1~11 月,规模以上工业企业实现主营业务收入 31 126.69 亿元,比上年同期增长 2.4%,而上年同期为下降 1.9%;工业企业利润总额 2 190.22 亿元,增长 7%,增幅提高 5.2 个百分点。全年工业产品销售率为 99.1%。

三、消费品市场运行平稳,无店铺零售快速增长

全年实现社会消费品零售总额 8 019.05 亿元,比上年增长 8.6%,增幅比上年回落 0.4 个百分点。其中,限额以上社会消费品零售额 5 885.89 亿元,增长 6.4%,增幅回落 1.1 个百分点。分行业看,全年限额以上批发零售贸易业实现零售额 5 401.29 亿元,增长 6.9%;住宿餐饮业实现零售额 484.6 亿元,增长 1%。分商品类别看,金银珠宝、家电和通讯器材销售保持旺盛。全年限额以上企业金银珠宝类商品零售额 223.35 亿元,增长 41%;家电类商品零售额 353.27 亿元,增长 13%;通讯器材类商品零售额 140.34 亿元,增长 35.2%。

无店铺零售保持高速增长。全年限额以上零售法人企业中,无店铺零售业态实现零售额 556.59 亿元,比上年增长 42.4%,其中网上商店零售额 465.38 亿元,增长 52.4%。

四、固定资产投资增幅提高,非国有经济投资增长较快

全年全社会固定资产投资总额 5 647.79 亿元,比上年增长 7.5%,增幅比上年提高 3.8 个百分点。其中,城市基础设施投资 1 043.31 亿元,增长 0.5%;房地产开发投资 2 819.59 亿元,增长 18.4%。

按产业分,第一产业投资 18.45 亿元,比上年增长 64.7%;第二产业投资 1 242.02 亿元,下降 4%,其中工业投资 1 236.35 亿元,下降 4.4%;第三产业投资 4 387.32 亿元,增长 11.1%。按经济类型分,国有经济投资 1 926.89 亿元,增长 3.9%;非国有经济投资 3 720.9 亿元,增长 9.5%。在非国有经济投资中,私营经济投资 1 070.65 亿元,下降 1.8%;股份制经济投资 1 601.33 亿元,增长 12.9%;外商及港澳台经济投资 894.47 亿元,增长 18%。

五、进出口总额小幅增长，实到外资增幅平稳

全年上海市进出口总额 4 413.98 亿美元，比上年增长 1.1%，而上年为下降 0.2%。其中，进口总额 2 371.55 亿美元，增长 3.1%，增幅比上年提高 2.1 个百分点；出口总额 2 042.44 亿美元，下降 1.2%，降幅缩小 0.2 个百分点。按贸易方式分，一般贸易出口 817.25 亿美元，增长 3.5%；加工贸易出口 943.8 亿美元，下降 7%。按经济类型分，国有企业出口 296.98 亿美元，下降 8.6%；外商投资企业出口 1 367.75 亿美元，下降 1.4%；私营企业出口 361.31 亿美元，增长 6.4%。按产品类别分，高新技术产品出口 887.13 亿美元，下降 2.2%；机电产品出口 1 433.95 亿美元，下降 1.4%。

全年签订外商直接投资合同金额 246.3 亿美元，比上年增长 10.3%。外商直接投资实际到位金额 167.8 亿美元，增长 10.5%。其中，第二产业实际到位金额 32.1 亿美元，增长 29%；第三产业实际到位金额 135.67 亿美元，增长 7%。

六、居民消费价格温和上涨，工业生产者价格继续下降

全年居民消费价格总水平比上年上涨 2.3%，涨幅比上年回落 0.5 个百分点。居民消费价格各月同比涨幅基本处于 2%~2.6%。分类别看，食品类价格上涨 4.4%，上拉总指数 1.3 个百分点；居住类价格上涨 3.9%，上拉总指数 0.9 个百分点。此外，家庭设备用品及维修服务类价格上涨 1.3%，交通和通信类价格上涨 0.4%，烟酒及用品类、娱乐教育文化用品及服务类价格均上涨 0.1%，衣着类、医疗保健和个人用品类价格与上年持平。

全年工业生产者出厂价格比上年下降 1.8%，降幅比上年扩大 0.2 个百分点；工业生产者购进价格下降 3.5%，降幅缩小 1.8 个百分点。

七、城乡居民收入稳定增长，就业形势保持平稳

据抽样调查，全年城市居民家庭人均可支配收入 43 851 元，比上年增长 9.1%。其中，工资性收入 28 518 元，增长 6.6%；经营净收入 2 317 元，增长 2.2%；财产性收入 788 元，增长 36.8%；转移性收入 12 228 元，增长 15.4%。农村居民家庭人均可支配收入 19 208 元，增长 10.4%。其中，工资性收入 12 378 元，增长 7.7%；家庭经营性收入 920 元，增长 1.7%；财产性收入 1 587 元，增长 14.8%；转移性收入 4 323 元，增长 19.5%。

全年新增就业岗位 60.05 万个，其中农村富余劳动力实现非农就业 11.15 万个。至年末，城镇登记失业人数 26.37 万人，城镇登记失业率为 4.2%。

八、地方财政收入较快增长，货币信贷运行平稳

全年地方财政收入 4 109.51 亿元，比上年增长 9.8%，增幅比上年提高 0.6 个百分点。其中，增值税 848.47 亿元，增长 27.2%；营业税 962.72 亿元，增长 7.2%；企业所得税 837.44 亿元，增长 3.8%。全年地方财政支出 4 528.61 亿元，增长 8.2%，增幅同比提高 1.3 个百分点。其中，城乡社区事务支出增长 13.6%，医疗卫生支出增长 8.9%。

至年末，全市中外资金融机构本外币存款余额 69 256.32 亿元，比上年增长 9%，比年初增加 5 474.25 亿元，同比多增 95.01 亿元。中外资金融机构本外币贷款余额 44 357.88 亿

元,增长 8.2%,比年初增加 3 297.46 亿元,同比少增 520.8 亿元。其中,短期贷款余额 13 673.51亿元,比年初增加 580.99 亿元,同比少增 1 211.48 亿元;中长期贷款余额 25 901.85亿元,比年初增加 2 320.45 亿元,同比多增 1 562.69 亿元。

过去的 1 年,上海主动应对各种风险和挑战,创新驱动发展的积极效应持续显现,成绩确实来之不易。但同时要看到,当前上海外部发展环境依然错综复杂,经济发展中仍存在不少困难和问题:结构调整任务艰巨,服务业集聚辐射能力不强,先进制造业发展后劲不足,战略性新兴产业尚处于培育阶段。

2014 年,上海将坚持创新驱动发展、经济转型升级,以提高经济增长质量和效益为中心,为打造中国经济升级版发挥示范作用。

（资料来源:上海统计网 http://www.stats-sh.gov.cn/sjfb/201 401/266 355.html）

第五章 时间数列

学习目标

1. 理解时间数列的含义,了解时间数列的种类与编制原则。
2. 掌握时间数列的水平分析和速度分析方法。
3. 了解时间数列的长期趋势分析与季节变动分析方法。

第一节 时间数列概述

一、时间数列的意义和作用

时间数列也称为时间序列或动态数列,即将表明经济现象发展变化的指标按时间的先后顺序排列起来而形成的统计数列。

表 5-1   上海市部分统计资料

年份	年末户籍人口(万人)	生产总值(亿元)	生产总值比上年增长(%)	职工平均工资(元)
2005	1 360.26	9 247.66	11.4	26 823
2006	1 368.08	10 572.24	12.7	29 569
2007	1 378.86	12 494.01	15.2	34 707
2008	1 391.04	14 069.87	9.7	39 502
2009	1 400.70	15 046.46	8.2	42 789
2010	1 412.32	17 165.98	10.3	46 757
2011	1 419.36	19 195.69	8.2	51 968
2012	1 426.93	20 181.72	7.5	56 300
2013	1 425.14	21 602.12	7.7	60 432

资料来源:上海统计局网站(www.stats-sh.gov.cn)

从表 5-1 中可以看出,作为一个时间数列应同时具备两个条件,即由两个要素组成:

(1)现象所属时间。

（2）现象的发展水平，即反映现象的统计指标值。

时间数列主要有以下作用：

（1）可以表明经济现象发展变化的规律性，如表 5-1 中职工平均工资的逐年上升等。

（2）通过对时间数列计算各种时间分析指标，可以对现象未来的发展变化趋势和发展水平进行预测，为计划的编制和经济决策提供依据和参考。

二、时间数列的种类

时间数列可以从不同的角度分类，通常按其变量的表现形式，可分为绝对数时间数列、相对数时间数列和平均数时间数列三种。其中，绝对数时间数列是基本数列，相对数和平均数时间数列是派生数列。

1. 绝对数时间数列

由反映某事物在不同时间上规模大小、数量多少的绝对数构成的统计数列，称为绝对数时间数列。它反映事物在不同时间上的规模、水平等总量特征。由于绝对指标有时期和时点之分，故绝对数时间数列又分为绝对数时期时间数列与绝对数时点时间数列。

（1）时期数列。反映某段时间发展过程的总量指标组成的时间数列，数列中每一指标所涉及的时间长度也即时期可以是年、月、日、周等。表 5-1 中 2005—2013 年的上海市"生产总值"时间数列就是一个绝对数时期时间数列。

（2）时点数列。反映某一时点或瞬间所达到的水平的总量指标构成的时间数列。表 5-1 中 2005—2013 年的上海市"年末户籍人口"时间数列就是一个绝对数时点时间数列。

时期数列和时点数列具有不同的特点，具体来说有以下三个方面：①时期数列中各期指标数值可以相加，而时点数列中各期指标数值一般不能相加。②时期数列中各期指标数值的大小与其时期长短有直接联系，而时点数列中各指标数值的大小一般与其间隔长短没有直接联系。③时期数列中各指标数值通常是经过连续不断的登记取得的，时点数列中各个指标数值是间隔一定时期登记一次取得的。

2. 相对数时间数列

将由相对指标按时间的先后顺序排列而组成的统计数列称为相对数时间数列。由于相对指标有六种，相对数时间数列也分六种，可以反映经济现象之间相互关系的发展变化程度和规律性。如将企业的生产计划完成情况（程度）指标，按月份或年度为单位编制时间数列。表 5-1 中 2005—2013 年的上海市"生产总值比上年增长"时间数列就是一个相对数时间数列。

3. 平均数时间数列

将由同类现象的平均指标按时间先后顺序排列而组成，用来反映社会现象一般水平的发展趋势及变化规律性的时间数列称为平均数时间数列。平均数可以分为静态平均数（前面所讲的一般平均数）和时间平均数，即本章将要介绍的序时平均数。表 5-1 中 2005—

2013年的上海市"职工平均工资"时间数列就是一个平均数时间数列。

三、编制时间数列的原则

因为时间数列是通过同一指标在不同时间上的对比，来反映社会现象的发展变化及规律性的，所以，保证数列中各项指标的可比性，是编制时间数列的基本原则。具体有以下四方面：

（1）时期指标的时期和时点指标的间隔应该相等。特别是时期指标的时期，如是一年都是一年，不应在一个数列中既有一年的指标，又有两年或半年的指标。时点指标也尽量避免在同一数列中，有的指标间隔一季，有的间隔一月，这样不便于指标进行对比分析。但有时由于资料搜集的原因或特殊需要，也可编制时期不等或间隔不等的时间数列。

（2）总体范围应该一致。特别在地区经济的时间数列中，如果地区的行政区划有所变动，前后期的指标不能直接对比，必须将资料进行调整，使总体范围前后一致。

（3）计算方法和计量单位应该统一。

（4）经济内容应该相同。比如，在公有制经济中，国有经济和集体经济的经济内容是不同的，一般不应混同编制在一个时间数列中。

第二节　时间数列水平分析指标

根据时间数列可以计算各种动态分析指标，来研究社会现象的发展水平和速度，认识事物发展的趋势和规律性。常用的时间数列的分析指标有两大类：一类是现象发展的水平指标，如发展水平、增长量、平均发展水平、平均增长量；另一类是现象发展的速度指标，如发展速度、平均发展速度、增长速度、平均增长速度。

一、发展水平和平均发展水平

（一）发展水平

发展水平是作为计算数据的原来的各个时期的统计指标，反映某种现象在各个不同时间所达到的水平。发展水平指标，根据它们在时间数列中所处的时间不同，可以分为最初水平、中间水平和最末水平。或分为基期水平和报告期水平。

如用 a 代表发展水平，则时间数列可表示为：

$$a_0, a_1, a_2, a_3, \cdots, a_{n-1}, a_n$$

式中　a_0 表示最初水平；

　　　a_n 表示最末水平；

a_1，a_2，a_3，$\cdots$，a_{n-1}表示中间水平。

基期水平和报告期水平的确定可根据研究的时间和目的来确定。将作为比较时期的发展水平称为基期水平，将被研究时期的发展水平称为报告期水平。

（二）平均发展水平

将不同时期的发展水平加以平均而得到的平均数就是平均发展水平，也称序时平均数或动态平均数。序时平均数和一般平均数有相似之处，即都是反映社会现象的一般水平，都是把现象的数量差异抽象化了。但两者是有区别的：

（1）序时平均数从时间上说明问题，所以又称时间平均数，而一般平均数是从静态上说明问题。

（2）序时平均数是根据不同时期的总量指标计算得到的，一般平均数是根据同一时期的标志总量与总体单位数相除而得到的。

（3）序时平均数是根据时间数列计算的，一般平均数是根据变量数列计算得到的。

序时平均数即平均发展水平是一个重要的时间分析指标，其作用有三方面：

（1）可以动态地反映某种现象发展的一般水平。

（2）可以消除现象在短时间内波动的影响，便于观察其长期发展趋势。

（3）可以解决时间长短不等的时期数列的可比性问题，便于进行广泛的对比。

根据序时平均数使用的时间数列的情况，我们分别介绍序时平均数的计算方法。

1．由绝对数时间数列计算序时平均数，可按时期数列和时点数列分别计算

1）由时期数列计算序时平均数

由于时期指标可以累计，所以对时期指标数列，可以用简单平均法计算。其计算公式如下：

$$\bar{a} = \frac{a_1 + a_2 + \cdots + a_n}{n} = \frac{\sum a}{n}$$

式中　$\bar{a}$代表平均发展水平；

a_i代表各期发展水平（$i = 1, 2, \cdots, n$）；

n代表指标项数。

【例5-1】　某企业2013年四个季度的销售额资料如表5-2所示。

表5-2　　　　　　　　　　某企业2013年的销售情况　　　　　　　　　单位：万元

时　　期	第一季度	第二季度	第三季度	第四季度
销售额	456	408	486	501

该企业2013年各季度平均销售额为：

$$\bar{a} = \frac{\sum a}{n} = \frac{456 + 408 + 486 + 501}{4} = 462.75(万元)$$

2）由时点数列计算序时平均数

有四种情况：

（1）间隔相等而且连续的时点数列。其计算公式如下：

$$\bar{a} = \frac{\sum a}{n}$$

【例5-2】 某厂某月上旬职工人数资料表5-3所示。

表5-3　　　　　　　　　　　某厂某月上旬职工人数统计表　　　　　　　单位：人

日期	1	2	3	4	5	6	7	8	9	10
出勤人数	120	120	124	126	126	128	128	131	131	136

$$\bar{a} = \frac{\sum a}{n} = \frac{120 + 120 + 124 + \cdots + 136}{10} = \frac{1\,270}{10} = 127(人)$$

（2）间隔不等但是连续的时点数列，如例[5-2]，资料可变作表5-4所示。

表5-4　　　　　　　　　　　某厂某月上旬职工人数统计表　　　　　　　单位：人

日期	1~2	3	4~5	6~7	8~9	10
出勤人数	120	124	126	128	131	136

采用加权算术平均法，计算过程如下：

$$\bar{a} = \frac{\sum af}{\sum f} = \frac{120 \times 2 + 124 + 126 \times 2 + 128 \times 2 + 131 \times 2 + 136}{10} = 127(人)$$

（3）间隔相等而间断的时点数列。

在实际工作中，有些时点现象不需作连续登记，只是间隔固定时间登记一次。比如，设备台数、在职职工人数等，可间隔一月、一季或一年登记一次。

【例5-3】 某企业某年第二季度工人人数资料如表5-5所示。

表5-5　　　　　　　　　　　某企业某年第二季度工人人数统计表　　　　　　　单位：人

时间	4月1日	5月1日	6月1日	7月1日
工人人数	161	183	172	185

这是不连续登记的时点现象，这种情况下要计算第二季度（4~6月）平均职工人数，需

先用计算组中值的方法计算出每月的平均人数,再在此基础上计算第二季度的总平均人数(简单平均法)。

用公式表示:

$$\bar{a} = \frac{\dfrac{a_1}{2} + a_2 + \cdots + a_{n-1} + \dfrac{a_n}{2}}{n-1}$$

式中 $\bar{a}$ 表示序时平均数;

a 表示各项时点指标数值;

n 表示时点个数。

该企业第二季度平均工人人数如下:

$$\bar{a} = \frac{\dfrac{161}{2} + 183 + 172 + \dfrac{185}{2}}{4-1} = 176(人)$$

(4)间隔不等而且间断的时点数列。

【例5-4】 某企业2013年工人人数资料如表5-6所示。

表5-6　　　　　　　　　　　某企业2013年工人人数统计表　　　　　　　　　　单位:人

时　间	1月1日	5月1日	8月1日	10月31日	12月31日
工人人数	232	239	272	285	267

也是按计算组中值的方法计算出每段时间的平均数,再用加权法计算总平均数。其计算公式如下:

$$\bar{a} = \frac{\dfrac{a_1 + a_2}{2}f_1 + \dfrac{a_2 + a_3}{2}f_2 + \cdots + \dfrac{a_{n-1} + a_n}{2}f_{n-1}}{\sum\limits_{i=1}^{n-1} f_i}$$

式中 $\bar{a}$ 表示序时平均数;

a 表示各项时点指标数值;

f 表示各时点间隔的距离。

2013年该企业平均工人人数如下:

$$\bar{a} = \frac{\dfrac{232+239}{2} \times 4 + \dfrac{239+272}{2} \times 3 + \dfrac{272+285}{2} \times 3 + \dfrac{285+267}{2} \times 2}{12} = \frac{3\,096}{12} = 258(人)$$

上述五种公式,不仅是计算绝对数时间数列序时平均数的基本方法,同时也是计算相对数和平均数时间数列序时平均数的基础。

2. 由相对数时间数列计算的序时平均数

相对数时间数列主要指计划完成程度、结构相对数、比较相对数、比例相对数及强度相对数组成的时间数列。对其计算序时平均数,计算的基本方法是对分子、分母分别计算其序时平均数,然后将两者进行对比,就可得到相对数时间数列的平均发展水平。其基本计算公式如下:

$$\bar{c} = \frac{\bar{a}}{\bar{b}}$$

式中 $\bar{c}$ 表示相对数时间数列的序时平均数;

$\bar{a}$ 表示分子数列的序时平均数;

$\bar{b}$ 表示分母数列的序时平均数。

由于相对数时间数列可由两个时期数列、两个时点数列或由一个时期数列和一个时点数列的对比形成,而时期数列与时点数列的平均发展水平的计算方法又不同,故相对数时间数列的平均发展水平有以下三种情况。

1) 相对数的分子、分母都是时期数列

【例 5-5】 某企业第二季度生产计划完成情况的资料如表 5-7 所示,现计算其平均计划完成程度。

表 5-7　　　　　　　　　　　　某企业 2 季度生产计划完成情况

产量	4 月	5 月	6 月
a 实际产量(件)	600	680	750
b 计划产量(件)	650	680	650

$$\bar{a} = (600 + 680 + 750) \div 3 = 676.67(件)$$

$$\bar{b} = (650 + 680 + 650) \div 3 = 660(件)$$

$$\bar{c} = \frac{\bar{a}}{\bar{b}} \times 100\% = \frac{676.67}{660} \times 100\% = 102.53\%$$

所以,该企业第二季度的平均计划完成程度为 102.53%。

注意,若 c 为计划完成相对程度($c = a / b$),则 a、b、c 中给出任意两个,都可以计算平均计划完成程度。当给出的资料为 b、c 或 a、c 时,需将其转换为 a 或 b,再计算其平均计划完成程度,而不能将 c 直接作简单算术平均来计算平均计划完成程度。

2) 相对数的分子、分母都是时点数列

【例 5-6】 某企业第二季度生产工人和全部职工人数的资料如表 5-8 所示,现计算其第二季度生产工人人数和全部职工人数的平均比重。

表 5-8 某企业第二季度生产工人与全部职工的人数情况

	3 月 31 日	4 月 30 日	5 月 31 日	6 月 30 日
a 生产工人人数(人)	560	580	550	578
b 全部职工人数(人)	650	670	650	667

$$\bar{a} = (560/2 + 580 + 550 + 578/2) \div 3 = 566.33(人)$$

$$\bar{b} = (650/2 + 670 + 650 + 667/2) \div 3 = 659.5(人)$$

$$\bar{c} = \frac{\bar{a}}{\bar{b}} \times 100\% = \frac{566.33}{659.5} \times 100\% = 85.87\%$$

所以,该企业第二季度生产工人人数和全部职工人数的平均比重为 85.87%。

注意,若 c 为生产工人人数占全部职工人数的比重($c=a/b$),则 a、b、c 中给出任意两个,都可以计算其平均比重。当给出的资料为 b、c 或 a、c 时,需将其转换为 a 或 b,再计算其平均比重,而不能将 c 直接作简单算术平均来计算平均比重。

3)相对数的分子、分母一个是时期数列,另一个是时点数列

【例 5-7】 某商业企业第二季度各月销售、库存的资料如表 5-9 所示,现计算其第二季度平均月商品流转次数。

表 5-9 某企业第二季度各月销售与库存情况

	3 月	4 月	5 月	6 月
a 商品销售额(万元)	—	300	400	280
b 月末库存额(万元)	70	75	55	75

这里,月商品流转次数=月商品销售额÷月平均库存额

$$\bar{a} = (300 + 400 + 280) \div 3 = 326.67(万元)$$

$$\bar{b} = (70/2 + 75 + 55 + 75 \div 2) \div 3 = 67.5(万元)$$

$$\bar{c} = \frac{\bar{a}}{\bar{b}} = \frac{326.67}{67.5} = 4.84(次)$$

所以,该企业第二季度平均月商品流转次数为 4.84 次。

3. 由平均数时间数列计算序时平均数

平均数分为静态平均数和动态平均数,前者的计算与相对数序时平均数的计算方法基本相同,即分别对分子、分母计算序时平均数。如是动态平均数,要注意是时期数列还是时点数列,看其间隔是否相等。如相等,就分别用简单平均法;如时期或间隔不等,则要用加权平均法。

二、增长(减少)量与平均增长量

(一) 增长量

增长量是报告期水平与基期水平的差额,正为增加量,负为减少量。它说明经济现象在一定时期内所增长(减少)的绝对数量,反映报告期比基期增长的水平。其计算公式如下:

$$增长量 = 报告期水平 - 基期水平$$

由于对比基期不同,增长量可以分为逐期增长量和累计增长量。逐期增长量是报告期与前期水平之差,它表明本期比上一期增长的绝对数量;累计增长量是报告期水平与某一固定时期(基期)水平之差,它表明本期比某一固定时期增长的绝对数量,也即说明在某一段较长时期内总的增长量。这两个指标可以用公式表示如下:

逐期增长量:$a_1 - a_0, a_2 - a_1, a_3 - a_2, \cdots, a_n - a_{n-1}$

累计增长量:$a_1 - a_0, a_2 - a_0, a_3 - a_0, \cdots, a_n - a_0$

逐期增长量与累计增长量关系为:逐期增长量之和等于累计增长量,即

$$(a_1 - a_0) + (a_2 - a_1) + (a_3 - a_2) + \cdots + (a_n - a_{n-1}) = a_n - a_0$$

在实际工作中,常计算年距增长量指标,它是报告期水平与上年同期水平的差额。用公式表示如下:

年距增长量=报告期发展水平-上年同期发展水平

例如,某企业 2014 年第一季度销售额为 738 万元,2013 年第一季度销售额为 687 万元,则年距增长量如下:

年距增长量=738-687=51(万元)

这说明 2014 年第一季度销售额比上年同期增加了 51 万元。

计算年距增长量可以消除季节变动的影响,表明报告期水平较上年同期水平增加或减少的绝对数量。

(二) 平均增长量

平均增长量是说明经济现象在一定时期内平均每期增长的数量,也是一种序时平均数,即是逐期增长量时间数列的序时平均数,反映现象平均增长水平。其计算公式如下:

$$平均增长量 = \frac{逐期增长量之和}{逐期增长量个数} = \frac{累计增长量}{时间数列项数 - 1}$$

【例 5-8】 上海市 2009—2013 年生产总值的资料如表 5-10 所示,计算增长量和平均增长量指标。

表 5-10　　　　　　上海市 2009—2013 年生产总值统计表　　　　　单位:亿元

年　份		2009	2010	2011	2012	2013
生产总值		15 046	17 166	19 196	20 182	21 602
增长量	逐期	—	2 120	2 030	986	1 420
	累计	—	2 120	4 150	5 136	6 556

$$GDP\ 年平均增长量 = \frac{2\ 120 + 2\ 030 + 986 + 1\ 420}{4} = 1\ 639(亿元)$$

或

$$GDP\ 年平均增长量 = \frac{6\ 556}{4} = 1\ 639(亿元)$$

第三节　时间数列速度分析指标

时间数列的速度分析指标主要有发展速度、增长速度、平均发展速度和平均增长速度。这四种指标具有密切联系,其中发展速度是基本的速度分析指标。

一、发展速度

发展速度是报告期水平除以基期水平所得商数,表明经济现象发展程度的相对指标,一般用百分数或倍数表示。其计算公式如下:

$$发展速度 = \frac{报告期水平}{基期水平}$$

由于对比的基期不同,发展速度可以分为定基发展速度和环比发展速度。定基发展速度是指以报告期水平与某一固定时期水平比较计算的发展速度,表明这种现象在较长时期内总的发展程度,因此有时也称为"总速度"。环比发展速度是以报告期水平与前期水平比较计算的发展速度,表明这种现象逐期的发展程度。如果计算的单位时期为一年,这个指标也可称为"年速度"。这两种发展速度可用公式表示如下:

定基发展速度:$\dfrac{a_1}{a_0}, \dfrac{a_2}{a_0}, \cdots, \dfrac{a_n}{a_0}$;

环比发展速度:$\dfrac{a_1}{a_0}, \dfrac{a_2}{a_1}, \cdots, \dfrac{a_n}{a_{n-1}}$

定基发展速度与环比发展速度两者的关系有:

(1) 环比发展速度的连乘积等于定基发展速度,即:

$$\frac{a_1}{a_0} \times \frac{a_2}{a_1} \times \cdots \times \frac{a_n}{a_{n-1}} = \frac{a_n}{a_0}$$

(2) 两相邻时期的定基发展速度相除,等于相应的环比发展速度,即:

$$\frac{a_i}{a_0} \div \frac{a_{i-1}}{a_0} = \frac{a_i}{a_{i-1}}$$

利用以上关系,两个指标可以互相推算。

在实际工作中,常计算一种年距发展速度指标,它是报告期水平与上年同期水平之比。用公式表示如下

$$年距发展速度 = \frac{报告期发展水平}{上年同期发展水平}$$

【例 5-9】 某企业 2014 年第一季度销售额为 738 万元,2013 年第一季度销售额为 687 万元,则

$$年距发展速度 = \frac{738}{687} = 107.42\%$$

这说明 2014 年第一季度销售额已达到上年同期销售额的 107.42%。

计算年距发展速度也可以消除季节变动的影响,表明本期水平较上年同期水平的相对发展速度。

二、增长速度

增长速度是某一现象增长量与基期水平相比的结果,是反映增长或降低程度的相对指标。通常也用百分数或倍数表示。计算的基本公式如下:

$$增长速度 = \frac{增长量}{基期发展水平}$$

增长速度是发展速度的派生指标,两者的联系可用公式表示:

$$增长速度 = 发展速度 - 100\%$$

由于采用的基期不同,增长速度也有定基增长速度和环比增长速度之分。定基增长速度是累计增长量与某一固定时期水平之比的相对数,反映经济现象在较长时期内总的增长程度。环比增长速度是逐期增长量与前一期发展水平之比的相对数,它表示经济现象逐期的增长程度。定基增长速度与环比增长速度这两个指标是不能直接进行互相换算的。如要进行换算,必须将环比增长速度加"100%"化为环比发展速度后,再连乘得定基发展速度,然后再减"100%"才能求得定基增长速度。定基、环比发展速度与定基、环比增长速度的关系

如下：

$$定基增长速度 = 定基发展速度 - 100\%$$
$$环比增长速度 = 环比发展速度 - 100\%$$

由此可见，发展速度大于 100%，则增长速度为正值，说明经济现象增长的程度时用"增加了"表示；反之，发展速度小于 100%，则增长速度为负值，说明经济现象降低的程度时用"降低了"表示。

现仍以前述上海市 GDP 资料，计算发展速度和增长速度如表 5-11。

表 5-11　　　　　　　　　上海市 2009—2013 年 GDP 及其速度情况表

年　份		2009	2010	2011	2012	2013
生产总值(亿元)		15 046	17 166	19 196	20 182	21 602
发展速度(%)	定基	100	114.09	127.58	134.14	143.57
	环比	—	114.09	111.83	105.14	107.04
增长速度(%)	定基	—	14.09	27.58	34.14	43.57
	环比	—	14.09	11.83	5.14	7.04

从表 5-1 中可看出，2013 年定基发展速度为 143.57%，而 2009—2013 年的环比发展速度的连乘积如下：

$$114.09\% \times 111.83\% \times 105.14\% \times 107.04\% = 143.57\%$$

正好等于 2013 年定基发展速度。但环比增长速度的连乘积并不等于定基增长速度，所以不能进行数量上的相互推算。

在实际工作中，我们也常计算年距增长速度，用于说明年距增长量与上年同期发展水平对比达到的相对增长程度。用公式表示如下：

$$年距增长速度 = \frac{年距增长量}{上年同期发展水平}$$

因而　　　　　　　　$$年距增长速度 = 年距发展速度 - 100\%$$

在[例 5-9]中，根据上述某企业 2013、2014 年第一季度销售额情况，其年距增长速度如下：

$$107.42\% - 100\% = 7.42\%$$

这说明 2014 年第一季度销售额比上年同期增加了 7.42%。

三、平均发展速度

为了观察经济现象在一个较长时期内逐期平均发展变化的程度，就须计算平均发展速度。平均发展速度是各期环比发展速度的序时平均数。由于环比发展速度是根据同一现象在不同时期发展水平对比而得的时间相对数,因此,它不能应用上述所讲的计算序时平均数的方法计算。在实际工作中,计算平均发展速度的方法主要有两种,即几何平均法和方程法。两种方法数理依据不同,具体计算和应用场合也不一样。

1. 几何平均法

因为总速度等于各期环比发展速度的连乘积,所以一般用几何平均法来计算平均发展速度。在实践中,如果用水平法制订长期计划,需用几何平均法计算其平均发展速度。按此平均发展速度发展,可以保证最后一年达到规定的水平,所以几何平均法也称为"水平法"。即从最初水平 a_0 出发,以平均发展速度 $\overline{X}_G$ 代替各环比发展速度 X_1,X_2,$\cdots$,X_n,经过 n 期发展,正好达到最末水平 a_n,用公式表示如下:

$$a_0 \times X_1 \times X_2 \times \cdots \times X_n = a_n$$

$$a_0 \times \overline{X}_G \times \overline{X}_G \times \cdots \times \overline{X}_G = a_n$$

$$\overline{X}_G^n = \frac{a_n}{a_0}$$

因此,平均发展速度的计算公式如下:

$$\overline{X}_G = \sqrt[n]{\frac{a_n}{a_0}} \qquad\qquad ①$$

因为 $\frac{a_n}{a_0}$ 为 n 期的定基发展速度,根据定基发展速度等于相应时期各环比发展速度的连乘积的关系,所以计算平均发展速度也可用如下公式:

$$\overline{X}_G = \sqrt[n]{\prod X} \qquad\qquad ②$$

又因为 $\frac{a_n}{a_0}$ 也是整个时期的总速度,所以平均发展速度还可以根据总速度计算,公式如下:

$$\overline{X}_G = \sqrt[n]{R} \qquad\qquad ③$$

上述①、②、③公式中,$\overline{X}_G$ 为平均发展速度;X 为各期环比发展速度;$\prod$ 为连乘符号;R 为总速度;n 为环比发展速度的项数。

计算平均发展速度时,根据所掌握的资料可选用合适的公式计算。如果掌握最初水平和最末水平,可用①式计算;如果掌握了各期环比发展速度,可用②式计算;如果掌握了总速度,可用③式计算。

【例 5-10】 仍以前述的上海市 2009—2013 年生产总值资料,计算平均发展速度。

若根据最初水平和最末水平计算平均发展速度：

$$\overline{X}_G = \sqrt[n]{\frac{a_n}{a_0}} = \sqrt[4]{\frac{21\ 602}{15\ 046}} = 109.46\%$$

若根据各期环比发展速度计算平均发展速度：

$$\overline{X}_G = \sqrt[n]{\prod X} = \sqrt[4]{114.09\% \times 111.83\% \times 105.14\% \times 107.04\%} = 109.46\%$$

若根据总速度计算平均发展速度：

$$\overline{X}_G = \sqrt[n]{R} = \sqrt[4]{143.57\%} = 109.46\%$$

2. 方程法

在实践中，如果长期计划按累计法制定，则要求用方程法计算平均发展速度。按此平均发展速度，可以保证计划内各期发展水平的累计达到计划规定的总数，所以方程法也称为累计法。也就是说，从最初水平 a_0 出发，各期按平均发展速度 $\overline{X}$ 计算发展水平，则计算的各期发展水平累计总和，应与实际所具有的各期发展水平的累计总和相等。列出方程式，再求解，便得出平均发展速度。

设 $\overline{X}_G$ 为平均发展速度，按平均发展速度计算的各期水平的假定值如下：

第一期：$a_1 \rightarrow a_0 \overline{X}_G$

第二期：$a_2 \rightarrow a_0 \overline{X}_G^2$

第三期：$a_3 \rightarrow a_0 \overline{X}_G^3$

……

第 n 期：$a_n \rightarrow a_0 \overline{X}_G^n$

故各期假定水平之和如下：

$$a_0 \overline{X}_G + a_0 \overline{X}_G^2 + a_0 \overline{X}_G^3 + \cdots + a_0 \overline{X}_G^n$$
$$= a_0(\overline{X}_G + \overline{X}_G^2 + \overline{X}_G^3 + \cdots + \overline{X}_G^n)$$

因各期实际水平之和如下：

$$a_1 + a_2 + a_3 + \cdots + a_n = \sum_{i=1}^{n} a_i$$

两者相等，则可列出如下方程式：

$$a_0(\overline{X}_G + \overline{X}_G^2 + \overline{X}_G^3 + \cdots + \overline{X}_G^n) = \sum_{i=1}^{n} a_i$$

解此方程所得的正根就是要计算的平均发展速度。解这个方程要复杂些，实际工作中可以根据《平均增长速度查对表》来计算,也可以用计算机及相应的算法来求解。

平均发展速度指标是经济分析与研究的重要指标,具有以下作用:

(1) 是衡量长期经济建设的主要指标之一。

(2) 是编制和分析长期计划的依据,为了达到某一长远规划,必须保持一定的平均发展速度。

(3) 可用于考察国民经济各个部门发展计划执行过程中的均衡性。

(4) 用于经济预测。

四、平均增长速度

平均增长速度是各期环比增长速度的序时平均数,它表明现象在一定时期内逐期平均增长变化的程度。根据增长速度与发展速度之间的运算关系,要计算平均增长速度,首先要计算出平均发展速度,然后再将其减"100%"求得。即

$$平均增长速度 = 平均发展速度 - 100\%$$

平均发展速度大于"100%",平均增长速度就为正值,表示某种现象在一个较长时期内逐期平均递增的程度,这个指标也叫做"平均递增速度"或"平均递增率";反之,平均发展速度小于"100%",平均增长速度就为负值,表示某种现象在一个较长时期内逐期平均递减的程度,这个指标也叫做"平均递减速度"或"平均递减率"。

【例 5-11】 我国 2000 年国内生产总值为 99 277.7 万亿元,计划到 2 020 年翻两番,求年平均增率。

$$R = 4, \quad n = 20$$

年平均发展速度 $\overline{X}_G = \sqrt[n]{R} = \sqrt[20]{4} \approx 107.2\%$

年平均递增率 $= 107.2\% - 100\% = 7.2\%$

还可计算在某一增长率水平下,翻一番所需时间。其计算公式如下:

$$n = \frac{\lg R}{\lg \overline{X}}$$

【例 5-12】 假设我国从 2000 年开始 GDP 平均每年增长 10%,求翻两番所需时间。这里 $R = 4$, $\overline{X}_G = 1.10$

$$n = \frac{\lg R}{\lg \overline{X}_G} = \frac{\lg 4}{\lg 1.10} = \frac{0.602\ 06}{0.041\ 39} \approx 14.55 \approx 15(年)$$

另一种情况,是计算年平均递减率。

【例 5-13】 某厂某种产品单位成本从 2009—2013 年逐年下降,分别下降 2%、1%、

0.5％、1％、0.8％,求年平均递减率(负增长)。

首先将逐年下降率转化为环比发展速度:98％、99％、99.5％、99％、99.2％,$n=5$

$$\overline{X}_G = \sqrt[n]{\prod X} = \sqrt[5]{98\% \times 99\% \times 99.5\% \times 99\% \times 99.2\%} = 98.94\%$$

年平均递减率$=100\%-98.94\%=1.06\%$

即从 2009 年至 2013 年该产品单位成本平均每年下降 1.06％。

第四节 长期趋势分析

分析研究时间数列的主要任务是研究经济现象变动的总趋势,即长期趋势,即在一个相当长的时期内持续向上或向下发展变动的趋势,揭示它们的规律性和长期的趋势,寻求配合趋势线,并进行经济预测。

长期趋势的基本形式有两种:

(1) 直线趋势,即现象在一个相当长的时期内呈现较为一致的下降或上升的变动,其图形呈一直线,斜率不变。

(2) 非直线趋势,即时间数列较长时期的逐期增长量或减少量变化较大,其变动呈现为某种曲线形式,也即其变化率或斜率是随时改变的。

研究现象发展的长期趋势的步骤如下:影响时间数列水平高低和波动的因素很多,有些因素是长期起作用,而有些因素只是短期、偶然起作用,须排除这些短期、偶然因素的影响,研究经济现象变动的总趋势,就有必要对原来的时间数列进行整理和加工,在统计上称为对时间数列的修匀,然后才能进行长期趋势的测定,因此,长期趋势测定法也称为时间数列修匀法。测定长期趋势的常用方法主要有时距扩大法、移动平均法和最小平方法。

一、时距扩大法

时距扩大法就是把原时间数列中所包括的各个时期资料,加以合并,得出较长时距的资料,用以消除由于时距较短使得现象受到偶然因素影响所引起的不均匀状况。

【例 5-14】 某企业 2013 年各月总产值完成情况资料如表 5-12 所示。

表 5-12　　　　　　　某企业 2013 年各月总产值完成情况　　　　　　单位:百万元

月份	1	2	3	4	5	6	7	8	9	10	11	12
总产值	50.5	45	52	51.5	50.4	55.5	53	58.4	57	59.2	58	60.5

从上述原始时间数列中可看出,各月总产值是上升的趋势,但月与月之间,有升降交替的现象,上升趋势并不绝对。如将各月资料合并为季度资料,即扩大时距,可整理得出新的

时间数列:

表 5-13　　　　　　　　　　　某企业 2013 年各月总产值完成情况　　　　　　　　单位:百万元

季度	一	二	三	四
总产值	147.5	157.5	168.4	177.7

在修匀后的时间数列中,总产值的完成情况,可呈现出明显的上升趋势。运用时距扩大法来修匀时间数列,应注意:

(1) 只能用于时期数列。

(2) 扩大后的各个时期的时距应该相等,这样才能相互比较,看出现象的变动趋势。

(3) 时距的大小要适中,如时距扩大不够,就不能消除现象变动中的偶然因素;反之,如时距过长,修匀后整理出的新时间数列的指标就太少,会掩盖现象发展的具体趋势。

二、移动平均法

移动平均法就是根据原有时间数列,确定一定的时距(如 3 年)将每一项指标采取逐项移动的方法,计算其时间平均数,形成一个新的数列,用这个新数列来表现现象发展的总趋势。移动平均法是第一种方法(时距扩大法)的改良,但它考虑了时间数列发展的连续性,能把隐藏在原数列中的规律较为明显地反映出来。

【例 5-15】　某企业月产值资料见表 5-14,采取 3 项和 5 项移动平均数分别进行修匀,计算其各方面各个移动平均数。

计算结果如表 5-14 所示。

表 5-14　　　　　　　　　　　某企业各月产值的移动平均数

月　份	月产值(百万元)	3 项移动平均	5 项移动平均
1	50.5	—	
2	45.0	49.17	—
3	52.0	49.50	49.88
4	51.5	51.30	50.88
5	50.4	52.47	52.48
6	55.5	52.97	53.76
7	53.0	55.63	54.86
8	58.4	56.13	56.62
9	57.0	58.20	57.12
10	59.0	58.07	58.62
11	58.0	59.23	—
12	60.5	—	

应用移动平均法分析长期趋势时,应注意下列四点:

(1)用移动平均法对原时间数列修匀,修匀程度的大小,与原数列移动平均的项数多少有关。在[例5-15]中,可以看到用5项移动平均比3项移动平均修匀程度大些(见图5-1)。

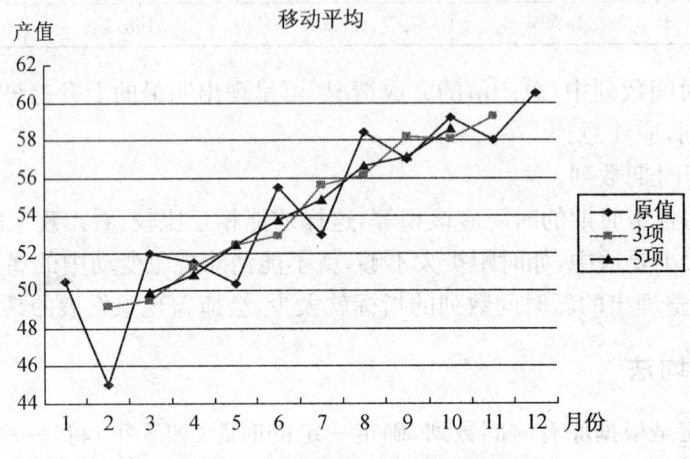

图 5-1 移动平均法趋势线配合图

(2)移动平均法所取项数的多少,应视资料的特点而定。一般来说,如果原有时间数列有循环周期,则移动平均的项数以循环周期的长度为正。

(3)移动平均法,采用奇数项移动比较简单,一次即得趋势值。采用偶数项移动平均时,由于偶数项移动平均数都是在两项中间位置,所以要将第一次移动的平均值再进行两项"移正平均",得出移正值时间数列,以显示出现象变动趋势。由于偶数项移动平均比较复杂,因此一般以奇数项为长度。

(4)移动平均后的数列,比原数列项数要减少。移动平均时采用的项数越多,虽能更好地进行修匀,但所得趋势值的项数就越少。移动平均项数与趋势值的项数关系为:

趋势值项数＝原数列项数－移动平均项数＋1(奇数项移动)

趋势值项数＝原数列项数－移动平均项数(偶数项移动)

如[例5-15]中,采用5项移动平均则趋势值项数＝12－5＋1＝8(项),要比原数列少4项。因此,为了便于看出现象的发展趋势,要视具体情况,以确定移动平均的项数不宜太多。

三、最小平方法

最小平方法也称为最小二乘法。应用最小平方法研究现象的长期发展趋势时,是通过一定的数学模型,对原有的时间数列配合一条适当的趋势线来进行修匀。根据最小平方法的原理,这条趋势线必须满足最基本的要求,即原有数列的实际数值与趋势线的估计数值的离差平方之和为最小。用公式表示如下:

$$\sum (Y_i - Y_c)^2 \rightarrow 最小值$$

式中　Y_i 表示原数列的实际数值；

　　　Y_c 表示趋势线的估计数值。

由于现象发展的形式是多种多样的，长期趋势的类型很多，有的呈直线型，有的呈曲线型，而这个方法既可用于配合直线，也可用于配合曲线，所以它是分析长期趋势中较为普遍、常用的方法。下面主要介绍根据经济现象的基本趋势，如何用最小平方法配合直线方程、抛物线方程及指数曲线方程。

(一) 配合直线趋势

如果经济现象的发展，其逐期增长量大体上相等，则可考虑配合直线趋势。直线趋势方程的一般形式如下：

$$Y_c = a + bt$$

式中　Y_c 表示趋势线的估计数值；

　　　t 表示时间变量；

　　　a 表示截距；

　　　b 表示直线的斜率。

上述直线方程式中，a、b 为两个未定参数。根据最小平方法理论的要求，即 $\sum (Y_i - Y_c)^2 \rightarrow$ 最小值(为了书写方便，一般把 Y_i 的 i 省掉)，可以设 $\sum Q = (Y - Y_c)^2 = \sum (Y - a - bt)^2$，求 Q 对 a、b 的偏导数，可以导出如下两个标准方程式：

$$\begin{cases} \sum Y = na + b\sum t \\ \sum tY = a\sum t + b\sum t^2 \end{cases}$$

式中　t 表示时间数列的时间；

　　　Y 表示各期水平；

　　　n 表示时间数列的项数。

解此方程组可得：

$$b = \frac{n\sum tY - \sum t \sum Y}{n\sum t^2 - \left(\sum t\right)^2}$$

$$a = \frac{\sum Y - b\sum t}{n}$$

计算时可以将时间变量 t 假设为 1，2，3，4，…；为使计算更为简便，将时间项正负互相抵消,即 $t=0$。具体做法为:当时间数列项数为奇数时,可假设 t 的中间项为 0,它的前后各项分别为 -1,-2,-3,…和 1,2,3,…;当项数为偶数时,将原点放在数列正中相邻两个时间的中点,数列中前一半时间就分别为 -1,-3,-5,…,后一半时间为 1,3,5,…。这样上述两个方程式可简化为如下形式:

$$\begin{cases} \sum Y = na \\ \sum tY = b\sum t^2 \end{cases}$$

从而可以求得:

$$a = \frac{\sum Y}{n} \qquad b = \frac{\sum tY}{\sum t^2}$$

再将 a 和 b 值代入直线趋势方程,如将时间对应的 t 值代入,即可得到对应的趋势值 Yc,将趋势线向外延伸,就可进一步预测发展趋势。

【例 5-16】 上海市 2008—2013 年平均工资的资料如表 5-15 所示。

表 5-15　　　　　　　　　　　上海市 2008—2013 年平均工资　　　　　　　　单位:元

年　份	平均工资	逐期增长量	年　份	平均工资	逐期增长量
2008	39 502	—	2011	51 968	5 211
2009	42 789	3 287	2012	56 300	4 332
2010	46 757	3 968	2013	60 432	4 132

根据表 5-15 中资料初步计算,可视为逐期增长量大体相等,所以可以配合直线趋势方程,现列表说明其计算方法,如表 5-16 所示。

表 5-16　　　　　　　　　　上海市平均工资直线趋势方程计算表

年　份	t	Y	t^2	tY	Yc
2008	-5	39 502	25	$-197\ 510$	38 882
2009	-3	42 789	9	$-128\ 367$	43 179
2010	-1	46 757	1	$-46\ 757$	47 476
2011	1	51 968	1	51 968	51 773
2012	3	56 300	9	168 900	56 070
2013	5	60 432	25	306 120	60 367
合计	0	297 748	70	150 394	

由表可知，$\sum Y = 297\ 748$，$\sum tY = 150\ 394$，$\sum t^2 = 70$，$n = 6$

代入计算公式，可得

$$a = \frac{\sum Y}{n} = \frac{297\ 748}{6} = 49\ 624.67$$

$$b = \frac{\sum tY}{\sum t^2} = \frac{150\ 394}{70} = 2\ 148.49$$

将 a，b 值代入直线方程式，得

$$Y_c = 49\ 624.67 + 2\ 148.49t$$

把各年 t 对应的值代入上列方程式，可得各年的趋势值，如表 5-16 最后一栏所示。可见 Y_c 和 Y 的数值较为接近。

如果将趋势直线向外延伸，可以推测上海市 2014 年和 2015 年的平均工资。

即当 $t = 7$ 时（2014 年）：$Y_c = 49\ 624.67 + 2\ 148.49 \times 7 \approx 64\ 664$（元）

当 $t = 9$ 时（2015 年）：$Y_c = 49\ 624.67 + 2\ 148.49 \times 9 \approx 68\ 961$（元）

这些数字可作为经济预测的参考数据。

（二）配合抛物线趋势

如果现象的发展，其逐期增长量的增长量大体相同，则可考虑曲线趋势——配合抛物线方程。抛物线的一般方程如下：

$$Y_c = a + bt + ct^2$$

上述抛物线方程式中，有三个未定参数，根据最小平方法的要求，同样用求偏导数的方法，导出以下由三个方程组成的方程组：

$$\begin{cases} \sum Y = na + b\sum t + c\sum t^2 \\ \sum tY = a\sum t + b\sum t^2 + c\sum t^3 \\ \sum t^2 Y = a\sum t^2 + b\sum t^3 + c\sum t^4 \end{cases}$$

同样，为了计算方便，我们可以通过假设 t，使 $\sum t = 0$，$\sum t^3 = 0$，则上述联立方程组可简化如下：

$$\begin{cases} \sum Y = na + c\sum t^2 \\ \sum tY = b\sum t^2 \\ \sum t^2 Y = a\sum t^2 + c\sum t^4 \end{cases}$$

【例 5-17】 某市 2007—2013 年人造胶合需求量的资料如表 5-17 所示。

表 5-17　　　　　　　　某市 2007—2013 年人造胶合需求量　　　　　　　单位:万张

年　份	产品需求量	逐期增长量	二级增长量
2007	150	—	—
2008	170	20	—
2009	194	24	4
2010	222	28	4
2011	255	33	5
2012	292	37	4
2013	333	41	4

根据表 5-17 中资料初步计算分析,各年二级增长量大体相等,所以该产品产量发展的基本趋势,比较接近于抛物线形,可配合一个抛物线方程。现列表 5-18 说明其计算过程。

表 5-18　　　　　　　　某产品需求量的抛物线趋势方程计算表

年　份	t	Y	tY	t^2	t^2Y	t^4	Y_c
2007	−3	150	−450	9	1 350	81	150.05
2008	−2	170	−340	4	680	16	169.85
2009	−1	194	−194	1	194	1	193.93
2010	0	222	0	0	0	0	222.29
2011	1	255	255	1	255	1	254.93
2012	2	292	584	4	1 168	16	291.85
2013	3	333	999	9	2 997	81	333.05
合　计	0	1 616	854	28	6 644	196	1 615.95

由表可知

$$\sum Y = 1\,616, \quad \sum tY = 854, \quad \sum t^2 = 28, \quad \sum t^2Y = 6\,644, \quad \sum t^4 = 196$$

代入上述联立方程组,得

$$\begin{cases} 1\,616 = 7a + 28c \\ 854 = 28b \\ 6\,644 = 28a + 196c \end{cases}$$

用消元法,解得

$$a = 222.29, b = 30.50, c = 2.14$$

将 a, b, c 代入抛物线方程,得

$$Y_c = 222.29 + 30.50t + 2.14t^2$$

如果将这条趋势线向外延伸,可预测该产品 2014 年的需求量。也即当 $t = 5$ 时:

$$Y_c = 222.29 + 30.50 \times 4 + 2.14 \times 4^2 = 378.53 (万张)$$

(三) 配合指数曲线趋势

如果现象的发展,其环比发展速度或环比增长速度大体相同,则可考虑曲线趋势,配合指数曲线方程。指数曲线方程的一般形式如下:

$$y_c = ab^t$$

式中　a 表示时间数列的基期水平;

　　　b 表示现象的一般发展速度;

　　　t 表示时间变量。

这里 a, b 是两个未定参数。进行指数曲线拟合时,一般是将指数方程通过取对数转化成直线方程,然后按直线方程办法确定出参数,再对直线方程求得的结果进行还原。

先对上述方程式两边各取对数,得

$$\lg y_c = \lg a + t \lg b$$

设 $Y = \lg y_c$,$A = \lg a$,$B = \lg b$,则

$$Y = A + Bt$$

应用最小平方法求得的联立方程组如下:

$$\begin{cases} \sum Y = nA + B \sum t \\ \sum tY = A \sum t + B \sum t^2 \end{cases}$$

同样也可采用"简捷法",设法使 $\sum t = 0$,则此联立方程组可简化如下:

$$\begin{cases} \sum Y = nA \\ \sum tY = B \sum t^2 \end{cases}$$

从而可以求得

$$A = \frac{\sum Y}{n} \quad B = \frac{\sum tY}{\sum t^2}$$

【例 5-18】 某地 2007—2013 年电力需求量的资料如表 5-19 所示。

表 5-19 某市 2007—2013 年电力需求量 单位:百万度

年 份	电力需求量	各年环比发展速度(%)
2007	128	—
2008	142	110.9
2009	156	109.9
2010	180	115.4
2011	197	109.4
2012	225	114.2
2013	256	113.8

表 5-19 资料表明各年环比发展速度大体相同,所以该地区电力需求量的基本趋势比较接近于指数曲线型,可给本资料配合一个指数曲线方程。

具体计算过程见表 5-20。

表 5-20 某地电力需求量的指数曲线趋势方程计算表

年 份	需求量 y	t	$Y=\lg y$	$t\lg y$	t^2	y_c
2007	128	-3	2.107 2	-6.321 6	9	126.3
2008	142	-2	2.152 3	-4.304 6	4	141.8
2009	156	-1	2.193 1	-2.193 1	1	159.1
2010	180	0	2.255 3	0.000 0	0	178.6
2011	197	1	2.294 5	2.294 5	1	200.4
2012	225	2	2.352 2	4.704 4	4	225.0
2013	256	3	2.408 2	7.224 7	9	252.5
合 计	1 284	0	15.762 8	1.404 2	28	1 283.6

由表资料可知 $\sum Y = 15.762\ 8$,$\sum tY = 1.404\ 2$,$\sum t^2 = 28$,$n = 7$
因而可以求得

$$A = \frac{\sum Y}{n} = \frac{15.762\ 8}{7} = 2.251\ 8$$

$$B = \frac{\sum tY}{\sum t^2} = \frac{1.404\ 2}{28} = 0.050\ 15$$

从而
$$a = 10^A = 10^{2.2518} = 178.5665$$
$$b = 10^B = 10^{0.05015} = 1.122406$$

所以,指数曲线方程如下:

$$y_c = 178.5665 \times 1.122406^t。$$

如果将这条趋势线向外延伸,可预测该地区 2014 年的电力需求量,也即当 $t=4$ 时:

$$y_c = 178.5665 \times 1.122406^4 = 283.4(百万度)$$

这个数字可以作为经济预测的参考数据。

综上所述,我们在分析经济现象发展的长期趋势时,应该注意到,不论将哪一种趋势线向外延伸来预测未来可能达到的数值,都具有一定的假定性。因此,要做好经济预测工作,除了用必要的数学方法来建立数学模型外,一定要结合调查研究,具体情况具体分析,才能得出较为准确的结果。

第五节 季节变动分析

季节变动是指某些现象由于受生产条件或自然条件因素的影响,在年度内随季节的更换而发生比较有规律的变动。例如,农业中的乳类、禽蛋等的产量,工业中以农产品为原料的轧花厂、禽蛋加工厂等的产量,商业中毛呢、汗衫等的销售量,交通运输中的客运量等,都是带有不同程度的季节变动的现象。

研究季节变动的目的,是消除季节变动的不利影响,充分利用其有利因素,更好地组织生产,安排销售。当然,季节变动是与一定的生产条件和经济条件相联系的,随着社会的发展,科技的进步,生产条件和经济条件都会发生变化,季节变动的影响也会随之变化。

从其是否考虑受长期趋势的影响来看,测定季节变动的方法主要有两种常用的方法:一是不考虑长期趋势的影响,直接根据原始的时间数列来计算,常用的方法是按月平均法;二是根据剔除长期趋势影响后的数列资料来计算,常用的方法是移动平均趋势剔除法。这两种方法都需要有 3 年或者更多年的资料作为基本数据进行计算分析,这样才能较好地消除偶然因素的影响,使季节变动的规律更切合实际。

一、按月平均法

按月平均法也可称为按季平均法。若是月资料就是按月平均;若是季资料则按季平均。通过计算季节比率的方法,测定季节变动的规律性。其计算的一般步骤如下:

(1)搜集资料,列表。将各年同月(季)的数值列在同一栏内。

(2) 计算月(季)平均数。将各年同月(季)数值加总,求出月(季)平均数。

(3) 计算总月(季)平均数。将所有月(季)数值加总,求出总的月(季)平均数。

(4) 计算季节比率即季节指数(S. I. :Seasonal Index)。将各月(季)的平均数与总的月(季)平均数进行对比,就可求出各月(季)的季节比率,即季节指数。其计算公式如下:

$$S. I. = \frac{各月(季)平均数}{全期各月(季)平均数} \times 100\%$$

一般来说,当季节指数远大于 100% ,称为旺季;当季节指数远小于 100% ,称为淡季。按月计算的季节指数之和等于 $1\ 200\%$,按季计算的季节指数之和等于 400% 。

(5) 预测。根据季节指数和已知某年一个月(季)或几个月(季)的实际值,就可以采用比率预测该年其他各月(季)的数值。

【例 5-19】 某厂生产的 A 种饮料 3 年来各月的销售额资料见表 5-21,计算其季节指数。

表 5-21　　　　　某厂 2011—2013 年 A 种饮料销售额情况　　　　　单位:万元

年份\月份	2011	2012	2013	合计	月平均	S. I.(%)
1	6	10	30	46	15.33	12.16
2	12	20	40	72	24.00	19.04
3	15	35	55	105	35.00	27.76
4	20	35	70	125	41.67	33.05
5	80	150	240	470	156.67	124.29
6	200	400	630	1 230	410.00	325.26
7	240	640	720	1 600	533.33	423.11
8	110	140	200	450	150.00	119.00
9	50	85	150	285	95.00	75.36
10	17	32	47	96	32.00	25.38
11	6	10	20	36	12.00	9.52
12	4	8	11	23	7.67	6.08
合计	760	1 565	2 213	4 538	126.06	1 200.0

由各月的季节指数排列成的动态数列,可清楚看出季节变动的规律性。还可根据上述资料,绘成季节变动的曲线图(见图 5-2),可以更清楚地反映其变动情况。

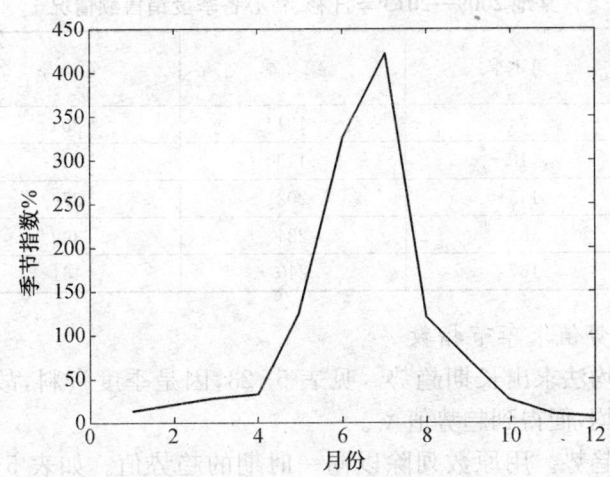

图 5-2　A 种饮料季节指数曲线图

由表 5-21 可见,该产品 5、6、7 三个月份是销售旺季,其余月份都是销售淡季。假如知道该产品 2014 年 4 月、5 月的销售额分别为 83 万元、267 万元,则可运用相应的季节指数预测该产品 2014 年 6 月、7 月的销售额,即

$$Y_6 = \frac{83 + 267}{33.05\% + 124.29\%} \times 325.26\% = 723.5(万元)$$

$$Y_7 = \frac{83 + 267}{33.05\% + 124.29\%} \times 423.11\% = 941.2(万元)$$

上述采用按月平均计算季节指数的方法,简单明了,计算方便,易于理解。但是,在事物发展过程中,特别是在年数较多的情况下,除了季节变动之外,还包含着长期趋势、意外变动等因素在内,而按月平均的季节指数法并未考虑这些因素,因而是比较粗略的,这是它的不足之处。

二、移动平均趋势剔除法

这个方法是利用移动平均法来剔除长期趋势影响后,再来测定其季节变动。用移动平均法求长期趋势和用按月(季)平均法求季节指数,前面已详细介绍过了,这里着重说明如何剔除长期趋势。

一般来说,对于各因素属于乘积形式的现象,应采用原数列除以长期趋势的方法剔除长期趋势;对于各因素属于和的形式的现象,应采用原数列减去长期趋势的方法剔除长期趋势。

我们通过具体的资料(表 5-22)来介绍移动平均趋势剔除法。

表 5-22　　　　　　　　某地 2009—2013 年汗衫、背心各季度销售额情况　　　　　单位:万元

季度 年份	第 1 季	第 2 季	第 3 季	第 4 季
2009	74	134	304	164
2010	110	149	344	139
2011	145	202	379	164
2012	157	224	399	196
2013	167	240	461	216

1. 除法剔除趋势值求季节指数

第一,用移动平均法求出长期趋势。见表 5-23,因是季度资料,故先用四项移动平均后,再做二项移正平均,便得到趋势值 y_c。

第二,剔除长期趋势。用原数列除以同一时期的趋势值。如表 5-23 中,第 1 年第Ⅲ季度:

$$304 \div 173.5 = 175.22\%$$

其余依此类推。

第三,求季节指数。用表 5-23 中得到的数据重新排列,成为表 5-24 的基本依据,再按季求其平均的季节指数。

第四,调整季节指数。将求得的平均季节指数相加,各季的季节指数之和应为 400%,各月的季节指数之和应为 1 200%。如果大于或小于 400% 或 1 200%,应计算校正系数进行校正。校正系数的公式如下:

$$校正系数 = \frac{400\%}{\sum 各季季节指数}$$

或

$$校正系数 = \frac{1\ 200\%}{\sum 各月季节指数}$$

然后将校正系数乘上各季或各月的平均季节指数,使其总和等于 400% 或 1 200%。经校正后的各季(月)平均季节指数,即为应用移动平均趋势剔除法所得的季节指数。

表 5-23　　　　　某地 2009—2013 年汗衫、背心销售额剔除长期趋势计算表

季度	销售额(万元) y	四项移动 平均	二项移正 平均 y_c	趋势值剔除	
				除法 y/y_c(%)	减法 $y-y_c$(万元)
第 1 年 Ⅰ	74	—	—	—	—
Ⅱ	134	169.00	—	—	—

续表

季度	销售额(万元) y	四项移动平均	二项移正平均 y_c	趋势值剔除	
				除法 y/y_c(%)	减法 $y-y_c$(万元)
Ⅲ	304	178.00	173.50	175.22	130.50
Ⅳ	164	181.75	179.88	91.17	−15.88
第2年 Ⅰ	110	191.75	186.75	58.90	−76.75
Ⅱ	149	185.50	188.63	78.99	−39.63
Ⅲ	344	194.25	189.88	181.17	154.13
Ⅳ	139	207.50	200.88	69.20	−61.88
第3年 Ⅰ	145	216.25	211.88	68.44	−66.88
Ⅱ	202	222.50	219.38	92.08	−17.38
Ⅲ	379	225.50	224.00	169.20	155.00
Ⅳ	164	231.00	228.25	71.85	−64.25
第4年 Ⅰ	157	236.00	233.50	67.24	−76.50
Ⅱ	224	244.00	240.00	93.33	−16.00
Ⅲ	399	246.50	245.25	162.69	153.75
Ⅳ	196	250.50	248.25	78.87	−52.50
第5年 Ⅰ	167	266.00	258.25	64.67	−91.25
Ⅱ	240	271.00	268.50	89.39	−28.50
Ⅲ	461	—	—	—	—
Ⅳ	216	—	—	—	—

表 5-24   剔除长期趋势后季节指数计算表(%)

年份＼季度	第一季度	第二季度	第三季度	第四季度	合计
第1年	—	—	175.22	91.17	—
第2年	58.90	78.99	181.17	69.20	
第3年	68.44	92.08	169.20	71.85	
第4年	67.24	93.33	162.69	78.87	
第5年	64.67	89.39	—	—	
合 计	259.24	353.79	688.28	311.10	
平均 S.I.	64.81	88.45	172.07	77.77	403.10
校正系数	0.992 31	0.992 31	0.992 31	0.992 31	—
调整 S.I.	64.31	87.77	170.75	77.18	400.00

从表 5-24 中可知,第三季度调整后的季节比率为 170.75％,大于 100％,所以,汗衫、背心的销售旺季是第三季度。

2. 减法剔除趋势值求季节变差

为叙述方便,仍以上例表 5-23 资料说明计算方法。

第一,用移动平均法求出长期趋势。

第二,剔除长期趋势。用原数列减去同一时期的趋势值,即 $y-y_c$ 得季节变差 $S.V.$ (Seasonal Variation)。

第三,计算同期季节变差的平均数。用表 5-23 中的季节变差($y-y_c$)得到的数据重新排列,成为表 5-25 的基本依据,再求同期季节变差的平均数。

表 5-25　　　　　　　　减法剔除长期趋势后季节变差计算表　　　　　　　　单位:万元

年份＼季度	第一季度	第二季度	第三季度	第四季度	合计
第 1 年	—	—	130.50	−15.88	
第 2 年	−76.75	−39.63	154.13	−61.88	—
第 3 年	−66.88	−17.38	155.00	−64.25	
第 4 年	−76.50	−16.00	153.75	−52.50	
第 5 年	−91.25	−28.50	—	—	
合 计	−311.38	−101.50	593.38	−194.50	—
平均 $S.V.$	−77.84	−25.38	148.34	−48.63	−3.50
分摊余数	0.875	0.875	0.875	0.875	—
调整 $S.V.$	−76.97	−24.50	149.22	−47.75	0.00

第四,计算分摊的余数。将求得的各期季节变差的平均数相加,如果各期的季节变差的平均数之和应不等于 0,则应把余数进行分摊。分摊余数的计算公式如下:

$$\text{分摊余数} = -\frac{\sum \text{各期平均 } S.V.}{\text{时期数}}$$

第五,计算调整后的季节变差。把余数分摊给各期的季节变差的平均数,求得季节变差。其计算公式如下:

$$S.V. = \text{平均 } S.V. + \text{分摊余数}$$

调整后的 $S.V.$ 相加应该等于 0。若季节变差大于 0,则说明是旺季,季节变差小于 0 时为淡季。从表 5-23 中可知,第三季度调整后的季节变差为 149.22,大于 0,所以,汗衫、背心的销售旺季是第三季度。

季节变差的意义是,以移动平均的长期趋势为基础,各季度上下波动的标准幅度,其计量单位是原资料的销售额"万元"。

练习五

一、单项选择题

1. 时间数列与变量数列（　　）。

A. 都是根据时间顺序排列的

B. 都是根据变量值大小排列的

C. 前者是根据时间顺序排列的,后者是根据变量值大小排列的

D. 前者是根据变量值大小排列的,后者是根据时间顺序排列的

2. 时间数列中,数值大小与时间长短有直接关系的是（　　）。

A. 平均数时间数列　　　　　　　　　　B. 时期数列

C. 时点数列　　　　　　　　　　　　　D. 相对数时间数列

3. 发展速度属于（　　）。

A. 比例相对数　　　B. 比较相对数　　　C. 动态相对数　　　D. 强度相对数

4. 计算发展速度的分母是（　　）。

A. 报告期水平　　　B. 基期水平　　　C. 实际水平　　　D. 计划水平

5. 某地区某年 9 月末的人口数为 150 万人,10 月末的人口数为 150.2 万人,该地区 10 月的人口平均数为（　　）。

A. 150 万人　　　B. 150.2 万人　　　C. 150.1 万人　　　D. 无法确定

6. 由一个 9 项的时间数列可以计算的环比发展速度有（　　）个。

A. 8　　　　　　　B. 9　　　　　　　C. 10　　　　　　D. 7

7. 采用几何平均法计算平均发展速度的依据是（　　）。

A. 各年环比发展速度之积等于总速度

B. 各年环比发展速度之和等于总速度

C. 各年环比增长速度之积等于总速度

D. 各年环比增长速度之和等于总速度

8. 某企业的产值 2013 年比 2008 年增长了 58.6%,则该企业 2008—2013 年间产值的平均发展速度为（　　）。

A. $\sqrt[5]{58.6\%}$　　　B. $\sqrt[5]{158.6\%}$　　　C. $\sqrt[6]{58.6\%}$　　　D. $\sqrt[6]{158.6\%}$

9. 根据牧区每个月初的牲畜存栏数计算全牧区半年的牲畜平均存栏数,采用的公式是（　　）。

A. 简单平均法　　　B. 几何平均法　　　C. 加权序时平均法　　　D. 首末折半法

10. 某车间月初工人人数资料见表 5-26。

表 5-26   某车间月初工人人数资料表

月份	1	2	3	4	5	6	7
月初人数(人)	280	284	280	300	302	304	320

则该车间上半年的平均人数约为(   )人。

A. 296   B. 292   C. 295   D. 300

二、多项选择题

1. 下列关于时间数列的说法中,正确的有(   )。

A. 数列是按数值大小顺序排列的   B. 数列是按时间顺序排列的

C. 数列中的数值都有可加性   D. 数列是进行动态分析的基础

E. 编制时应注意数值间的可比性

2. 下列说法中,正确的有(   )。

A. 平均增长速度大于平均发展速度   B. 平均增长速度小于平均发展速度

C. 平均增长速度＝平均发展速度－1   D. 平均发展速度＝平均增长速度－1

E. 平均发展速度×平均增长速度＝1

3. 某公司连续5年的销售额资料见表5-27。

表 5-27   某公司连续 5 年的销售额资料表

时间	第一年	第二年	第三年	第四年	第五年
销售额(万元)	1 000	1 100	1 300	1 350	1 400

根据上述资料计算的下列数据中,正确的有(   )。

A. 第二年的环比增长速度＝定基增长速度＝10%

B. 第三年的累计增长量＝逐期增长量＝200 万元

C. 第四年的定基发展速度为135%

D. 第五年增长 1‰绝对值为 14 万元

E. 第五年增长 1‰绝对值为 13.5 万元

4. 测定长期趋势的方法主要有(   )。

A. 时距扩大法   B. 方程法

C. 最小平方法   D. 移动平均法

E. 几何平均法

5. 时间数列的可比性原则主要是指(   )。

A. 时间长度要一致   B. 经济内容要一致

C. 计算方法要一致   D. 总体范围要一致

E. 计量单位要统一

6. 时点数列的特点有( )。

A. 数值大小与间隔长短有关   B. 数值大小与间隔长短无关

C. 数值相加有实际意义   D. 数值相加没有实际意义

E. 数值是连续登记得到的

7. 下列关于季节变动测定的说法中,正确的有( )。

A. 目的在于掌握事物变动的季节周期性

B. 常用的方法是按月(季)平均法

C. 需要计算季节比率

D. 按月计算的季节比率之和应等于400%

E. 季节比率越大,说明事物的变动越处于淡季

8. 下列关系中,正确的有( )。

A. 环比发展速度的连乘积等于相应的定基发展速度

B. 定基发展速度的连乘积等于相应的环比发展速度

C. 环比增长速度的连乘积等于相应的定基增长速度

D. 环比发展速度的连乘积等于相应的定基增长速度

E. 平均增长速度＝平均发展速度－1

三、思考题

1. 什么是时间数列?其要素是什么?

2. 时期数列与时点数列的特点是什么?

3. 什么是序时平均数?它与一般平均数有何区别?

4. 平均发展速度与平均发展水平有何区别?

5. 测定季节变动常用的方法是什么?

四、计算题

1. 某企业2014年第一季度商品流转额和商品流转次数如表5-28所示,试计算该企业第一季度平均每月商品流转次数。

表5-28   某企业2014年第一季度资料表

月　份	1	2	3
商品流转额(万元)	300	280	319
商品流转次数(次)	3.9	3.7	3.1

2. 根据表5-29所列某厂2009—2013年工业总产值,计算各种动态分析指标。

表 5-29　　　　　　　　　　某厂 2009—2013 年工业总产值资料表

年份	总产值（亿元）	增长量（亿元）		发展速度（%）		增长速度（%）	
		累计	逐期	定基	环比	定基	环比
2009	6.0						
2010	6.4						
2011	7.0						
2012	7.4						
2013	8.0						

3. 改革开放后上海居民收入有了大幅提高。上海市居民人均可支配收入 1992 年为 3 009 元，2013 年达到 43 851 元，求年平均发展速度。

4. 某企业甲产品 2009—2013 年产量资料如表 5-30 所示。

表 5-30　　　　　　　　　　某企业甲产品产量资料表

年份	2009	2010	2011	2012	2013
产量（万吨）	20	22	24	27	30

试用最小平方法配合直线方程，并预测 2014 年、2015 年可能达到的产量。

5. 某市 2008—2013 年笔记本电脑销售量资料如表 5-31 所示，试根据所给资料反映的趋势特征，配合适当的趋势模型，并预测 2014、2015 年该市笔记本电脑的销售量。

表 5-31　　　　　　　　　　某市 2008—2013 年笔记本电脑销售量资料表

年份	2008	2009	2010	2011	2012	2013
销售量（万台）	5.3	7.1	9.6	12.9	17.2	23.1

6. 某产品专卖店 2009—2013 年各季度销售额资料如表 5-32 所示。

表 5-32　　　　　　某产品专卖店 2009—2013 年各季度销售额资料表　　　　　单位：万元

年份	第一季度	第二季度	第三季度	第四季度
2009	51	75	87	54
2010	65	67	82	62
2011	76	77	89	73
2012	84	86	99	82
2013	93	95	108	90

试求：

（1）采用按季平均法计算季节指数，并分析哪个季节是旺季。

（2）采用移动平均趋势剔除法计算季节指数或者季节变差，并分析哪个季节是旺季。

（3）2014年第一季度销售额为103万元，试利用按季平均法的结论，预测第二、第三、第四季度的销售额。

阅读资料五

2014年第1季度上海市工业稳步增长

上海市统计局　2014-05-06

一季度，本市工业生产在汽车制造业、战略性新兴制造业等重点行业较快增长带动下，同比继续保持增长，出口降幅有所收窄，但效益指标出现一定下滑，企业盈利能力有所下降。在国内经济结构调整和外需不足的大背景下，本市工业生产面临严峻挑战，全年发展存在一定不确定性。

一、工业生产稳步增长

一季度，全市工业企业（规模以上，下同）共完成工业总产值7 719.26亿元，比去年同期增长4％，剔除春节等季节因素影响，3月份环比增长0.1％。从动态走势看，今年一季度本市工业总体延续了2013年稳步上升的趋势（见图5-3）。其中，汽车制造业、战略性新兴制造业等行业权重较大，增速较高，对全市工业增长产生了明显的拉动作用。

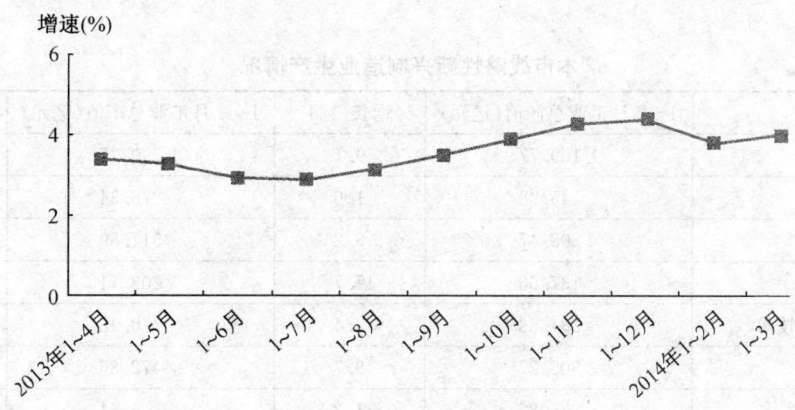

图5-3　本市工业总产值累计增速

二、出口交货值降幅有所收窄

一季度，本市工业共完成出口交货值1 750.16亿元，比去年同期下降5.8％，降幅较1～2月收窄1.7个百分点。其中，计算机、通信和其他电子设备制造业完成出口交货值950.88亿元，下降9.6％。由于其出口交货值占全市工业的54.3％，所以直接导致一季度本市出口交货值继续下降(见图 5-4)。

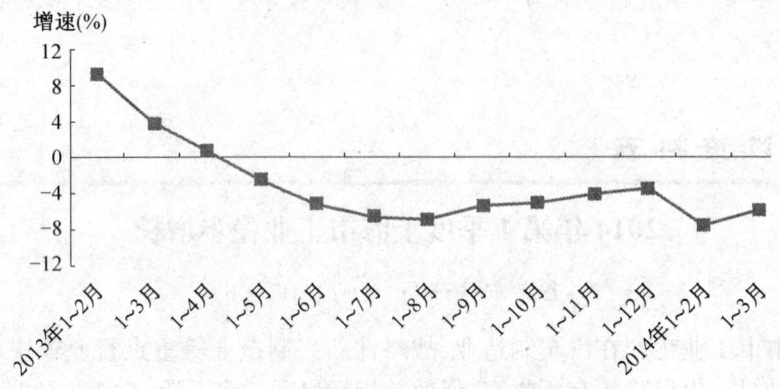

图 5-4　本市工业出口交货值累计增速

三、战略性新兴制造业实现较快增长

一季度,本市战略性新兴制造业共完成工业总产值 1 790.77 亿元,增长 9.5%,增幅比 1~2 月提高 0.4 个百分点,高于全市工业平均水平 5.5 个百分点,呈现稳步增长态势。除新能源汽车下降 4% 外,其余全部实现增长。其中,高端装备完成工业总产值 511.89 亿元,增长 5.4%,总量最大;新能源完成工业总产值 78.34 亿元,增长 18%,增幅最高。新能源、生物医药、新一代信息技术、节能环保四个行业均实现两位数增长(见表 5-33)。

表 5-33　　　　　　　　　　本市战略性新兴制造业生产情况

行业	1~2 月工业总产值(亿元)	增长(%)	1~3 月工业总产值(亿元)	增长(%)
合计	1 109.77	9.1	1 790.77	9.5
新能源	45.98	1.6	78.34	18.0
高端装备	308.47	6.2	511.89	5.4
生物医药	137.66	17.7	208.71	14.6
新一代信息技术	284.53	9.4	470.48	12.5
新材料	305.27	8.7	472.86	8.3
新能源汽车	5.87	−1.2	9.51	−4.0
节能环保	52.46	5.0	91.83	10.3

注:各行业之间存在重复,计算总数时剔除重复,与各行业相加不等。

四、六个重点行业"四升两降",汽车制造业独领风骚

一季度,本市六个重点发展的工业行业共完成工业总产值 5 168.47 亿元,增长 3.6%,

增幅低于全市工业平均水平 0.4 个百分点(见表 5-34)。除电子信息产品制造业、石油化工及精细化工制造业外,其余四个重点发展的工业行业均实现增长,且增幅均高于全市平均水平。其中,汽车制造业产销两旺,共完成工业总产值 1 372.12 亿元,增长 15%,高于六个重点发展工业行业 11.4 个百分点,增幅最高。一季度生产汽车 67.33 万辆,增长 15.9%。其中,排量在 1 升到 1.6 升之间(含 1.6 升)的轿车 41.57 万辆,增长 23.9%;运动型多用途乘用车(SUV)7.96 万辆,增长 44.1%。汽车制造业对全市工业增长的贡献率为 59%,拉动全市工业增长 2.4 个百分点。

表 5-34   **本市六个重点发展的工业行业生产情况**

行业	工业总产值(亿元)	增长(%)	销售产值(亿元)	增长(%)	产销率(%)
全市规模以上工业合计	7 719.26	4.0	7 622.27	2.1	98.7
六个重点发展的工业行业合计	5 168.47	3.6	5 087.19	1.8	98.4
电子信息产品制造业	1 442.64	−4.7	1 436.44	−6.1	99.6
汽车制造业	1 372.12	15.0	1 347.51	14.0	98.2
石油化工及精细化工制造业	943.06	−2.7	922.47	−5.3	97.8
精品钢材制造业	376.28	5.6	375.39	4.6	99.8
成套设备制造业	825.65	7.5	810.25	5.7	98.1
生物医药制造业	208.71	14.6	195.14	5.0	93.5

五、效益指标略有下滑

一季度,本市工业企业共实现主营业务收入 8 213.14 亿元,增长 2.6%,增幅比去年同期下降 1.1 个百分点;产成品存货共计 1 397.73 亿元,增长 12.2%,增幅比去年同期提高 12.3 个百分点;产销率 98.7%,比去年同期下降 0.1 个百分点。数据显示一季度本市工业企业销售不畅,库存高企,一定程度上影响了企业的效益指标。

一季度,本市工业共实现利润总额 516.86 亿元,下降 2.5%;主营业务收入利润率 6.3%,比去年同期下降 0.3 个百分点;亏损企业 3 873 家,增长 4.8%,亏损面由去年同期的 37.8% 上升到 40.1%;负债合计 17 131.37 亿元,增长 9%;应收账款 5 524.19 亿元,增长 7.8%。一季度本市工业企业在生产保持增长的情况下,利润指标出现不同程度下降,盈利能力有所下降。

(资料来源:上海统计网 http://www.stats-sh.gov.cn/)

第六章 指　数

学习目标

1. 理解指数的概念，了解指数的作用和分类。
2. 掌握总指数的编制方法，指数的因素分析方法。
3. 了解一些常用的经济指数。

第一节　指　数　概　述

一、指数的概念

指数是表明现象变动程度的相对数，从广义上来说，凡是说明同类现象变动情况的比较指标(如动态相对数、比较相对数、计划完成相对数等)都可称为指数。

在实际经济生活中会遇到两种情况：一种是在数量上可以直接相加和比较的，如某种产品产量的变动、某种商品销售量的变动等，这种情况可以称为简单现象。另一种是在数量上不能直接相加和比较的，如不同商品具有不同的使用价值和不同的计量单位，所以其销售量不能直接相加，其单价也不能直接相加，这类现象属于复杂现象。指数的应用范围，应包括以上两种情况，但特定的指数或者说狭义的指数则是专指表明复杂现象总体数量综合变动程度的相对数。

本章研究的重点主要是狭义概念的指数。比如，多种商品的价格指数、多种商品的销售量指数等。

二、指数的作用

指数是一种重要的统计方法，在经济分析中有着广泛的应用，其基本作用有三个方面：

第一，综合说明复杂现象总体的变动方向和程度。

研究社会经济现象总体变动时，除了说明个别现象，如个别产品产量、个别产品成本等在不同时期的变动情况外，还要综合研究多种产品产量、多种产品成本总的变动情况，并且要了解它们的变动方向和程度。例如，产品产量总指数为 120%，说明多种产品的产量总的来说是上升的,这就是变动的方向;多种产品的产量总的来说是上升了 20%,这就是变动的程度。

第二,分析受多因素影响的现象总变动中,各个因素的影响方向和程度。

社会经济现象的数量变动,通常受到多种因素变动的影响,也即属于前面分析的复杂现象。例如,销售额的变动要受到销售量和销售价格变动的影响;企业产值的变动要受到产量和出厂价格变动的影响;工人平均工资的变动要受到各组工人的工资和各组工人人数结构变动的影响。我们可以根据事物之间的联系,编制指数组成指数体系,从而对事物的总变动从相对数和绝对数两方面进行因素分析,分析各个因素的变动对事物总变动影响的大小和程度。

第三,通过编制指数数列,研究事物在长时期内的发展变化规律。

反映事物变化的单个指数可能受偶然因素的影响而出现突然增加或减少。若把同一总体一段时期内的某种指数按一定的时间顺序排列,便可以消除偶然因素的影响,显示事物发展变化的规律。

三、指数的分类

从不同角度,对指数可以进行以下几种分类。

1. 个体指数和总指数

按照指数说明的对象范围不同,分为个体指数和总指数。

个体指数是说明单项事物变动情况的动态比较指标,也称单项指数。例如,单个商品的销售量指数,单个产品的价格指数等。它的计算方法是将两个时期的数值进行动态对比。例如:

个体价格指数:
$$K_p = \frac{p_1}{p_0}$$

个体销售量指数:
$$K_q = \frac{q_1}{q_0}$$

个体成本指数:
$$K_z = \frac{z_1}{z_0}$$

式中　K 表示个体指数;

p_0,p_1 分别表示基期和报告期的价格;

q_0,q_1 分别表示基期和报告期的销售量;

z_0,z_1 分别表示基期和报告期的成本。

总指数是指综合反映所研究的复杂现象总体数量变动的相对数。比如,工业总产值指数、销售额指数、零售价格指数等。

另外,还有组指数或类指数,它是在计算总指数的过程中,通过分组计算各组的指数得到的,其性质和编制方法与总指数相同。

【例 6-1】 某商店商品价格及销售量资料如表 6-1 所示,试计算三种商品的个体销售量指数和个体价格指数。

表 6-1　　　　　　　　　　　某商店商品销售量及价格资料

商品名称	计量单位	单价(元)		销售量	
		基期 p_0	报告期 p_1	基期 q_0	报告期 q_1
甲	台	500	600	200	210
乙	吨	100	90	500	550
丙	件	200	220	100	80

解:个体销售量指数的计算公式如下:

$$K_q = \frac{q_1}{q_0}$$

所以,三种商品的个体销售量指数分别如下:

甲商品: $K_q = \dfrac{q_1}{q_0} = \dfrac{210}{200} = 105\%$

乙商品: $K_q = \dfrac{q_1}{q_0} = \dfrac{550}{500} = 110\%$

丙商品: $K_q = \dfrac{q_1}{q_0} = \dfrac{80}{100} = 80\%$

个体价格指数的计算公式如下:

$$K_p = \frac{p_1}{p_0}$$

所以,三种商品的个体价格指数分别如下:

甲商品: $K_p = \dfrac{p_1}{p_0} = \dfrac{600}{500} = 120\%$

乙商品: $K_p = \dfrac{p_1}{p_0} = \dfrac{90}{100} = 90\%$

丙商品: $K_p = \dfrac{p_1}{p_0} = \dfrac{220}{200} = 110\%$

2. **数量指标指数和质量指标指数**

按照指数反映的现象特征的不同,分为数量指标指数和质量指标指数。

数量指标指数是指反映社会经济现象总规模或总水平变动的相对数,它是根据数量指标编制计算的,简称数量指数。例如,职工工资指数、产量指数、销售量指数为数量指数。

质量指标指数是反映社会经济现象总体内涵质量变动的相对数,它是根据质量指标编制计算的,简称质量指数。例如,职工平均工资指数、商品价格指数、单位成本指数、劳动生产率指数为质量指数。

3. 综合指数、平均指数和平均指标对比指数

按照指数表现形式不同,分为综合指数、平均指数和平均指标对比指数。

综合指数是通过两个有联系的总量指标综合对比计算的总指数;平均指数是用加权平均的方法计算出来的总指数,其计算的基础是个体指数;平均指标对比指数则是指两个有联系的平均指标对比计算的总指数。这三类指数之间既有区别,又有联系,适用于不同场合。

4. 两因素指数和多因素指数

按照指数所含因素的多少,分为两因素指数和多因素指数。

两因素指数反映由两个因素构成的总体变动情况,多因素指数则反映由三个及以上因素构成的总体变动情况。其中两因素指数原理是基本的,多因素指数是两因素指数的推广。

5. 定基指数和环比指数

按其所采用的基期的不同,指数可分为定基指数和环比指数。

指数通常间隔一段时间就编制一次,这样就形成了一个指数数列。所谓指数数列是指将各个时期的一系列指数,按时间先后顺序排列起来所形成的数列。例如,以数量指标为同度量因素编制的质量指标指数数列如下:

环比指数数列:$\dfrac{\sum p_1 q_1}{\sum p_0 q_1}, \dfrac{\sum p_2 q_2}{\sum p_1 q_2}, \dfrac{\sum p_3 q_3}{\sum p_2 q_3}, \cdots, \dfrac{\sum p_n q_n}{\sum p_{n-1} q_n}$

定基指数数列:$\dfrac{\sum p_1 q_1}{\sum p_0 q_1}, \dfrac{\sum p_2 q_2}{\sum p_0 q_2}, \dfrac{\sum p_3 q_3}{\sum p_0 q_3}, \cdots, \dfrac{\sum p_n q_n}{\sum p_0 q_n}$

这里,定基指数是指在指数数列中,各个时期的指数都是以某一固定时期为基期而编制的指数。它用来反映某种社会经济现象在较长时期内的发展变化过程。

环比指数是指在指数数列中,各个时期的指数都是以前一时期为基期而编制的指数。它用来反映某种社会经济现象逐期变动的程度。

四、同度量因素

在编制计算总指数时,各种不同使用价值的工业产品的产量不能直接相加,而各种不同种类商品的价格也不能简单平均。为了解决这个问题,必须使用同度量因素,它是计算总指数时所使用的一个媒介因素,具有两个作用:

(1)同度量作用。即使本来度量单位不同,不能直接相加的指标过渡到能够相加。例如,不同使用价值的工业产品的产量不能直接相加,而产品产量×产品价格=工业总产值,

则可相加。各种商品的销售量也不能直接相加,而商品销售量×商品价格＝商品销售额,则也可以相加了。

（2）权数作用。同度量因素同时也起着权衡轻重的作用,所以,在总指数中,同度量因素也常常称为权数。

第二节　总指数的编制方法

总指数的编制方法有两种形式:综合指数和平均指数（平均数指数）。两种方法有一定的联系,又各有特点。其中综合指数是总指数的基本计算形式,平均指数是综合指数的变形。

一、综合指数

（一）综合指数的概念和特点

综合指数是由两个总量指标对比形成的指数,它是将所研究现象总体中不能同度量的个别现象的量,通过另一因素或多个因素作媒介,使其转化为可同度量的量,然后加总、对比,以综合反映所研究现象总体的变动方向和变动程度。

综合指数的特点是先综合,后对比。其编制方法是:首先引入同度量因素,解决复杂经济现象总体所研究指标不能直接综合的困难,使其可以计算出总体的综合总量;其次,将同度量因素固定,以消除同度量因素变动的影响。最后将两个不同时期的总量对比,其结果即为综合指数,它综合地反映了复杂社会经济现象总体某指标的变动。这里,同度量因素起着同度量和权数的双重作用。

（二）综合指数的编制方法

综合指数是直接根据各个因素的原始资料编制的,它能全面而清楚地反映多种事物总的变动方向和程度。综合指数是通过加权来测定一组项目的综合变动状况,若所测定的是一组项目的数量变动状况,则该指数就是数量指数,如产品产量指数、商品销售量指数等;若所测定的是一组项目的质量变动状况,则该指数就是质量指数,如价格指数、单位产品成本指数等。但由于权数可以固定在不同时期,因而加权综合指数有不同的计算方法。

1. 数量指标综合指数的编制方法

下面以商品销售量指数为例说明数量指标综合指数的计算过程。

【例 6-2】 某商店商品价格及销售量资料如表 6-1 所示,试计算销售量综合指数。

要计算销售量总指数,即说明三种商品销售量综合变动情况,因为各种商品的计量单位不同,所以三种商品的销售量不能直接相加。为了解决这个问题,必须找出一个同度量因素,使其过渡到能够相加。和商品销售量有内在联系的指标是商品价格,可将其作为同度量

因素。即

$$商品销售量 \times 商品价格 = 商品销售额$$

也即

$$q \times p = qp$$

即可进行汇总。从基期到报告期的价格是有变动的,但为了消除价格变动的影响,只反映商品销售量的变动情况,需要将作为同度量因素的价格指标固定,一般可以将价格固定在基期,即采用基期的价格作为同度量因素。用公式表示就是:

$$\overline{K}_q = \frac{\sum q_1 p_0}{\sum q_0 p_0}$$

式中　$\overline{K}_q$ 表示销售量总指数;

　　q 表示数量指标;

　　p 表示质量指标;

　　1 表示报告期;

　　0 表示基期。

根据表 6-1 中的资料计算三种商品的销售量总指数如下:

$$\overline{K}_q = \frac{\sum q_1 p_0}{\sum q_0 p_0} = \frac{210 \times 500 + 550 \times 100 + 80 \times 200}{200 \times 500 + 500 \times 100 + 100 \times 200} = \frac{176\,000}{170\,000} = 103.53\%$$

销售额增加额如下:

$$\sum q_1 p_0 - \sum q_0 p_0 = 176\,000 - 170\,000 = 6\,000(元)$$

计算结果表明,商品的销售量总指数为 103.53%。对这个结果可以做如下分析:

(1)说明三种商品销售量综合变动方向和程度。虽然个别商品销售量有增有减,而且程度不同,但总体变动方向是增长,增长程度为 3.53%。

(2)分子和分母相减的差额说明了由于商品销售量变动对商品销售额绝对数的影响,由于销售量增长使总销售额报告期比基期增加了 6 000 元,即企业由于商品销售量的增加使总销售额报告期比基期增加了 6 000 元。

2. 质量指标综合指数的编制方法

质量指标综合指数主要有价格指数、劳动生产率指数、单位产品成本指数等。

【例 6-3】 现以价格指数为例,仍使用表 6-1 中的资料为例,计算价格综合指数。

个体指数只是说明个别商品价格变动情况,计算结果表明三种商品价格有升有降,且程度不一;而要说明各种商品价格总体变化情况,就需要计算价格总指数。由于这三种商品的计量单位不同,使用价值也不同,不能直接相加。而且计算价格总指数的主要目的,是要说明由于价格变动对消费(包括生产消费和生活消费)的影响,但各种商品在消费中的重要性是不同的。所以,价格指数的计算也要用价格乘上销售量得出销售额再进行汇总对比,这里销售量就是同度量因素,起权数作用,也即

$$p \times q = pq$$

一般而言,编制价格综合指数时,应把作为同度量因素的销售量指标固定在报告期水平上,这是因为编制商品价格综合指数的目的是综合反映报告期出售的商品价格变动情况,用公式表示如下:

$$\overline{K}_p = \frac{\sum p_1 q_1}{\sum p_0 q_1}$$

式中 $\overline{K}_p$ 表示质量总指数;

  p 表示质量指标;

  q 表示数量指标;

  1 表示报告期;

  0 表示基期。

根据表 6-1 中的资料计算三种商品的价格总指数如下:

$$\overline{K}_p = \frac{\sum p_1 q_1}{\sum p_0 q_1} = \frac{600 \times 210 + 90 \times 550 + 220 \times 80}{500 \times 210 + 100 \times 550 + 200 \times 80} = \frac{193\ 100}{176\ 000} = 109.72\%$$

销售额增加额如下:

$$\sum p_1 q_1 - \sum p_0 q_1 = 193\ 100 - 176\ 000 = 17\ 100(元)$$

计算结果表明,商品的价格总指数为 109.72%。对这个结果做如下分析:

(1)说明商品价格综合变动的方向和程度。虽然三种商品的个体价格有升有降,而且程度不同,但总体变动方向是上升,总的来说三种商品的价格报告期比基期上升了 9.72%。

(2)分子和分母相减的差额说明了由于商品价格变动对商品销售额绝对数的影响,由于价格上升使总销售额报告期比基期增加了 17 100 元,也即购买同样数量的商品,消费者多支出了 17 100 元。

[例 6-3]中,如果用基期的销售量作同度量因素来计算的话,则三种商品的价格总指数如下:

$$\overline{K}_p = \frac{\sum q_0 p_1}{\sum q_0 p_0} = \frac{200 \times 600 + 500 \times 90 + 100 \times 220}{200 \times 500 + 500 \times 100 + 100 \times 200} = \frac{187\ 000}{170\ 000} = 110\%$$

销售额增加额如下：

$$\sum q_0 p_1 - \sum q_0 p_0 = 187\,000 - 170\,000 = 17\,000(元)$$

计算结果表明，三种商品的价格总指数报告期比基期上升了 10%，而如果基期的销售量按报告期的价格来计算，则可使基期增加 17 000 元销售额，即使消费者比原来多支出 17 000 元。但我们知道，一般来说，报告期价格变动对基期的销售额不会产生影响，所以第二种计算方法没有第一种方法好。

因此，一般来说编制数量指标综合指数需要采用质量指标作同度量因素，固定在基期；反之，编制质量指标综合指数要用数量指标作同度量因素，固定在报告期，这是一般通行的做法。但是，在统计学界历史上也有不同的意见。以下介绍三种观点：

(1) 拉氏指数。即不论是数量指数还是质量指数都采用基期同度量因素。最早是由德国学者拉斯贝尔斯(Laspeyres)在 1864 年提出的，他主张不论是数量指数还是质量指数都采用基期同度量因素。拉氏质量指数和数量指数的一般计算公式如下：

$$\overline{K}_p = \frac{\sum q_0 p_1}{\sum q_0 p_0}$$

$$\overline{K}_q = \frac{\sum q_1 p_0}{\sum q_0 p_0}$$

式中　q 表示数量指标；

　　　p 表示质量指标；

　　　1 表示报告期；

　　　0 表示基期。

拉氏指数由于以基期变量值为权数，可以消除权数变动对指数的影响，从而使不同时期的指数具有可比性。但拉氏指数也存在一定的缺陷。比如，物价指数是在假定销售量不变的情况下报告期价格的变动水平，这一指数尽管可以单纯反映价格的变动水平，但不能反映出消费量的变化。从实际生活角度看，人们更关心在报告期销售量条件下价格变动对实际生活的影响。因此，拉氏质量指数在实际中应用得很少。而拉氏销售量指数是假定价格不变的条件下报告期销售量的综合变动，它不仅可以单纯反映出销售量的综合变动水平，也符合计算销售量指数的实际要求。因此，拉氏数量指数在实际中应用得较多。

(2) 派氏指数。即不论是数量指数还是质量指数都采用报告期同度量因素。1874 年，德国学者派许(Paasche)最早提出这种观点，即采用报告期同度量因素来计算物价指数(质量指数)和数量指数。派氏质量指数和数量指数的一般计算公式如下：

$$\overline{K}_p = \frac{\sum p_1 q_1}{\sum p_0 q_1}$$

$$\overline{K}_q = \frac{\sum p_1 q_1}{\sum p_1 q_0}$$

式中 q 表示数量指标；

p 表示质量指标；

1 表示报告期；

0 表示基期。

派氏指数因以报告期变量值为权数，不能消除权数变动对指数的影响，因而不同时期的指数缺乏可比性。但派氏指数可以同时反映出价格和消费结构的变化，具有比较明确的经济意义，在某些情况下更具有合理性。在实际应用中，常采用派氏公式计算价格、成本等质量指数，尤其在计算股票价格指数时，为了及时反映上市公司股本结构的变化，一般均采用以报告期作为同度量因素的派氏指数。

（3）权数固定在某一特定时期。在实际应用中，有时权数（同度量因素）既不是固定在基期，也不是固定在报告期，而是固定在某个具有代表性的特定时期。这种方法的特点是，权数不受基期和报告期的限制，使指数的编制具有较大的灵活性。特别是在编制若干个时期的多个指数时，可以消除因权数不同而对指数产生的影响，从而使指数具有可比性。其质量指数和数量指数的一般计算公式如下：

$$\overline{K}_p = \frac{\sum p_1 q_n}{\sum p_0 q_n}$$

$$\overline{K}_q = \frac{\sum p_n q_1}{\sum p_n q_0}$$

式中 q_n 表示特定时期的数量指标；

p_n 表示特定时期的质量指标，如某一时期的不变价格（固定价格）。

【例 6-4】 设某公司生产三种产品的有关资料如表 6-2，试以 2010 年不变价格为权数，计算各年的产品产量指数。

解：设 2010 年不变价格为 p_{10}，各年产量分别为 q_{11}，q_{12}，q_{13}，则 2012 年对比 2011 年的产量指数如下：

$$\overline{K}_q = \frac{\sum p_{10} q_{12}}{\sum p_{10} q_{11}} = \frac{50 \times 900 + 3\,500 \times 125 + 300 \times 220}{50 \times 1\,000 + 3\,500 \times 120 + 300 \times 200}$$

$$= \frac{548\,500}{530\,000} = 103.49\%$$

表 6-2　　　　　　　　　某企业生产三种产品的有关资料

商品名称	计量单位	产　量			2010 年 不变价格(千元)
		2011 年	2012 年	2013 年	
甲	千件	1 000	900	1 100	50
乙	千台	120	125	140	3 500
丙	千箱	200	220	240	300

2013 年对比 2012 年的产量指数如下：

$$\overline{K}_q = \frac{\sum p_{10}q_{13}}{\sum p_{10}q_{12}} = \frac{50 \times 1\,100 + 3\,500 \times 140 + 300 \times 240}{50 \times 900 + 3\,500 \times 125 + 300 \times 220}$$

$$= \frac{617\,000}{548\,500} = 112.49\%$$

2013 年对比 2011 年的产量指数如下：

$$\overline{K}_q = \frac{\sum p_{10}q_{13}}{\sum p_{10}q_{11}} = \frac{617\,000}{530\,000} = 116.42\%$$

上述产量指数消除了价格变动对产量的影响，单纯反映出各年产量的综合变动状况。这一结果实际上就是按 2010 年不变价格计算的工业总产值发展速度。我国 GDP 的发展速度也是按这样的方法进行计算的。

二、平均指数

（一）平均指数的概念和特点

平均指数也称为平均数指数，是总指数的另一种形式，其计算基础是个体指数，也就是说它需要先计算单个事物的质量指标或数量指标的个体指数，然后对其进行加权平均计算总指数，用以反映总体现象变动程度。

平均指数的特点是先对比后综合。它与总指数之间既有联系又有区别。两者的联系是，在一定的权数条件下，两者存在着变形关系。而两者的区别表现在三个方面：

（1）综合指数要求使用全面资料编制，而平均指数既可以使用全面资料编制，也可以使用非全面资料编制。某些情况下使用代表性的非全面材料，如计算价格总指数可选择若干代表性商品，根据这些代表性商品的个体价格指数来计算价格总指数，具有简便快速，有较大的灵活性的特点。

（2）综合指数是先综合后对比，即先找出同度量因素，再加总对比，观察总量的变动；平均指数是先对比后综合，即先对比计算个体指数，然后选择适当的权数综合，计算个体指数的加权平均数,观察个体指数的平均变化情况。

（3）平均指数的权数可以有多种方法选择,既可以用总量指标,也可以用相对数（比重）指标。在权数无法取得或确定时,也可以用经验权数进行计算。而综合指数则不能用比重或经验权数进行计算。

（二）平均指数的编制方法

平均指数有两种基本形式,即加权算术平均指数和加权调和平均指数。它们分别是对个体指数计算加权算术平均数和加权调和平均数。

1. 加权算术平均指数

加权算术平均指数是对个体数量指数计算加权算术平均数,它适用于计算数量指标总指数。设个体数量指数如下:

$$K_q = \frac{q_1}{q_0}$$

则数量指标加权算术平均指数如下:

$$\bar{K}_q = \frac{\sum K_q q_0 p_0}{\sum q_0 p_0}$$

即以基期的总量指标 $p_0 q_0$ 为权数,对个体数量指数进行加权算术平均。

如果将个体数量指数代入上式,则

$$\bar{K}_q = \frac{\sum K_q q_0 p_0}{\sum q_0 p_0} = \frac{\sum \frac{q_1}{q_0} q_0 p_0}{\sum q_0 p_0}$$

可见,加权算术平均指数是拉氏数量指数的变形。

【例 6-5】 某企业产值及个体产量指数资料如表 6-3 所示,试求产量总指数以及因产量变动而增加或减少的产值。

表 6-3　　　　　　　　　某企业甲、乙两产品产值及个体产量指数资料

产品名称	产值（万元）		个体产量指数（%）
	基期 $p_0 q_0$	报告期 $p_1 q_1$	$K_q = \frac{q_1}{q_0}$
甲	280	300	110
乙	440	500	105
合计	720	800	—

解:产量总指数如下:

$$\overline{K}_q = \frac{\sum K_q q_0 p_0}{\sum q_0 p_0} = \frac{1.1 \times 280 + 1.05 \times 440}{720} = \frac{770}{720} = 106.94\%$$

两种产品的产量报告期比基期上升了 6.94%，使产值报告期比基期增加：

$$\sum K_q q_0 p_0 - \sum q_0 p_0 = 770 - 720 = 50(万元)$$

2. 加权调和平均指数

加权调和平均指数是对个体质量指数计算加权调和平均数，它适用于计算质量指标总指数。设个体质量指数如下：

$$K_p = \frac{p_1}{p_0}$$

则质量指标加权调和平均指数如下：

$$\overline{K}_p = \frac{\sum p_1 q_1}{\sum \dfrac{p_1 q_1}{K_p}}$$

即以报告期的总量指标 $p_1 q_1$ 为权数，对个体质量指数进行加权调和平均。

如果将个体质量指数代入上式，则

$$\overline{K}_p = \frac{\sum p_1 q_1}{\sum \dfrac{p_1 q_1}{K_p}} = \frac{\sum p_1 q_1}{\sum \dfrac{p_0}{p_1} p_1 q_1}$$

可见，加权调和平均数指数是派氏质量指数的变形。

【例 6-6】 某企业产值及个体价格指数资料如表 6-4 所示，试求价格总指数以及因价格变动而增加或减少的产值。

表 6-4　　　　　某企业甲、乙两产品产值及个体价格指数资料

产品名称	产值（万元）		个体价格指数（%）
	基期 $p_0 q_0$	报告期 $p_1 q_1$	$K_p = \dfrac{p_1}{p_0}$
甲	300	350	112
乙	400	450	108
合计	700	800	—

解：价格总指数如下：

$$\overline{K}_p = \frac{\sum p_1 q_1}{\sum \dfrac{p_1 q_1}{K_p}} = \frac{350 + 450}{\dfrac{350}{1.12} + \dfrac{450}{1.08}} = \frac{800}{729.17} = 109.71\%$$

两种产品的价格报告期比基期上升了 9.71%，使产值报告期比基期增加：

$$\sum p_1q_1 - \sum \frac{p_1q_1}{K_p} = 800 - 729.17 = 70.83（万元）$$

3. 其他形式的平均指数

在实际工作中，有时不用基期或报告期的总量指标作为权数计算加权算术平均数或加权调和平均数，而是采用固定权数进行加权。所谓固定权数是指某一个固定不变的权数，这个权数在相当长的时期内一直使用不变，且常用比重的形式来表示。其计算形式也有两种，加权算术平均指数和加权调和平均指数。

固定权数的加权算术平均指数计算公式如下：

$$\overline{K} = \frac{\sum KW}{\sum W} = \sum K \cdot \frac{W}{\sum W}$$

式中　K 表示个体指数；

W 表示某一固定时期的权数；

$\dfrac{W}{\sum W}$ 表示某一固定权数的比重。

固定权数的加权调和平均指数计算公式如下：

$$\overline{K} = \frac{\sum W}{\sum \dfrac{W}{K}}$$

式中的符号含义同上。

第三节　指数体系和因素分析

一、指数体系

(一) 指数体系的意义

许多社会经济现象之间是存在密切联系的。某种现象达到的水平，往往是受许多因素的影响造成的。这种联系在数量上的表现是：某种现象的总量等于各个因素的连乘积。例如，商品销售额＝商品销售量×商品价格。这种数量关系不仅在静态上存在，而且在动态上仍然存在，当一个或几个因素发生变动时，就会引起总量的变动。也就是说，反映这些现象变动情况的指数之间也存在着数量对等关系。具体如下：

商品销售额指数 ＝ 商品销售量指数 × 商品价格指数

$$\frac{\sum p_1 q_1}{\sum p_0 q_0} = \frac{\sum p_0 q_1}{\sum p_0 q_0} \times \frac{\sum p_1 q_1}{\sum p_0 q_1}$$

生产总成本指数 ＝ 产量指数 × 成本指数

$$\frac{\sum z_1 q_1}{\sum z_0 q_0} = \frac{\sum z_0 q_1}{\sum z_0 q_0} \times \frac{\sum z_1 q_1}{\sum z_0 q_1}$$

产品产值指数 ＝ 产品产量指数 × 出厂价格指数

$$\frac{\sum p_1 q_1}{\sum p_0 q_0} = \frac{\sum p_0 q_1}{\sum p_0 q_0} \times \frac{\sum p_1 q_1}{\sum p_0 q_1}$$

在统计分析中,把三个或者三个以上相互联系、在数量上有对等关系的指数所构成的整体叫做指数体系。指数体系在数量上的表现为:各个因素的连乘积等于由这些因素构成的复杂现象总量的动态指标(指数)。一般将等式左边的指数称为对象指数,等式右边的指数称为因素指数,那么对象指数等于各因素指数的连乘积。

上述指数体系,按照指数的编制原则,可以表示如下:

$$\frac{\sum p_1 q_1}{\sum p_0 q_0} = \frac{\sum p_0 q_1}{\sum p_0 q_0} \times \frac{\sum p_1 q_1}{\sum p_0 q_1}$$

且容易得到以下等式:

$$\sum p_1 q_1 - \sum p_0 q_0 = \left(\sum p_0 q_1 - \sum p_0 q_0 \right) + \left(\sum p_1 q_1 - \sum p_0 q_1 \right)$$

因此在指数体系中,对象指数与因素指数之间有如下两个关系等式。第一,从相对数上看,对象指数等于各因素指数的连乘积;第二,从绝对数上看,对象指数分子分母的差额等于各因素指数分子分母的差额之和。

(二) 指数体系的作用

统计指数是动态比较分析的进一步深入,通过指数的计算,可以分析现象发展过程中各个因素的变动关系及其对总体的影响程度。而指数体系主要有以下两方面的作用:

(1) 指数体系是进行因素分析的根据。即利用指数体系可以分析复杂经济现象总变动中各因素变动影响的方向和程度。

(2) 利用各指数之间的联系进行指数间的相互推算。例如,由商品销售额总指数除以价格总指数可推算商品销售量总指数。

指数体系研究的目的,就是从数量方面研究分析社会经济现象综合变动中各个因素变动的影响程度和绝对效果,即进行因素分析。在进行分析时,对数量指数和质量指数的处理有所不同。但不管如何处理,指数之间的关系必须保持数量上的一定联系。因此,如果数量指数用基期的质量指标作同度量因素,则质量指数一定用报告期的数量指标作同度量因素;如果数量指数用报告期的质量指标作同度量因素,则质量指数用基期的数量指标作同度量因素。学术界大多数采用第一种处理方法来进行因素分析。

二、因素分析

指数因素分析法就是利用指数体系,对现象的综合变动从数量上分析其受各因素影响的相对影响程度和绝对数量效果的一种分析方法。指数因素分析法按其包含的因素多少,可分为两因素分析和多因素分析;按分析指标的种类可分为总量指标因素分析、平均指标因素分析和相对指标因素分析。这里主要介绍总量指标和平均指标的两因素分析方法。

(一)总量指标因素分析

总量指标因素分析是把总体总量指标的变动看做是因素指标变动的结果,并将其分解为各因素指标的乘积而建立一定的指数体系,根据该指数体系从各个因素指标的变动显示其对总量指标变动的影响程度。

根据对总量指标影响因素的多少,总量指标因素分析可分为两因素分析和多因素分析。

1. 两因素分析

也就是说分析的对象是总量指标,并且是两个因素的乘积,而分析的目的是测定每个因素变动对于现象总变动的影响方向和程度。其具体分析步骤一般应包括以下方面:

(1)在定性分析的基础上,确定要分析的对象及其影响的因素,并列出关系式,包括相对数关系式和绝对数关系式。

(2)计算分析对象指数变动方向、程度及绝对数量。

(3)计算分析因素指数对对象变动的影响方向、程度及绝对数量。

(4)运用指数体系包括相对数及绝对数的关系式,用实际资料验证,综合分析。

【例 6-7】 以表 6-5 资料为例,对该商店的销售额变动情况进行因素分析。

表 6-5 某商店商品销售量及价格资料

商品名称	计量单位	单价(元)		销售量	
		基期 p_0	报告期 p_1	基期 q_0	报告期 q_1
甲	台	500	600	200	210
乙	吨	100	90	500	550
丙	件	200	220	100	80

解:(1)进行定性分析,确定要分析的对象及其影响的因素,并列出相对数关系式和绝对数关系式。即

商品销售额指数 ＝ 销售量指数 × 价格指数

$$\frac{\sum p_1 q_1}{\sum p_0 q_0} = \frac{\sum p_0 q_1}{\sum p_0 q_0} \times \frac{\sum p_1 q_1}{\sum p_0 q_1}$$

$$\sum p_1 q_1 - \sum p_0 q_0 = \left(\sum p_0 q_1 - \sum p_0 q_0\right) + \left(\sum p_1 q_1 - \sum p_0 q_1\right)$$

（2）计算分析对象指数变动方向、程度及绝对数量：

$$\frac{\sum p_1 q_1}{\sum p_0 q_0} = \frac{210 \times 600 + 550 \times 90 + 80 \times 220}{200 \times 500 + 500 \times 100 + 100 \times 200} = \frac{193\,100}{170\,000} = 113.59\%$$

$$\sum p_1 q_1 - \sum p_0 q_0 = 193\,100 - 170\,000 = 23\,100(元)$$

分析：报告期商品销售额比基期商品销售额增长 13.59％，增长的绝对数额为 23 100 元。

（3）计算分析因素指数对对象变动的影响方向、程度及绝对数量。

首先，分析销售量指数：

$$\frac{\sum q_1 p_0}{\sum q_0 p_0} = \frac{210 \times 500 + 550 \times 100 + 80 \times 200}{200 \times 500 + 500 \times 100 + 100 \times 200} = \frac{176\,000}{170\,000} = 103.53\%$$

$$\sum q_1 p_0 - \sum q_0 p_0 = 176\,000 - 170\,000 = 6\,000(元)$$

说明报告期商品销售量比基期提高了 3.53％，由于销售量的增长，使商品销售额增加了 6 000 元。

其次，分析价格指数：

$$\frac{\sum p_1 q_1}{\sum p_0 q_1} = \frac{600 \times 210 + 90 \times 550 + 220 \times 80}{500 \times 210 + 100 \times 550 + 200 \times 80} = \frac{193\,100}{176\,000} = 109.72\%$$

$$\sum p_1 q_1 - \sum p_0 q_1 = 193\,100 - 176\,000 = 17\,100(元)$$

说明报告期商品价格比基期提高了 9.72％，由于价格的提高，使商品销售额增加了 17 100 元。

（4）运用指数体系包括相对数及绝对数的关系式，用实际资料验证，综合分析，即：

上述三个指数之间的关系是：

相对数关系：
$$\frac{\sum p_1 q_1}{\sum p_0 q_0} = \frac{\sum p_0 q_1}{\sum p_0 q_0} \times \frac{\sum p_1 q_1}{\sum p_0 q_1}$$

$$113.59\% = 103.53\% \times 109.72\%$$

绝对数关系：$\sum p_1q_1 - \sum p_0q_0 = \left(\sum p_0q_1 - \sum p_0q_0\right) + \left(\sum p_1q_1 - \sum p_0q_1\right)$

$$23\ 100(元) = 6\ 000(元) + 17\ 100(元)$$

从上述三个指数之间的关系可以看出，该商店商品销售额增长 13.59％，是由于商品销售量增长 3.53％ 和商品价格提高 9.72％ 造成的。具体来说，由于销售量的增长使销售额增加 6 000 元，商品价格提高使商品销售额增加 17 100 元，两个因素加起来是 23 100 元。

在实际计算分析时，也可根据资料的具体情况，在第(1)步骤只确定并列出各指标之间的关系式，并将其余部分内容适当合并，以简化计算分析过程。

2. 多因素分析

在复杂的社会经济现象中，有时某一现象变动受到多个因素变动的影响。因此，要对包含有多个因素的现象利用指数体系进行分析。其分析方法与两因素分析的方法基本相同。但由于它包括的因素较多，所以，在进行多因素分析过程中，必须分清因素指标的性质，即分清哪些是数量指标，哪些是质量指标，并注意数量指标与质量指标区分的相对性。例如，单位产品原材料消耗量指标，相对于产品产量指标是质量指标，但相对于单位原材料的价格，它又是数量指标了。分清数量指标与质量指标，才能根据指数的编制原则，正确把握权数固定的时期。

下面以原材料费用总额变动的三因素分析为例，说明多因素分析的方法。

【例 6-8】 某企业三种产品的产量、单位产品原材料的消耗量及单位原材料的价格资料如表 6-6 所示，试对该企业原材料费用总额的变动进行因素分析。

表 6-6   某企业三种产品的产量、单位产品原材料消耗量及单位原材料价格资料表

产品种类	计量单位	产品产量		单位产品原材料消耗量		单位原材料价格(元)	
		基期 q_0	报告期 q_1	基期 m_0	报告期 m_1	基期 p_0	报告期 p_1
甲	件	200	250	10	11	120	115
乙	只	5 000	5 100	2	1.8	25	24
丙	台	200	180	50	48	250	260

解：(1) 先列出指标之间的关系，相应的符号表示如表 6-6 所示。

原材料费用总额 ＝ 产品产量 × 单位产品原材料消耗量 × 单位原材料价格

(2) 计算各个指数，并计算相应的绝对数量。

原材料费用总额指数如下：

$$\frac{\sum q_1m_1p_1}{\sum q_0m_0p_0} = \frac{250\times11\times115 + 5\ 100\times1.8\times24 + 180\times48\times260}{200\times10\times120 + 5\ 000\times2\times25 + 200\times50\times250} = \frac{2\ 782\ 970}{2\ 990\ 000} = 93.08\%$$

原材料费用增减的绝对额 ＝ 2 782 970 － 2 990 000 ＝－ 207 030(元)

产品产量指数如下：

$$\frac{\sum q_1 m_0 p_0}{\sum q_0 m_0 p_0} = \frac{250 \times 10 \times 120 + 5\,100 \times 2 \times 25 + 180 \times 50 \times 250}{200 \times 10 \times 120 + 5\,000 \times 2 \times 25 + 200 \times 50 \times 250} = \frac{2\,805\,000}{2\,990\,000} = 93.81\%$$

产量变动使原材料费用增减的绝对额如下：

$$2\,805\,000 - 2\,990\,000 = -185\,000(元)$$

单位产品原材料消耗量指数如下：

$$\frac{\sum q_1 m_1 p_0}{\sum q_1 m_0 p_0} = \frac{250 \times 11 \times 120 + 5\,100 \times 1.8 \times 25 + 180 \times 48 \times 250}{250 \times 10 \times 120 + 5\,100 \times 2 \times 25 + 180 \times 50 \times 250} = \frac{2\,719\,500}{2\,805\,000} = 96.95\%$$

单位产品原材料消耗量变动使原材料费用增减的绝对额如下：

$$2\,719\,500 - 2\,805\,000 = -85\,500(元)$$

单位原材料价格指数如下：

$$\frac{\sum q_1 m_1 p_1}{\sum q_1 m_1 p_0} = \frac{250 \times 11 \times 115 + 5\,100 \times 1.8 \times 24 + 180 \times 48 \times 260}{250 \times 11 \times 120 + 5\,100 \times 1.8 \times 25 + 180 \times 48 \times 250} = \frac{2\,782\,970}{2\,719\,500} = 102.33\%$$

单位原材料价格变动使原材料费用增减的绝对额如下：

$$2\,782\,970 - 2\,719\,500 = 63\,470(元)$$

(3) 写出指数体系的两个关系等式，并进行因素分析。

相对数关系　　93.08% = 93.81% × 96.95% × 102.33%

绝对数关系　　−207 030 元 = −185 000 元 − 85 500 元 + 63 470 元

以上计算结果表明，三种产品的原材料费用总额的变动受产品产量、单位产品原材料消耗量和单位原材料价格的影响。由于产品产量下降了 6.19%，使原材料费用总额减少了185 000 元；由于单位产品原材料消耗量下降了 3.05%，使原材料费用总额减少了 85 500元；由于单位原材料价格增长了 2.33%，使原材料费用总额增加了 63 470 元。三个因素共同作用使原材料费用总额下降了 6.92%，共使原材料费用总额减少了 207 030 元。

(二) 平均指标因素分析

在总体分组的情况下，总体的平均水平或一般水平取决于两方面：一是各部分、组的平均水平；二是总体的结构即各部分(组)在总体中所占的比重，总体平均指标的变动是这两个因素变动的综合结果。平均指标的变动分析就是利用指数因素分析法，分析总体各部分(组)水平与总体结构这两个因素变动对总体平均指标变动的影响。

在总体分组的情况下,总体平均指标可用如下加权算术平均数公式计算:

$$\bar{x} = \frac{\sum xf}{\sum f} = \sum x \frac{f}{\sum f}$$

式中　$\bar{x}$ 表示总体平均水平;

　　　x 表示各组的平均水平;

　　　f 表示各组的单位数。

公式表明,总体平均数的变动受两个因素的影响;一是各组的平均水平;二是各组的单位数(或各组在总体所占比重)。不妨把前者看做是质量指标,把后者看做是数量指标,这样有利于同度量因素的确定。依据指数因素分析法的一般原理,可以列出平均指标变动因素分析的指数体系:

$$\frac{\dfrac{\sum x_1 f_1}{\sum f_1}}{\dfrac{\sum x_0 f_0}{\sum f_0}} = \frac{\dfrac{\sum x_1 f_1}{\sum f_1}}{\dfrac{\sum x_0 f_0}{\sum f_1}} \times \frac{\dfrac{\sum x_0 f_1}{\sum f_1}}{\dfrac{\sum x_0 f_0}{\sum f_0}}$$

记 $\bar{x}_1 = \dfrac{\sum x_1 f_1}{\sum f_1}$, $\bar{x}_0 = \dfrac{\sum x_0 f_0}{\sum f_0}$, $\bar{x}_n = \dfrac{\sum x_0 f_1}{\sum f_1}$,则上述相对数关系可简记为下列形式:

$$\frac{\bar{x}_1}{\bar{x}_0} = \frac{\bar{x}_1}{\bar{x}_n} \times \frac{\bar{x}_n}{\bar{x}_0}$$

绝对数关系如下:

$$\bar{x}_1 - \bar{x}_0 = (\bar{x}_1 - \bar{x}_n) + (\bar{x}_n - \bar{x}_0)$$

相对数关系式中的三个指数具有各自不同的含义,其中:

$$\frac{\bar{x}_1}{\bar{x}_0} = \frac{\dfrac{\sum x_1 f_1}{\sum f_1}}{\dfrac{\sum x_0 f_0}{\sum f_0}}$$

称为可变构成指数,简称可变指数,它反映了总体平均水平的实际变动状况,包含了总体各组平均水平和总体各组单位数构成变动的影响。可变构成指数处于等式右边,属于对象指数。

$$\frac{\overline{x}_1}{\overline{x}_n} = \frac{\dfrac{\sum x_1 f_1}{\sum f_1}}{\dfrac{\sum x_0 f_1}{\sum f_1}}$$

称为固定构成指数,它假定总体结构不变,也即消除了总体结构变动的影响,专门反映各组水平变动对总体平均指标变动的影响。

$$\frac{\overline{x}_n}{\overline{x}_0} = \frac{\dfrac{\sum x_0 f_1}{\sum f_1}}{\dfrac{\sum x_0 f_0}{\sum f_0}}$$

称为结构影响指数,它假定各组水平不变,从而反映总体结构的变动对总体平均指标变动的影响。

因此,平均指标变动因素分析的指数体系也可表示如下:

$$可变构成指数 = 固定构成指数 \times 结构影响指数$$

【例 6-9】　假定某企业两类职工的工资资料如表 6-7 所示,试对该企业职工的平均工资变动进行因素分析。

表 6-7　　　　　　　　　　某企业新老职工工资资料表

职工组别	月均工资(元)		职工人数(人)		工资总额(元)		
	x_0	x_1	f_0	f_1	$x_0 f_0$	$x_1 f_1$	$x_0 f_1$
老职工	8 000	8 600	700	660	5 600 000	5 676 000	5 280 000
新职工	5 000	5 500	300	740	1 500 000	4 070 000	3 700 000
合计	—	—	1 000	1 400	7 100 000	9 746 000	8 980 000

解:(1) 可变构成指数:$\dfrac{\overline{x}_1}{\overline{x}_0} = \dfrac{\sum x_1 f_1}{\sum f_1} \Big/ \dfrac{\sum x_0 f_0}{\sum f_0} = \dfrac{6\ 961.43}{7\ 100} = 98.05\%$

$$\overline{x}_1 - \overline{x}_0 = 6\ 961.43 - 7\ 100 = -138.57(元)$$

说明该企业总体平均工资水平下降 1.95%,平均工资的绝对数减少 138.57 元。

(2) 固定构成指数:$\dfrac{\overline{x}_1}{\overline{x}_n} = \dfrac{\sum x_1 f_1}{\sum f_1} \Big/ \dfrac{\sum x_0 f_1}{\sum f_1} = \dfrac{6\ 961.43}{6\ 414.29} = 108.53\%$

$$\bar{x}_1 - \bar{x}_n = 6\,961.43 - 6\,414.29 = 547.14(元)$$

说明如果排除职工结构变动影响,则报告期总体平均工资水平提高 8.53%,将使平均工资的绝对数增加 547.14 元。

(3) 结构影响指数:$\dfrac{\bar{x}_n}{\bar{x}_0} = \dfrac{\sum x_0 f_1}{\sum f_1} \Big/ \dfrac{\sum x_0 f_0}{\sum f_0} = \dfrac{6\,414.29}{7\,100} = 90.34\%$

$$\bar{x}_n - \bar{x}_0 = 6\,414.29 - 7\,100 = -685.71(元)$$

说明如果各组工资水平不变,则由于职工结构变动影响,使总体平均工资水平降低 9.66%,将使绝对数减少 685.71 元。

上述三个指数之间的关系:

相对数关系:$\dfrac{\bar{x}_1}{\bar{x}_0} = \dfrac{\bar{x}_1}{\bar{x}_n} \times \dfrac{\bar{x}_n}{\bar{x}_0}$

$$98.05\% = 108.53\% \times 90.34\%$$

绝对数关系:$\bar{x}_1 - \bar{x}_0 = (\bar{x}_1 - \bar{x}_n) + (\bar{x}_n - \bar{x}_0)$

$$-138.57 = 547.14 - 685.71$$

从以上计算结果可知,企业平均工资的变动受两类职工的各组工资水平和职工结构变动的影响,由于反映报告期总的工资水平的固定构成指数上升 8.53%,但同时结构影响指数下降了 9.66%,即由于职工结构变动的影响(新职工比重上升),使总体工资水平下降,两个因素综合作用使报告期总体平均工资水平下降 1.95%;平均工资的绝对数下降了 138.57 元,其中由于工资水平本身上升应增加的绝对数为 547.14 元,而结构变动的影响则使总体工资水平下降了 685.71 元。

三、指数体系中的因素推算

指数体系的另一个重要作用,就是利用指数体系中的已知因素,可以推算未知的对象指数或因素指数。

第一,在已知对象指数及一个因素指数的情况下,可以推算得出另一个因素指数。

例如,根据产品产值指数与产品产量指数、出厂价格指数之间的关系,在已知产品产值指数及一个因素指数的情况下,可以推算得出另一个因素指数。即由

$$产品产值指数 = 产品产量指数 \times 出厂价格指数$$

可推出:

$$产品产量指数 = \frac{产品产值指数}{出厂价格指数}$$

或者
$$出厂价格指数 = \frac{产品产值指数}{产品产量指数}$$

【**例 6-10**】 已知企业生产费用总额增长 20%，产品产量增长 25%，计算单位产品成本变动程度。

解：根据题意，生产费用指数＝120%，产品产量指数＝125%

根据指数体系

$$生产费用指数 = 产品产量指数 \times 单位产品成本指数$$

可得

$$单位产品成本指数 = \frac{生产费用指数}{产品产量指数} = 120\% \div 125\% = 96\%$$

第二，在已知所有因素指数的条件下，也可以推算得出对象指数。

【**例 6-11**】 某地区在商品价格上涨 5%的情况下，商品购买量又增加了 8%，试计算货币支出额指数。

解：根据题意，购买量指数＝108%，价格指数＝105%。

根据指数体系

$$货币支出额指数 = 购买量指数 \times 价格指数$$

得货币支出额指数如下：

$$\frac{\sum p_1 q_1}{\sum p_0 q_0} = \frac{\sum p_0 q_1}{\sum p_0 q_0} \times \frac{\sum p_1 q_1}{\sum p_0 q_1}$$
$$= 108\% \times 105\% = 113.4\%$$

第四节 常用的经济指数

指数作为一种重要的经济分析指标和方法，在实践中获得了广泛应用。但在不同场合，往往需要运用不同的指数形式。一般而言，选择指数形式的主要标准应该是指数的经济分析意义，除此以外，有时还要考虑实际编制工作的可行性，以及对指数分析性质的某些特殊要求。现以国内外常见的主要经济指数为例，对指数方法的具体应用加以介绍。

一、消费者价格指数

消费者价格指数（Consumer Price Index，CPI，又称居民消费价格指数）是综合反映一定时期内城乡居民所购买的各种消费品和生活服务价格的变动程度的相对数,是对城市居民消费价格指数和农村居民消费价格指数进行综合汇总计算的结果。通常作为观察通货膨胀水平的重要经济指标。消费者价格指数的变动,不仅直接影响到居民的实际生活水平,也与国民经济能否健康稳定发展密切相关,对于政府调整物价政策、消费政策、货币政策和工资政策都有着重要的意义。

我国的消费者价格指数是采用固定加权算术平均指数方法来编制的。其主要编制过程和特点是:首先,将各种居民消费划分为八大类,包括食品、烟酒、衣着、家庭设备用品及维修服务、医疗保健和个人用品、交通和通信、娱乐教育文化用品及服务、居住,各大类下面再划分为若干个中类和小类;其次,从以上各类中选定有代表性的商品项目(含服务项目)入编指数,利用有关对比时期的价格资料分别计算个体价格指数;再次,依据有关时期内各种商品的销售额构成确定代表规格品的比重权数,它不仅包括代表规格品本身的权数(直接权数),而且还要包括该代表规格品所属的那一类商品中其他项目所具有的权数(附加权数),以此提高入编项目对于所有消费品的一般代表性程度;最后,按从低到高的顺序,采用固定加权算术平均公式,依次编制各小类、中类的消费价格指数和消费价格总指数。计算公式如下:

$$\bar{K} = \frac{\sum KW}{\sum W}$$

式中　$\bar{K}$ 表示居民消费价格指数;

　　　K 表示商品(或类)价格指数;

　　　W 表示权数。

一般说来,当 CPI 的增幅大于 3% 时,我们称为通货膨胀;而当 CPI 的增幅大于 5% 时,我们称为严重的通货膨胀。

表 6-8 是国家统计局上海调查总队统计得到的数据,统计范围是全市 17 个区县。数据取得的渠道,是从全市 17 个区县被抽取的 880 多个调查网点中,由价格调查员对被选取的 3 500 多个代表规格品每月以"定时、定点、定人"进行现场实地采价、报表上报、电话采价等调查方式,取得 3 万多笔时点价格。

表 6-8　　　　　　　　　2013 年 12 月上海市居民消费价格指数

指 标 名 称	以上年同期为 100 的指数		以上月价格为 100 的指数
	12 月	1～12 月	
总指数	102.4	102.3	100.4
消费品价格指数	101.3	101.5	100.4
服务项目价格指数	104.4	103.7	100.5
一、食品	104.4	104.4	101

续表

指 标 名 称	以上年同期为100的指数		以上月价格为 100 的指数
	12 月	1~12 月	
1. 粮食	102.5	103.7	99.7
2. 油脂	93.2	97.9	99.7
3. 肉禽及其制品	102.6	103.7	100.3
4. 蛋	100	102.2	100.5
5. 水产品	105.2	105	102.9
6. 菜	109.3	108.1	98
7. 干鲜瓜果	114.5	107.3	105.5
二、烟酒	100.1	100.1	99.8
三、衣着	97.6	100	99.3
四、家庭设备用品及维修服务	100.7	101.3	100.5
五、医疗保健和个人用品	98.7	100	99.8
六、交通和通信	99.9	100.4	100
七、娱乐教育文化用品及服务	102	100.1	100.3
1. 文娱用耐用消费品及服务	91.8	88.7	99.5
2. 教育	101.8	103	100
八、居住	105	103.9	100.3
1. 住房租金	106.4	104.9	100.3
2. 水	126.5	108.8	100
3. 电	100	102.3	100
4. 管道燃气	100	100	100

数据来源:上海统计网

CPI 的增幅小于 3‰,因此上海市 2013 年 12 月的消费价格涨幅还是比较平稳的。

二、生产者价格指数

生产者价格指数(Producers Price Index,PPI)是从生产者方面考虑的物价指数,测量在初级市场上出售的货物(即在非零售市场上首次购买某种商品时,如钢铁、木材、电力、石油之类)的价格变动的一种价格指数,反映生产者所购买、出售的商品价格的变动情况。

生产者价格指数的上涨反映了生产者价格的提高,相应地生产者的生产成本增加,生产成本的增加必然转嫁到消费者身上,导致 CPI 的上涨。生产者价格指数(PPI)是衡量通货膨胀的潜在性指标。

目前我国国家统计局发布的同类指标为工业品出厂价格指数,是反映全部工业产品出厂价格总水平的变动趋势和程度的相对数,包括工业企业售给本企业以外所有单位的各种产品和直接售给居民用于生活消费的产品。通过工业品出厂价格指数能观察出厂价格变动对工业总产值的影响。

三、工业生产指数

工业生产指数(Industrial Production Index,IPI)概括反映一个国家或地区各种工业产品产量的综合变动程度,它是衡量经济增长水平的重要指标之一。世界各国都非常重视工业生产指数的编制,但采用的编制方法却不完全相同。

在我国,工业生产指数是通过计算各种工业产品的不变价格产值来加以编制的。其基本编制过程是:首先,对各种工业产品分别制定相应的不变价格标准(记为 p_m);其次,逐项计算各种产品的不变价格产值,加总起来就得到全部工业产品的不变价格总值;最后,将不同时期的不变价格总产值加以对比,就得到相应时期的工业生产指数。

记 t 时期的不变价格总产值为 $\sum q_t p_m (t = 0,1,2,3,\cdots)$,则该时期的工业生产指数就是固定加权综合指数的形式:

$$\overline{K}_q = \frac{\sum q_t p_m}{\sum q_0 p_m} \quad 或 \quad \overline{K}_q = \frac{\sum q_t p_m}{\sum q_{t-1} p_m}$$

采用不变价格法编制工业生产指数的特点是,只要具备了完整的不变价格产值资料,就能够很容易地计算出有关的生产指数;而且可以在不同层次上(如各地区、各部门、各企业等)进行编制,满足各方面的分析需要。然而,不变价格的制定和不变价格产值的计算本身是一项非常浩大的工作,这项工作又必须连续不断地、全面地展开,其难度可想而知。尤其是在市场经济条件下,要在整个工业生产领域内运用不变价格计算完整的产值资料,面临着很多实际的问题。

在国外,较为普遍地采用平均指数形式来编制工业生产指数。计算公式如下:

$$\overline{K}_q = \frac{\sum k_q p_0 q_0}{\sum p_0 q_0}$$

式中 k_q 表示各种工业品的个体产量指数;

$p_0 q_0$ 则表示相应产品的基期增加值。

编制这种工业生产指数的目的是为了说明工业增加值中数量因素的综合变动程度,其分析意义与一般的工业总产量指数是有所不同的。

在实践中,为了简化指数的编制工作,常常以各种工业品的增加值比重作为权数,并且

将这种比重权数相对固定起来,连续地编制各个时期的工业生产指数:

$$\overline{K}_q = \frac{\sum k_q W}{\sum W}$$

式中 $\frac{W}{\sum W}$ 表示某一固定时期的增加值比重。

四、股票价格指数

股票价格指数(Stock Price Index,SPI)是反映某一股票市场上多种股票价格综合变动程度的动态相对数,用以反映某一市场股票价格总体变动趋势。股价指数的单位习惯上用"点"表示,即以基期为 100(或 1 000),每上升或下降 1 个单位称为 1 点。股价指数计算的方法很多,但一般以发行量为权数进行加权综合。计算公式如下:

$$\overline{K}_p = \frac{\sum p_{1i} q_i}{\sum p_{0i} q_i}$$

式中 p_{1i} 和 p_{0i} 分别表示报告期和基期样本股的平均价格;

q_i 表示第 i 种股票的报告期发行量(也有采用基期的)。

股价指数不仅能够反映证券市场的行情变化,而且也是反映国家或地区宏观经济态势的重要指标之一,是广大投资者进行投资决策分析的依据。下面简单介绍上海证券交易所股价指数和深圳证券交易所股价指数。

(一)上海证券交易所股价指数

上海证券交易所股价指数主要有上证综合指数上证、180 指数和上证 50 指数等。

1. 上证综合指数

上证综合指数是以 1990 年 12 月 19 日为基日(该日为上证所正式营业之日),基日定为 100,以所有在上海证券交易所上市的股票为编制范围,采用以股票发行量为权数的综合股价指数。计算公式为:

$$上证综合指数 = \frac{报告期市价总值}{基日市价总值} \times 100$$

式中 市价总值是股票市价乘发行股数,基日市价总值也称为除数。

当市价总值出现非交易因素(增股、配股、汇率等)变动时,原除数需修正,以维持指数的连续可比。修正公式为:

$$修正后的除数 = \frac{修正后的市价总值}{修正前的市价总值} \times 原除数$$

2. 上证 180 指数

上证 180 指数也称上证成份指数,其指数编制方法属于平均指数。是对原上证 30 指数进行调整和更名后产生的,其样本股是在上海证券交易所上市的所有 A 股股票中抽取最具市场代表性的 180 种样本股票,自 2002 年 7 月 1 日起正式发布。

上证 180 指数以 2002 年 6 月 28 日上证 30 指数收盘点数为基点,采用派许加权综合价格指数公式计算,以样本股的调整股本数为权数。

$$报告期指数 = \frac{报告期样本股的调整市值}{基期样本股的调整市值} \times 1\,000$$

式中　调整市值 $= \sum (市价 \times 调整股本数)$

3. 上证 50 指数

为综合反映上海证券市场最具市场影响力的一批龙头企业的整体状况,上海证券交易所自 2004 年 1 月 2 日起正式发布上证 50 指数。上证 50 指数同样属于成份指数,其选择样本的标准是规模大、流动性好,具有代表性,样本单位数为 50 只股票,基数为 1 000 点。

(二) 深圳证券交易所股价指数

深圳证券交易所股价指数有深证综合指数和深证成分股指数。

1. 深证综合指数

深证综合指数是以在深圳证券交易所上市的所有股票为对象编制的指数,于 1991 年 4 月 4 日开始发布。基期为 1991 年 4 月 3 日,基期指数设定为 100 点。深证综合指数是以发行量为权数,纳入指数计算范围的股票称为指数股。指数计算基本公式如下:

$$深圳指数 = \frac{现时指数股总市值}{基日指数股总市值} \times 100$$

2. 深证成分股指数

深证成分股指数是以 1994 年 7 月 20 日为基日,基日指数定为 1 000,于 1995 年 1 月 23 日开始发布。深证成分股指数采用流通量为权数,计算公式同深证综合指数。深证成分股指数是从上市公司中挑选出 40 家具有代表性的成分股计算,成分股选择的一般原则是:①有一定上市交易日期;②有一定上市规模;③交易活跃。此外,结合考虑公司股份的市盈率,公司的行业代表性,地区、板块代表性,公司的财务状况、管理素质等。

(三) 沪深 300 指数

沪深 300 指数是由上海证券交易所和深圳证券交易所联合编制的,于 2005 年 4 月 8 日正式发布。沪深 300 指数是由上海和深圳证券市场中选取 300 只 A 股作为样本编制而成的成份股指数,以 2004 年 12 月 31 日为基期日,基期指数定为 1 000 点。沪深 300 指数的选样标准为规模大、流动性好的股票作为样本股。选样方法是对样本空间股票在最近一年(新股为上市以来)的日均成交金额由高到低排名,剔除排名后 50% 的股票,然后对剩余股票按照日均总市值由高到低进行排名,选取排名在前 300 名的股票作为样本股。样本股包含了 208 只沪市股票和 92 只深市股票,覆盖了沪深市场六成左右的市值,具有良好的市场代表性。中国金融期货交易所已于 2010 年 2 月宣布首个上市交易的品种为沪深 300 股指期货。

沪深 300 指数依据样本稳定性和动态跟踪相结合的原则,每半年调整一次成份股,每次调整比例一般不超过 10%。样本调整设置缓冲区,排名在 240 名内的新样本优先进入,排名在 360 名之前的老样本优先保留。当样本股公司退市时,自退市日起,从指数样本中剔除,由过去最近一次指数定期调整时的候选样本中排名最高的尚未调入指数的股票替代。

指数以调整股本为权重,采用派许加权法进行计算。

五、产品成本指数

产品成本指数(Product Cost Index,PCI)概括反映生产各种产品的单位成本水平的综合变动程度,它是企业或部门内部进行成本管理的一个有用工具。记各种产品的产量为 q,单位成本为 p,则全部可比产品(即基期实际生产过且报告期仍在生产的产品)的综合成本指数通常采用派氏公式来编制:

$$\overline{K}_p = \frac{\sum p_1 q_1}{\sum p_0 q_1}$$

该指数的分子与分母之差可以表示,由于单位成本水平的降低(或提高),使得报告期所生产的那些产品的成本总额节约(或超支)了多少。

类似地,在对成本水平实施计划管理的场合,还可以编制相应的成本计划完成情况指数,用以检查有关成本计划的执行情况。其编制方法可以采用派氏公式:

$$\overline{K}_p = \frac{\sum p_1 q_1}{\sum p_n q_1}$$

式中　p_n 表示计划规定的单位成本水平。

该指数的分子与分母之差,说明计划执行过程中所节约或超支的成本总额。

若同时制订了产量计划,则可采用拉氏公式编制成本计划完成情况指数:

$$\overline{K}_p = \frac{\sum p_1 q_n}{\sum p_n q_n}$$

式中　q_n 表示计划规定的产量水平。

该指数在兼顾产量计划的前提下,检查成本计划执行情况,避免了由于片面追求完成成本计划而破坏产量计划的情况。但在企业按照市场需求组织生产,没有制订产量计划,或不要求恪守产量计划指标的情况下,上面的拉氏指数就失去意义。

六、区域价格指数

区域价格指数,主要用于比较不同地区或国家各种商品价格的综合差异程度。它是进行地区对比和国际对比的一种重要分析工具。与动态指数不同,区域价格指数的编制和分析有一些特殊的要求。

假定对 A、B 两个地区进行价格比较,如果以 B 地区为对比基础,采用拉氏公式编制价格指数:

$$\overline{K}_p = \frac{\sum p_A q_B}{\sum p_B q_B}$$

如果以 A 地区为对比基础,同样采用拉氏公式编制价格指数:

$$\overline{K}_p = \frac{\sum p_B q_A}{\sum p_A q_A}$$

这两个互换对比基础的区域价格指数彼此之间并不存在倒数的关系。

派氏价格指数也存在类似的问题。如果一种指数公式给出的结果会随着对比基础地区的改变而改变,那就不适合用于空间对比了。因此,人们在编制区域价格指数时常常采用埃奇沃斯公式:

$$\overline{K}_p = \frac{\sum p_A(q_A + q_B)}{\sum p_B(q_A + q_B)}$$

这样得到的指数不会受到对比基础变化的影响,而且,其同度量因素反映了两个对比地区的平均商品结构,具有实际经济意义。

练习六

一、单项选择题

1. 统计指数按其反映的对象范围不同分为( )。

A. 简单指数和加权指数   B. 综合指数和平均指数

C. 个体指数和总指数   D. 数量指标指数和质量指标指数

2. 总指数编制的两种形式是( )。

A. 算术平均指数和调和平均指数   B. 个体指数和综合指数

C. 综合指数和平均指数   D. 定基指数和环比指数

3. 综合指数是一种( )。

A. 简单指数   B. 加权指数   C. 个体指数   D. 平均指数

4. 在掌握基期产值和各种产品产量个体指数资料的条件下,计算产量总指数要采用( )。

A. 综合指数   B. 可变构成指数

C. 加权算术平均数指数   D. 加权调和平均数指数

5. 在由三个指数组成的指数体系中,两个因素指数的同度量因素通常( )。

A. 都固定在基期   B. 都固定在报告期

C. 一个固定在基期,另一个固定在报告期   D. 采用基期和报告期的平均数

6. 某商店报告期与基期相比,商品销售额增长 6.5%,商品销售量增长 6.5%,则商品价格( )。

A. 增长 13%   B. 增长 6.5%   C. 增长 1%   D. 不增不减

7. 单位产品成本报告期比基期下降 6%,产量增长 6%,则生产总费用( )。

A. 增加   B. 减少   C. 没有变化   D. 无法判断

8. 某公司三个企业生产同一种产品,由于各企业成本降低使公司平均成本降低 15%,由于各种产品产量的比重变化使公司平均成本提高 10%,则该公司平均成本报告期比基期降低( )。

A. 5.0%   B. 6.5%   C. 22.7%   D. 33.3%

9. 某商店 2013 年 1 月份某型号微波炉的销售价格是 350 元,6 月份的价格是 342 元,指数为 97.71%,该指数是( )。

A. 综合指数   B. 平均指数   C. 总指数   D. 个体指数

10. 编制数量指标指数一般是采用( )作同度量因素。

A. 基期质量指标   B. 报告期质量指标

C. 基期数量指标   D. 报告期数量指标

二、多项选择题

1. 指数的作用包括( )。

A. 综合反映事物的变动方向   B. 综合反映事物的变动程度

C. 利用指数可以进行因素分析   D. 研究事物在长时间内的变动趋势

E. 反映社会经济现象的一般水平

2. 某企业为了分析本厂生产的两种产品产量的变动情况,已计算出产量指数为 112.5%,这一指数是( )。

A. 综合指数   B. 总指数

C. 个体指数   D. 数量指标指数

E. 质量指标指数

3. 平均数变动因素分析的指数体系中包括的指数有(　　)。

A. 可变构成指数　　　　　　　　　　B. 固定构成指数

C. 调和平均指数　　　　　　　　　　D. 算术平均指数

E. 结构影响指数

4. 同度量因素的作用有(　　)。

A. 平衡作用　　　　B. 权数作用　　　　C. 稳定作用　　　　D. 同度量作用

E. 调和作用

5. 若 p 表示商品价格，q 表示商品销售量，则公式 $\sum p_1q_1 - \sum p_0q_1$ 表示的意义有(　　)。

A. 综合反映销售额变动的绝对额

B. 综合反映价格变动和销售量变动的绝对额

C. 综合反映多种商品价格变动而增减的销售额

D. 综合反映由于价格变动而使消费者增减的货币支出额

E. 综合反映多种商品销售量变动的绝对额

6. 指数按反映的现象特征不同，可分为(　　)。

A. 简单指数　　　　　　　　　　　　B. 总指数

C. 数量指标指数　　　　　　　　　　D. 质量指标指数

E. 加权指数

7. 当权数为 p_0q_0 或者 p_1q_1 时，以下说法中，正确的有(　　)。

A. 数量指标综合指数可变形为加权算术平均指数

B. 数量指标综合指数可变形为加权调和平均指数

C. 质量指标指数可变形为加权算术平均指数

D. 质量指标指数可变形为加权调和平均指数

E. 综合指数与平均指数没有变形关系

8. 指数体系中(　　)。

A. 一个对象指数等于两个(或两个以上)因素指数的代数和

B. 一个对象指数等于两个(或两个以上)因素指数的乘积

C. 各指数都是综合指数

D. 存在相对数之间的数量对等关系

E. 存在绝对数之间的数量对等关系

三、思考题

1. 什么是统计指数？统计指数的作用是什么？

2. 统计指数的分类有哪些？

3. 编制总指数时同度量因素通常如何确定？

4. 如何对指数体系进行因素分析？

5. 试述平均指数和综合指数的区别和联系。

四、计算题

1. 某企业两种产品的价格与产量的资料如表6-9所示。

表6-9　　　　　　　某企业两种产品的价格与产量资料表

产 品	计 量 单 位	价格(千元)		产 量	
		基期	报告期	基期	报告期
甲	台	5.2	5.5	100	120
乙	箱	6.8	7.1	400	500

试计算：

(1) 个体产量指数和个体价格指数。

(2) 产量总指数和价格总指数。

2. 某商场几种商品调价前后的资料如表6-10所示。

表6-10　　　　　　　某商场几种商品调价前后资料表

商 品	调 整 前		调 整 后	
	价格(元/千克)	销售量(万千克)	价格(元/千克)	销售量(万千克)
甲	0.06	5.00	0.07	5.20
乙	0.88	4.46	1.18	5.52
丙	0.85	1.20	1.13	1.15
丁	0.35	1.15	0.42	1.30

试计算：

(1) 销售量总指数和价格总指数。

(2) 由于每一种商品价格变动而分别使消费者增加支出的金额。

3. 某企业三种产品销售量及出厂价格资料如表6-11所示。

表6-11　　　　　　　某企业三种产品销售量及出厂价格资料表

产 品	单 位	销售量		出厂价格(元)	
		基期	报告期	基期	报告期
A	件	100	120	5	6
B	台	60	70	20	22
C	只	700	600	3.5	3

试计算：

(1) 计算每种产品的个体销售量指数和出厂价格指数。

(2) 计算销售额总指数、销售量总指数和出厂价格总指数并进行因素分析。

4. 某企业三种产品产值和产量动态的资料如表 6-12 所示。

表 6-12   某企业三种产品产值和产量动态资料表

| 产 品 | 实际产值（万元） | | 2013 年比 2012 年产量增长的% |
	2012 年	2013 年	
甲	200	240	25
乙	450	485	10
丙	350	480	30

试计算：

(1) 三种产品产量总指数以及由于产量增长使企业所增加的总产值。

(2) 三种产品的价格总指数以及由于价格增长使企业增加的总产值。

(3) 试对产值的变动进行因素分析。

5. 某企业三个产品的生产费用和单位产品成本资料如表 6-13 所示。

表 6-13   某企业三个产品的生产费用和单位产品成品资料表

| 产 品 | 生产总费用（万元） | | 单位成本第二季度比第一季度降低% |
	第一季度	第二季度	
甲	300	310	3
乙	500	480	5
丙	90	100	2

试计算：

(1) 成本平均降低程度。

(2) 由于成本降低而节约的生产费用。

6. 某集团公司下属三个工厂生产某种产品的情况如表 6-14 所示，试根据表中资料计算单位产品成本的可变指数、固定构成指数和结构影响指数，并分析单位成本水平和产量结构变动对总成本的影响。

表 6-14   某集团下属三个工厂某产品资料表

| 部 门 | 单位产品成本（元） | | 产量（吨） | |
	上年	本年	上年	本年
一厂	85	86	4 000	4200
二厂	88	85	3 000	3200
三厂	92	90	2 000	2400

7. 某企业报告期生产的三种产品总值分别是 80 万元、32 万元、150 万元,产品价格报告期比基期分别为 105％、100％、98％,该企业总产值报告期比基期增长了 8.5％,试计算三种产品的产量指数和价格指数以及对总产值的影响。

8. 某地区市场销售额报告期为 100 万元,比上年增加了 10 万元,销售量与上年相比上升了 5％。

试计算:

(1) 市场销售量总指数。

(2) 市场销售价格总指数。

(3) 对销售额的变动进行因素分析。

9. 已知某企业 2012 年生产费用总额为 250 万元,2013 年为 265 万元,2013 年企业产品产量比上年增长 20％,计算单位产品成本变动程度。

 **阅读资料六**

2014 年第 1 季度上海消费者信心指数上升

国家统计局上海调查总队 2014-04-09

1 季度,受国内经济稳中有进和上海经济开局平稳,上海居民收入稳步增长以及居民消费者价格指数持续平稳运行等综合因素影响,上海消费者信心进一步提升。

一、1 季度上海消费者信心指数为 114.2

1 季度上海消费者信心指数为 114.2,比上季度上升 3.9 点,比去年同期上升 1.1 点。其中,反映消费者对当前看法的现状指数为 113.5,比上季度上升 4.7 点,比去年同期上升 2.1 点;对未来看法的预期指数为 114.8,比上季度上升 2.9 点,与去年同期持平(见图 6-1)。

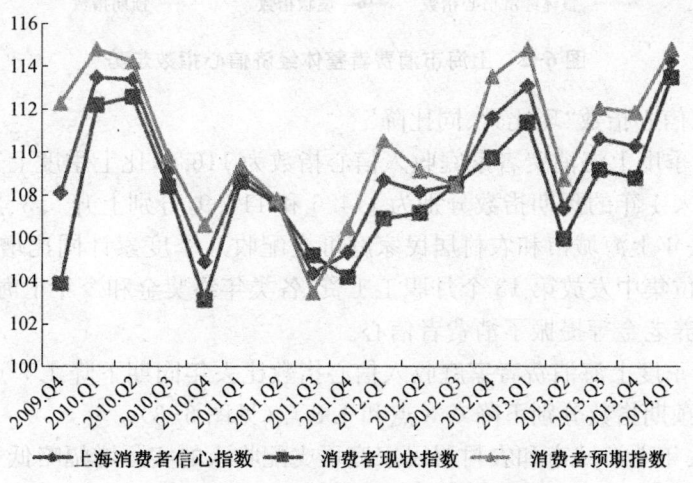

图 6-1 上海市消费者信心指数走势

二、五项核心指标信心指数较上季度"四升一降"

1季度,在构成上海消费者信心指数的五项核心指标中,整体经济、就业形势、家庭收入和生活质量的信心指数均比上季度有所上升,耐用商品购买时机信心指数比上季度略有回落。

1. 整体经济信心指数波动上行

1季度整体经济信心指数回升至123.3,比上季度上升7.2点,比去年同期上升3.7点。其中,现状指数为123.9,比上季度上升8.8点,比去年同期上升2.9点;对未来6个月的预期指数为122.7,比上季度上升5.6点,比去年同期上升4.6点(见图6-2)。

主要原因:进入2014年,国内经济虽存在一定下行压力,但稳中有进的发展态势并未发生根本改变,政府主动调整经济结构取得积极进展。1季度上海经济形势好于预期,工业开局平稳,战略性新兴产业实现较快增长;批发和零售业商品销售总额同比超过去年同期实现两位数增长。此外,上海自贸区一系列金融创新细则落地及后续相关政策的出台有望为上海经济注入新的推动力。

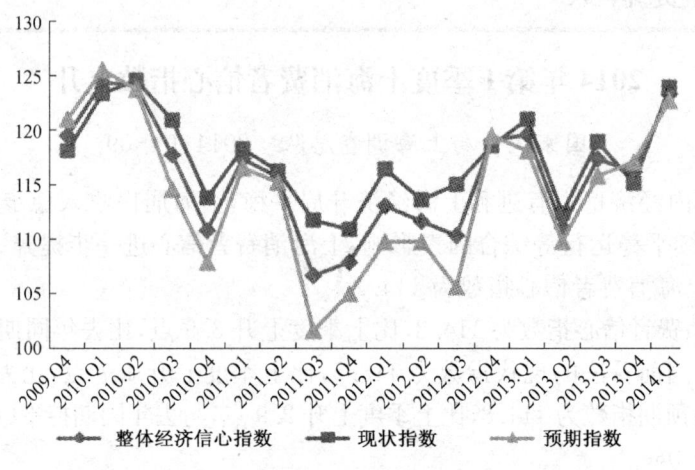

图6-2　上海市消费者整体经济信心指数走势

2. 家庭收入信心指数"环比升、同比降"

从环比看,1季度上海消费者家庭收入信心指数为116.2,比上季度上升4.2点。其中,现状指数和对未来1年的预期指数分别为114.6和117.9,分别上升5.3点和3.1点。

主要原因:去年上海城市和农村居民家庭可支配收入季度累计同比增幅均稳步扩大,1季度各企业和单位集中发放第13个月职工工资、各类年终奖金和今年上海继续上调城镇企业退休人员基本养老金等提振了消费者信心。

从同比看,1季度上海消费者家庭收入信心指数比去年同期下降1.3点,其中现状指数和对未来1年的预期指数分别下降0.8点和1.8点(见图6-3)。

主要原因:去年上海城市和农村居民家庭可支配收入的实际增幅略低于预期,对消费者的家庭收入信心刺激效应有所减弱。

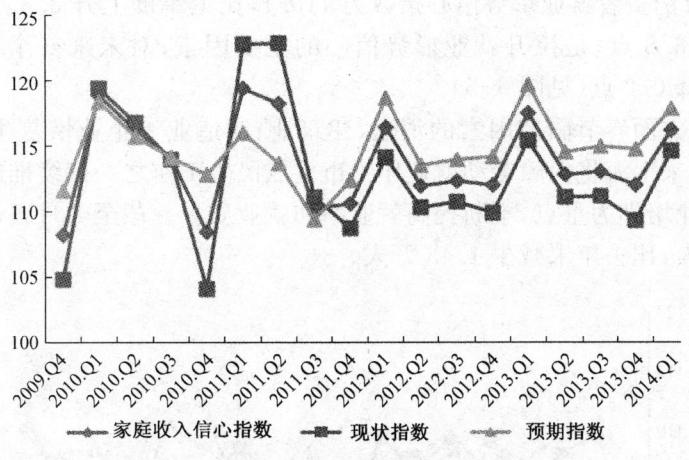

图6-3 上海市消费者家庭收入信心指数走势

3. 生活质量信心指数回升至较高水平

1季度上海消费者生活质量信心指数达119.5,比上季度上升5.2点。其中,现状指数为115.8,比上季度上升3.1点,比去年同期上升0.3点;对未来1年的预期指数为123.3,比上季度上升7.3点,比去年同期上升2.3点(见图6-4)。

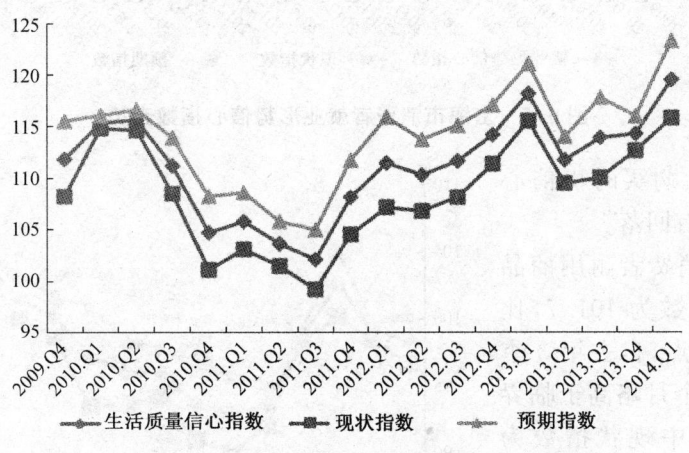

图6-4 上海市消费者生活质量信心指数走势

主要原因:1季度,对上海当前物价水平"比较满意"或"虽偏高但能接受"的消费者比例由上季度的72.9％升至79％;对未来6个月物价变化的预期,认为物价"下降"或"维持稳定"的消费者比例由上季度的26.1％升至38.9％。对当前物价水平接受度的提高和对未来物价趋稳运行预期的增强,有助于提升消费者对生活质量的信心。

4. 就业形势现状指数主力拉升就业形势信心指数

1季度上海市消费者就业形势信心指数为110.1,比上季度上升3.3点。其中,现状指数为112.1,上升6.8点,是拉升就业形势信心的主要因素;对未来6个月的预期指数为108,比上季度略降0.2点(见图6-5)。

主要原因:一方面春节假期因素的消退,建筑业、制造业等企业恢复生产,用工需求释放;另一方面近年来上海将保障劳动就业作为市重点民生工作之一持续推进,以鼓励创业带动就业和加强职业培训为重点,不断提高就业率和就业质量。截至2月底,上海城镇登记失业人数24.92万人,比去年末减少1.45万人。

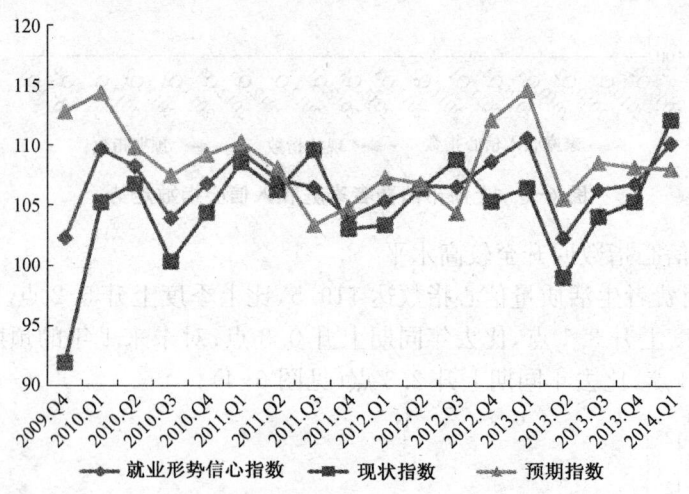

图6-5　上海市消费者就业形势信心指数走势

5. 耐用商品购买时机信心指数比上季度略有回落

1季度上海消费者耐用商品购买时机信心指数为101.7,比上季度下降0.8点,自去年3季度以来连续第三个月略高于临界点(100点)。其中现状指数为101,比上季度下降0.8点;预期指数为102.3,比上季度下降0.9点(见图6-6)。

从构成耐用商品购买时机信心指数的三个分项看,大件耐用

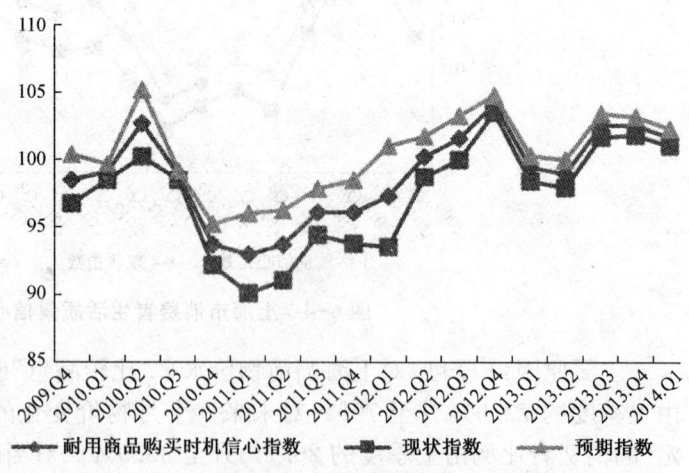

图6-6　上海市消费者耐用商品购买时机信心指数

商品和住房购买时机信心指数分别为 115.1 和 71,分别比上季度下降 0.2 点和 3.2 点;家用汽车购买时机信心为 105.6,比上季度上升 0.4 点(见图 6-7 至图 6-9)。

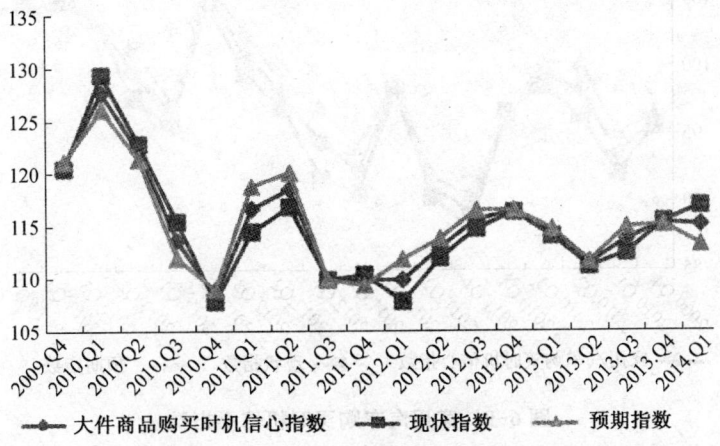

图 6-7 大件耐用商品购买时机信心指数

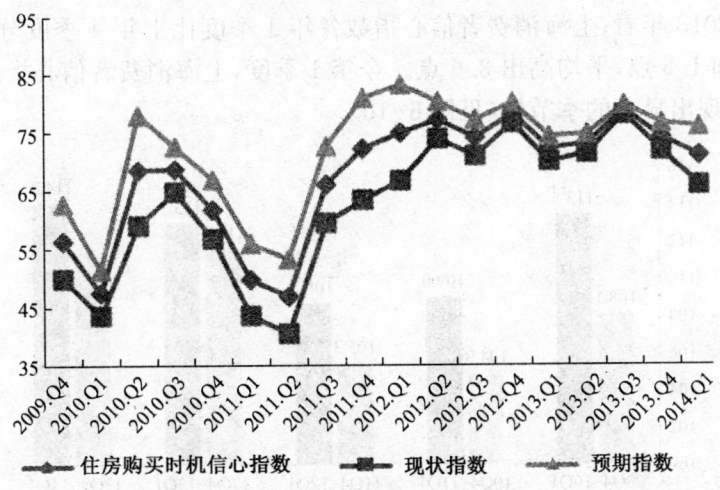

图 6-8 住房购买时机信心指数

住房购买时机信心的持续下行拉低上海消费者耐用商品购买时机信心指数。1 季度,上海房地产市场观望气氛浓厚。主要原因:一是当前上海房价较高且涨幅趋缓,杭州、常州等城市部分新推楼盘价格松动对购房者心理产生影响;银行取消首套房优惠利率、放款时间的延长以及二套房使用商业贷款的其首付比例上调等削弱了购房者的支付能力;非户籍居民在沪购房政策进一步收紧。

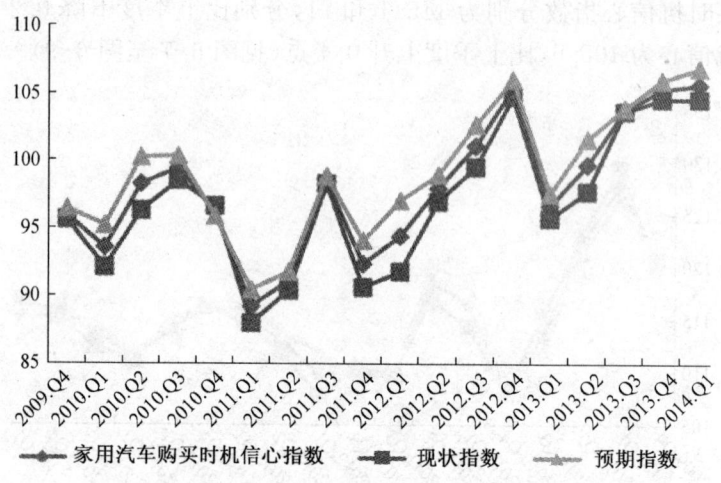

图 6-9　家用汽车购买时机信心指数

三、值得分析的几个问题

1. 上海消费者信心指数 1 季度回升具有季节性

从 2010—2013 年看,上海消费者信心指数各年 1 季度比上年 4 季度分别高出 5.4 点、4.1 点、3.4 点和 1.5 点,平均高出 3.6 点。今年 1 季度,上海消费者信心指数比去年 4 季度高出 3.9 点,表现出显著的季节性(见图 6-10)。

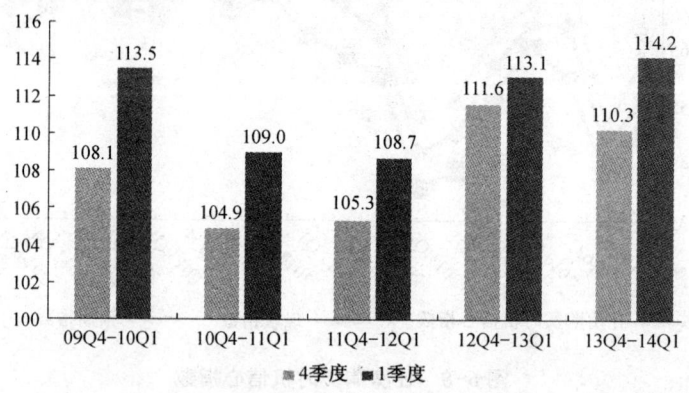

图 6-10　历年来上海消费者信心指数 1 季度和 4 季度指数

2. 两大价格平稳运行有助于支撑消费者信心

从 2004—2013 年的历史数据看,上海居民消费价格和工业生产者出厂价格的平稳运行对上海消费者信心指数形成一定支撑,除 2008 年爆发金融危机上海消费者信心受全球经济增速放缓影响,与两大价格同步下行外,其他年份整体呈现两大价格平稳下行,消费者信心波动上行的态势;反之亦然(见图 6-11)。截至 3 月份,上海 PPI 同比已连续 27 个月处于下降通道,CPI 同比升幅连续 23 个月介于 2%~3%。

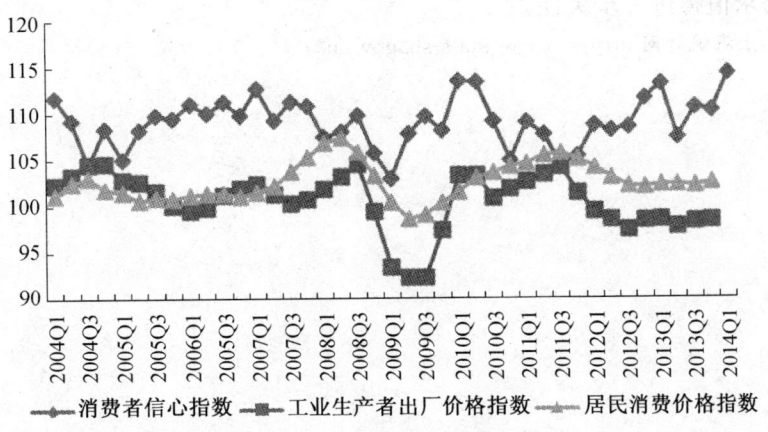

图 6-11 2004 年以来上海消费者信心指数和两大价格指数走势

3. 一季度上海中高收入人群信心较强,拉升消费者信心总水平

调查结果显示,上海消费者收入水平与消费信心基本正相关,随着收入水平的不断提高,消费者信心水平随之提升。调查中家庭月收入在 7 000~15 000 元和 15 000 元以上的消费者人数占比为 54.6%,与上季度(55.3%)基本保持一致。上述两档收入水平的消费者信心指数分别为 116.9 和 117.6,分别高出平均值 2.7 点和 3.4 点,是拉升 1 季度上海消费者信心总水平的主力军(见表 6-15)。

表 6-15 上海不同收入水平的消费者信心指数

家庭月收入水平	消费者信心	整体经济	就业形势	家庭收入	生活质量	耐用品购买	主要大件	购房	购车
3 000 元以下	103.3	116.8	98.8	101.4	114.6	84.9	97.6	63.3	81.0
3 000~7 000 元	112.0	121.4	110.1	113.8	117.5	97.2	111.8	65.9	99.3
7 000~15 000 元	116.9	125.3	112.3	120.1	122.2	104.4	116.9	73.1	110.7
15 000 元以上	117.6	125.8	110.9	120.1	121.0	110.3	123.1	78.3	116.7
合　计	114.2	123.3	110.1	116.2	119.6	101.7	115.1	71.0	105.6

4. 关注将上海消费者的改善型消费意愿转化为实际购买力

当要求上海消费者评价当前和未来 6 个月改善型消费时机如何时,分别有 47.4% 和 47.3% 的消费者认为时机"很好"或"较好";当问及若有富余资金,未来 6 个月更愿意做何打算时,20% 选择"国内消费",19% 选择"出国旅游",23.2% 选择"投资",37.8% 选择"储蓄"。

可见,在满足吃、穿等生存型消费的基础上,上海消费结构呈现出向旅游、教育等改善型消费过渡的趋势。因此,如何将消费者的改善型消费意愿转化为实际购买,进一步挖掘上海消费升级的潜在需求值得进一步关注。

（资料来源:上海统计网 http://www.stats-sh.gov.cn/）

第七章 抽样调查

学习目标

1. 了解抽样调查的概念、特点和作用。
2. 理解全及总体和抽样总体、全及指标和抽样指标、抽样框与抽样方法。
3. 掌握抽样平均误差的计算，了解抽样调查的组织方式。
4. 掌握抽样推断的方法和样本容量的计算。

第一节 抽样调查概述

一、抽样调查的概念

在统计调查中，为了取得总体的全面资料，除了要进行全面调查外，有时为了节约人力、物力和时间，必须要进行非全面的调查。而抽样调查是非全面调查中最科学、实用性最强的调查方式，它可以由样本的数据来推断总体的指标数值，从而达到了解总体特征的目的。

所以，抽样调查是一种非全面调查，但又与重点调查和典型调查有所不同，它是按随机原则，从总体中抽取一部分单位进行登记，并且运用数理统计的原理，用这一部分单位的指标数值去推断总体全部单位的指标数值的调查方法。

抽样调查是一种科学有效、国际通行的统计调查方法，目前也已成为我国统计调查体系的主体。

二、抽样调查的特点

抽样调查是现代统计最基本最有效的统计方法之一，与其他调查方法相比，它具有以下特点：

（1）选取样本必须遵循随机原则，排除人为因素的影响。非全面调查有两种情况：一种是有意识地根据调查者主观意愿选择抽取调查单位，如重点调查和典型调查；另一种是纯客观地随机抽取，使每个单位被抽中的机会完全均等。随机原则也即机会均等的原则，即从总体中抽取样本时，哪个被抽中，哪个抽不中，完全是偶然的，没有主观人为因素的影响，每个单位被抽中的机会是相同的。

抽样调查之所以要遵循随机原则,主要有两个方面的原因:一是能保证样本很好地代表总体,或者说,样本和总体有相同的分布。通过样本去估计总体,估计的准确度高低主要取决于选取的样本是否能够充分地代表总体。二是只有遵循随机原则,才能按概率论的原则计算抽样误差,并对总体进行估计和推断。

(2) 能用部分单位的指标数值推算估计总体的指标数值。抽样调查的目的,不是为了调查样本本身,而是为了通过对样本的调查所取得的指标来推算总体的相应指标,目的是要认识总体的数量特征。因为不是所有的社会经济现象都能进行全面调查,有许多社会经济现象只能进行非全面调查,在非全面调查中只能掌握总体的部分情况,所以必须根据总体的部分资料对总体的数量特征作出估计和判断。

(3) 抽样推断中产生的误差可以事先控制。用部分单位的指标数值去推断总体,当然会发生误差。抽样估计虽然也会存在一定的误差,但可以通过改善样本、增加抽样单位数等手段将误差控制在允许的范围内和一定的可靠程度上,以保证抽样推断结果的准确性,这也是抽样推断不同于一般估算的地方。

三、抽样调查的作用

抽样调查的作用主要有以下方面:

(1) 对不可能进行全面调查的现象总体进行推断。这类情形有两种:一种是对无限总体的调查,由于总体单位数是不可数的,因此无法对其进行全面调查,因而需要采用抽样调查的方法来认识总体的数量特征。另一种是具有破坏性的产品质量检验,由于在检验过程中必须对产品进行破坏性试验,因此不可能对其进行全面调查,因而也只能用抽样调查的方法来了解总体的情况。

(2) 对于某些不必要进行全面调查的总体进行推断。有些现象理论上可以进行全面调查,但是由于调查对象包括的范围广、单位多,需要花费较多的人力、物力和时间,这时采用抽样调查的方法可以降低成本,提高效率。而且抽样调查涉及面小,能对调查对象进行更深入细致的调查研究,既能保证资料的时效性,又能节省人力、物力和财力。

(3) 可以对全面调查的数据进行补充或修正。全面调查由于调查的范围广,调查的项目多,调查的人员也多,发生登记性错误和计算性错误的机会也多,所以调查的结果差错也较多。因此,在全面调查之后,往往对全面调查的数据进行抽样复测,计算差错率,并以此补充或修正全面调查的数据,提高全面调查数据的准确性。例如,1982 年第三次全国人口普查后,利用抽样调查分析普查质量,结果统计出重报人口为 0.71‰,漏报人口为 0.56‰,差错率为 0.15‰,相对于 10 亿总人口来说,为多报了 15 万人,后来对普查的指标进行了修正。

(4) 可以用于大批量产品生产过程中的质量检验和控制。利用抽样调查对生产过程中的产品按时间顺序进行抽样,进而判断生产过程是否正常,发现异常情况可以及时控制,以提高产品的质量。

(5) 可以对于某种总体的假设进行检验,来判断这种假设的真伪,以决定取舍。例如,新教学法的采用、新工艺新技术的改革、新医疗方法的使用等是否收到明显效果,须对未知的或不完全知道的总体作出一些假设,然后利用抽样推断的方法,对所作的假设进行检验,作出判断。

第二节 抽样调查的几个基本概念

抽样调查是从总体中抽取一部分单位进行登记,并且用这一部分单位的指标数值去推断总体全部单位的指标数值的一种调查方法。为了说明这个过程,需先把一些与抽样技术有关的特别概念介绍如下。

一、全及总体和抽样总体

全及总体是指所要研究对象的全部单位构成的整体,简称总体。例如,对一批零件进行抽样检验,这整批零件即全及总体。全及总体单位数通常用 N 表示。

抽样总体是指从全及总体中按照随机原则抽取的那部分单位组成的整体,简称样本。抽样总体单位数,也即样本单位数通常用 n 表示,简称为样本容量。这里,n 要比 N 小得多,可以是几百分之一,甚至是几万分之一。当然样本单位数也要有足够的数量,否则不足以推断总体。而且个别样本单位是不能代表总体的,只有抽样总体才能代表全及总体。

样本按照样本容量的多少分为大样本和小样本。在抽样调查中,$n \geq 30$ 的样本称为大样本,$n < 30$ 的样本称为小样本。例如,从 10 000 个产品中抽取 500 个产品,则该 500 个产品组成的整体即为抽样总体,10 000 是全及总体单位数,500 是样本容量。

全及总体是唯一确定的,而抽样总体是随机的。从一个全及总体中可以抽取一个样本,也可以抽取多个样本。

二、全及指标和抽样指标

(一) 全及指标

全及指标是根据全及总体各单位标志值计算的综合指标,又称总体指标。如全部产品的合格率、废品率,全体学生的平均体重等。当总体确定后,全及指标是客观存在的常数,其指标数值是唯一确定的。但在抽样调查中,这个数值是未知的,可通过样本指标来进行推断。常用的全及指标主要有全及平均数、全及成数、总体数量标志标准差及方差、总体是非标志标准差及方差。

1. 全及平均数

全及平均数是全及总体各单位标志值的平均数,用 $\overline{X}$ 表示。在总体未分组的情况下:

$$\overline{X} = \frac{\sum X}{N}$$

式中　X 表示总体各单位标志值。

在总体已分组的情况下:

$$\overline{X} = \frac{\sum Xf}{\sum f}$$

式中　X 表示总体各组的标志值;

　　　f 表示总体各组次数。

2. 全及成数

全及成数是全及总体中具有某一相同标志表现的单位数占全及总体单位数的比重,用 P 或者 Q 表示。若以 N_1 代表具有某种相同标志表现的单位数,N_0 代表不具有某种相同标志表现的单位数,$N = N_1 + N_0$,则总体成数如下:

$$P = \frac{N_1}{N}, \quad Q = \frac{N_0}{N} = \frac{N - N_1}{N} = 1 - P$$

成数是是非标志的平均数。所谓是非标志就是指只能取两种标志表现的标志。假定具有某种相同标志表现的变量值记为 1,不具备该种标志表现的变量值记为 0,那么成数 P 可以看做是这两个变量的加权算术平均数,即 P 是是非标志的平均数:

$$\overline{X}_P = \frac{\sum xf}{\sum f} = \frac{1 \times N_1 + 0 \times N_0}{N_1 + N_0} = \frac{N_1}{N} = P$$

3. 总体数量标志标准差

总体数量标志标准差是指全及总体中根据各单位标志值计算的标准差,记作 σ。在总体未分组的情况下:

$$\sigma = \sqrt{\frac{\sum (X - \overline{X})^2}{N}}$$

在总体已分组的情况下:

$$\sigma = \sqrt{\frac{\sum (X - \overline{X})^2 f}{\sum f}}$$

总体标准差的平方叫作总体方差,记作 σ^2。

4. 总体是非标志标准差

总体是非标志标准差是指全及总体中根据是非标志计算的标准差。总体是非标志的标准差为 $\sqrt{P(1-P)}$,方差为 $P(1-P)$。具体推导如下:

$$\sigma_p = \sqrt{\frac{\sum (X-\overline{X})^2 f}{\sum f}} = \sqrt{\frac{(1-P)^2 N_1 + P^2 N_0}{N}}$$

$$= \sqrt{\frac{Q^2 PN + P^2 QN}{N}} = \sqrt{PQ(P+Q)} = \sqrt{PQ} = \sqrt{P(1-P)}$$

(二) 抽样指标

抽样指标是根据抽样总体各单位标志值计算的综合指标,也称样本指标。由于样本指标得数值随样本总体的不同而变化,因此,抽样指标是一个随机变量。常用的抽样指标主要有抽样平均数、抽样成数、样本数量标志标准差及方差、样本是非标志标准差及方差。

1. 抽样平均数

抽样平均数是抽样总体各单位标志值的平均数,用 $\bar{x}$ 表示。在样本未分组的情况下:

$$\bar{x} = \frac{\sum x}{n}$$

式中 x 表示样本各单位标志值。

在样本已分组的情况下:

$$\bar{x} = \frac{\sum xf}{\sum f}$$

式中 x 表示样本各组的标志值;

f 表示样本各组次数。

2. 抽样成数

抽样成数是样本中具有某一相同标志表现的单位数占样本单位数的比重,用 p 表示或者 q 表示。若以 n_1 代表具有某种相同标志表现的单位数,n_0 代表不具有某种相同标志表现的单位数,$n_1 + n_0 = n$,则抽样成数如下:

$$p = \frac{n_1}{n}, q = \frac{n_0}{n} = \frac{n - n_1}{n} = 1 - p$$

同理可知,p 是样本是非标志的平均数。

3. 样本数量标志标准差

样本数量标志标准差是指样本中根据各单位标志值计算的标准差,记作 s。在样本未分组的情况下:

$$s = \sqrt{\frac{\sum (x - \bar{x})^2}{n}}$$

在样本已分组的情况下:

$$s = \sqrt{\frac{\sum (x - \bar{x})^2 f}{\sum f}}$$

样本标准差的平方叫做样本方差,记作 s^2。

这里要说明的是,当样本容量较小时,样本标准差的分母通常用 $n-1$ 或 $\sum f - 1$ 来计算。当样本容量较大时,两者相差无几,因此在计算时也不作区分,分母直接用 n 或 $\sum f$ 进行计算。

4. 样本是非标志标准差

样本是非标志标准差是指样本中根据是非标志计算的标准差。样本是非标志的标准差为 $\sqrt{p(1-p)}$,方差为 $p(1-p)$。

全及指标和抽样指标的代表符号如表 7-1 所示。

表 7-1　　　　　　　　　全及指标和抽样指标的代表符号

	全 及 总 体	抽 样 总 体
总体单位数	N	n
平均数	$\bar{X}$	$\bar{x}$
成数	$P = \dfrac{N_1}{N}$, $Q = \dfrac{N_0}{N}$ $Q = 1-P$, $P = 1-Q$	$p = \dfrac{n_1}{n}$, $q = \dfrac{n_0}{n}$ $q = 1-p$, $p = 1-q$
方差	σ^2, $P(1-P)$	s^2, $p(1-p)$
标准差	σ, $\sqrt{P(1-P)}$	s, $\sqrt{p(1-p)}$

三、抽样框与抽样方法

1. 抽样框

抽样之前,必须根据预定的要求将总体划分成一个个抽样单位,这些单位互不重叠,原来的总体单位只能属于某一个抽样单位。抽样单位可以是原来的总体单位,也可以不是原来的总体单位。例如,从灯泡厂的生产流水线上随机抽取 200 只进行检验,这时的总体单位和抽样单位是一致的。又如,对某市的居民进行抽样调查,抽样单位可以是个人,也可以是单个家庭,或者是以街道、地区作为抽样单位,这时的总体单位和抽样单位就可能不一致。

全部抽样单位所构成的名单称为抽样框。抽样框通常是总体单位的名称表,或者是依据地图把总体划分成若干个有明确边界的地段组成抽样框。编制抽样框的作用是:①将总体所有单位置于可以被抽中的位置上,易于贯彻随机原则和进行抽选工作,提高抽样效率。②编制抽样框就确定了调查对象即全及总体的范围,否则无法确定抽样推断的总体。如何恰当地编制抽样框,是抽样设计中十分重要的内容。

2. 抽样方法

在抽样推断中,按抽取样本的方式不同,抽样的方法可以分为重复抽样与不重复抽样。

(1)重复抽样也称重置抽样或有放回抽样,是指从总体中随机抽选第一个样本单位后,将它的标志记录下来后放回总体再次参加抽选,重复这个步骤,直到抽满 n 个样本单位为止。由此可见,重复抽样具有以下三个特点:每次抽选时,总体单位数是不变的;各单位被抽中的可能性前后相同;各单位有重复抽中的可能。

(2)不重复抽样也称不重置抽样或无放回抽样,是指从总体单位数为 N 的总体中随机抽选第一个样本单位后,将它的标志记录下来后不放回总体,再从 $N-1$ 个单位中抽选第二个样本单位,将它的标志记录下来后也不放回总体,重复这个步骤,直到抽满 n 个样本单位为止。由此可见,不重复抽样具有以下三个特点:每次抽选时,总体单位数在逐渐减少;各单位被抽中的可能性前后不断变化;各单位没有被重复抽中的可能。

重复抽样与不重复抽样具有以上三方面不同的特点,这就导致以下一个重要的区别,即两种方法对抽样误差的计算是不同的,后面将再做介绍。

四、抽样调查的理论基础

抽样调查的理论基础是概率论中的大数定律。大数定律的一般意义是,在随机试验过程中,每次的结果不同,但是大量重复试验出现的结果的平均值却几乎总是接近某一确定的值。大数定律的本质意义是:在大量的事物观察中,个别的、偶然的差异会互相抵消,显示出集体的、必然的规律性。例如,观察个别或少数家庭的婴儿出生情况,发现有的生男,有的生女,没有一定的规律性。但是通过大量的观察就会发现,男婴和女婴的比率是趋于稳定的。这说明同质的大量现象有其规律性,随着观察次数达到一定程度,这种规律性就会表现出来,且观察次数越多表现就越明显。

大数定律只是论述了抽样平均数趋近于总体平均数的趋势,但是还存在这些问题:抽样平均数与总体平均数的离差有多大? 离差不超过一定范围的概率有多大? 离差的分布如何? 这些问题要用中心极限定理来回答。

中心极限定理论证了:如果总体存在有限的平均数和方差,那么,不论这个总体的分布如何,随着样本容量 n 的增加,抽样平均数的分布便趋近于正态分布。

中心极限定理及其推论表明,在实际问题中,随机变量来自非正态分布或对总体分布情况不太了解时,仍能用正态分布理论来说明和推断平均数问题。

第三节 抽样误差和抽样组织方式

一、抽样误差的概念

在统计调查中,调查资料与实际情况的出入,称为统计误差。统计误差是不可避免的,而用抽样总体的指标去推算全及总体的指标,也必然会有误差,这种误差即抽样误差,它等于样本指标和总体指标之差。显然,抽样误差越小,样本指标对全及指标的代表性就越高;相反,误差大则代表性就低。在抽样调查中导致误差产生的原因是多方面的,可以用图 7-1 表示。

$$
抽样误差\begin{cases} 登记性误差 \\ 代表性误差\begin{cases} 偏差(系统性误差) \\ 随机误差\begin{cases} 抽样实际误差 \\ 抽样平均误差 \end{cases} \end{cases} \end{cases}
$$

图 7-1 抽样误差的种类

登记性误差是指在登记汇总过程中由于测量、记录、转抄、计算等错误而产生的误差,某些情况下甚至虚报、瞒报等都属于登记性误差。事实上无论是全面调查还是非全面调查都会产生这种误差。

代表性误差是指在不考虑登记性误差的情况下,用样本指标推断总体指标时所产生的误差。即由于样本各单位的结构情况不能代表总体特征而产生的,是抽样调查所特有的。代表性误差又可以分为两种:一种是由于没有遵循随机原则而产生的误差,称为系统性误差或偏差。比如,抽选到的某个样本,抽选人认为该样本不合适而事先予以剔除,或有意选取较好的或较差的单位进行调查等,这种掺合了主观因素、不按随机原则抽取样本而产生的误差,应设法避免。另一种是指遵守随机原则而可能抽取到各种不同的样本组合,由此产生的误差,也即随机误差。随机误差是抽样调查固有的误差,但是这种误差在抽样推断中,可以计算并加以控制。

抽样随机误差又有两种表现形式:抽样实际误差和抽样平均误差。抽样实际误差是指样本指标与总体实际指标的差数。抽样实际误差随样本的随机性表现为随机变量,它是一个不确定的数。而且,总体的实际指标又不易取得,所以,抽样实际误差一般是不可能得到的。抽样平均误差是所有样本指标的标准差,即所有样本指标(样本平均数与成数)与它们的平均数的离差平方平均数的平方根。

样本平均数和样本成数的抽样平均误差的定义分别是:

$$\mu_{\bar{x}} = \sqrt{\frac{\sum (\bar{x} - \bar{\bar{x}})^2}{K}} = \sqrt{\frac{\sum (\bar{x} - \bar{X})^2}{K}}$$

$$\mu_{p} = \sqrt{\frac{\sum (p - \bar{p})^2}{K}} = \sqrt{\frac{\sum (p - P)^2}{K}}$$

式中　$\mu_{\bar{x}}$ 表示抽样平均数的抽样平均误差；

　　　$\bar{x}$ 表示样本平均数；

　　　$\bar{\bar{x}}$ 表示所有样本平均数的平均数；

　　　$\bar{X}$ 表示总体平均数；

　　　μ_{p} 表示抽样成数的抽样平均误差；

　　　p 表示样本成数；

　　　$\bar{p}$ 表示所有样本成数的平均数；

　　　P 表示总体成数；

　　　K 表示可能的样本数目。

由数理统计知识可知,样本平均数的平均数等于总体平均数,样本成数的平均数等于总体成数。

若要用上述定义公式计算抽样平均误差在实际中是不可行的。首先,不可能把每个样本指标计算出来,一般只在总体中抽取一个样本计算；其次,运用这个公式要求总体指标值是已知的,但实际上总体指标值也是未知的,应该通过抽样调查来推断的。因此,抽样平均误差的计算需用其他的方法。

二、抽样平均误差的计算

(一) 影响抽样平均误差的因素

从逻辑意义上可以分析得出影响抽样平均误差的因素至少有三方面：

(1) 抽样平均误差与样本容量有关,样本容量越大抽样平均误差越小,样本容量越小则抽样平均误差越大。从极端意义上说,如果样本容量大到等于总体单位数,则样本平均数等于总体平均数,样本成数等于总体成数,即不存在抽样平均误差。数理统计证明,抽样平均误差与样本容量的平方根成反比。

(2) 抽样误差与全及总体的标志变动度有关,全及总体标志变动度越大,抽样平均误差也越大；反之,标志变动度越小,抽样平均误差也越小。也可以从极端意义上说明：如果总体标志变动度为零,说明总体各单位标志没有变异,则样本指标总是等于总体指标,当然也不存在抽样平均误差。数理统计证明,抽样平均误差与总体的标准差成正比。

(3) 抽样误差与抽样方法有关,重复抽样与不重复抽样的抽样误差的计算公式是不同的。在其他条件相同的条件下,重复抽样的抽样平均误差大于不重复抽样的抽样平均误差。

另外,不同抽样组织方式,抽样平均误差的大小也是不一样的。这部分内容在后面叙述。

(二) 抽样平均误差计算公式

根据数理统计的研究,直接给出的抽样平均误差计算公式。

1. 平均数抽样平均误差计算公式

1) 重复抽样的平均数抽样平均误差计算公式

$$\mu_{\bar{x}} = \sqrt{\frac{\sigma^2}{n}} = \frac{\sigma}{\sqrt{n}}$$

式中　$\mu_{\bar{x}}$ 表示抽样平均数的抽样平均误差;

σ 表示总体的标准差;

n 表示样本容量。

2) 不重复抽样的平均数抽样平均误差计算公式

$$\mu_{\bar{x}} = \sqrt{\frac{\sigma^2}{n}\left(\frac{N-n}{N-1}\right)}$$

式中　N 表示全及总体的单位数。

$\frac{N-n}{N-1}$ 为修正系数,在实际工作中,当 N 很大时,常数 1 在 N 中所占比重是微乎其微的,为了简化计算往往不考虑 1 而仅用 N 作分母。这样公式可简化为如下形式:

$$\mu_{\bar{x}} = \sqrt{\frac{\sigma^2}{n}\left(1-\frac{n}{N}\right)}$$

【例 7-1】　有一个包括四个学生的全及总体,他们某次考试的成绩分别为 40,50,70,80 分。从四个人中抽选两人进行调查,计算平均分数的抽样平均误差。

(1) $\bar{X} = \dfrac{\sum X}{N} = \dfrac{40+50+70+80}{4} = 60(分)$

(2) $\sigma^2 = \dfrac{\sum (X-\bar{X})^2}{N} = \dfrac{400+100+100+400}{4} = \dfrac{1\,000}{4} = 250$

(3) $\mu_{\bar{x}} = \sqrt{\dfrac{\sigma^2}{n}} = \sqrt{\dfrac{250}{2}} = \sqrt{125} = 11.18(分)$

如果是不重复抽样,其抽样平均误差计算公式如下:

$$\mu_{\bar{x}} = \sqrt{\frac{\sigma^2}{n}\left(\frac{N-n}{N-1}\right)} = \sqrt{\frac{250}{4}\left(\frac{4-2}{4-1}\right)} = 9.13(分)$$

从[例 7-1]中可以明显看到,不重复抽样的误差较小,这是因为 n 总是大于 1,分子必然比分母小,所以系数必然小于 1,用小于 1 的系数去修正 $\dfrac{\sigma^2}{n}$,当然要比原数小。因此,不重复抽样误差总是小于重复抽样误差。

另外,由抽样平均误差的计算公式可知,如果要计算抽样平均误差,必须要知道总体数量标志的方差 σ^2[或者是总体是非标志的方差 $P(1-P)$]。但是总体的数据在抽样调查时往往是未知的,因此,经常采用以下几种方法:①使用样本数据,即用样本方差代替总体方差,用 s^2 代替 σ^2,用 $\sqrt{p(1-p)}$ 代替 $\sqrt{P(1-P)}$;②使用经验数据,即用过去同类问题全面调查的历史资料代替;③使用试验数据,即在正式抽样之前,先组织小规模的试验性调查,用试验数据进行计算。实践中用得最多的是第一种。

2. 成数抽样平均误差计算公式

1)重复抽样的成数抽样平均误差计算公式

$$\mu_p = \sqrt{\frac{P(1-P)}{n}}$$

式中 　μ_p 表示抽样成数的抽样平均误差;

　　　$P(1-P)$ 表示总体是非标志的方差;

　　　n 表示样本容量。

2)不重复抽样的成数抽样平均误差计算公式

$$\mu_p = \sqrt{\frac{P(1-P)}{n}\left(\frac{N-n}{N-1}\right)}$$

$$\text{或}\ \mu_p = \sqrt{\frac{P(1-P)}{n}\left(1-\frac{n}{N}\right)}$$

式中 　μ_p 表示抽样成数的抽样平均误差;

　　　$P(1-P)$ 表示总体是非标志的方差;

　　　n 表示样本容量;

　　　N 表示总体单位数。

【例 7-2】 某企业生产一批灯泡 10 000 只,随机抽取 400 只作耐用时间试验和合格检验,测算结果,平均耐用时间为 2 000 小时,标准差为 12 小时,其中不合格品有 80 只,试计算灯泡平均耐用时间和灯泡合格率的抽样平均误差。

解:$N=10\,000$,$n=400$,$\bar{x}=2\,000$ 小时,$s=12$ 小时,$n_1=80$。

灯泡平均耐用时间的抽样平均误差如下:

$$\mu_{\bar{x}} = \sqrt{\frac{s^2}{n}\left(1-\frac{n}{N}\right)} = \sqrt{\frac{12^2}{400}\left(1-\frac{400}{10\,000}\right)} = 0.59(\text{小时})$$

由已知得,灯泡的合格率如下:

$$p = \frac{n_1}{n} = \frac{400 - 80}{400} = 80\%$$

所以,灯泡合格率的抽样平均误差如下:

$$\mu_p = \sqrt{\frac{p(1-p)}{n}\left(1 - \frac{n}{N}\right)} = \sqrt{\frac{0.8 \times (1 - 0.8)}{400}\left(1 - \frac{400}{10\ 000}\right)} = \sqrt{0.000\ 4 \times 0.96}$$
$$= 1.96\%$$

在实际抽样调查时,如果没有具体说明是重复抽样还是不重复抽样时,而且知道总体单位数,一般用不重复抽样计算公式计算抽样平均误差。不过值得注意的是,当 N 很大时,不论用重复抽样与不重复抽样公式计算误差,其结果几乎相差不大。因为当 N 很大时,$\frac{n}{N}$ 就很小,$1 - \frac{n}{N}$ 接近于 1。因此,有时即使是不重复抽样,但也可以用重复抽样的公式计算。当 N 资料未知时,一般直接用重复抽样公式计算抽样平均误差。

三、抽样调查的组织方式

在进行抽样调查时,由于调查目的和占有的调查对象资料不同,抽取样本单位的方法和组织形式也不同,而各种抽样组织方式的抽样平均误差的计算方法也不同。这里介绍各种抽样调查的组织方式及其抽样平均误差的计算公式。

抽样调查主要有四种基本的组织方式,即简单随机抽样、等距抽样、分类抽样、整群抽样。在具体的抽样调查中,可根据调查对象的特点,单独使用其中一种方式,也可以多种方式结合使用。

(一) 简单随机抽样

简单随机抽样也称纯随机抽样,它是指在进行抽样时,对全及总体不经过任何形式的处理,不进行排队或分类,按照随机原则从总体中抽取样本单位的抽样方式。

简单随机抽样是抽样中最基本也是最单纯的形式,适用于总体单位数不是太多的均匀总体,即具有某种特征的单位均匀地分布于总体的各个部分,使总体的各个部分都是同分布的。

简单随机抽样的取样方法主要有四种。

1. 直接抽选法

这种方法是指直接从调查对象中随机抽选。例如,从仓库中存放的所有同类产品中随机指定若干件产品进行质量检验;从粮食仓库中不同的地点取出若干粮食样本进行含杂量、含水量的检验等。

2. 抽签法

先将全及总体各个单位按照某种自然的顺序编上号,并做成号签,再把号签掺合起来,任意抽取所需单位数,然后按照抽中的号码取得对应的调查单位加以登记调查。所谓摇奖机,也是这类性质。

3. 随机数表法

随机数表是指含有一系列随机数字的表格。这种表格的编制,即可以借助电子计算机产生,也可以采用数码机产生或自己编制。表中数字的出现及其排列是随机形成的。查随机数表时,可以竖查、横查、顺查、逆查;可以用每组数字左边的头几位数,也可以用其右边的后几位数,还可以用中间的某几位数字。这些都需事先完全自定好。但一经决定采用某一种具体做法,就必须保证对整个样本的抽取完全遵从统一规则。

表 7-2 是从随机数码表中截取的一部分组成的表。

表 7-2 随机数码表

编号	1	2	3	4	5	6	7	8	9	10	11	12	13	14	15
1	03	47	43	73	86	36	96	47	36	61	46	93	63	71	62
2	97	74	24	67	62	42	81	14	57	20	42	53	32	37	32
3	16	76	62	27	66	56	50	26	71	07	32	90	79	78	53
4	12	56	85	99	26	96	96	63	27	31	05	03	72	93	15
5	55	59	56	35	64	38	54	82	46	22	31	62	43	09	90
6	33	26	18	80	45	60	11	14	10	95	16	22	77	94	39
7	27	07	36	07	51	24	51	79	89	73	84	42	17	53	31
8	13	55	38	58	59	88	97	54	14	10	63	01	63	78	59
9	57	12	10	14	21	23	83	01	30	30	57	60	86	32	44
10	49	54	43	54	82	17	37	93	23	78	87	35	20	96	43
11	57	24	55	06	88	77	04	74	47	67	21	76	33	50	25
12	16	95	55	67	19	98	10	50	71	75	12	86	73	58	07
13	33	21	12	34	29	78	64	56	07	82	52	42	07	44	38
14	09	47	27	96	54	49	17	46	09	62	90	52	84	77	27
15	84	26	34	91	64	18	18	07	92	45	44	17	16	58	09
16	83	92	12	06	76	26	62	38	97	75	84	16	07	44	99
17	44	39	52	38	79	23	42	40	64	74	82	97	77	77	81
18	99	66	02	79	54	52	36	28	19	95	50	92	26	11	97

假如要从 1 000 名新生中抽取 50 个学生做实验班,可先将这 1 000 名学生进行编号为 0~999。然后从表格中任意一个数字开始向任何一个方向摘录数字,以三位数为一个编号(如果总体编号取到的是四位数,则应以四位为一个编号),共选 50 个编号。现在我们从随机数码表的第 6 行第 2 列开始择取三位数,顺次序向下数:261,073,553,121,544,245,955,211,…共选满 50 个。这 50 个号码所对应的学生就是一个样本。

4. 计算机取随机数法

当总体单位数很大时,用上述方法有一定的困难,这时,可以利用计算机的某些程序语言产生随机数。一些常用的统计软件,如 SPSS、SAS 等统计软件,都可以产生随机数。

简单随机抽样的抽样平均误差计算公式可概括为表 7-3。

表 7-3　　　　　　　　　简单随机抽样的平均误差计算公式表

抽样方法	估计总体平均数时	估计总体成数时
重复抽样	$\mu_{\bar{x}} = \dfrac{\sigma}{\sqrt{n}}$	$\mu_p = \sqrt{\dfrac{P(1-P)}{n}}$
不重复抽样	$\mu_{\bar{x}} = \sqrt{\dfrac{\sigma^2}{n}\left(1 - \dfrac{n}{N}\right)}$	$\mu_p = \sqrt{\dfrac{P(1-P)}{n}\left(1 - \dfrac{n}{N}\right)}$

(二) 类型抽样

类型抽样也称分类抽样、分层抽样,是将总体所有单位按照某种标志分成不同类型的组,然后在各组中随机抽取样本单位。实际上是将分组法和简单随机抽样结合起来。例如,在一所大学抽取学生进行调查时,可以先把总体分为男生和女生两大类;然后采用简单随机抽样的方法,分别从男生和女生中各抽取 100 名学生。这样,由这 200 名学生所构成的就是一个由类型抽样所得到的样本。

设总体中的 N 个单位可以划分为 K 个类型,第 i 个 $(i = 1, 2, \cdots, k)$ 类型包含 N_i 个单位,因此,$N = N_1 + N_2 + \cdots + N_K = \sum N_i$。从第 i 个类型中随机抽取 n_i 个单位,则从 K 个类型中一共抽取了 $n = n_1 + n_2 + \cdots + n_k = \sum n_i$ 个单位,n 即为样本容量。

类型抽样按确定各组单位数的方法不同,分为等比例类型抽样和不等比例类型抽样。

1. 等比例类型抽样

等比例类型抽样就是按照统一的比例来确定各组的样本单位数,也就是各类型抽取的单位数占该类型总体单位数的比重是相等的,即

$$\frac{n_1}{N_1} = \frac{n_2}{N_2} = \cdots = \frac{n_k}{N_k} = \frac{n}{N}$$

等比例类型抽样确定各组的单位数的公式如下:

$$n_i = N_i \cdot \frac{n}{N} = n \cdot \frac{N_i}{N}$$

这种方式因考虑了各类型单位数的比重大小的不同影响,从而使样本单位能合理地分配于总体之中,因此较简单随机抽样有更好的抽样效果。

2. 不等比例类型抽样

即各类型组所抽选的单位数,按各类型组标志值的变动程度来确定,变动程度大的多抽

一些单位,变动程度小的少抽一些单位,没有统一的比例关系。

不等比例类型抽样确定各组的单位数的公式如下:

$$n_i = \frac{N_i\sigma_i}{\sum N_i\sigma_i} \cdot n$$

在实际工作中,由于事先很难了解各组的标志变异程度,因此,大多数类型抽样采用等比例类型抽样法。

类型抽样误差的计算方法和简单随机抽样误差的计算方法的区别是:用平均组内方差 $\overline{\sigma_i^2}$ 代替总体方差 σ^2。

分层抽样的抽样平均误差计算公式如表7-4所示。

表7-4 　　　　　　　　　　　　**分层抽样的抽样平均误差计算公式表**

抽 样 方 法	估计总体平均数时	估计总体成数时
重复抽样	$\mu_{\bar{x}} = \sqrt{\dfrac{\overline{\sigma_i^2}}{n}}$	$\mu_p = \sqrt{\dfrac{\overline{p(1-p)}}{n}}$
不重复抽样	$\mu_{\bar{x}} = \sqrt{\dfrac{\overline{\sigma_i^2}}{n}\left(1-\dfrac{n}{N}\right)}$	$\mu_p = \sqrt{\dfrac{\overline{p(1-p)}}{n}\left(1-\dfrac{n}{N}\right)}$

表中 $\overline{\sigma_i^2} = \dfrac{\sum\limits_{i=1}^{K} N_i\sigma_i^2}{N}$ 或者 $\dfrac{\sum\limits_{i=1}^{K} n_i s_i^2}{n}$

$$\overline{P(1-P)} = \frac{\sum\limits_{i=1}^{K} N_i P_i(1-P_i)}{N} \text{ 或者 } \frac{\sum\limits_{i=1}^{K} n_i p_i(1-p_i)}{n}$$

在实际工作中,因为不知道总体各类型的组内方差,所以,一般用各组的样本组内方差来代替。

【例7-3】 某乡种小麦6 000亩,其中平原3 600亩,丘陵2 400亩,现采用等比例类型抽样抽查了100亩,资料如表7-5所示,计算抽样平均亩产量和抽样平均误差。

表7-5 　　　　　　　　　　　　**100亩小麦抽样田的收成情况表**

按地形分类	播种面积(亩)N_i	抽样面积(亩)n_i	抽样平均亩产量(公斤)$\bar{x}_i$	抽样标准差(公斤)s_i
平原	3 600	60	280	60
丘陵	2 400	40	250	40
合计	6 000	100	—	—

解:由表中数据,可得

$$\bar{x} = \frac{\sum\limits_{i=1}^{K} n_i \bar{x}_i}{n} = \frac{60 \times 280 + 40 \times 250}{100} = 268（公斤）$$

$$\overline{s^2} = \frac{\sum_{i=1}^{K} n_i s_i{}^2}{n} = \frac{60 \times 60^2 + 40 \times 40^2}{100} = 2\,800$$

$$\mu_x = \sqrt{\frac{s^2}{n}\left(1 - \frac{n}{N}\right)} = \sqrt{\frac{2\,800}{100}\left(1 - \frac{100}{6\,000}\right)} = 5.25（公斤）$$

即抽样平均亩产量为 268 公斤,抽样平均误差为 5.25 公斤。

类型抽样把分组原则和随机原则很好的结合在一起,使样本更具有代表性,抽样误差小于简单随机抽样,提高了抽样的效率,便于及时掌握各组的情况,因此在实际中应用广泛。

（三）机械抽样

机械抽样又称等距抽样、系统抽样,它先将总体单位按一定标志排列,根据总体单位数和样本单位数计算出抽选间隔,也即距离,用 k 表示,$k = \frac{N}{n}$,然后按照此距离抽选样本,例如,从 10 000 名职工中抽选 200 名（即按 2% 的比例抽选）职工进行调查,那么抽选间隔为 10 000÷200＝50,即将全体职工按一定顺序排队以后,每 50 名职工抽取 1 个进行调查。它是最容易组织的一种抽样组织方式,并且其抽样误差小于纯随机抽样,故在实际工作中被广泛采用。

等距抽样可以从以下两个方面进行分类:

第一,按排队所依据的标志不同,分为无关标志排队和有关标志排队。

（1）无关标志排队法,就是在将总体单位进行排队的时候,选择与调查项目没有关系的标志排队。如对学生按姓氏笔画排队,对地区按地名笔画排队等等。又如进行产品质量检验,确定按 10% 的比率抽取样本,可按时间顺序每 10 个产品抽选 1 个样本。

（2）有关标志排队法,即在将总体单位进行排队的时候,选用与调查项目有关的标志排队。如农产量抽样调查时按当年预计亩产量或最近三年平均亩产量等标志排队;进行农民、职工家计调查时,按农民或职工的平均收入排队。

第二,按样本单位抽选的方法不同,分为随机起点等距抽样、半距起点等距抽样和对称等距抽样。

（1）随机起点等距抽样。在头 k 个单位中按随机原则选取第一个单位,以后每隔 k 个单位再抽取另外的样本单位。如果第一个中选的单位为第 i 号单位,则第 2 个中选的单位为 $i+k$ 号单位,第 3 个中选的为第 $i+2k$ 号单位,如此类推,最后的第 n 个中选的为第 $i+(n-1)k$ 号单位。

当总体按无关标志排队时,随机起点等距抽样是适用的。但当总体按有关标志排队时,随机起点等距抽样则不适用,因为容易产生系统性的偏差。例如假如第一个单位在头 k 个单位中是偏高的,则后面选取的单位在以后各组中也是偏高的,从而引起样本平均数的偏高,以此推断总体平均数肯定是偏高的。

（2）半距起点等距抽样。它是将总体单位排队后，让第一个样本单位位于头 k 个单位的中间位置，以后再每隔 k 个单位选取其他的样本单位，也即每个样本单位都选在各组的中点。

无论有关标志排队和无关标志排队，都可以采用这种方法。特别是按有关标志排队时，各样本单位的标志值都为各组的中位数，这样的取样方法具有很好的代表性，因此，这种方法长期以来在大规模社会经济调查中被广泛运用。缺点是随机性不明显，当总体排队确定，样本容量确定，则样本单位也随之确定了。而且，只能抽取一个样本，不能进行样本轮换，抽样框的利用率太低。

（3）对称等距抽样。首先在第一组随机选取一个样本单位，假设顺序号为 i，在第二组与第一个样本单位对称的位置抽取第二个样本单位，它的顺序号为 $2k-i$。在第三组与第二组样本单位对称的位置抽取第三个样本，它的顺序号为 $2k+i$，依次抽取后面的样本单位，顺序号依次为 $4k-i$，$4k+i$，$6k-i$，$6k+i$ 等。这种方法保留了半距起点等距抽样的优点，又避免了它的局限性，具有随机性，样本可轮换，是一种较好的方法。

等距抽样的最主要优点是简便易行，且当对总体结构有一定了解时，充分利用已有信息对总体单位进行排队后再抽样，则可提高抽样效率。

等距抽样方式的抽样平均误差计算比较复杂，如果总体是按无关标志排队，抽样平均误差可采用简单随机不重复抽样公式去近似计算；如果总体是按有关标志排队，实际上是一种特殊的分类抽样，不同的是分类更细、组数更多，而且在每个组内只抽选一个样本单位，因此，一般认为可按等比例类型抽样的公式去近似计算其抽样平均误差。

【例 7-4】 某地区信用社按账号顺序等距抽查了该地区的 500 户储户，抽样比例为 10%，资料见表 7-6，计算该信用社所有储户的定期存款的平均数、定期存款在 5 000 元以上的储户所占比率以及抽样平均误差。

解：按账号顺序等距抽样，可通过简单随机不重复抽样方法去计算抽样平均误差，为此，先计算出各种样本指标，计算中所用数据如表 7-6 所示。

表 7-6　　　　　　　　　　　　　　　样本指标计算表

存款金额（元）	组中值 x	户数（户）f	xf	$(x-\bar{x})^2 f$
1 000 以下	500	30	15 000	293 907 000
1 000～3 000	2 000	150	300 000	398 535 000
3 000～5 000	4 000	250	1 000 000	34 225 000
5 000～7 000	6 000	50	300 000	280 845 000
7 000～10 000	8 500	10	85 000	237 169 000
10 000 以上	11 500	10	115 000	619 369 000
合　计	—	500	1 815 000	1 864 050 000

由表中数据,可得

① $\bar{x} = \dfrac{\sum xf}{\sum f} = \dfrac{1\ 815\ 000}{500} = 3\ 630(元)$

$s^2 = \dfrac{\sum (x - \bar{x})^2 f}{\sum f} = \dfrac{1\ 864\ 050\ 000}{500} = 3\ 728\ 100$

② $p = \dfrac{50 + 10 + 10}{500} = 14\%$

③ $\mu_{\bar{x}} = \sqrt{\dfrac{s^2}{n}\left(1 - \dfrac{n}{N}\right)} = \sqrt{\dfrac{3\ 728\ 100}{500}\left(1 - \dfrac{1}{10}\right)} = 82(元)$

④ $\mu_p = \sqrt{\dfrac{p(1 - p)}{n}\left(1 - \dfrac{n}{N}\right)} = \sqrt{\dfrac{14\% \times 86\%}{500}\left(1 - \dfrac{1}{10}\right)} = 1.47\%$

即所有储户的定期存款的平均数为 3 630 元,其抽样平均误差为 82 元,定期存款在 5 000 元以上的储户所占比率为 14%,抽样平均误差为 1.47%。

由于等距抽样能让样本单位均匀地分布于总体之中,因此,常比简单随机抽样更为行之有效。但必须指出,等距抽样时要避免抽样间距和现象本身的周期性节奏相重合;否则,就会造成系统性偏差。比如,一天 24 小时内某车站的旅客流量,商店一周 7 天的商品销售量等都有周期变异性,因此,对这两种现象不能按间隔 24 小时或一周去等距抽样,而应该让每个小时或一周的每一天都有样本代表。

(四) 整群抽样

整群抽样也称群体抽样。这种抽样方式是先将总体分为若干群或组,然后以群作为抽样单位,从中随机抽取一些群,对中选群内的所有单位进行全面调查。每一群包括若干个体单位。例如,产品质量检验时,每隔一小时抽出 5 分钟内生产的全部产品来检验。又如,调查农民家庭经济情况时,用机械抽样法抽选村,对抽中村的所有农户全部进行调查。整群抽样与前三种抽样方法有较大不同,前三种方法均属个体抽样,整群抽样的抽样单位不是单个的个体,而是由总体单位组成的群。整群抽样与类型抽样相比,虽然两者都是将总体划分许多组,但划分组的作用却不同。类型抽样划分的组称为"类",分组的作用使得每个组的组内方差尽量的小,抽取的样本仍是总体单位;整群抽样划分的组是"群",分群的作用却是要扩大群内方差,抽取的样本是群。

整群抽样的优点是编制名单和抽选工作较为集中、省力、方便,确定一个群就可以抽出许多单位进行观察。但是,正因为以群为单位进行抽选,抽选单位比较集中,显著地影响了在全及总体中各单位分布的均匀性,因此,整群抽样和其他抽样方式比较,在抽样单位数相同的条件下,抽样误差较大,代表性较低。为此,在统计工作实践中采用整群抽样时,一般都要比其他抽样方式抽选更多的单位,借以降低抽样误差,提高抽样结果的准确程度。

整群抽样都采用不重复抽样。整群抽样的误差，主要受以下两个因素的影响：

（1）抽取群数的多少，设所有群数为 R，抽取的群数为 r，那么，抽取的 r 越多，则整群抽样误差越小，如果 $R=r$，抽样误差为 0。

（2）受群间方差的影响。因为群与群之间变异程度越大，抽样误差也越大，样本指标的代表性越小；反之，群间方差反映的变异程度越小，抽样误差也越小。整群抽样不受群内方差的影响，因为对每一群来说，进行的都是全面调查，不发生抽样误差的问题。所以，计算整群抽样的抽样误差时，要用群间方差 δ^2 代替原来的总体方差 σ^2（或样本方差 s^2）。

如果设 R 个群中每群均包括相等的 M 个总体单位，此时，总体单位数 $N=RM$。进一步，设群平均数为 $\overline{X}_i(i=1, 2, \cdots, R)$，则群总平均数如下：

$$\overline{X} = \frac{\sum\limits_{i=1}^{R} \overline{X}_i}{R}$$

群之间的变异大小可通过群间方差表示出来，即

$$\delta_{\bar{x}}^{2} = \frac{\sum\limits_{i=1}^{R} (\overline{X}_i - \overline{X})^2}{R}$$

样本群的选取常采用简单随机不重复抽样或等距抽样等方式，采用等距抽样时，用于排队的标志一般是无关标志，如按时间顺序、地理位置等进行排队。如果将每一个群视为一个整体来看，就可采用简单随机不重复抽样的公式去计算抽样误差，公式如下：

$$\mu_{\bar{x}} = \sqrt{\frac{\delta_{\bar{x}}^{2}}{r}\left(\frac{R-r}{R-1}\right)}$$

如果记中选的样本群的平均数为 $\bar{x}_i(i=1, 2, \cdots, r)$，样本总平均数如下：

$$\bar{x} = \frac{\sum\limits_{i=1}^{r} \bar{x}_i}{r}$$

样本群的群间方差如下：

$$\delta_{\bar{x}}^{2} = \frac{\sum\limits_{i=1}^{r} (\bar{x}_i - \bar{x})^2}{r-1}$$

同理，设群成数为 $P_i(i=1, 2, \cdots, R)$，群总成数如下：

$$P = \frac{\sum\limits_{i=1}^{R} P_i}{R}$$

成数的群间方差如下：

$$\delta_p^2 = \frac{\sum\limits_{i=1}^{R} (P_i - P)^2}{R}$$

成数的抽样平均误差如下：

$$\mu_p = \sqrt{\frac{\delta_p^2}{r} \left(\frac{R-r}{R-1} \right)}$$

如果记中选的 r 群的成数为 $p_i (i=1, 2, \cdots, r)$，样本群总成数如下：

$$p = \frac{\sum\limits_{i=1}^{r} p_i}{r}$$

样本群的群间方差如下：

$$\delta_p^2 = \frac{\sum\limits_{i=1}^{r} (p_i - p)^2}{r-1}$$

当群数 R 较大时，抽样平均误差公式中的 $\frac{R-r}{R-1}$ 可以用 $\left(1 - \frac{r}{R} \right)$ 来替代。

【例 7-5】 设某灯泡厂生产一批灯泡共 6 000 盒，每盒装灯泡 10 只，随机抽取 10 盒，检验其耐用寿命情况。根据抽样资料计算结果，灯泡平均使用寿命为 1 500 小时，群间方差为 350，计算样本平均数的抽样平均误差。

解：已知 $R = 6\,000$，$r = 10$，$\bar{x} = 1\,500$ 小时，$\delta_{\bar{x}}^2 = 350$

$$\mu_{\bar{x}} = \sqrt{\frac{\delta_{\bar{x}}^2}{r} \left(\frac{R-r}{R-1} \right)} = \sqrt{\frac{350}{10} \left(\frac{6\,000 - 10}{6\,000 - 1} \right)} = 5.91（小时）$$

即该批灯泡的平均使用寿命的抽样平均误差为 5.91 小时。

以上介绍的四种抽样方式都是只经过一次抽选就可确定样本单位，属于单阶段抽样。在调查范围较小、调查单位比较集中时可采用单阶段抽样组织方式。但如果调查单位很多，分布面很广时，难以从总体中直接抽取样本单位，就必须采用多阶段抽样。多阶段抽样是把抽取样本单位的过程分成两个或更多阶段进行，即先从总体抽选若干大的样本单位也称第一阶段单位,然后从被抽中的这些大的单位中再抽选较小的样本单位,称第二阶段单位。照此类推,直到最后抽出最终样本单位。如果第二阶段单位是最终样本单位就是二阶段抽样,如果第三阶段单位是最终单位就是三阶段抽样。如对农民生活水平进行调查,可以按省、(市)县、乡、村、户进行多阶段抽样。

多阶段抽样具有整群抽样简单易行的优点,且由于其样本分布广泛,更具有代表性。在样本含量相同的情况下,比整群抽样的精度高。多阶段抽样的抽样误差,取决于各阶段的群间方差和最后阶段的群(组)内方差的平均数。限于篇幅,这里不再展开论述。

第四节 抽样推断方法和样本容量的确定

一、抽样估计

抽样估计就是利用所取得的样本资料,采用一定的估计方法,对总体进行估计和推断。总体指标可以看成是表明总体数量特征的参数,所以抽样估计又可以称为参数估计。

(一)抽样估计的优良标准

用样本指标去估计总体指标,不可能是绝对准确的,会存在抽样误差。因此,抽样估计只能在一定的可靠程度下,估计总体的真实情况。一般来说,评价一个估计量是否是优良估计有以下三条标准。

1. 无偏性

无偏性要求用样本指标估计总体指标时,所有可能样本指标的平均数等于被估计的总体指标。具有这种特性的样本指标,称为是被估计总体指标的无偏估计。数理统计可以证明:所有可能样本平均数的平均数等于总体平均数;所有可能样本成数的平均数等于总体成数。所以,样本平均数和样本成数是总体平均数和总体成数的无偏估计。

另外,数理统计证明,样本方差 s^2 不是总体方差 σ^2 的无偏估计。而样本修正方差

$$s_{n-1}^2 = \frac{\sum (x - \bar{x})^2}{n-1}$$

是总体方差 σ^2 的无偏估计。当样本容量 n 不大时,用 s_{n-1}^2 来估计 σ^2 更为准确。当样本容量 n 很大时,s_{n-1}^2 与样本方差 s^2 相差无几,因此,可用样本方差 s^2 估计总体方差 σ^2。

2. 一致性

一致性要求用样本指标估计总体指标时,若样本容量充分的大,则样本指标充分靠近总体指标,即随着样本容量的无限增大,样本指标与未知总量指标之间的绝对离差任意小的可能性是必然的。具有这种性质的样本指标,就是总体相应指标的一致估计。

3. 有效性

有效性要求样本指标估计总体指标时,作为无偏估计量的方差比其他估计量的方差小。在解决实际问题时,不仅要求估计值是无偏的,更希望这些估计值的离差尽可能地小,即要求各无偏估计量中,与估计参数的离差较小的为有效估计量。如样本平均数和中位数都是总体平均数的无偏估计,但在同样的样本容量下,样本平均数是更有效的估计量。

以上三条标准并不是孤立的,只有能同时满足这三条标准的估计量才是一个好估计。用样本平均数和样本成数估计总体平均数和总体成数时,都满足以上三条标准,因此,样本平均数和样本成数是总体平均数和总体成数的优良估计。

(二) 抽样估计的方法

抽样估计的方法有点估计和区间估计两种。

1. 点估计

点估计就是用实际样本指标数值直接代替总体指标数值的一种估计方法。由以上结果可知,总体平均数的点估计值就是样本平均数,总体成数的点估计值就是样本成数。在大样本情况下,可用样本标准差或方差作为总体标准差或方差的估计值。

在[例 7-2]中,由样本数据可知,灯泡平均耐用时间为 2 000 小时,灯泡的合格率为 80%,那么全部灯泡的平均耐用时间的点估计值即为 2 000 小时,全部灯泡合格率的点估计值为 80%。点估计的方法很简单,不考虑抽样误差和可靠程度,因此,它适用于推断准确性和可靠性要求不高的抽样调查。

2. 区间估计

区间估计就是根据样本指标和抽样平均误差估计总体指标的可能范围,并同时给出总体指标落在该范围的可靠程度。由于未知的全及指标是一个确定的量,而抽样指标则是围绕着全及指标出现的随机变量,它与全及指标可能产生正负离差,这种变动范围的最大绝对值就是抽样极限误差,也称为允许误差。用 $\Delta_{\bar{x}}$ 和 Δ_p 分别表示平均数和成数的抽样极限误差,则有

$$|\bar{X} - \bar{x}| \leqslant \Delta_{\bar{x}}$$
$$|P - p| \leqslant \Delta_p$$

解上述不等式,可以得到下面的不等式:

$$\bar{X} - \Delta_{\bar{x}} \leqslant \bar{x} \leqslant \bar{X} + \Delta_{\bar{x}}$$
$$P - \Delta_p \leqslant p \leqslant P + \Delta_p$$

以上不等式说明,抽样平均数 $\bar{x}$ 和抽样成数 p 分别以总体平均数 $\bar{X}$ 和总体成数 P 为中心,其值只能在 $\bar{X} \pm \Delta_{\bar{x}}$、$P \pm \Delta_p$ 之间变动。但是,抽样估计的目的是要计算全及指标落在怎样的范围内,因此,将上述公式再次变换,得

$$\overline{x} - \Delta_{\overline{x}} \leqslant \overline{X} \leqslant \overline{x} + \Delta_{\overline{x}}$$
$$p - \Delta_p \leqslant P \leqslant p + \Delta_p$$

可以看出,总体平均数在 $\overline{x} \pm \Delta_{\overline{x}}$ 之间变动,总体成数在 $p \pm \Delta_p$ 之间变动。这就是总体平均数和总体成数的区间估计公式。

由区间估计的公式可知,抽样极限误差反映了抽样估计的精确度,一般来说,允许的误差范围越小,抽样估计的精确度越高;反之,则抽样估计的精确度就越低。

由于抽样指标是一个随机变量,所以全及指标落在某个区间内的可能性不是绝对的。也就是说,全及指标落在这个区间内并不完全肯定,它可能在,也可能不在。因为按随机原则在总体中抽取样本会有不同的结果,而在实际的调查中,只抽到了其中的一个样本,因此不能肯定全及指标落在该样本指标所确定的范围之内,还需研究抽样估计的可靠程度。

抽样极限误差要用抽样平均误差为标准来衡量,把抽样极限误差除以抽样平均误差,表示抽样极限误差是抽样平均误差的倍数,它是测量抽样估计可靠程度的一个参数,称为概率度,通常用 t 表示。它的定义公式如下:

$$t = \frac{\Delta_{\overline{x}}}{\mu_{\overline{x}}} \quad \text{或} \quad t = \frac{\Delta_p}{\mu_p}$$

上述公式表明,在一定抽样平均误差的条件下,概率度越大,则抽样极限误差越大,样本指标落在误差范围内的概率越大,从而抽样估计的可靠程度也就越高;反之,概率度越小,则抽样极限误差越小,样本指标落在误差范围内的概率也越小,从而抽样估计的可靠程度也就越低。那么如何衡量样本指标落在误差范围内的概率大小呢? 数理统计证明,概率度和概率之间存在一定的函数关系,若用 P 表示概率,即表示抽样估计的可靠程度或者概率保证程度,则其函数关系可表示为以下形式:

$$P = F(t)$$

P 与 t 的值是一一对应的。常用的 P 与 t 的对应值如表 7-7 所示,其他概率与概率度的对应关系可查《正态分布概率表》。

表 7-7　　　　　　　　　　　　常用的概率与概率度对应值表

概率 $P(\%)$	概率度 t	概率 $P(\%)$	概率度 t
68.27	1	95	1.96
80	1.28	95.45	2
90	1.64	99.73	3

可以用正态分布曲线(见图 7-1)说明抽样指标出现的概率。

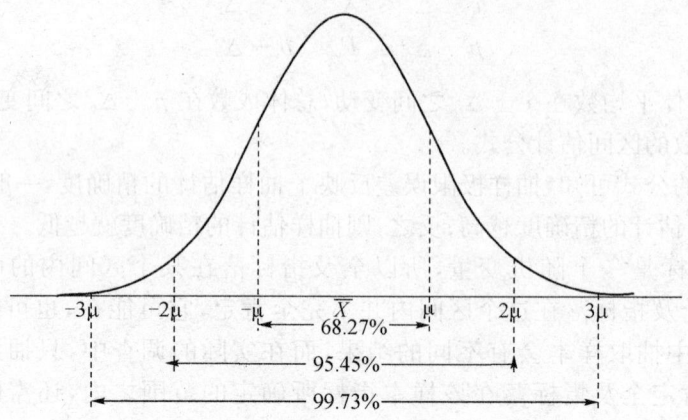

图 7-1 正态分布及其曲线下的面积图

【例 7-6】 某企业对某批电子元件寿命进行检验,随机抽取 100 只,测得平均耐用时间为 1 000 小时,标准差为 50 小时,合格率为 94%,试计算:

(1) 以耐用时间的允许误差范围 $\Delta_{\bar{x}}=10$ 小时,估计该批产品平均耐用时间的区间及其概率保证程度。

(2) 以合格率估计的误差范围不超过 2.45%,估计该批产品合格率的区间及其概率保证程度。

(3) 试以 95% 的概率保证程度,对该批产品的平均耐用时间做出区间估计。

(4) 试以 95% 的概率保证程度,对该批产品的合格率作出区间估计。

解:已知 $\bar{x}=1\,000$ 小时,$\sigma=50$(小时),$n=100$,$p=94\%$

(1) 根据给定的 $\Delta_{\bar{x}}=10$ 小时,计算总体平均数的上限、下限:

$$下限:\bar{x}-\Delta_{\bar{x}}=1\,000-10=990(小时)$$

$$上限:\bar{x}+\Delta_{\bar{x}}=1\,000+10=1\,010(小时)$$

即 $\bar{x}-\Delta_{\bar{x}} \leqslant \overline{X} \leqslant \bar{x}+\Delta_{\bar{x}}$

$$990(小时) \leqslant \overline{X} \leqslant 1\,010(小时)$$

$$\mu_{\bar{x}}=\frac{\sigma}{\sqrt{n}}=\frac{50}{\sqrt{100}}=5(小时)$$

由 $t=\dfrac{\Delta_{\bar{x}}}{\mu_{\bar{x}}}=\dfrac{10}{5}=2$

查概率表,得 $F(t)=95.45\%$

由以上计算结果,估计该批产品的平均耐用时间在 990~1 010 小时之间,有 95.45% 的概率保证程度。

（2）根据给定的 $\Delta_p=2.45\%$，求总体合格率的上限、下限：

$$下限：p-\Delta_p=94\%-2.45\%=91.55\%$$
$$上限：p+\Delta_p=94\%+2.45\%=96.45\%$$

即　$p-\Delta_p\leqslant P\leqslant p+\Delta_p$

$$91.55\%\leqslant P\leqslant 96.45\%$$

$$\mu_p=\sqrt{\frac{p(1-p)}{n}}=\sqrt{\frac{0.056\ 4}{100}}=2.37\%$$

由　$t=\Delta_p/\mu_p=2.45\%/2.37\%=1.03$

查概率表得　$F(t)=69.70\%$

由以上计算结果，以 69.70% 的概率保证程度估计，该批产品的合格率在 91.55%～96.45% 之间。

（3）根据给定的 $F(t)=95\%$，查概率表，得

$$t=1.96$$

由（1）中的计算，知　$\mu_{\bar{x}}=5（小时）$

根据 $\Delta_{\bar{x}}=t\mu_{\bar{x}}=1.96\times5=9.8$，计算总体平均耐用时间的上限、下限：

$$下限：\bar{x}-\Delta_{\bar{x}}=1\ 000-9.8=990.2（小时）$$
$$上限：\bar{x}+\Delta_{\bar{x}}=1\ 000+9.8=1\ 009.8（小时）$$

即　990.2 小时 $\leqslant \bar{X}\leqslant 1\ 009.8$ 小时

所以，以 95% 的概率保证程度估计该批产品的平均耐用时间在 990.2～1 009.8 小时之间。

（4）$\sigma_p^2=p(1-p)=0.94\times0.06=0.056\ 4$

由（2）中的计算，知　$\mu_p=2.37\%$

$$\Delta_P=t\mu_p=1.96\times2.37\%=4.65\%$$

$$下限：p-\Delta_p=94\%-4.65\%=89.35\%$$
$$上限：p+\Delta_p=94\%+4.65\%=98.65\%$$

即　$89.35\%\leqslant P\leqslant 98.65\%$

所以，以 95% 的概率保证程度估计该批产品的合格率在 89.35%～98.65%。

需要说明的是，不同的抽样组织方式下，区间估计的方法是类似的，只是抽样平均误差计算方法各有不同。因此，只要按前节所述的方法计算出它们的抽样平均误差，代入总体平均数和总体成数的区间估计公式，就可以得到所要的区间估计。

【例 7-7】用［例 7-3］中表 7-5 的数据资料，以 90% 的概率保证程度估计该乡粮食亩

产量的可能范围。

解：当概率保证程度为 90％时，对应的概率度 $t=1.64$，则抽样极限误差如下：

$$\Delta_{\bar{x}} = t\mu_{\bar{x}} = 1.64 \times 5.25 = 8.61（公斤）$$

总平均亩产的估计值如下：

$$\bar{x} - \Delta_{\bar{x}} \leqslant \bar{X} \leqslant \bar{x} + \Delta_{\bar{x}}$$
$$259.39 = 268 - 8.61 \leqslant \bar{X} \leqslant 268 + 8.61 = 276.61$$

即小麦亩产量的估计值在 259.39～276.61 公斤之间。

二、总量指标的推算

抽样推断的目的是要用抽样指标去推断全及指标。前面已经解决了如何用抽样平均数或者抽样成数去推算全及平均数或者全及成数。下面介绍对全及总量指标的推算方法。

（一）直接换算法

直接换算法是用样本指标值或者总体指标（总体平均数或者总体成数）的区间估计值乘以总体单位数来推算总量指标的方法。

点估计时，全及总量指标的数值为样本指标数值乘以总体单位数，即 $\bar{x}N$ 或者 pN。区间估计时，全及总量指标的区间估计值为总体指标的区间估计值乘以总体单位数，即

$$[(\bar{x} - \Delta_{\bar{x}})N, (\bar{x} + \Delta_{\bar{x}})N] \quad 或者 \quad [(p - \Delta_p)N, (p + \Delta_p)N]$$

【例 7-8】 某地区在 10 万户居民中随机抽选 500 户居民，经调查有 90％的居民家中拥有 2 台以上的彩色电视机。试以 95.45％的概率保证程度推断，该地区有多少户居民拥有 2 台以上的彩色电视机？

解：已知 $N=100\,000$，$n=500$，$p=90\%$，$t=2$，则

$$\mu_p = \sqrt{\frac{p(1-p)}{n}\left(1 - \frac{n}{N}\right)} = \sqrt{\frac{0.9(1-0.9)}{500}\left(1 - \frac{500}{100\,000}\right)} = 1.34\%$$
$$\Delta_p = t\mu_p = 2 \times 1.34\% = 2.68\%$$

由 $p - \Delta_p \leqslant P \leqslant p + \Delta_p$，可得

$$90\% - 2.68\% \leqslant P \leqslant 90\% + 2.68\%$$
$$(90\% - 2.68\%) \times 100\,000 \leqslant NP \leqslant (90\% + 2.68\%) \times 100\,000$$
$$87\,320 \leqslant NP \leqslant 92\,680$$

所以，该地区有 2 台以上彩色电视机的用户数在 87 320～92 680 户之间。

（二）修正系数法

修正系数法是先将抽样调查资料与全面调查资料对比计算差错比率，即修正系数，然后

用差错比率修正全面调查结果。因此,修正系数法是用抽样调查结果修正全面调查结果的方法。

修正系数法的计算步骤如下:

(1)计算差错比率:

$$差错比率 = \frac{抽样复查数 - 抽样总体全面调查数}{抽样总体全面调查数}$$

(2)用差错比率修正全面调查结果:

$$修正后的全面调查数 = 未修正的全面调查数 \times (1 + 差错比率)$$

【例 7-9】 某市人口普查结束后,过了 1 个月后又对其中某区进行抽样复测。已知,该市普查时的人口数为 2 005 600 人,所抽中的地区其普查时的人口数为 120 253 人,1 个月后抽样复测时,其人口数为 120 290 人。如果在这 1 个月中,该区出生人数为 68 人,死亡人数为 56 人,试计算该市普查的人数。

解:先把某区的人口数还原到普查时点的人数:

$$120\ 290 - 68 + 56 = 120\ 278(人)$$

$$差错比率 = \frac{120\ 278 - 120\ 253}{120\ 253} = 0.02\%$$

$$修正后的该市人口数 = 2\ 005\ 600 \times (1 + 0.02\%) = 2\ 006\ 001(人)$$

所以,修正后的该市普查人数应为 2 006 001 人。

三、样本容量的确定

在选定合适的抽样组织方式后,最重要的工作就是如何选取恰当的样本,也即需要确定样本容量的大小。从估计的准确度方面看,抽取的样本容量越大,样本资料的代表性就越高,抽样推断的效果就越好。但是,过多的样本容量会增加人力、物力以及调查的费用。因此,在抽样实践中需要根据准确度、可靠程度、调查费用、不同抽样方法和抽样组织方式等各个方面去综合地确定一个恰当的样本容量,这个样本容量也称为必要样本容量。

(一)影响样本容量的因素

1. 总体标志的变异程度

在其他条件相同的情况下,当总体标志的变异程度较大时,样本单位数应该多抽取一些;反之,当总体标志的变异程度较小时,样本单位数应该少抽取一些。

2. 允许误差

允许误差说明了估计的准确度。在其他条件不变的情况下,如果要求估计的准确度高,允许误差就小,那么样本单位数应该多抽取一些;如果求的精确度不高,允许误差可以大些,则样本单位数应该少抽取一些。

3. 概率保证程度

概率保证程度说明了估计的可靠程度。在其他条件不变的情况下,如果要求较高的可靠程度,就要增大样本容量;反之,可以相应减少样本容量。

4. 抽样的方法和方式

不同的抽样方法,抽取的样本容量不同。比如,在相同的条件下,重复抽样的抽样平均误差比不重复抽样的抽样平均误差大,所需要的样本容量也就不同。重复抽样需要更大的样本容量才能达到与不重复抽样相同的抽样效果。

不同的抽样组织方式,抽取的样本容量也不同。因为不同的抽样组织方式有不同的抽样平均误差。在相同条件下,整群抽样应比类型抽样多抽一些单位,等距抽样应比简单随机抽样多抽一些单位等。

(二) 样本容量的计算公式

这里只介绍简单随机抽样的样本容量计算公式。在简单随机抽样下,根据 $\Delta_{\bar{x}} = t\mu_{\bar{x}}$ 和 $\Delta_p = t\mu_p$,经简单推导,就可得样本容量的理论计算式(见表 7-8)。

表 7-8 简单随机抽样的样本容量公式

抽 样 方 法	估计总体平均数时	估计总体成数时
重复抽样	$n = \dfrac{t^2\sigma^2}{\Delta_{\bar{x}}^2}$	$n = \dfrac{t^2 P(1-P)}{\Delta_p^2}$
不重复抽样	$n = \dfrac{Nt^2\sigma^2}{N\Delta_{\bar{x}}^2 + t^2\sigma^2}$	$n = \dfrac{Nt^2 P(1-P)}{N\Delta_p^2 + t^2 P(1-P)}$

【例 7-10】 根据以往的调查资料,某品牌袋装茶叶的重量标准差不超过 2 克,要求允许误差不超过 0.3 克,可靠程度达到 95%,计算从全部 10 000 袋茶叶中应抽取多少袋进行调查?

解:因为 $\sigma=2$ 克,$\Delta_{\bar{x}}=0.3$ 克,$t=1.96$,如果采用重复抽样,则样本容量计算如下:

$$n = \frac{t^2\sigma^2}{\Delta_{\bar{x}}^2} = \frac{1.96^2 \times 2^2}{0.3^2} = 170.74 \approx 171(袋)$$

如果采用不重复抽样,则样本容量计算如下:

$$n = \frac{Nt^2\sigma^2}{N\Delta_{\bar{x}}^2 + t^2\sigma^2} = \frac{10\ 000 \times 1.96^2 \times 2^2}{10\ 000 \times 0.3^2 + 1.96^2 \times 2^2} = 167.87 \approx 168(袋)$$

可见,如果采用重复抽样,则需要抽取 171 袋茶叶调查;如果采用不重复抽样,则需要抽取 168 袋茶叶调查。由此也进一步验证了,在其他条件相同的情况下,重复抽样所需要的样本容量大于不重复抽样所需要的样本容量。

（三）确定必要样本容量时应注意的问题

确定必要样本容量时,需要注意以下几点:

（1）计算样本容量时需要总体的方差和成数,但是这些数据通常是未知的,在实际的抽样调查时,可先进行小规模的试验调查求得样本的方差和成数来代替,也可用历史的资料来代替。如果有两次以上的历史资料,则应该选择方差最大的历史资料代入公式计算。

（2）利用公式计算的样本容量不一定是整数,如果带有小数,则用"只入不舍"的原则,也即不管小数点后面的数是否超过 5,都必须进位,以保证调查的精确度要求。例如,$n=589.02$,那么,样本容量应该确定为 590。

（3）如果进行抽样调查时,同时要对总体平均数和总体成数进行估计,则运用上述公式,可得两个样本容量,一般情况下它们是不等的。为了同时满足两个推断的要求,选择其中较大者为样本容量。

（4）在对总体成数进行推断前,如果计算样本容量时缺少成数的资料,则可以直接假定成数 P 为 0.5,这样 $P(1-P)$ 等于 0.25 为是非标志方差的最大值。用方差的最大值确定样本容量,可以保证抽样估计的精确度。

（5）公式中的样本容量是最低的,也是最必要的样本容量。

【例 7-11】 某冷库对储藏的一批鸡蛋的变质率进行抽样调查,根据以前资料,当储藏时间超过 1 个月时,鸡蛋的变质率分别为 53%,49%,48%,现要求允许误差不超过 5%,推断的概率保证程度为 95%,问至少要抽取多少只鸡蛋进行检查?

已知:$t=1.96$,$\Delta_p=0.05$,可有三个数值计算方差 $0.53\times0.47=0.249\,1$,$0.49\times0.51=0.249\,9$,$0.48\times0.52=0.249\,6$,选取最大方差 $0.249\,9$。

$$n_p = \frac{t^2 p(1-p)}{\Delta_p^2} = \frac{(1.96)^2 \times 0.49 \times 0.51}{(0.05)^2} = 384.006 \to 385（只）$$

至少应抽取 385 只鸡蛋进行检查。

练 习 七

一、单项选择题

1. 所谓大样本是指样本单位数在（   ）个及以上。

A. 30   B. 50   C. 80   D. 100

2. 抽样指标与总体指标之间抽样误差的可能范围是（   ）。

A. 抽样平均误差   B. 抽样极限误差

C. 区间估计范围   D. 置信区间

3. 抽样平均误差说明抽样指标与总体指标之间的（   ）。

A. 实际误差　　　　　B. 平均误差　　　　　C. 实际误差的平方　　D. 允许误差

4. 是非标志方差的计算公式是（　　）。

A. $P(1-P)$　　　B. $P(1-P)^2$　　　C. $\sqrt{P(1-P)}$　　　D. $P^2(1-P)$

5. 总体平均数和样本平均数之间的关系是（　　）。

A. 总体平均数是确定值,样本平均数是随机变量

B. 两者都是随机变量

C. 总体平均数是随机变量,样本平均数是确定值

D. 两者都是确定值

6. 对入库的一批产品抽检 10 件,其中有 9 件合格,可以（　　）概率保证合格率不低于 80%。

A. 95.45%　　　　B. 99.73%　　　　C. 70.63%　　　　D. 90%

7. 在简单随机重复抽样情况下,若要求允许误差为原来的 2/3,则样本容量扩大为原来的（　　）倍。

A. 3　　　　　B. 2/3　　　　　C. 4/9　　　　　D. 2.25

8. 根据抽样调查得知:甲企业一等品产品比重为 30%,乙企业一等品比重为 50%,假设样本容量相同,则一等品产品比重的抽样平均误差为（　　）。

A. 甲企业大　　　B. 两企业相同　　　C. 乙企业大　　　D. 无法判断

9. 是非标志的平均数是（　　）。

A. $\sqrt{P(1-P)}$　　　B. $P(1-P)$　　　C. P　　　D. $(1-P)^2$

10. 重复抽样的抽样平均误差一定（　　）不重复抽样的抽样平均误差误差。

A. 大于　　　　　B. 小于　　　　　C. 等于　　　　　D. 不确定

二、多项选择题

1. 影响抽样误差大小的因素有（　　）。

A. 抽样组织方式　　　　　　　　B. 全及总体的标志变动度的大小

C. 样本单位数的多少　　　　　　D. 抽样方法不同

E. 抽样的主观性

2. 常用的样本指标有（　　）。

A. 样本平均数　　　　　　　　　B. 样本成数

C. 总体平均数　　　　　　　　　D. 样本方差

E. 总体标准差

3. 在总体 2 000 个单位中,抽取 20 个单位进行调查,下列各项中,正确的有（　　）。

A. 样本单位数是 20 个　　　　　B. 样本个数是 20 个

C. 一个样本有 20 个单位　　　　D. 样本容量是 20 个

E. 是一个小样本

4. 若进行区间估计,应掌握的指标数值有(   )。

A. 样本指标   B. 概率度

C. 总体指标   D. 抽样平均误差

E. 总体平均数

5. 抽样调查的组织形式有(   )。

A. 简单随机抽样   B. 类型抽样

C. 整群抽样   D. 等距抽样

E. 抽签抽样

6. 抽样估计的方法有(   )。

A. 点估计   B. 典型估计

C. 统计估计   D. 区间估计

E. 假设检验

7. 衡量抽样估计好坏的标准有(   )。

A. 无偏性   B. 充分性

C. 有效性   D. 一致性

E. 随机性

8. 抽样随机误差的表现形式有(   )。

A. 登记性误差   B. 抽样实际误差

C. 抽样平均误差   D. 系统性误差

E. 抽样区间误差

三、思考题

1. 什么是随机原则?抽样调查为什么要遵循随机原则?

2. 抽样调查有哪些作用?

3. 重复抽样与不重复抽样的特点及区别是什么?

4. 统计误差的种类有哪些?什么是抽样误差?

5. 什么是抽样平均误差?影响抽样平均误差大小的因素有哪些?

6. 在计算抽样平均误差时,总体方差是未知的,通常采用什么方法解决这个问题?

7. 判断抽样估计是否优良的标准有哪些?

8. 影响必要样本容量的因素有哪些?

四、计算题

1. 某进出口公司出口一批名茶,纯随机抽样检验结果如表7-9所示。

表 7-9　　　　　　　　　　　出口名茶资料表

每包重量(克)	包数(包)
148～149	10
149～150	20
150～151	50
151～152	20
合　计	100

求这批茶叶的平均重量及其抽样平均误差。

2. 某电视台调查某项电视节目收视率,重复抽样纯随机选取 800 户居民作为样本,结果其中有 260 户收视该电视节目,计算其抽样平均误差。

3. 某商场库存有一批食品罐头共 6 000 罐,随机抽查 100 罐,发现其中 8 罐已经变质,求罐头合格率的抽样平均误差,并以 95.45% 的概率保证程度推断这批罐头的合格率范围以及合格罐头的数量范围。

4. 某地区有职工 100 000 人,其中工人 60 000 人,职员 40 000 人。现从工人和职员中分别抽取 60 人和 40 人,对其收入进行调查,结果如表 7-10 所示。

工　　人		职　　员	
平均月收入(元)	人数(人)	平均月收入(元)	人数(人)
1 500	20	2 000	10
1 800	30	2 500	20
2 200	10	3 000	10
合计	60	合计	40

试计算:

(1) 工人和职员的样本平均月收入。

(2) 工人和职员收入的样本方差。

(3) 以 95.45% 的概率保证程度推断,该地区职工月收入的区间。

5. 某林区对新栽树苗的成活率进行抽样调查,要求允许误差不超过 3%,概率把握程度为 95%($t=1.96$),已知过去 3 年新栽树苗的成活率分别为 89.15%、89.50%、90.10%,根据以上资料计算调查所必须抽取的样本容量。

6. 某药品厂为了检查瓶装药片数量,从成品库随机抽取 100 瓶,结果平均每瓶 101.5 片,标准差为 3 片。试以 $F(t)=99.73\%$ 的把握程度推断成品库该种药平均每瓶数量的置信区间,如果允许误差减少到原来的 1/2,其他条件不变,问需要抽取多少瓶?

7. 对某机床厂加工的零件在一天 24 小时中,每小时检查最后 1 分钟生产的全部产品,检查结果合格率为 95%。已经群间方差为 0.012,试以 95.45% 的概率保证程度推断这批零件合格率的范围。

阅读资料七

政府综合统计系统开展的抽样调查
国家统计局国际统计信息中心

1. 人口变动情况抽样调查

人口变动情况抽样调查是国家统计局在两次人口普查之间进行的一项年度人口调查。该项调查的主要目的是了解年度之间的人口变动,主要内容包括人口的出生与死亡情况,还包括受教育程度和就业状况等。调查采用调查员入户登记的方法,调查的标准时间为当年的 10 月 1 日 0 时。抽样调查以全国为总体,省为次总体,采用分层、多阶段、整群比例抽样方法,以户为单位抽取样本。全国的样本量为 120 万人左右,约占全国总人口的 1‰。在逢 5 的年份样本量增加到 1%,调查内容也有所增加。

2. 城镇劳动力调查制度

城镇劳动力调查制度是国家统计局于 1996 年建立的一项季度抽样调查制度。调查范围为全国城镇人口,调查对象为调查范围内被抽中的 15 岁及 15 岁以上的人口。调查采用按常住人口登记的原则,以住户为单位,由调查员入户调查。调查的项目包括被调查对象就业、未就业和失业的有关情况。此项调查不单独抽样,而是利用人口变动情况抽样调查抽中样本中的城镇样本进行的,样本量为 25 万人。其中第三季度的调查,与人口变动情况抽样调查结合进行(使用同一张调查表)。

3. 农业和畜牧业抽样调查制度

农业和畜牧业抽样调查制度是为取得粮食、棉花产量和畜牧业生产情况,在全国范围内统一实施的一项抽样调查制度。调查的主要内容为:夏收、早稻、秋收粮食(分品种) 实测产量;棉花实测产量;农作物播种面积;以及畜牧业生产情况等。抽样以省为总体,采用多阶段、随机起点、对称等距的抽样方法。一般分为省抽县、县抽村、村抽地块、地块抽样本几个阶段。全国共抽取样本村约 2 万个,对 68 万个小样本进行实割实测调查,误差系数要求不超过±2%。报告期分为年度和季节。

4. 乡村社区基本情况调查制度

每 3 年进行一次全面调查,调查范围为全国所有农村乡镇和行政村;3 年之间每年进行一次抽样调查。抽样调查的调查对象为农村住户调查抽中的调查乡、调查村和调查样本户。乡镇调查的主要内容为:乡镇人口和从业人员、农业生产条件、主要经济指标、财政与金融、社区环境等;村调查的主要内容为:村人口和从业人员、农业科技、耕地和灌溉、农业机械等;

对农村住户调查样本户,每年进行劳动力及转移情况的调查。

5. 规模以下工业企业抽样调查制度

规模以下工业企业抽样调查制度是指年销售收入 500 万元以下的工业企业,采用抽样调查取得数据。根据调查总体的特点,将其分解为 4 个子总体,采用不同的方法抽取样本,样本量约 30 万个,占总体的 7% 左右(4 个子总体是指:①乡及乡以上销售收入 500 万元以下的非国有工业企业;②销售收入 500 万元以下的村及村以下工业企业;③农村个体工业;④城镇个体工业)。各省级企业调查队依据样本值分别推算子总体,并将子总体相加得出各省规模以下工业企业总量。国家统计局将各省数据汇总形成全国规模以下工业企业总量。调查的主要内容为:从业人员数、工业总产值和产品销售收入等。调查每年进行两次,分别取得 1~6 月和全年的数据。

6. 农村固定资产投资抽样调查

农村固定资产投资抽样调查是在原重点调查和抽样调查基础上于 2000 年新建立的一项调查制度(每半年)。根据中国农村的实际情况,将调查对象分为 3 类:乡政府所在地和调查村的企业、乡行政事业单位和团体、农村住户。每省从农村住户调查县内抽取 3~5 个县,抽中县在农村住户调查样本乡、村中,对所有单位和住户调查的样本户进行调查。调查的主要内容为:固定资产投资完成额、施工和竣工房屋面积、竣工房屋投资完成额等。

7. 限额以下批发零售贸易业、餐饮业抽样调查

对限额以下批发零售贸易业、餐饮业采取两阶段抽样调查方法。以省为总体,第一阶段采用以企业规模(零售额)累计等距抽样(PPS)方法抽取县。第二阶段有两种可供选择的方法。其一为分层整群抽样;其二为多种方法混合使用的分层抽样。调查的主要内容为:批发零售贸易业为商品零售总额、批发额和零售额,餐饮业为营业收入和商品销售额。调查频率为月报。

8. 农村住户调查

调查对象为在农村居住 1 年以上的长期住户。

调查的主要内容为:居民家庭基本情况、人均总收入和纯收入、生活消费支出、主要消费品消费量、耐用消费品拥有量等。调查以省为总体,采用多阶段、随机起点、对称等距的方法抽选调查户。农村住户调查的样本单位包括 857 个调查县、7 000 个调查村的 68 000 个调查户。调查误差系数要求不超过 ±3% 。调查采用由样本户记账,调查员按月搜集整理后上报的方法进行。样本以 4 年为一个周期进行轮换。

9. 城市住户调查

调查对象为城市和县城镇中的非农业居民户。调查的主要内容为:家庭人口及就业情况、现金收支、主要商品购买量、居住状况和耐用消费品拥有量等。调查以省为总体,采用两阶段、等距抽样方法随机抽选调查户。城市住户调查共抽取 226 个调查城市和县的 36 000 个调查户。调查采用由样本户连续记账的方法,调查员按月搜集整理后上报。每一个调查

期为 3 年,每年轮换 1/3 的样本户。

10. 固定资产投资价格统计调查

固定资产投资价格统计调查是一种非全面调查,采用重点调查与典型调查相结合的方法进行。调查范围为建筑业企业和建设单位。固定资产投资价格涉及固定资产投资经济活动中的各种价格和费用,它是构成固定资产投资额实体的结算价格或实际购进价格。调查内容包括建筑施工企业产值;构成当年建筑工程实体的主要建筑材料价格;建设单位作为固定资产而购置的主要设备和工具、器具的价格;作为活动投入的劳动力价格(单位工资)和各种费用的取费标准。指数编制周期为半年度和年度。

11. 居民消费价格统计调查

采用分层抽样调查方法,在全国抽选出 226 个市、县,其中城市 146 个,县城 80 个。其调查范围是城乡居民用于日常生活消费的消费品和服务项目的价格,包括食品、衣着、家庭设备及用品、医疗保健、交通和通讯、娱乐教育和文化用品、居住、服务项目等八大类。国家统计局规定了 325 种必报的商品和服务项目。根据销售额、营业额,全国共选择了 3 万多个单位作为价格调查点。指数汇总公式为加权算术平均公式,权数资料是根据城乡住户收支调查中的消费支出构成确定的。指数编制周期为月度和年度。

12. 工业品价格统计调查

工业品价格统计调查包括①工业品出厂价格指数;②原材料、燃料、动力购进价格指数。工业品价格指数,主要采用重点调查方法,在全国选择 10 000 多家代表企业。出厂价格指数选择 1 140 种代表产品(包括 3 120 多种规格品),原材料、燃料、动力购进价格指数选择 350 多种代表产品。采用直接派员访问与企业按要求报送报表相结合的调查方法。指数编制周期为月度和年度。

13. 企业景气调查

企业景气调查始于 1994 年。调查范围为:工业、建筑业、交通运输、仓储及邮电通信业、批发零售贸易、餐饮业、房地产业、社会服务业。调查表按行业设置。调查内容为:企业的基本情况,企业家对本行业景气状况、本企业生产经营景气状况和生产经营问题的判断等。调查采用随机抽样方法,全国共抽取 16 000 家企业。调查表采用邮寄的方式回收。调查期分为季度。

从传输途径看,基层的数据主要通过三种渠道传到国家统计局。

基层统计机构(企事业单位的统计机构或统计员)一般可以分为三类:一类是只对政府综合统计系统负责;第二类是只对政府部门统计系统负责;第三类是同时对政府综合统计系统和政府部门统计系统负责。第一类基层统计机构采集到的统计数据信息,通过地方统计局逐级(或直接)上报到国家统计局。这类统计数据信息主要包括:人口统计数据、农产量数据、城乡住户数据、物价数据等等。第二类基层统计机构采集到的统计数据信息,通过地方各政府部门统计系统逐级向上级报,与此同时,各级政府部门统计系统向同级政府统计局报送归纳汇总,得到一定层次(省、地、县)的相关统计数据信息,国家统计局则主要通过中央各政府部门的统计数据得到全国的有关统计数据信息。这类统计数据信息主要包括:财政、金融(包括外汇)、海关进出口等部门统计数据。第三类基层统计机构采集到的统计数据信息,则通过各级政府综合统计系统和政府部门统计系统同时逐级向各自上级统计机构报送,最后到达国家统计局。这类统计数据信息主要包括:工业和批发零售贸易业等统计数据。

（资料来源:上海统计网 http://www.stats-sh.gov.cn/）

第八章 相关分析与回归分析

学习目标

1. 理解相关关系的概念和种类,掌握相关系数的计算方法以及取值含义。

2. 理解相关分析与回归分析的区别与联系,掌握一元线性回归方程的建立,理解回归方程中待定参数的含义。

3. 了解几种常见的曲线模型及其线性化方法。

第一节 相关分析

一、变量之间的关系

任何社会经济现象的发展变化或多或少地受到其他现象的影响,这些现象之间互相联系,彼此制约。例如,社会生产和社会需求之间的关系,当社会生产发展了,居民的收入就会增加,从而增进了社会需求。又如,企业的劳动生产率和产品成本之间的关系,当企业的劳动生产率提高了,单位产品的成本就会减少。现象之间的这种相互关系,在统计上表现为反映这些经济现象的变量之间的关系。

在存在相互关系的几个变量中,可以根据研究的目的,把其中一个或多个变量确定为自变量,把另外一个对应变化的变量确定为因变量。例如,产品产量作为自变量,单位产品成本作为因变量,因为产量越多,相对应的单位产品成本就越少;在一定范围内,施肥量作为自变量,亩产量作为因变量,因为施肥量越多,亩产量就越高。

变量之间的关系可以分为函数关系和相关关系两种。

1. 函数关系

函数关系是指变量之间的确定性的依存关系,即一个变量的数值完全由另一个变量的数值确定,可以用数学表达式准确地表示出来。例如,在价格固定时,某种商品的销售额与销售量之间的关系,当销售量增加时,销售额一定会增加,且等于销售量和相应价格的乘积。又如,圆周长与圆半径之间的关系,当半径越大,圆周长越长,它们之间的关系是确定的,其数学表达式为 $l=2\pi r$,其中 l 为圆周长,r 为圆半径。

2. 相关关系

相关关系是变量之间的不严格、不确定的依存关系,受着随机因素的影响。这种关系必须通过大量的观察才能体现他们之间的规律性。

【例 8-1】 为研究居民收入与文娱用品消费之间的关系,调查得到某地区人均月收入与年文娱用品消费数据如表 8-1 所示。

从表 8-1 中可看出,随着人均月收入的增加,年文娱用品消费也有所增加,从而可以判断人均月收入与年文娱用品消费有一定的依存关系。当人均月收入越多时,年文娱用品消费也越高。

表 8-1　　　　　　　某地区人均月收入与年文娱用品消费的关系表

序　　号	人均月收入(元)	年文娱用品消费(元)
1	350	130
2	450	190
3	550	290
4	650	380
5	750	480
6	800	590

把人均月收入当自变量 x,年文娱用品消费当因变量 y,由图 8-1 可以看出,年文娱用品消费的数值不能由人均月收入唯一确定,两者之间的关系并不在一条直线上,它们不可能用一个函数关系表示出来,因此,它们是相关关系。

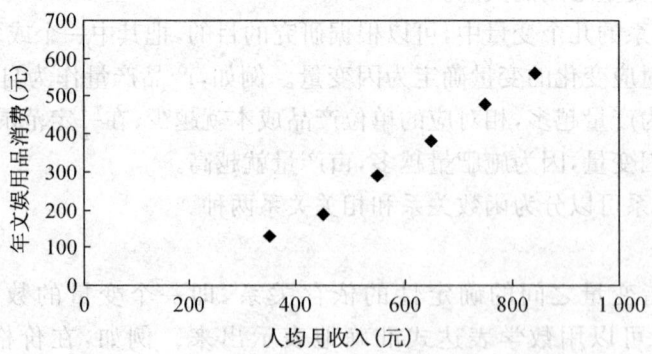

图 8-1　人均月收入与年文娱用品消费的关系图

二、相关关系的种类

现象之间的相关关系从不同的角度可以区分为不同类型。

1. 根据自变量的多少划分

根据自变量的多少，相关关系可以分为单相关和复相关。

单相关又称一元相关，自变量的个数只有一个。复相关又称多元相关，自变量有两个或两个以上。例如，只研究广告费用支出与产品销售量之间的关系是单相关，研究亩产量与施肥量、深耕程度、品种之间的关系是复相关。

2. 根据相关的形态划分

根据变量之间相关的形态不同，相关关系可以分为线性相关与非线性相关。

（1）线性相关又称直线相关，是指当自变量变动时，因变量随之发生大致均等的变动，从图形上看，其观察点的分布近似地表现为一条直线。例如，图 8-1 中的人均月收入与年文娱用品消费之间的关系基本呈一直线关系，是线性相关。

（2）非线性相关也称曲线相关，是指当自变量变动时，因变量也随之发生变动，但这种变动不是均等的，从图形上看，其观察点的分布近似地表现为一条曲线，如抛物线、指数曲线等，因此也称曲线相关。例如，在一定数量界限内，工人加班会使产量增加，但加班超过一定限度，产量反而可能下降，这就是一种非线性关系。

3. 根据相关的方向划分

根据变量之间相关的方向不同，相关关系可以分为正相关和负相关。

（1）正相关是指当自变量的值增加或减少时，因变量的值也随之增加或减少。例如，工人劳动生产率提高，产品产量也随之增加；居民的消费水平随个人所支配收入的增加而增加。

（2）负相关是指当自变量的值增加或减少时，因变量的值反而减少或增加。例如，商品流转额越大，商品流通费用越低；利润随单位成本的降低而增加。

4. 根据相关的程度划分

根据相关的程度不同，相关关系可以分为完全相关、不相关、不完全相关。

（1）完全相关是指因变量的数值完全由自变量的数值确定。例如，在价格不变的条件下，销售额与销售量之间的关系即为完全相关。完全相关就是函数关系，或者说函数关系是相关关系的一个特例。

（2）不相关是指变量之间彼此互不影响，其数值变化各自独立。例如，学生成绩的高低与股票价格的高低是不相关的。

（3）不完全相关是指两个变量的关系介于完全相关和不相关之间。例如，施肥量与亩产量之间的关系，学生的学习成绩与自修时间的关系，都是不完全相关。由于大多数社会经济现象的数量表现具有随机性的性质，它们之间的关系通常表现为不完全相关，因此统计学中相关分析的主要研究对象是不完全相关。

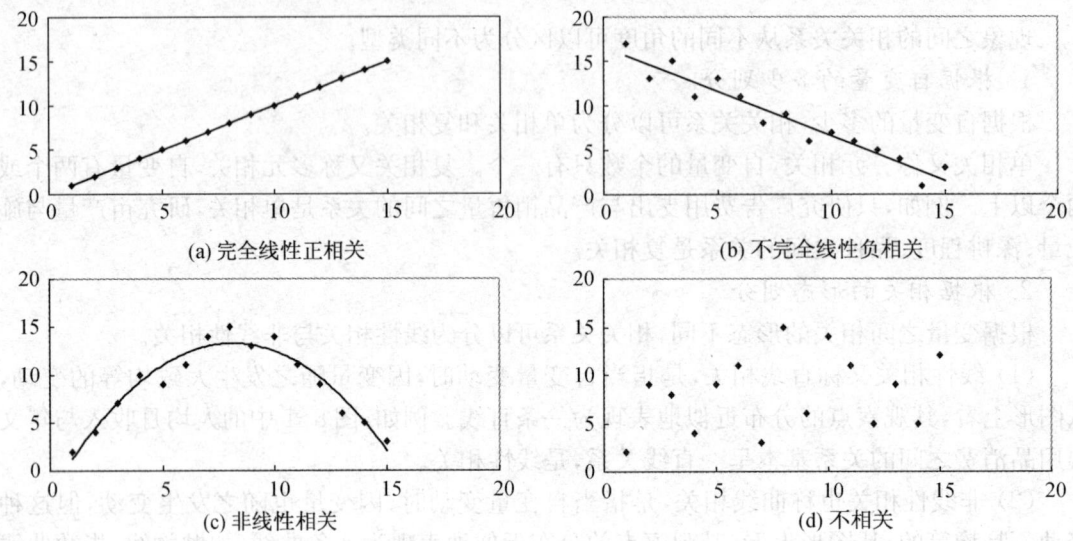

图 8-2　不同形态的相关关系图

三、相关分析的主要内容

相关分析是对客观现象之间的相关关系进行分析研究的一种统计方法,其主要内容包括两个方面:一是确定现象之间有无相关关系;二是确定现象之间相关的形态和相关的密切程度。

(一) 相关关系的判断

1. 定性分析

在进行定量的相关分析之前,首先根据研究者的理论知识、专业知识和实践经验,对客观现象之间是否存在相关关系,以及有何种相关关系作出判断,这就是定性分析。在定性分析的基础上,可以编制相关表、绘制相关图,以便进一步判断现象之间相关的方向和相关的形态。

2. 相关表

相关表就是根据现象之间的原始资料,将某一变量的若干变量值按从小到大的顺序排列,并将另一变量的值与之对应排列形成的统计表。如表 8-1,就是一张相关表。从表 8-1上可以粗略地看出,随着人均月收入的增加,年文娱用品消费有逐渐增高的趋势,两者是正相关关系。

3. 相关图

相关图又称散点图,它是根据相关表中的数据,在直角坐标系中绘制的图形。通常,以

x 轴代表自变量,以 y 轴代表因变量,将两个变量间相对应的变量值用坐标点的形式描绘出来,用以表明相关点的分布状况。根据表 8-1 的资料,以人均月收入为 x 轴,年文娱用品消费为 y 轴绘制相关图,见图 8-1。从图象上可以看出,人均月收入与年文娱用品消费之间的关系是正相关关系,而且接近于一条直线,也即线性相关。

(二) 相关程度的测定

从相关表和相关图可以清楚地看到两个变量之间相关方向和相关的形态,但无法确切地表明两个变量之间相关的程度。为了研究现象之间的相关程度,英国统计学家卡尔·皮尔逊设计了一个用于测定变量之间线性相关程度和相关方向的统计指标——相关系数(r)。

1. 相关系数的积差法定义

如果只研究两个变量之间的线性相关程度,这个相关系数也称皮尔逊简单相关系数,它的积差法定义公式如下:

$$r = \frac{\sigma_{xy}^2}{\sigma_x \sigma_y}$$

式中 x,y 表示自变量与因变量;

r 表示相关系数;

σ_{xy}^2 表示 x 与 y 之间的协方差;

σ_x 表示 x 的标准差;

σ_y 表示 y 的标准差。

其中 $\sigma_{xy}^2 = \frac{1}{n} \sum (x - \bar{x})(y - \bar{y})$

$\sigma_x = \sqrt{\frac{1}{n} \sum (x - \bar{x})^2}$

$\sigma_y = \sqrt{\frac{1}{n} \sum (y - \bar{y})^2}$

所以,相关系数也可以表示如下:

$$r = \frac{\sigma_{xy}^2}{\sigma_x \sigma_y} = \frac{\sum (x - \bar{x})(y - \bar{y})}{\sqrt{\sum (x - \bar{x})^2} \sqrt{\sum (y - \bar{y})^2}}$$

2. 相关系数的简便计算方法

由于积差法公式计算比较繁琐,所以经常用简便公式进行计算。根据原始数据计算 r,可由定义公式推导出下面的简化计算公式:

$$r = \frac{n \sum xy - \sum x \sum y}{\sqrt{n \sum x^2 - (\sum x)^2} \sqrt{n \sum y^2 - (\sum y)^2}}$$

3. 相关系数的性质及相关程度的判断

相关系数的符号反映相关关系的方向,其绝对值的大小则反映变量相关的密切程度。相关系数的值介于-1与+1之间,即$-1 \leqslant r \leqslant +1$。其性质如下:

(1) 当$r > 0$时,表示两变量正相关;当$r < 0$时,两变量为负相关。

(2) 当$|r| = 1$时,表示两变量为完全线性相关,即为函数关系。

(3) 当$r = 0$时,表示两变量间无线性相关关系,但可能有曲线关系。

根据相关系数的大小,可以判断两个变量之间的相关程度。一般地,当$|r| < 0.3$为微弱线性相关;$0.3 \leqslant |r| < 0.5$为低度线性相关;$0.5 \leqslant |r| < 0.8$为显著线性相关;$0.8 \leqslant |r| < 1$为高度线性相关。

【例8-2】 根据表8-1的资料,计算人均月收入与年文娱用品消费之间的相关系数,并说明相关的方向和相关的程度。

解:把人均月收入当作自变量,年文娱用品消费当作因变量,并分别用符号x,y表示。首先,根据相关系数的计算公式,计算相关的和式,计算结果见表8-2。

表8-2　　　　　　　　　　　　相关系数计算表

序　号	人均月收入(元) x	年文娱用品消费(元)y	x^2	y^2	xy
1	350	130	122 500	16 900	45 500
2	450	190	202 500	36 100	85 500
3	550	290	302 500	84 100	159 500
4	650	380	422 500	144 400	247 000
5	750	480	562 500	230 400	360 000
6	800	590	640 000	348 100	472 000
合计	3 550	2 060	2 252 500	860 000	1 369 500

然后将和式的数据代入相关系数公式:

$$r = \frac{n \sum xy - \sum x \sum y}{\sqrt{n \sum x^2 - \left(\sum x \right)^2} \sqrt{n \sum y^2 - \left(\sum y \right)^2}}$$

$$= \frac{6 \times 1\ 369\ 500 - 3\ 550 \times 2\ 060}{\sqrt{6 \times 2\ 252\ 500 - 3\ 550^2} \sqrt{6 \times 860\ 000 - 2\ 060^2}} = 0.989$$

计算结果表明,人均月收入与年文娱用品消费之间是高度的线性正相关关系。

需要注意的是,相关系数只是表明两个变量间互相影响的程度和方向,它并不能说明两变量间是否有因果关系。相关的两个变量之间可能有因果关系,可能没有因果关系,还有可能是分不清因果关系的。例如,施肥量与亩产量之间有明显的因果关系,在一定范围内施肥量越多,亩产量越高。又如,有人发现吃零食与学习成绩有负相关关系,但不能由此推断是吃零食导致了成绩差,两者没有因果关系;再如,经济增长与人口增长相关,可是究竟是经济增长引起人口增长,还是人口增长引起经济增长,不能从相关系数中得出结论。

第二节 回 归 分 析

一、回归分析与相关分析的区别与联系

(一)回归分析的概念

回归分析是在相关分析的基础上,进一步研究一种现象的变动对另一种现象影响的一般水平。通过对现象的相关与回归分析,可以发现现象之间存在着一定的规律性,从而为管理者提供分析问题、预测现象发展变化规律、进行决策的科学依据。

相关关系说明现象之间有关系,但它并不能说明一个现象发生变化时,另一个变量将会发生多大的变化,也即不能说明两个变量之间的一般关系值。

回归分析是指对具有相关关系的现象,根据其相关的形态,选择一个合适的数学模型,近似地表示变量之间的平均变化关系的统计方法。事实上,回归分析是把两个变量之间不确定的数量关系一般化,用直线或者曲线的方程来代表它们之间的关系。这样的直线或者曲线方程称为直线回归方程或者曲线回归方程。本节主要研究直线回归。

(二)回归分析与相关分析的区别与联系

1. 回归分析与相关分析的区别

(1)在相关分析中,两个变量之间的关系是对等的,不存在自变量和因变量的划分问题;而在回归分析中,必须根据研究对象的性质和研究分析的目的,对变量进行自变量和因变量的划分。因此,在回归分析中,变量之间的关系是不对等的。

(2)在相关分析中,根据两个变量只能计算一个相关系数来反映变量之间相关程度的大小。而在回归分析中,对于互为因果的两个变量(如人的身高与体重,商品的价格与需求量),则有可能存在两个回归方程。

(3)在相关分析中,所有的变量都必须是随机变量;而在回归分析中,自变量是给定的,因变量才是随机的,即将自变量的给定值代入回归方程后,所得到的因变量的估计值不是唯一确定的,而会表现出一定的随机波动性。

2. 回归分析与相关分析的联系

(1)相关分析是回归分析的基础和前提。如果缺少对现象之间的相关关系作判断,就不能作回归分析,即使勉强做了,有时也没有实际意义。

(2)回归分析是相关分析的深入和继续。相关分析仅仅说明现象之间是否具有关系,

它们之间的关系密切程度如何。只有通过回归分析,建立了回归方程,才能从数量上反映变量之间的联系形式,才可进行相应的回归预测,使相关分析具有实际意义。

二、直线回归模型

如果通过相关分析,已知两个变量之间存在较显著的线性关系时,就可以进行直线回归分析,建立直线回归方程。

直线回归模型也就是一元线性回归模型,它是根据成对的两种变量的数据,配合一条直线方程,然后根据自变量的变动来推算因变量发展趋势和水平的方法。它是研究相互关联的两种经济现象数量变动依存关系的一种方法。

在建立直线回归模型之前,首先要根据研究目的,确定自变量与因变量。假设 x 为自变量,y 为因变量,则可以建立 y 对 x 的直线回归方程,其模型如下:

$$\hat{y} = a + bx$$

式中　a 是直线的截距,代表经济现象经过修匀的基础水平;

b 是直线的斜率,称为回归系数,表示自变量每变化一个单位时,因变量的平均增减量;

$\hat{y}$ 是因变量 y 的理论值;

a 和 b 是确定回归直线模型的两个待定参数。

估计参数 a 和 b 的方法是最小平方法。应用最小平方法原理配合直线回归模型,可以使实际值与理论值的离差之和为零,离差平方和为最小,即

$$\sum (\hat{y} - y) = 0$$

$$\sum (\hat{y} - y)^2 = 最小值$$

根据上式,可以得到以下标准方程组:

$$\begin{cases} \sum y = na + b\sum x \\ \sum xy = a\sum x + b\sum x^2 \end{cases}$$

从以上方程组中,可以解出参数 a 和 b:

$$\begin{cases} b = \dfrac{n\sum xy - \sum x \sum y}{n\sum x^2 - (\sum x)^2} \\ a = \dfrac{\sum y}{n} - b\dfrac{\sum x}{n} \end{cases}$$

【例 8-3】 根据表 8-2 中的资料,建立人均月收入与年文娱用品消费之间的直线回归方程。

解:将表 8-2 中的数据代入参数方程:

$$b = \frac{n\sum xy - (\sum x)(\sum y)}{n\sum x^2 - (\sum x)^2} = \frac{6 \times 1\,369\,500 - 3\,550 \times 2\,060}{6 \times 2\,252\,500 - (3\,550)^2} = 0.990\,7$$

$$a = \frac{\sum y}{n} - b\frac{\sum x}{n} = \frac{2\,060}{6} - 0.990\,7 \times \frac{3\,550}{6} = -242.821\,9$$

所以,可得直线回归方程:

$$\hat{y} = -242.821\,9 + 0.990\,7x$$

把各个 x 值代入直线回归方程,就可以得到相应的 $\hat{y}$ 值,并可以画出回归直线,见图 8-3。从图 8-3 可以看出,实际数值在直线的上下波动。可以验证,它们与线上理论值的离差之和为零,离差平方和达到最小值。

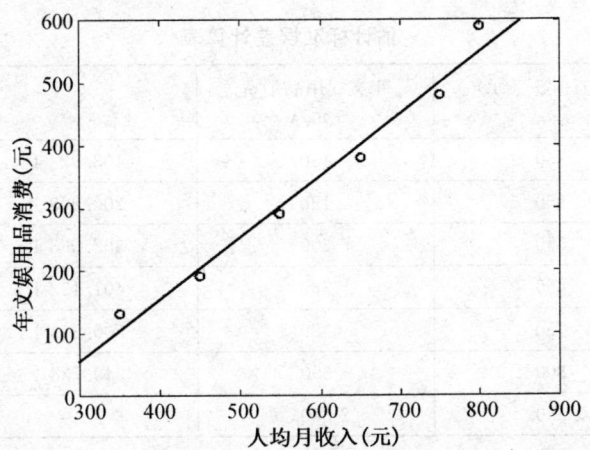

图 8-3 人均月收入与年文娱用品消费的直线回归方程图

回归直线方程的计算也可以由 SPSS 等统计分析软件直接进行计算。

回归系数 b 的正负号同样决定了变量之间相关关系的方向。如果 $b>0$,则两个变量之间的关系为正相关;如果 $b<0$,则两个变量之间的关系为负相关。事实上,回归系数 b 与相关系数 r 之间有如下的关系:

$$b = r\frac{\sigma_y}{\sigma_x}$$

上式中,由于 σ_y 与 σ_x 都是正数,所以 b 与 r 同号。

三、估计标准误差

回归方程的一个重要作用在于根据自变量的已知值估计因变量的理论值(即估计值)。而理论值 $\hat{y}$ 与实际值 y 存在着偏差,这就产生了推算结果的准确性问题。如果偏差小,说明推算结果的准确性高;如果偏差大,说明推算结果的准确性低。为此,分析理论值与实际值的偏差很有实际意义。为了衡量实际值和理论值之间偏差的一般水平,可计算估计标准误差。估计标准误差是衡量回归直线代表性大小的统计分析指标,它说明实际值围绕着回归直线的变化程度或分散程度。

(一)估计标准误差的计算

通常用 S_e 代表估计标准误差,其计算公式定义如下:

$$S_e = \sqrt{\frac{\sum (y - \hat{y})^2}{n - 2}}$$

用表 8-2 的资料说明估计标准误差的计算方法。有关计算见表 8-3。

表 8-3   估计标准误差计算表

序 号	人均月收入(元) x	年文娱用品消费 (元) y	$\hat{y}$	$(y - \hat{y})^2$
1	350	130	103.923 1	680.004 7
2	450	190	202.993 1	168.820 6
3	550	290	302.063 1	145.518 4
4	650	380	401.133 1	446.607 9
5	750	480	500.203 1	408.165 2
6	800	590	549.738 1	1 621.021
合计	3 550	2 060	—	3 470.137

将计算表的有关资料代入公式,得

$$S_e = \sqrt{\frac{\sum (y - \hat{y})^2}{n - 2}} = \sqrt{\frac{3\,470.137}{4}} = 29.453\,9(元)$$

结果表明估计标准误差是 29.453 9 元。在计算时,计算值与表中的数据可能稍有差异,这是因为存在小数取位的误差。

实际值与估计值的偏差 $y - \hat{y}$ 称为残差,残差的绝对值之和越小,说明实际值与回归方程的距离越近,回归方程的代表性也越好。为了数学上处理的方便,通常用残差的平方和来刻画实际值与回归方程的偏离程度。残差平方和在一定程度上与样本数据的个数有关,因此,在估计标准误差的计算中去除了样本个数的影响。

(二) 估计标准误差与相关系数

估计标准误差与相关系数两者存在如下关系:

$$r = \sqrt{1 - \frac{S_e^2}{\sigma_y^2}},$$

$$S_e = \sigma_y \sqrt{1 - r^2} \quad (\sigma_y \text{为因变量数列的标准差})$$

从以上两个有联系的公式可看出,估计标准误差与相关系数的变化方向相反。r越大,S_e越小,这时相关密切程度较高,回归直线的代表性较大;而r越小,S_e越大,这时相关密切程度较低,回归直线的代表性较小。

(三) 估计标准误差与一般标准差

估计标准误差与一般标准差的计算原理是一致的,两者都是反映平均差异程度和表明代表性的指标。一般标准差反映的是各变量值与其平均数的平均差异程度,表明其平均数对各变量值的代表性强弱;估计标准误差反映的是因变量各实际值与其估计值之间的平均差异程度,表明其估计值对各实际值的代表性强弱。估计标准误差越小,估计值的代表性越强,用回归方程估计或预测的结果越准确。上述的计算结果 29.453 9 元,表明实际的年文娱用品消费与估计的年文娱用品消费之间平均相差 29.453 9 元。

根据正态分布的性质,在样本单位数足够多时,y的取值是以$\hat{y}$为中心对称分布的,越接近$\hat{y}$的地方出现的机会越多,越距$\hat{y}$远的地方出现的机会就越少。y的取值与估计标准误差之间的关系是:y的取值在$\hat{y} \pm S_e$区间内的概率约为 68.27%;y的取值在$\hat{y} \pm 2S_e$区间内的概率约为 95.45%;y的取值在$\hat{y} \pm 3S_e$区间内的概率约为 99.73%。当计算出估计标准误差后,可以对因变量的数值作区间估计。

【例 8-4】 仍以人均月收入与年文娱用品消费的直线回归方程为例,计算当概率保证程度为 95.45%,人均月收入为 900 元时,年文娱用品消费的取值范围。

解:$\hat{y} = -242.821\ 9 + 0.990\ 7x$, $S_e = 29.453\ 9$(元),当x为 900 元时,$\hat{y}$约为 648.81 元,则当概率保证程度为 95.45%,即$t = 2$时,y的区间估计为:

$$\hat{y} - 2S_e \leqslant y \leqslant \hat{y} + 2S_e$$
$$648.81 - 2 \times 29.453\ 9 \leqslant y \leqslant 648.81 + 2 \times 29.453\ 9$$
$$589.90 \leqslant y \leqslant 707.72$$

即当人均月收入为 900 元时,年文娱用品消费以 95.45% 的概率落在 589.90~707.72 元之间。

(四) 样本决定系数

回归分析表明,因变量y的实际观察值有大有小、上下波动,对每一个观察值来说,波动的大小可用离差$(y-\bar{y})$来表示。离差产生的原因有两个方面：一是受自变量 x 变动的影响；二是受不可控制的随机因素的影响。

n 个观察值总的波动大小用总离差平方和 $\sum (y-\bar{y})^2$ 表示，记为 SST。此时，可以对总离差平方和进行分解：

$$SST = \sum (y-\bar{y})^2 = \sum \left[(y-\hat{y}) + (\hat{y}-\bar{y}) \right]^2$$
$$= \sum (y-\hat{y})^2 + 2\sum (y-\hat{y})(\hat{y}-\bar{y}) + \sum (\hat{y}-\bar{y})^2$$

由数理统计知识可知，$\sum (y-\hat{y})(\hat{y}-\bar{y}) = 0$。这样，上式可以成为两项和的形式。记残差平方和为 SSE，记 $\sum (\hat{y}-\bar{y})^2$ 为 SSR（称为回归平方和），则上式表示如下：

$$SST = SSE + SSR$$

回归平方和反映了自变量的变化所引起的对 y 的波动，它的大小反映了自变量 x 的重要程度；残差平方和由未控制因素引起的，它的大小反映了未控制因素对其的影响。

由估计标准误差的定义公式可以知道，回归方程的拟合程度与残差平方和有关。如果残差平方和在总离差平方和中所占的比重越小，则回归直线与样本观测值拟合程度就越好，也即在总的离差平方和中，回归平方和所占的比重越大，则回归直线方程拟合程度越好。

把回归平方和与总离差平方和之比定义为样本决定系数，记为 r^2，即

$$r^2 = \frac{\sum (\hat{y}-\bar{y})^2}{\sum (y-\bar{y})^2}$$

样本决定系数是相关系数 r 的平方，它是一个回归直线与样本观测值拟合优度判定的指标。r^2 的值总在 0 和 1 之间。一个直线回归模型如果充分利用了 x 的信息，则 r^2 越大，拟合优度就越好；反之，如 r^2 不大，说明模型中给出的 x 对 y 的信息还不够充分，应进行修改，使 x 对 y 的信息得到充分利用。

［例 8-3］中，回归平方和为 149 263.196，残差平方和为 3 470.137，总离差平方和为 152 733.333，因此，样本决定系数 r^2 为 0.977。这说明在 y 值与 $\bar{y}$ 的偏差的平方和中有 97.7％可以通过人均月收入 x 来解释，这也说明了直线回归方程的拟合程度较好。

第三节　可线性化的曲线回归

实际问题中，有许多回归模型的因变量 y 与自变量 x 之间的关系都不是线性的，但可

以通过变量代换转换成线性的形式。如果根据定性分析判断两个变量之间存在曲线相关时,可先根据变量间不同类型配合一条与其相适应的回归曲线,如指数曲线、双曲线等,然后再确定回归方程中的未知参数。对于那些可线性化的回归方程,对新变量而言,线性化后的方程都为直线方程,故其参数的确定可用线性回归方程求参数的公式计算。下面给出几种常见的非线性模型及其线性化方法。

一、可线性化的常用曲线模型

1. 指数曲线模型

$$\hat{y} = ab^x$$

对上式两边取对数,得

$$\lg \hat{y} = \lg a + x \lg b$$

令　$\hat{Y} = \lg \hat{y}$, $A = \lg a$, $B = \lg b$,则模型转化为直线回归模型:

$$\hat{Y} = A + Bx$$

2. 幂函数曲线模型

$$\hat{y} = ax^b$$

对上式两边取对数,得

$$\lg \hat{y} = \lg a + b \lg x$$

令　$\hat{Y} = \lg \hat{y}$, $A = \lg a$, $x' = \lg x$,则模型转化为直线回归模型:

$$\hat{Y} = A + bx'$$

3. 曲线模型

$$\hat{y} = \frac{x}{ax + b}$$

令　$\hat{Y} = \frac{1}{\hat{y}}$, $x' = \frac{1}{x}$,则模型转化为直线回归模型:

$$\hat{Y} = a + bx'$$

4. 对数曲线模型

$$\hat{y} = a + b \lg x$$

令　$x' = \lg x$,则模型转化为直线回归模型:

$$\hat{y} = a + bx'$$

上述四个模型中,经过适当的变量代换,曲线模型都转换成了直线回归模型,因此皆可按照直线回归方程参数求解的方法解出直线回归方程的参数,再通过适当的变量代换求得相应的曲线回归模型的参数。

二、曲线模型实例

【例8-5】 有8个商店的年销售额和年广告支出额的数据如表8-4所示,试根据数据特征,建立相应的回归模型,并预测年支出广告额为3.5百万元时,年销售额将达到多少?

表8-4 **8个商店年销售额和年广告支出额数据**

商店编号	年销售额(百万元)	年广告支出额(百万元)	商店编号	销售额(百万元)	年广告支出额(百万元)
1	2 800	1.2	5	14 550	2.7
2	4 500	1.4	6	18 926	2.9
3	8 500	2.2	7	27 800	3.2
4	11 942	2.6	8	32 780	3.4

解:根据表中数据,首先画散点图(见图8-4)。由图8-4可以看到,这组数据比较适合配合一条指数曲线模型。设模型如下:

$$\hat{y} = ab^x$$

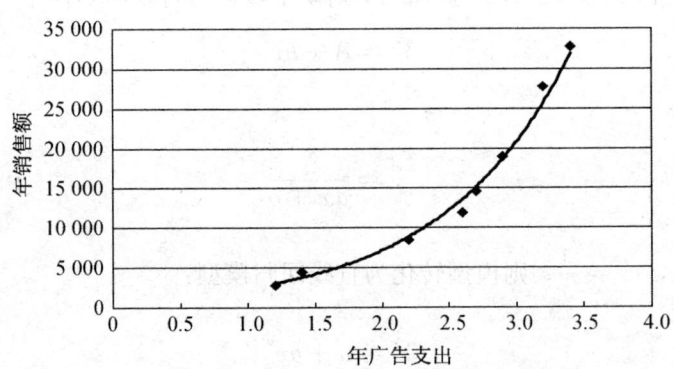

图8-4 年广告支出与年销售额的散点图

由前面讨论可知,指数曲线模型转化为直线回归模型:

$$\hat{Y} = A + Bx$$

式中　$\hat{Y} = \lg \hat{y}$；

　　　$A = \lg a$；

　　　$B = \lg b$。

求参数 A、B 的相关计算如表 8-5。

将表 8-5 中的数据代入以下方程，可得

$$\begin{cases} B = \dfrac{n\sum xY - \sum x \sum Y}{n\sum x^2 - (\sum x)^2} = \dfrac{8 \times 81.713\,4 - 19.6 \times 32.506\,4}{8 \times 52.5 - 19.6^2} = 0.462\,7 \\[3mm] A = \dfrac{\sum Y}{n} - B\dfrac{\sum x}{n} = \dfrac{32.506\,4}{8} - 0.462\,7 \times \dfrac{19.6}{8} = 2.929\,7 \end{cases}$$

$$\hat{Y} = A + Bx = 2.929\,7 + 0.462\,7x$$

由反对数计算，可得

$$a = 850.55, \quad b = 2.902\,0$$

因此，指数曲线模型的回归方程如下：

$$\hat{y} = 850.55 \times 2.902\,0^x$$

当 $x = 3.5$ 时，代入回归方程：

$$\hat{y} = 850.55 \times 2.902\,0^{3.5} \approx 35\,411\,(\text{百万元})$$

即当年支出广告额为 3.5 百万元时，年销售额将达到 35 411 百万元。

表 8-5　　　　　　　　　　　　　回归参数计算表

商店编号	LOG 年销售额 Y	年广告支出额（百万元）x	x^2	Y^2	xY
1	3.447 2	1.2	1.44	11.882 9	4.136 6
2	3.653 2	1.4	1.96	13.346 0	5.114 5
3	3.929 4	2.2	4.84	15.440 3	8.644 7
4	4.077 1	2.6	6.76	16.622 6	10.600 4
5	4.162 9	2.7	7.29	17.329 4	11.239 7
6	4.277 1	2.9	8.41	18.293 2	12.403 5
7	4.444 0	3.2	10.24	19.749 5	14.220 9
8	4.515 6	3.4	11.56	20.390 7	15.353 1
合　　计	32.506 4	19.6	52.5	133.054 7	81.713 4

本例的样本决定系数为 0.987 5，由此可知，此模型的拟合程度相当好。

练习八

一、单项选择题

1. 下列关系中,属于正相关关系的是(　　　)。

A. 合理限度内,施肥量和亩产量之间的关系

B. 产品产量与单位产品成本之间的关系

C. 商品的流通费用与销售利润之间的关系

D. 流通费用率与商品销售量之间的关系

2. 当相关系数 $r=0$ 时,表明(　　　)。

A. 现象之间完全无关　　　　　　　　　B. 相关程度较小

C. 现象之间完全相关　　　　　　　　　D. 无直线相关关系

3. 下列现象中,相关密切程度最高的是(　　　)。

A. 某商店的职工人数与商品销售额之间的相关系数为 0.87

B. 流通费用水平与利润率之间的相关关系为 -0.94

C. 商品销售额与利润率之间的相关系数为 0.51

D. 身高与体重之间的相关系数为 0.81

4. 以下属于函数关系的是(　　　)。

A. 销售人员测验成绩与销售额大小的关系

B. 圆周的长度与其半径的关系

C. 家庭的收入和消费的关系

D. 数学成绩与统计学成绩的关系

5. 相关系数 r 的取值范围(　　　)。

A. $-\infty < r < +\infty$　　　　　　　　B. $-1 \leqslant r \leqslant +1$

C. $-1 < r < +1$　　　　　　　　　　　D. $0 \leqslant r \leqslant +1$

6. 年劳动生产率 x(千元)和工人工资 y(元)之间的关系可用回归方程 $\hat{y}=10+100x$ 表示,这意味着年劳动生产率每提高 1 千元时,工人工资平均(　　　)。

A. 增加 100 元　　　B. 减少 100 元　　　C. 增加 110 元　　　D. 减少 110 元

7. 回归系数和相关系数的符号是一致的,其符号均可用来判断现象(　　　)。

A. 线性相关还是非线性相关　　　　　　B. 正相关还是负相关

C. 完全相关还是不完全相关　　　　　　D. 单相关还是复相关

8. 在线性相关的条件下,自变量的标准差为 2,因变量标准差为 5,而相关系数为 0.8 时,则其回归系数为(　　　)。

A. 8　　　　　　　　B. 0.32　　　　　　C. 2　　　　　　　　D. 12.5

9. 在回归直线 $\hat{y}=a+bx$ 中,b 表示(　　)。

A. 当 x 增加一个单位时,y 增加 a 的数量

B. 当 y 增加一个单位时,x 增加 b 的数量

C. 当 x 增加一个单位时,y 的平均增加量

D. 当 y 增加一个单位时,x 的平均增加量

二、多项选择题

1. 下列现象中,其关系为相关关系的有(　　)。

A. 家庭收入与消费支出之间的关系

B. 圆的面积与它的半径之间的关系

C. 广告支出与商品销售额之间的关系

D. 单位产品成本与利润之间的关系

E. 在价格固定情况下,某商品销售量与商品销售额之间的关系

2. 对于一元线性回归分析来说(　　)。

A. 两个变量中必须确定自变量和因变量　　B. 一个回归方程只能作一种推算

C. 回归系数只能取正值　　D. 要求两个变量都是随机变量

E. 要求自变量是给定的,而因变量是随机的

3. 单位成本(元)对产量(千件)的回归方程为 $\hat{y}=78-2x$,这表示(　　)。

A. 产量为 1 000 件时,单位成本 76 元

B. 产量为 1 000 件时,单位成本 78 元

C. 产量每增加 1 000 件时,单位成本平均下降 2 元

D. 产量每增加 1 000 件时,单位成本平均下降 76 元

E. 产量为 3 000 件时,单位成本为 72 元

4. 从变量之间相互关系的表现形态看,相关关系可分为(　　)。

A. 正相关　　B. 负相关

C. 直线相关　　D. 曲线相关

E. 不相关和完全相关

5. 当两个现象完全相关时,下列统计指标值可能为(　　)。

A. $r=1$　　B. $r=0$

C. $r=-1$　　D. $S_e=0$

E. $S_e=1$

三、思考题

1. 相关关系与函数关系的区别与联系是什么?

2. 相关关系有哪几种分类？

3. 相关分析与回归分析有什么区别与联系？

4. 在回归分析中,总方差即总离差平方和是如何分解的？

5. 什么是估计标准误差？其作用如何？

四、计算题

1. 10个地区居民家庭月平均可支配收入和月平均消费支出的数据如表 8-6 所示。

要求:

(1) 画出相关图并判断消费支出与可支配收入之间的相关方向。

(2) 计算消费支出与可支配收入的相关系数并说明其相关程度。

表 8-6   **10个地区居民家庭资料表**   单位:百元

地区编号	1	2	3	4	5	6	7	8	9	10
消费支出	19	14	42	28	40	65	60	68	52	80
可支配收入	26	17	61	43	60	89	90	98	75	99

2. 某种产品的产量与单位成本的资料如表 8-7 所示。

表 8-7   **某种产品的产量与单位成本的资料表**

产量(千件)	单位成本(元/件)	产量(千件)	单位成本(元/件)
1.5	78	3.5	68
2.0	73	4.1	65
2.4	72	4.6	64
3.1	70	5.0	60

要求:

(1) 计算相关系数,判断其相关的方向与相关的程度。

(2) 建立单位成本对产量的直线回归方程。

(3) 当产量增加1千件时,单位成本如何变动？

(4) 计算估计标准误差。

(5) 在 95.45% 的概率保证下,产量为7千件时单位成本的区间估计。

3. 试根据下列数据,建立 y 对 x 的直线回归方程:

(1) $\sigma_x^2 = 25$, $\sigma_y^2 = 36$, $r = 0.95$, $a = 2.5$。

(2) $n = 6$, $\sum x = 21$, $\sum y = 426$, $\sum x^2 = 79$, $\sum y^2 = 30\,268$, $\sum xy = 1\,481$。

4. 某公司在 10 个地区的家用电器销售情况和该地区的户数资料如表 8-8 所示。

表 8-8   **10 个地区家电销售量和户数资料表**

地 区 编 号	销售量（台）	户数（万户）	地 区 编 号	销售量（台）	户数（万户）
1	5 420	190	6	5 000	180
2	6 300	195	7	6 500	198
3	6 780	200	8	8 460	212
4	7 700	210	9	7 960	202
5	8 500	215	10	4 500	180

要求：

(1) 计算销售量与户数之间的相关系数。

(2) 建立销售量对户数的直线回归方程。

(3) 计算总的离差平方和、回归平方和、残差平方和，并验证他们之间的关系。

(4) 计算样本决定系数，并说明回归方程的代表性。

5. 现有 10 个企业销售额（万元）和流通费用率（元／百元）的资料如表 8-9 所示，试画出这些数据的散点图，并根据其形态建立销售额与流通费用率之间的回归模型。

表 8-9   **10 个企业销售额和流通费用率资料表**

编 号	销售额（万元）	流通费用率	编 号	销售额（万元）	流通费用率
1	10	1.60	6	36	0.91
2	16	1.34	7	40	0.70
3	20	1.20	8	45	0.65
4	25	0.97	9	51	0.66
5	31	0.85	10	56	0.65

阅读资料八

人物故事：高尔登

高尔登（Francis Galton，1822—1911）是达尔文的表弟，由于受到达尔文的影响，他热衷于研究遗传学和人类种族的进化。他最广为人知的事迹就是指纹的发现，正是他的发现让人们知道世界上每个人的指纹都是独一无二的，甚至有特定的方法可用来区分并辨识一个人的身份。

高尔登还是生物统计学派的创始人,他对统计学的主要贡献如下:

(1) 初创生物统计学。为了研究人类智能的遗传问题,高尔登仔细地阅读了 300 多人的传记,以初步确定这些人中间多少人有亲属关系以及关系的大致密切程度。然后再从一组组知名人士中分别考察,以便从总体上来了解智力遗传的规律性。为了获得更多人的特性和能力的统计资料,高尔登自 1882 年起开设"人体测量实验室"。在连续 6 年中,共测量了 9 337 人的"身高、体重、阔度、呼吸力、拉力和压力、手击的速率、听力、视力、色觉及个人的其他资料",他深入钻研那些资料中隐藏着的内在联系,最终得出"祖先遗传法则"。他努力探索那些能把大量数据加以描述与比较的方法和途径,引入了中位数、百分位数、四分位数、四分位差以及分布、相关、回归等重要的统计学概念与方法。1901 年,高尔登及其学生毕尔生在为《生物计量学》(Biometrika)杂志所写的创刊词中,首次为他们所运用的统计方法论明确提出了"生物统计"(Biometry)一词。高尔登解释道:"所谓生物统计学,是应用于生物学科中的现代统计方法"。从高尔登及后续者的研究实践来看,他们把生物统计学看作为一种应用统计学,即用统计方法来研究生物科学中的问题,更主要的是发展在生物科学应用中的统计方法本身。

(2) 关于变异。变异是进化论中的重要概念,高尔登首次以统计方法加以处理,最终导致了英国生物统计学派的创立。1889 年,高尔登把总体的定量测定法引入遗传研究中。高尔登通过总体测量发现,对动物或植物的每一个种别都可以决定一个平均类型。在一个种别中,所有个体都围绕着这个平均类型,并把它当作轴心向多方面变异。这就是他在《遗传的天赋》一书中提出的"平均数离差法则"。

(3) 关于"相关"。统计相关法是由高尔登创造的。关于相关研究的起因,最早是他因度量甜豌豆的大小,觉察到子代在遗传后有"返于宗亲"的现象。1877 年他搜集大量人体身长数据后,计算分析高个子父母、矮个子父母以及一高一矮父母的后代各有多少个高个子和矮个子子女,从而把父母高的后代高个子比较多、父母矮的后代高个子比较少这一定性认识具体化为父母与子女之间在身长方面的定量关系。1888 年,高尔登在"相关及其主要来自人体的度量"一文中,充分论述了"相关"的统计意义,并提出了高尔登相关函数(即现在常用的相关系数)的计算公式。

4. 关于"回归"。1870 年,高尔登在研究人类身长的遗传时发现:高个子父母的子女,其身长有低于他们父母身长的趋势;相反,矮个子父母的子女,其身长却往往有高于他们父母身长的趋势,从人口全局来看,高个子的人"回归"于一般人身长的期望值,而矮个子的人则作相反的"回归"。这是统计学上"回归"的最初含义。1886 年,高尔登在论文"在遗传的身长中向中等身长的回归"中,正式提出了"回归"概念。

(资料来源:J. L. 福尔克斯. 统计思想[M]. 魏宗舒,等. 译. 上海:上海翻译出版公司,1987.)

第九章 国民经济核算体系及主要指标简介

学习目标

1. 了解国民经济核算体系的基本框架：基本核算表、国民经济账户和附属表。

2. 了解国民经济核算中常用的分类：按经济性质分类、三次产业分类、行业分类、机构部门分类和大中小微型企业划分的标准。

3. 了解国民经济核算的主要指标，掌握国内生产总值的概念和核算方法。

第一节 国民经济核算体系简介

一、国民经济与国民经济核算体系

国民经济是指一个国家或地区全部经济活动的总和，是由各社会生产部门、流通部门和其他经济部门所构成的互相联系的总体。从横向角度考察，工业、农业、建筑业、运输业、邮电业、商业、对外贸易、服务业、城市公用事业等生产部门和文化、教育、科学研究、医药卫生等非生产部门，都是国民经济的组成部分。从纵向角度考察，则体现为社会再生产的各个环节，具体包括生产、流通、分配和消费四个环节不断运行的总过程。

国民经济核算是对国民经济活动进行整体的系统核算，也就是以社会再生产全过程为对象的宏观经济核算，它从数量上系统地反映国民经济运行状况及社会再生产过程中生产、流通、分配和消费各个环节之间以及国民经济各部门之间的内在联系，为国家宏观经济管理提供依据。

国民经济核算体系是 20 世纪 30 年代以来随着世界各国对宏观经济管理的加强，在国民收入统计的基础上逐步发展起来的。从社会生产、分配总量指标统计，发展为以总量指标为核心的社会再生产全过程的核算体系，是经济统计的重大变革。国民经济核算体系现已成为对国民经济和社会再生产过程进行全面、系统的计算、测定和描述的宏观经济信息系统。

国民经济核算体系具体有两层含义：

（1）指国家或国际组织为统一国民经济核算而制定的核算标准和规范。它以一定的经济理论为基础，明确规定一系列核算概念、定义和核算原则，制定一套反映国民经济运行的指标体系、分类标准和核算方法以及相应的表现形式(平衡表账户、矩阵等),形成一套逻辑一致和结构完整的核算标准和规范。这些标准和规范是保证国民经济核算的科学性、统一性和可比性所不可缺少的,同时也是正确理解和使用国民经济核算资料并进行国际比较所必需的。

(2)指全面、系统反映国民经济运行的数据体系。它是遵循一定的国民经济核算标准和规范对国民经济进行核算的结果,就是一整套国民经济核算资料。它通过一系列的经济总体数据和分部门数据,系统地反映从生产、分配到交换、使用的经济循环全过程,以及各部门在社会再生产中的地位、作用和相互联系,因而是国家宏观经济决策和调控的重要依据。

二、国民经济核算体系的形成

国民经济核算体系作为国际标准是 20 世纪 50 年代开始形成的,由于各国经济运行机制和经济管理体制不同,世界上曾形成了两种不同的国民经济核算体系,在相当长时期里并存发展。

(一)物质产品平衡表体系

物质产品平衡表体系(System of Material Product Balances,简称 MPS),是为适应对国民经济实行高度集中的计划管理的需要,由原苏联首先建立起来的,以后逐渐为东欧各国、古巴、蒙古等国所采用。它以物质产品的生产、分配、交换和使用为主线来核算物质产品再生产过程,核算范围包括农业、工业、建筑业、货物运输及邮电业、商业等物质生产部门,核算方法主要采用平衡法,由一系列平衡表所组成。目前这一体系已被放弃使用。

(二)国民账户体系

国民账户体系(System of National Accounts,简称 SNA),适用于市场经济条件下的国民经济核算,首创于英国,继而在经济发达国家推行,现已为世界上绝大多数国家和地区所采用。它以全面生产的概念为基础,把国民经济各行各业都纳入核算范围,将社会产品分为货物和服务两种形态,完整地反映全社会生产活动成果及其分配和使用的过程,并注重社会再生产过程中资金流量和资产负债的核算。国民账户体系运用复式记账法的原理,建立一系列宏观经济循环账户和核算表式,组成结构严谨、逻辑严密的体系。

(三)两大核算体系的比较

MPS 和 SNA 都是适应国家宏观经济管理需要而建立和发展起来的国民经济核算体系,但它们是不同的经济体制和经济运行机制下的产物,因而在核算的范围、内容和方法上都有很大差异。

(1)在核算范围上,MPS 限于物质产品的核算,把非物质生产性的服务活动排除在生产领域之外;SNA 的核算范围覆盖整个国民经济各部门,不受物质生产领域的局限,因而能完整地反映全社会的经济活动。

(2)在核算内容上,MPS 主要反映物质产品的生产、交换和使用的实物运动;SNA 除核算货物和服务的实物流量外,还注重收入支出和金融交易等资金流量和资产负债存量的核算,能更好地反映社会再生产中实物运动与价值运动交织在一起的复杂的运动过程。

(3) 在核算方法上,MPS 主要采用平衡表法,侧重每个平衡表内部的平衡,但平衡表之间的联系不够严谨。SNA 主要采用复式记账法,通过账户体系把社会再生产各环节。国民经济各部门紧密衔接起来,能更好地反映国民经济运行中的内在联系,比较科学。随着世界各国市场经济的迅速发展,国际上加快了国民经济核算体系一体化的进程,1993 年,联合国统计委员会通过了新修订的 SNA,它已成为适用于世界各国的统一的国际标准。

三、我国国民经济核算体系的建立和发展

我国原有的国民经济核算制度属于物质产品平衡表体系,它是与高度集中的计划体制相适应的。1984 年年末开始新国民经济核算体系的研制,1992 年开始实施新的国民经济核算体系方案,该方案采纳了 SNA 的基本核算原则、内容和方法,同时保留原有 MPS 的核算口径和某些核算内容,以便于历史对比和满足当前宏观经济管理中的一些特殊需要。

从 2000 年起,国家统计局会同国务院有关部门对 1992 年颁布实施的《中国国民经济核算体系(试行方案)》做了修订,制定了《中国国民经济核算体系(2002)》。

2002 新核算体系对 1992 年颁布的《试行方案》进行了全面系统的修订,取消了其中的 MPS 核算内容,澄清了某些基本概念,修订了机构部门和产业部门分类,调整了基本框架,增加了核算内容,修改和细化了有关表式的指标设置,做到基本上与联合国等国际组织于 1993 年推出的国民账户体系相衔接,标志着我国的国民经济核算体系在与国际标准接轨方面又迈出了重要步伐。

新核算体系既考虑了尽量与国际标准接轨,又是从中国实际情况出发的。它在结构上更加严谨,充分反映了国民经济活动的内在联系;在内容上更加丰富,涵盖了市场经济条件下国民经济运行的主要环节和主要方面;在操作上更加可行,能够更好地适应社会主义市场经济条件下宏观经济管理和国际交流工作的需要。

四、新国民经济核算体系的基本框架

新国民经济核算体系(2002)由基本核算表、国民经济账户和附属表三部分构成。其中,基本核算表和国民经济账户是核心部分,附属表是对核心部分的补充。基本核算表包括国内生产总值表、投入产出表、资金流量表、国际收支表和资产负债表;国民经济账户包括经济总体账户、国内机构部门账户和国外部门账户;附属表包括自然资源实物量核算表和人口资源与人力资本实物量核算表。

(一) 基本核算表

1. 国内生产总值表

在基本核算表中,国内生产总值表包括国内生产总值总表、生产法国内生产总值表、收入法国内生产总值表和支出法国内生产总值表。生产法和收入法国内生产总值表分别反映

按生产法和收入法计算的国内生产总值及各产业部门增加值。支出法国内生产总值表反映按支出法计算的国内生产总值及其详细构成项目。国内生产总值总表概括地反映生产法、收入法和支出法国内生产总值的基本构成项目以及三种计算方法之间的相互关系。

2. 投入产出表

投入产出表包括供给表、使用表和产品部门表。供给表反映各产业部门生产的产品结构和各种类型产品的产业部门来源结构;使用表反映各产业部门的中间投入结构和最初投入结构以及各种类型产品的中间使用去向和最终使用去向;产品部门表反映产品部门的中间投入结构和最初投入结构以及产品部门的中间使用去向和最终使用去向。

3. 资金流量表

资金流量表包括实物交易表和金融交易表。实物交易表反映各机构部门收入分配、消费、储蓄和投资情况;金融交易表反映各机构部门的各种类型金融资产和负债的变动情况。

4. 国际收支

国际收支表包括国际收支平衡表和国际投资头寸表。国际收支平衡表反映常住单位和非常住单位之间发生的交易状况。国际投资头寸表反映常住单位对外金融资产和负债的存量状况,以及由交易、价格变化、汇率变化和其他调整引起的存量变化情况。

5. 资产负债表

资产负债表反映机构部门及经济总体所拥有的资产和承担的负债的历史积累状况。

(二) 国民经济账户

1. 国内机构部门账户

在国民经济账户中,国内机构部门账户由生产账户、收入分配及支出账户、资本账户、金融账户和资产负债账户组成。其中,生产账户反映国内机构部门通过生产过程创造的价值及相应的价值形态;收入分配及支出账户反映国内机构部门通过生产过程形成的收入如何在拥有相应生产要素的机构部门之间进行分配,收入如何在不同机构部门之间进行转移以及机构部门如何将它们的可支配收入在消费和储蓄之间进行分配;资本账户反映国内机构部门可用于资本形成的资金来源、资本形成的规模以及资金剩余或短缺的状况;金融账户反映国内机构部门各种类型金融资产和负债的净变动额;资产负债账户反映国内机构部门资产负债存量状况。

2. 国外部门账户

国外部门账户反映常住单位与非常住单位之间发生的各种交易活动以及相应的存量状况,包括经常账户、资本账户、金融账户和资产负债账户。经常账户反映常住单位与非常住单位之间的经常性交易,包括货物和服务进出口以及劳动者报酬、财产收入、生产税等的流入流出;资本账户、金融账户和资产负债账户与国内机构部门的相应账户所反映的内容相类似。

3. 经济总体账户

经济总体账户也由生产账户、收入分配及支出账户、资本账户、金融账户和资产负债账户组成,它们分别是国内机构部门对应账户的汇总账户。

(三) 附属表

附属表用于描述我国自然资源和资源资产、人口资源和人力资本的规模、结构及变动情况。其中自然资源实物量核算表反映主要自然资源的实物存量及其变动情况;人口资源与人力资本实物量核算表反映人口资源和人力资本存量状况及其变动情况。

中国国民经济核算体系基本框架如图 9-1 所示。

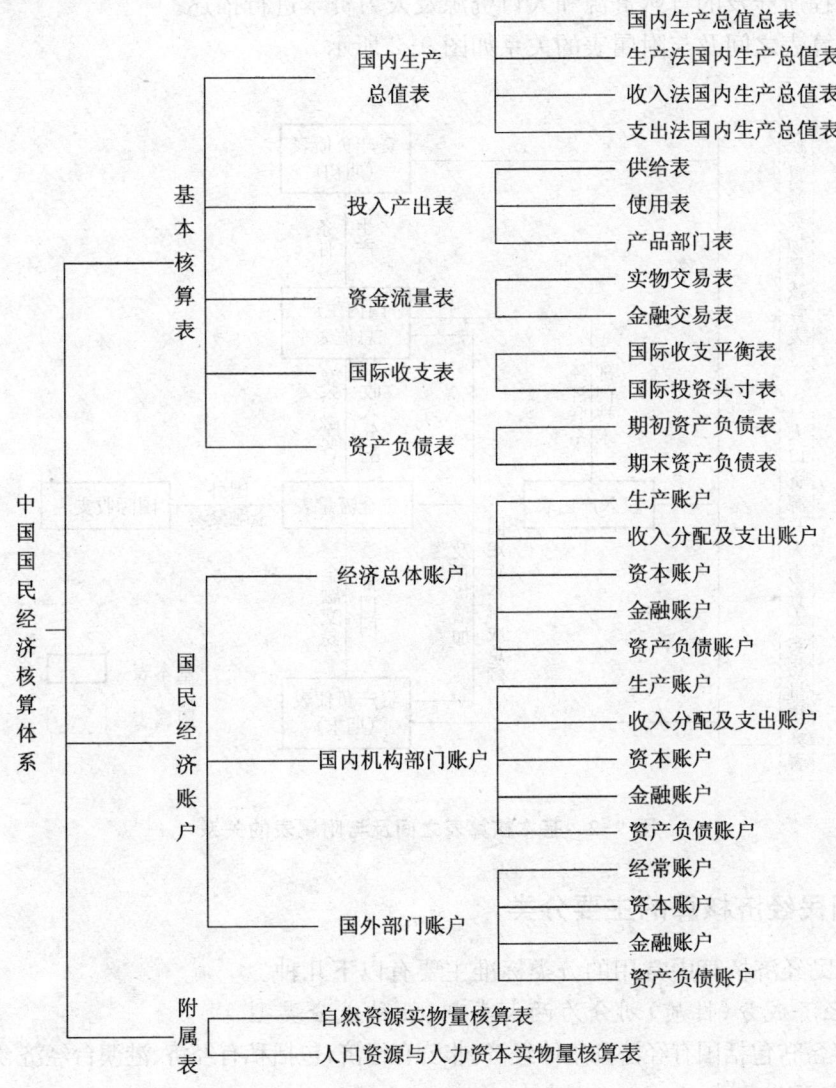

图 9-1　中国国民经济核算体系基本框架

在新国民经济核算体系中,基本核算表和国民经济账户通过不同的方式对国民经济运行过程及结果进行全面的描述。两者之间既密切联系,又相对独立。每张基本核算表侧重于经济活动某一方面内容的核算,所有的基本核算表构成一个有机的整体,对国民经济活动进行全面的核算。国民经济账户则侧重于对经济循环过程的核算,各个账户按生产、收入分配、消费、储蓄、投资和融资等环节设置,相互之间通过平衡项来衔接,既系统地反映了经济循环过程中每个环节的基本内容,又清楚地反映了各环节之间的有机联系。附属表对国民经济运行过程所涉及的自然资源和人口资源及人力资本进行描述。

基本核算表之间及与附属表的关系如图 9-2 所示。

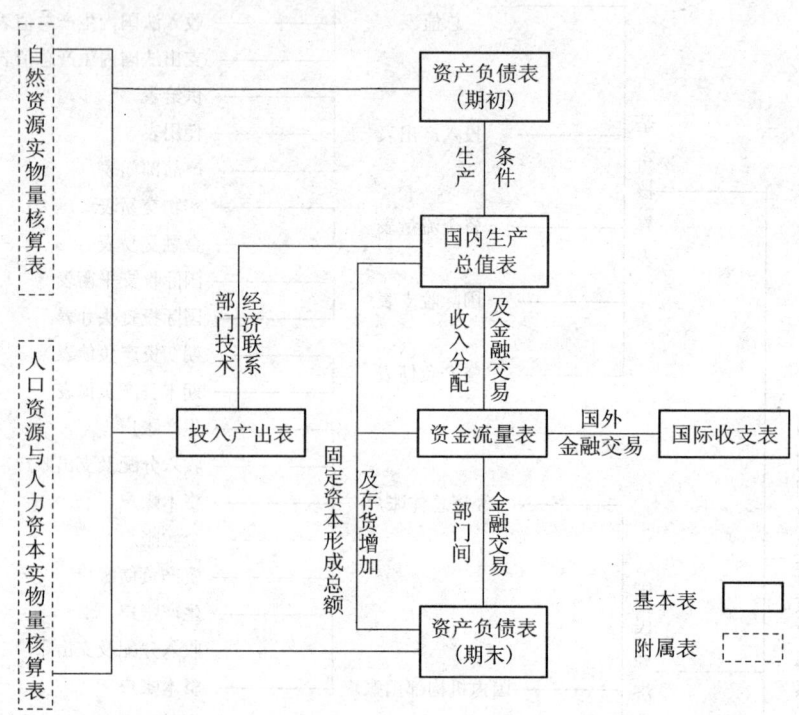

图 9-2 基本核算表之间及与附属表的关系

五、国民经济核算的主要分类

我国国民经济核算中常用的分类标准主要有以下几种。

1. **按经济成分(性质)划分为两大类别、五种成分类型**

即公有经济,包括国有经济和集体经济;非公有经济,包括私有经济、港澳台经济、外商经济。

2. **三次产业分类**

这种分类是目前世界上使用较多的一种产业结构划分方法,用以研究三次产业的内部结构、比例关系及其发展变化情况，反映社会分工及社会经济活动发展的不同阶段。是根据社会生产活动历史发展的顺序对产业结构进行的划分，产品直接取自自然界的部门称为第一产业，对初级产品进行再加工的部门称为第二产业，为生产和消费提供各种服务的部门称为第三产业。它是世界上较为通用的产业结构分类，也是我国国民经济核算的基础。各国对三次产业的划分不尽一致，根据国家统计局2013年发布的规定，我国的划分办法为：

第一产业指农、林、牧、渔业（不含农、林、牧、渔服务业）。

第二产业指采矿业（不含开采辅助活动），制造业（不含金属制品、机械和设备修理业），电力、热力、燃气及水生产和供应业，建筑业。

第三产业即服务业，是指除第一产业、第二产业以外的其他行业。第三产业包括：批发和零售业，交通运输、仓储和邮政业，住宿和餐饮业，信息传输、软件和信息技术服务业，金融业，房地产业，租赁和商务服务业，科学研究和技术服务业，水利、环境和公共设施管理业，居民服务、修理和其他服务业，教育，卫生和社会工作，文化、体育和娱乐业，公共管理、社会保障和社会组织，国际组织，以及农、林、牧、渔业中的农、林、牧、渔服务业，采矿业中的开采辅助活动，制造业中的金属制品、机械和设备修理业。

3. 行业分类

行业分类又称产业部门分类，是按照主产品同质性的原则对产业活动单位进行的部门分类。所谓产业活动单位是指在一个地点，从事一种或主要从事一种类型生产活动并具有收入和支出会计核算资料的生产单位。产业活动单位是为生产核算而设立的，其目的在于比较准确地反映各种类型产业活动的生产规模、结构等。产业活动单位应同时具备以下三个条件：

(1) 地点的唯一性。如果一个单位在不同的地点从事生产活动，哪怕是同一种类型生产活动，也要划分为不同的产业活动单位。

(2) 生产活动的单一性。一个产业活动单位要么只从事一种类型生产活动，要么虽然允许有一种以上的生产活动，但主要活动在单位的增加值中占有绝对大的比重，也就是说，所有次要活动的总体规模与主要活动相比是很小的。

(3) 具有收入和支出会计核算资料。产业部门分类将国民经济中各产业活动单位划分成各个行业，以便搜集这些行业的资料，研究国民经济的产业结构、比例关系及其发展变化情况。在新国民经济核算中，它是核算国内生产总值，编制投入产出表及经济循环账户中的产业部门生产账户的依据。

我国新的行业分类是根据联合国1989年第三次修订版《全部经济活动的国际标准产业分类》(ISIC)，并结合我国实际情况而制订。这个分类共分20个门类和98个大类。

4. 机构部门分类

在新国民经济核算体系中，另一种重要的分类是机构部门分类，这种分类主要用于编制资金流量表、国际收支平衡表、资产负债表以及经济循环账户中的一些部门账户。

机构部门是由同类机构单位构成的,机构单位是指有权拥有资产和承担负债,能够独立地从事经济活动并与其他实体进行交易的经济实体。机构单位具有以下基本特点:

(1) 有权独立拥有货物和资产,能够与其他机构单位交换货物或资产的所有权。

(2) 能够作出直接负有法律责任的经济决定和从事相应的经济活动。

(3) 能以自己的名义承担负债、其他义务或未来的承诺,并能签订契约。

(4) 能够编制出包括资产负债表在内的一套在经济和法律上有意义的完整账户。

在现实经济生活中,具备机构单位条件的单位主要有两类:一类是住户,另一类是得到法律或社会承认的法律实体或社会实体。

国民经济核算体系把所有常住机构单位划分为四个大的机构部门,即非金融企业部门、金融机构部门、政府部门和住户部门。由非常住单位组成的国外部门也视同为机构部门。

非金融企业与非金融企业部门:非金融企业指主要从事市场货物生产和提供非金融市场服务的常住企业,它主要包括从事上述活动的各类法人企业。所有非金融企业归并在一起,就形成非金融企业部门。

金融机构与金融机构部门:金融机构指主要从事金融媒介以及与金融媒介密切相关的辅助金融活动的常住单位,它主要包括中央银行、商业银行和政策性银行、非银行信贷机构和保险公司。所有金融机构归并在一起,就形成金融机构部门。

政府单位与政府部门:政府单位指在我国境内通过政治程序建立的、在一特定区域内对其他机构单位拥有立法、司法和行政权的法律实体及其附属单位。政府单位的主要职能是利用征税和其他方式获得的资金向社会和公众提供公共服务;通过转移支付,对社会收入和财产进行再分配。它主要包括各种行政单位和非营利性事业单位。所有政府单位归并在一起,就形成政府部门。

住户与住户部门:住户指共享同一生活设施、部分或全部收入和财产集中使用、共同消费住房、食品和其他消费品与服务的常住个人或个人群体。所有住户归并在一起,就形成住户部门。

非常住单位与国外部门:所有不具有常住性的机构单位都是非常住单位。将所有与我国常住单位发生交易的非常住单位归并在一起,就形成国外部门。对于国外部门来说,并不需要核算它的所有经济活动,只需核算它与我国常住机构单位之间的交易活动。

5. 大中小微型企业分类

根据工业和信息化部、国家统计局、国家发展改革委、财政部2011年制定的规定,统计上对农、林、牧、渔业,采矿业,制造业,电力、热力、燃气及水生产和供应业,建筑业,批发和零售业,交通运输、仓储和邮政业,住宿和餐饮业,信息传输、软件和信息技术服务业,房地产业,租赁和商务服务业,科学研究和技术服务业,水利、环境和公共设施管理业,居民服务、修理和其他服务业,文化、体育和娱乐业等15个行业企业划分规模,以从业人员数、营业收入和资产总额等项指标或替代指标为划分依据(不同行业具有不同标准),将我国的企业划分为大型、中型、小型、微型等四种类型。具体划分标准见国家统计局网站（http://www.stats.gov.cn/）。

第二节　国民经济核算主要指标

一、国内生产总值

国民经济包括物质生产部门的活动和非物质生产部门的活动，统计上不仅要反映和研究物质生产部门活动的成果及非物质生产部门的活动量，而且要反映和研究整个国民经济的活动总量。借鉴 SNA 体系的方法，从 1985 年起，我国已初步建立了国内生产总值指标，用这个指标来反映和研究国民经济活动总量。

（一）国内生产总值的概念

国内生产总值（Gross Domestic Product，GDP）是按市场价格计算的、一个国家（地区）所有常住单位在一定时期内生产活动的最终成果。GDP 为其英文名称的缩写，中文译名如对应国家即称为国内生产总值；如对应地区，根据国家统计局在 2004 年初下发文件规定，将地区 GDP 的中文名称改为"地区生产总值"；特定地区的 GDP 用行政区的名字作定语，如"××省生产总值"，简称为"××省 GDP"。

国内生产总值是反映常住单位生产活动成果的指标。常住单位是指在一国经济领土内具有经济利益中心的经济单位。经济领土是指由一国政府控制或拥有的地理领土，也就是在本国的地理范围基础上，还应包括该国驻外使领馆、科研站和援助机构等，并相应地扣除外国驻本国的上述机构（国际机构不属于任何国家的常住单位，但其雇员则属于所在国家的常住居民）。经济利益中心是指某一单位或个人在一国经济领土内拥有一定活动场所，从事一定的生产和消费活动，并持续经营或居住 1 年以上的单位或个人。一个机构或个人只能有一个经济利益中心，一般就机构（单位）而言，不论其资产和管理归属哪个国家控制，只要符合上述标准，该机构在所在国就具有了经济利益中心。就个人而言，不论其国籍属于哪个国家，只要符合上述标准，该居民在所在国就具有经济利益中心。因为常住单位的概念严格地规定了一个国家的经济主体范围，所以其对于确定国内生产总值的计算口径，明确国内与国外的核算界限以及各种交易量的范围都具有重要意义。

中国国内生产总值核算的常住单位是指在中国内地的经济领土范围内拥有一定的活动场所（厂房或住宅），从事一定规模的经济活动，并持续经营 1 年以上的单位（包括住户），不包括中华人民共和国特别行政区香港、澳门以及中国台湾在内的单位。

国内生产总值是 SNA 核算体系中一个重要的综合性指标，也是我国新国民经济核算体系中的核心指标。国内生产总值指标的作用主要体现在以下方面：

（1）国内生产总值指标能综合反映国民经济活动的总量，表明国民经济发展全貌，特别是能反映第三产业活动状况。

（2）国内生产总值指标是衡量国民经济发展规模、速度的基本指标。

（3）国内生产总值指标是分析经济结构和宏观经济效益的基础数据。

（4）国内生产总值指标，有利于分析研究社会最终产品（包括服务）的生产、分配和最终使用情况，能较全面地反映国家、企业和居民三者之间的分配关系。

（5）国内生产总值指标有利于进行国际间的经济对比。

（二）国内生产总值的核算方法

国内生产总值有三种表现形态，即价值形态、收入形态和产品形态，具体分为三种核算方法：即生产法、收入法和支出法。三种方法分别从不同的角度反映国民经济生产活动成果。

1. 生产法

生产法是从生产过程中创造的货物和服务价值入手，剔除生产过程中投入的中间货物和服务价值，得到增加价值的一种方法。国民经济各产业部门生产法增加值计算公式如下：

$$增加值 = 总产出 - 中间投入$$

将国民经济各产业部门生产法增加值相加，得到生产法国内生产总值。

总产出指常住单位在一定时期内生产的所有货物和服务的价值，既包括新增价值，也包括转移价值。它反映常住单位生产活动的总规模。总产出按生产者价格计算。

农林牧渔业总产出采用产品法计算，即凡有产品产量的农产品均按单位产品价格乘产量的方法计算。

工业总产出采用"工厂法"计算。所谓"工厂法"就是以工业企业作为一个整体，按企业工业生产活动的最终成果计算总产出，同一企业内部产品价值不允许重复计算。

建筑业总产出按两种方法计算：一种是从施工企业和自营建设单位的建筑生产活动角度入手直接计算；另一种是从建筑产品所有方的建筑工程造价角度入手计算。考虑到建筑产品的稳定性和施工单位的流动性特点，目前以后一种方法为主。

交通运输仓储和邮政业总产出等于其营业收入。

批发和零售业总产出等于商业附加费，即商品销售收入净额减去商品销售成本。

住宿和餐饮业的总产出等于其营业收入。

银行业总产出等于金融媒介服务活动的虚拟服务收入加实际服务费收入。其中，虚拟服务收入等于利息收入减去利息支出的差额，但应扣除银行业利用自有资金获得的利息收入，实际服务费收入为手续费收入和其他业务收入。银行业总产出的公式如下：

银行业总产出 = 虚拟服务费收入 + 实际服务费收入

　　　　　　 = 各项利息收入 - 各项利息支出 + 手续费收入 + 信托业务收入

　　　　　　 + 融资租赁业务收入 + 外汇业务收入 + 咨询业务收入 + 投资分红收入

保险业总产出的计算方法与银行业类似,等于保费收入与理赔支出之差加其他营业收入。具体公式如下:

　　　保险服务总产出 = 营业收入 - 赔款支出 - 退保金及给付 - 分保费支出

　　　　　　 - 分保赔款及费用支出 - 提存未决赔款准备金

　　　　　　 - 准备金提转差 + 投资收益

其中,营业收入包括保费收入和其他营业收入。

房地产业总产出包括房地产开发经营业总产出、物业管理总产出、房地产中介服务总产出和居民自有住房服务总产出。房地产开发经营业总产出是经营房屋销售的差价收入和从事房地产租赁活动获得的租金收入;物业管理总产出为管理服务的经营收入;房地产中介服务总产出是从事房地产经纪与代理中介活动取得的收入。居民自有住房服务总产出原则上等于按市场上同等住房的房租价格计算的虚拟房租。

其他服务业总产出按以下两种情况分别计算:

一是营利性单位,即以追求利润为主要目标的服务单位,总产出一般按实现的营业收入总额计算。

二是非营利性单位,其经费支出主要来源于国家财政和其他赞助,或虽然有部分营业收入,但无法弥补自身经营活动成本,如公共管理和社会组织等,这类单位的总产出一般按业务活动支出进行计算,即等于经常性业务支出加虚拟折旧,不计算营业盈余。

中间投入指常住单位在一定时期内生产过程中消耗和使用的非固定资产货物和服务的价值。中间投入也称为中间消耗,反映用于生产过程中的转移价值,一般按购买者价格计算。计入中间投入的货物和服务必须具备两个条件:①与总产出的计算范围保持一致;②本期一次性使用的。

增加值即总产出减去中间投入后的差额,反映一定时期内各产业部门生产经营活动的最终成果。

2. 收入法

收入法也称分配法,从生产过程形成收入的角度,对常住单位的生产活动成果进行核算。国民经济各产业部门收入法增加值由劳动者报酬、生产税净额、固定资产折旧和营业盈余四个部分组成。计算公式如下:

　　　增加值 = 劳动者报酬 + 生产税净额 + 固定资产折旧 + 营业盈余

国民经济各产业部门收入法增加值之和等于收入法国内生产总值。

劳动者报酬指劳动者从事生产活动所应得的全部报酬,包括劳动者应得的工资、奖金和津贴,既有货币形式的,也有实物形式的,还有劳动者所享受的公费医疗和医药卫生费、上下班交通补贴和单位为职工缴纳的社会保险费等。对于个体经济来说,其所有者所获得的劳动报酬和经营利润不易区分,这两部分统一作为劳动者报酬处理。

在计算劳动者报酬时,需要注意作为劳动者报酬的实物性收入与中间消耗的界限。如果生产单位向从事生产活动的劳动者提供的货物或服务,可以满足劳动者在闲暇时间里的需要,并可改善和提高他们的实际生活水平,同时,其他普通消费者也可以在市场上购买到这些货物和服务,那么这部分货物和服务就属于劳动者的实物收入。生产单位为了生产能正常进行,为劳动者购买的货物和提供的服务,如因特殊工作需要提供的服装或鞋,因公出差提供的运输和旅馆服务费用等,属于中间投入。

生产税净额指生产税减生产补贴后的差额。生产税指政府对生产单位从事生产、销售和经营活动以及因从事生产活动使用某些生产要素,如固定资产、土地、劳动力所征收的各种税、附加费和规费,包括销售税金及附加、增值税、管理费中开支的各种税、应缴纳的养路费、排污费和水电费附加、烟酒专卖上缴政府的专项收入等。生产补贴与生产税相反,是政府对生产单位单方面的转移支付,因此视为负生产税处理,包括政策性亏损补贴、价格补贴等。

固定资产折旧指一定时期内为弥补固定资产损耗按照核定的固定资产折旧率提取的固定资产折旧,或按国民经济核算统一规定的折旧率虚拟计算的固定资产折旧。它反映了固定资产在当期生产中的转移价值。各种类型企业和企业化管理的事业单位的固定资产折旧指实际计提的折旧费;不计提折旧的单位,如政府机关、非企业化管理的事业单位和居民住房的固定资产折旧则是按照统一规定的折旧率和固定资产原值计算的虚拟折旧。原则上,固定资产折旧应按固定资产的重置价值来计算,但是我国目前尚不具备对全社会固定资产进行重估价的基础,所以暂时采用上述方法来计算。

营业盈余指常住单位创造的增加值扣除劳动者报酬、生产税净额和固定资产折旧后的余额。

3. 支出法

支出法国内生产总值是从最终使用的角度反映一个国家一定时期内生产活动最终成果的一种方法。最终使用包括最终消费、资本形成总额及净出口三部分。计算公式如下:

$$支出法国内生产总值 = 最终消费 + 资本形成总额 + 净出口$$

最终消费指常住单位为满足物质、文化和精神生活的需要,从本国经济领土和国外购买的货物和服务的支出。它不包括非常住单位在本国经济领土内的消费支出。最终消费分为居民消费和政府消费。

（1）居民消费指常住住户在一定时期内对于货物和服务的全部最终消费支出。居民对于货物的最终消费支出在货物的所有权发生变化时记录,对于服务的最终消费支出在服务提供时记录。居民消费按居民支付的购买者价格计算,货物的购买者价格是购买者取得交货所支付的价格,它包括购买者支付的运输和商业费用。居民消费除了直接以货币形式购买的货物和服务的消费支出外,还包括以其他方式获得的货物和服务的消费支出,即所谓的虚拟消费支出。居民虚拟消费支出包括如下几种类型:单位以实物报酬及实物转移的形式提供给劳动者的货物和服务;住户生产并由本住户消费了的货物和服务,其中的服务仅指住户的自有住房服务和付酬的家庭雇员提供的家庭和个人服务;金融机构提供的金融媒介服务;保险公司提供的保险服务。

（2）政府消费指政府部门为全社会提供的公共服务的消费支出和免费或以较低的价格向居民住户提供的货物和服务的净支出。前者等于政府服务的产出价值减去政府单位所获得的经营收入的价值,后者等于政府部门免费或以较低价格向居民住户提供的货物和服务的市场价值减去向住户收取的价值。

资本形成总额指常住单位在一定时期内获得减去处置的固定资产和存货的净额,包括固定资本形成总额和存货增加两部分。

（1）固定资本形成总额指生产者在一定时期内获得的固定资产减处置的固定资产的价值总额。固定资产是通过生产活动生产出来的,且其使用年限在1年以上、单位价值在规定标准以上的资产,不包括自然资产。可分为有形固定资本形成总额和无形固定资本形成总额。有形固定资本形成总额包括一定时期内完成的建筑工程、安装工程和设备工器具购置（减处置）价值,以及土地改良、新增役、种、奶、毛、娱乐用牲畜和新增经济林木价值。无形固定资本形成总额包括矿藏的勘探、计算机软件等获得减处置。

（2）存货增加指常住单位在一定时期内存货实物量变动的市场价值,即期末价值减期初价值的差额,再扣除当期由于价格变动而产生的持有收益。存货增加可以是正值,也可以是负值,正值表示存货上升,负值表示存货下降。存货包括生产单位购进的原材料、燃料和储备物资等存货,以及生产单位生产的产成品、在制品和半成品等存货。

货物和服务净出口指货物和服务出口减货物和服务进口的差额。出口包括常住单位向非常住单位出售或无偿转让的各种货物和服务的价值;进口包括常住单位从非常住单位购买或无偿得到的各种货物和服务的价值。由于服务活动的提供与使用同时发生,一般把常住单位从非常住单位得到的服务作为进口,非常住单位从常住单位得到的服务作为出口。货物的出口和进口都按离岸价格计算。

用以上三种方法计算出的国内生产总值,从理论上讲应当相等,称为"三面等值",但是,由于资料来源不同,实际上三种结果往往会存在差异,这种差异属统计误差。

【例9-1】　设某地区2012年的有关资料如表9-1所示。

表 9-1　　　　　　　　　　某地区 2012 年国民经济资料表　　　　　　　　单位:亿元

生　产		使　用	
总产出	30 000	居民消费	5 600
中间投入	19 713	政府消费	2 510
固定资产折旧	1 480	固定资本形成	2 010
劳动者报酬	5 240	存货增加	27
生产税	610	出口	1 200
生产补贴	15	进口	1 060
营业盈余	2 972		

根据以上资料,分别用生产法、收入法和支出法计算该地区当年的地区生产总值。

解:(1) 生产法。

$$地区生产总值 = 总产出 - 中间投入$$
$$= 30\ 000 - 19\ 713 = 10\ 287(亿元)$$

(2) 收入法。

$$地区生产总值 = 劳动者报酬 + 生产税净额 + 固定资产折旧 + 营业盈余$$
$$= 5\ 240 + (610 - 15) + 1\ 480 + 2\ 972$$
$$= 10\ 287(亿元)$$

(3) 支出法。

$$地区生产总值 = 最终消费 + 资本形成总额 + 净出口$$
$$= (5\ 600 + 2\ 510) + (2\ 010 + 27) + (1\ 200 - 1\ 060)$$
$$= 10\ 287(亿元)$$

(三) 不变价核算

不变价国内生产总值核算的目的是剔除按现期市场价格衡量的国内生产总值中的价格变动因素,以反映一定时期内生产活动最终成果的实际变动。

不变价国内生产总值的生产法核算是将各产业部门现价增加值换算成不变价增加值,各产业部门不变价增加值加总得出不变价国内生产总值。不变价的生产法核算方法基本上有两种,即缩减法和外推法。

(1) 缩减法又分为双缩法和单缩法。双缩法是分别利用产出价格指数和中间投入价格指数缩减现价总产出和现价中间投入,得出不变价总产出和不变价中间投入,不变价总产出减去不变价中间投入得到不变价增加值。单缩法一般是直接利用总产出价格指数缩减现价增加值,求得不变价增加值。单缩法假定中间投入的价格变化与总产出的价格变化基本上保持相同的幅度。

（2）外推法也分为双外推法和单外推法。双外推法是在基期不变价总产出和中间投入的基础上，分别用总产出物量指数和中间投入物量指数外推出当期不变价总产出和中间投入，当期不变价总产出减不变价中间投入得出当期不变价增加值。单外推法一般是利用总产出物量指数乘以基期不变价增加值，求得当期不变价增加值。这种方法是假定中间投入的物量变化与总产出的物量变化基本上保持相同的幅度。目前我国不变价国内生产总值生产核算，农林牧渔业采用的是双缩法，交通运输、仓储和邮政业采用的是外推法，其他行业都是单缩法。

二、国民生产总值

国民生产总值（Gross National Product，简称 GNP），指一个国家所有常住单位在一定时期内实际收到的原始收入（包括劳动者报酬、生产税净额、固定资产折旧和营业盈余等）总和价值。它等于一定时期内国内生产总值与来自国外的要素净收入之和。来自国外的要素净收入，就是本国从国外（非常住单位）获得的劳动报酬和财产收入（如利息、红利、租金等），减去国外（非常住单位）从本国获得的劳动报酬和财产收入的净额。

国民生产总值和国内生产总值的关系可用公式表示如下：

$$国民生产总值 = 国内生产总值 + \frac{来自国外的劳动者}{报酬和财产收入} - \frac{国外从本国获得的}{报酬和财产收入}$$

或 $$= 国内生产总值 + 国外要素收入净额$$

$$国外要素收入净额 = \frac{来自国外的劳动者}{报酬和财产收入} - \frac{国外从本国获得的}{报酬和财产收入}$$

$$= \frac{来自国外的劳动者}{报酬净额} + \frac{来自国外的}{财产收入净额}$$

式中，来自国外的劳动者报酬净额指常住居民从非常住单位获得的劳动者报酬与非常住居民从常住单位获得的劳动者报酬相抵后的差额；来自国外的财产收入净额是指常住单位从非常住单位获得的财产收入与非常住单位从常住单位获得的财产收入相抵后的差额。

国民生产总值反映了本国常住单位原始收入（收入初次分配的最终成果）的总和，因此，它与国内生产总值不同，国内生产总值是一个生产概念，而国民生产总值则是一个收入概念，在联合国的新 SNA 核算体系中已将国民生产总值改称为国民总收入（GNI）。

第三节　经济增长统计

经济增长一般指一国或地区物质产品和劳务总量的增加，所以，一般需用国内生产总值作为分析经济增长的基础指标。经济增长统计中常用的指标有:经济增长率、平均经济增长率、人均国内生产总值增长率和经济翻一番所需时间等。

一、经济增长率

经济增长率即国内生产总值的增长速度。其计算公式如下:

$$经济增长率 = \frac{报告期国内生产总值 - 基期国内生产总值}{基期国内生产总值}$$

或　　　　　　　　　$$= 国内生产总值发展速度 - 1(或 100\%)$$

按现行价格计算的国内生产总值的增长,其中既反映了物质产品和劳务数量的增加,还反映了这些物质产品和劳务价格上涨带来的增加,通常将其称为名义经济增长率;而计算经济增长率的目的在于反映物质产品和劳务数量的实际增加情况,因此,需要从国内生产总值增长变动中剔除物价变动的因素,才能求得实际的经济增长幅度,即实际经济增长率。实际经济增长率需用不变价格计算,这样各时期的国内生产总值指标才具有可比性。

名义经济增长率和实际经济增长率之间的关系如下:

$$(1 + 名义经济增长率) = (1 + 实际经济增长率) \times 价格指数$$

如果测量到名义经济增长率和价格指数,则上式可用于推算实际经济增长率,即

$$实际经济增长率 = \frac{1 + 名义经济增长率}{价格指数} - 1$$

一般来说,度量经济增长率应该使用实际经济增长率指标。

二、平均经济增长率

平均经济增长率即国内生产总值的年平均增长速度。一般采用几何平均法,其计算公式如下:

$$平均经济增长率 = \sqrt[n]{\frac{a_1}{a_0} \times \frac{a_2}{a_1} \times \frac{a_3}{a_2} \times \cdots \times \frac{a_n}{a_{n-1}}} - 1 = \sqrt[n]{\frac{a_n}{a_0}} - 1$$

式中　$a_0, \cdots, a_n$ 分别表示基期至报告期的各期国内生产总值;

n 表示计算时间的年份数。

一般公式中的国内生产总值需按不变价格计算,另外要注意的是用几何平均法计算平均经济增长率应满足两个条件:①若干个比率或速度的乘积等于总比率或总速度;②相乘的各比率或速度不得为负值。

三、人均国内生产总值增长率

要反映一国或一个地区的实际经济水平增长速度,还需要计算人均国内生产总值增长率指标,因为各国或各地区人口增长的情况不同,所以经济发展的真实水平需用物质产品和劳务的总量再结合人口的情况来分析。计算方法如下:先用各期的国内生产总值除以各期的总人口数,得出各期人均国内生产总值,再对它们计算增长率。

四、经济翻一番所需时间的预测

根据国内生产总值计算的年平均增长率,可以预测其翻一番所需要的时间,该计算公式的推导如下:

因为 $\bar{x} = \sqrt[n]{\dfrac{a_n}{a_0}}$

又因翻一番时的发展速度为 2(即 200%)

则 $n\lg \bar{x} = \lg 2$

所以,翻一番所需时间的预测公式如下:

$$n = \frac{\lg 2}{\lg \bar{x}} = \frac{0.301\,0}{\lg(1+r)}$$

式中 r 表示平均增长率。

以上为经济增长分析常用的四个指标。除了用国内生产总值计算以外,根据研究的需要,也可以用其他产值指标进行计算和分析,计算方法相同。

五、经济增长因素分析

统计上在用经济增长率反映社会生产变动的程度的同时,还需进一步对经济增长的影响因素加以剖析,分析经济增长影响因素的方法主要有指数体系法和经济模型法。

1. 指 数 体 系 法

依据各种社会经济现象之间的联系,建立指数体系,用其来分析经济增长的影响因素的方法,称为指数体系法。具体分析时可以按照目的不同,编制不同的指数体系。一般常用的指数体系主要有:

GDP 指数 = 劳动者人数指数 × 劳动生产率指数

人均 GDP 指数 = 劳动生产率指数 × 劳动者人数占总人口数比重指数

GDP 指数 = 人均 GDP 指数 × 总人口指数

人均 GDP 指数 = $\dfrac{GDP\ 指数}{总人口指数}$

在运用指数体系作经济增长因素分析时,除了从相对数上分析外,还应该从绝对数上进行分析。

2. 经济模型法

经济模型法是用数学公式的形式建立一定的经济模型,用其来分析经济增长影响因素的方法。比较著名的有英国牛津大学的哈罗德和美国麻省理工学院的多马提出的哈罗德—多马经济增长模型,以及美国数学家科布和经济学家道格拉斯在 1928 年共同提出的科布—道格拉斯生产函数等。

练 习 九

一、单项选择题

1. 常住单位是指在一国(　　)具有经济利益中心的经济单位。

A. 地理领土　　　　B. 领海　　　　C. 领空　　　　D. 经济领土

2. 下列方法中,不属于国内生产总值核算方法的是(　　)。

A. 生产法　　　　B. 成本法　　　　C. 收入法　　　　D. 支出法

3. 从生产过程形成收入的角度,对常住单位的生产活动成果进行核算的方法也称(　　)。

A. 生产法　　　　B. 成本法　　　　C. 分配法　　　　D. 支出法

4. 产业部门分类是按照主产品同质性的原则对(　　)进行的部门分类。

A. 机构单位　　　　　　　　B. 产业活动单位

C. 基层单位　　　　　　　　D. 基本单位

5. 合理反映一定时期内生产活动最终成果的实际变动的国内生产总值指标应该是以(　　)核算的。

A. 市场价　　　　B. 成本价　　　　C. 现价　　　　D. 不变价

6. 平均经济增长率一般采用(　　)计算。

A. 算术平均法　　　　　　　　B. 几何平均法

C. 简单平均法　　　　　　　　D. 加权平均法

7. SNA 的核算范围(　　)。

A. 限于物质产品的核算　　　　B. 限于非物质产品的核算

C. 限于服务产品的核算　　　　D. 覆盖国民经济各部门

8. 一般采用(　　)作为分析经济增长的基础指标。

A. 国民生产总值　　　　　　　　B. 增加值

C. 国内生产总值　　　　　　　　D. 劳动生产率

二、多项选择题

1. 国民经济核算中对企业规模的划分标准通常包括(　　)。

A. 投资总额　　　　　　　　　　B. 从业人员数

C. 营业收入　　　　　　　　　　D. 利润总额

E. 资产总额

2. 下列各项中,属于基本核算表的有(　　)。

A. 国内生产总值表　　　　　　　B. 投入产出表和资产负债表

C. 综合价格指数表　　　　　　　D. 资金流量表和国际收支表

E. 自然资源实物量核算表

3. 我国国民经济中常用的分类标准主要有(　　)。

A. 三次产业分类　　　　　　　　B. 产业部门分类

C. 按经济性质分类　　　　　　　D. 机构部门分类

E. 按企业规模分类

4. 国民账户体系(　　)。

A. 简称 MPS

B. 简称 SNA

C. 核算货物和服务的实物流量

D. 不核算货物和服务的实物流量

E. 主要采用复式记账法

5. 物质产品平衡表体系(　　)。

A. 简称 MPS

B. 简称 SNA

C. 限于物质产品的核算

D. 核算范围覆盖整个国民经济

E. 主要采用平衡表法

三、思考题

1. 我国国民经济核算中常用的分类标准有哪些?

2. 国内生产总值有几种表现形态?具体的核算方法又分为几种?

3. 经济增长统计中常用的指标有哪些?

四、计算题

已知某地区 2012 年的有关统计资料如表 9-2 所示。

表 9-2   某地区 2012 年的有关统计资料表

单位：亿元

生　　　产		使　　　用	
总产出	28 229.3	居民消费	6 537.3
中间投入	15 662.9	政府消费	1 463.0
固定资产折旧	1 322.2	固定资本形成	4 183.3
劳动者报酬	6 476.8	存货增加	627.0
生产税	1 570.8	出口	1 728.1
补贴	689.7	进口	1 972.3
营业盈余	3 886.3		

根据以上资料，分别用生产法、收入法和支出法计算该地区当年的地区生产总值。

阅读资料九

国民经济核算相关指标解释

国内生产总值（GDP）　指按市场价格计算的一个国家（或地区）所有常住单位在一定时期内生产活动的最终成果。国内生产总值有三种表现形态，即价值形态、收入形态和产品形态。从价值形态看，它是所有常住单位在一定时期内生产的全部货物和服务价值与同期投入的全部非固定资产货物和服务价值的差额，即所有常住单位的增加值之和；从收入形态看，它是所有常住单位在一定时期内创造并分配给常住单位和非常住单位的初次收入之和；从产品形态看，它是所有常住单位在一定时期内最终使用的货物和服务价值与货物和服务净出口价值之和。在实际核算中，国内生产总值有三种计算方法，即生产法、收入法和支出法。三种方法分别从不同的方面反映国内生产总值及其构成。

对于一个地区来说，称为地区生产总值或地区 GDP。

国民总收入（GNI）　即国民生产总值，指一个国家（或地区）所有常住单位在一定时期内收入初次分配的最终结果。一国常住单位从事生产活动所创造的增加值在初次分配中主要分配给该国的常住单位，但也有一部分以生产税及进口税（扣除生产和进口补贴）、劳动者报酬和财产收入等形式分配给非常住单位；同时，国外生产所创造的增加值也有一部分以生产税及进口税（扣除生产和进口补贴）、劳动者报酬和财产收入等形式分配给该国的常住单位，从而产生了国民总收入的概念。它等于国内生产总值加上来自国外的净要素收入。与国内生产总值不同，国民总收入是个收入概念，而国内生产总值是个生产概念。

三次产业　三次产业的划分是世界上较为常用的产业结构分类，但各国的划分不尽一致。我国的三次产业划分是：

第一产业是指农、林、牧、渔业。

第二产业是指采矿业，制造业，电力、煤气及水的生产和供应业，建筑业。

第三产业是指除第一、第二产业以外的其他行业。

劳动者报酬　指劳动者因从事生产活动所获得的全部报酬。包括劳动者获得的各种形式的工资、奖金和津贴，既包括货币形式的，也包括实物形式的，还包括劳动者所享受的公费医疗和医药卫生费、上下班交通补贴、单位支付的社会保险费、住房公积金等。

生产税净额　指生产税减生产补贴后的余额。生产税指政府对生产单位从事生产、销售和经营活动以及因从事生产活动使用某些生产要素（如固定资产、土地、劳动力）所征收的各种税、附加费和规费。生产补贴与生产税相反，指政府对生产单位的单方面转移支出，因此视为负生产税，包括政策亏损补贴、价格补贴等。

固定资产折旧　指一定时期内为弥补固定资产损耗按照规定的固定资产折旧率提取的固定资产折旧，或按国民经济核算统一规定的折旧率虚拟计算的固定资产折旧。它反映了固定资产在当期生产中的转移价值。各类企业和企业化管理的事业单位的固定资产折旧是指实际计提的折旧费；不计提折旧的政府机关、非企业化管理的事业单位和居民住房的固定资产折旧是按照统一规定的折旧率和固定资产原值计算的虚拟折旧。原则上，固定资产折旧应按固定资产的重置价值计算，但是目前我国尚不具备对全社会固定资产进行重估价的基础，所以暂时只能采用上述办法。

营业盈余　指常住单位创造的增加值扣除劳动者报酬、生产税净额和固定资产折旧后的余额。它相当于企业的营业利润加上生产补贴，但要扣除从利润中开支的工资和福利等。

支出法国内生产总值　是从最终使用的角度反映一个国家（或地区）一定时期内生产活动最终成果的一种方法，包括最终消费支出、资本形成总额及货物和服务净出口三部分。计算公式为：

$$支出法国内生产总值 = 最终消费支出 + 资本形成总额 + 货物和服务净出口$$

最终消费支出　指常住单位为满足物质、文化和精神生活的需要，从本国经济领土和国外购买的货物和服务的支出。它不包括非常住单位在本国经济领土内的消费支出。最终消费支出分为居民消费支出和政府消费支出。

居民消费支出　指常住住户在一定时期内对于货物和服务的全部最终消费支出。居民消费支出除了直接以货币形式购买的货物和服务的消费支出外，还包括以其他方式获得的货物和服务的消费支出，即所谓的虚拟消费支出。居民虚拟消费支出包括如下几种类型：单位以实物报酬及实物转移的形式提供给劳动者的货物和服务；住户生产并由本住户消费了的货物和服务，其中的服务仅指住户的自有住房服务和付酬的家庭雇员提供的家庭和个人服务；金融机构提供的金融媒介服务。

政府消费支出 指政府部门为全社会提供的公共服务的消费支出和免费或以较低的价格向居民住户提供的货物和服务的净支出,前者等于政府服务的产出价值减去政府单位所获得的经营收入的价值,后者等于政府部门免费或以较低价格向居民住户提供的货物和服务的市场价值减去向住户收取的价值。

资本形成总额 指常住单位在一定时期内获得减去处置的固定资产和存货的净额,包括固定资本形成总额和存货变动两部分。

固定资本形成总额 指常住单位在一定时期内获得的固定资产减处置的固定资产的价值总额。固定资产是通过生产活动生产出来的,且其使用年限在 1 年以上、单位价值在规定标准以上的资产,不包括自然资产。可分为有形固定资本形成总额和无形固定资本形成总额。有形固定资本形成总额包括一定时期内完成的建筑工程、安装工程和设备工器具购置(减处置)价值,以及土地改良、新增役、种、奶、毛、娱乐用牲畜和新增经济林木价值。无形固定资本形成总额包括矿藏的勘探、计算机软件等获得减处置。

存货变动 指常住单位在一定时期内存货实物量变动的市场价值,即期末价值减期初价值的差额,再扣除当期由于价格变动而产生的持有收益。存货变动可以是正值,也可以是负值,正值表示存货上升,负值表示存货下降。存货包括生产单位购进的原材料、燃料和储备物资等存货,以及生产单位生产的产成品、在制品和半成品等存货。

货物和服务净出口 指货物和服务出口减货物和服务进口的差额。出口包括常住单位向非常住单位出售或无偿转让的各种货物和服务的价值;进口包括常住单位从非常住单位购买或无偿得到的各种货物和服务的价值。由于服务活动的提供与使用同时发生,一般把常住单位从非常住单位得到的服务作为进口,非常住单位从常住单位得到的服务作为出口。货物的出口和进口都按离岸价格计算。

直接消耗系数 也称为投入系数,记为 $a_{ij}(i,j=1,2,\cdots,n)$ 它是指在生产经营过程中第 j 产品(或产业)部门的单位总产出所直接消耗的第 i 产品部门货物或服务的价值量,将各产品(或产业)部门的直接消耗系数用表的形式表现出来,就是直接消耗系数表或直接消耗系数矩阵,通常用字母 A 表示。

完全消耗系数 指第 j 产品部门每提供一个单位最终使用时,对第 i 产品部门货物或服务的直接消耗和间接消耗之和。将各产品部门的完全消耗系数用表的形式表现,就是完全消耗系数表或完全消耗系数矩阵,通常用字母 B 表示。

机构单位 指有权拥有资产和承担负债,能够独立地从事经济活动并与其他实体进行交易的经济实体。

机构部门 将相同性质的机构单位归并在一起,就形成机构部门。资金流量核算将常住机构单位划分为以下四个机构部门:非金融企业部门、金融机构部门、政府部门、住户部门。与常住单位发生经济往来关系的非常住单位组成国外部门,在资金流量核算中也视同机构部门。

非金融企业与非金融企业部门　非金融企业指主要从事市场货物生产和提供非金融市场服务的常住企业，它主要包括从事上述活动的各类法人企业。所有非金融企业归并在一起，就形成非金融企业部门。

金融机构与金融机构部门　金融机构指主要从事金融媒介以及与金融媒介密切相关的辅助金融活动的常住单位，它主要包括中央银行、商业银行和政策性银行、非银行信贷机构、证券机构、保险机构及其他金融机构。所有金融机构归并在一起，就形成金融机构部门。

政府单位与政府部门　政府单位指在我国境内通过政治程序建立的、在一特定区域内对其他机构单位拥有立法、司法和行政权的法律实体及其附属单位。政府单位的主要职能是利用征税和其他方式获得的资金向社会和公众提供公共服务。通过转移支付，对社会收入和财产进行再分配。它主要包括各种行政单位和非营利性事业单位。所有政府单位归并在一起，就形成政府部门。

住户与住户部门　住户指共享同一生活设施、部分或全部收入和财产集中使用、共同消费住房、食品和其他消费品与消费服务的常住个人或个人群体。所有住户归并在一起，就形成住户部门。

非常住单位与国外部门　所有不具有常住性的机构单位都是非常住单位。将所有与我国常住单位发生交易的非常住单位归并在一起，就形成国外部门。

初次分配总收入　初次分配是生产活动形成的净成果在参与生产活动的生产要素的所有者及政府之间的分配。生产活动的净成果是增加值。生产要素包括劳动力、土地、资本。劳动力所有者因提供劳动而获得劳动报酬；土地所有者因出租土地而获得地租；资本的所有者因资本的形态不同而获得不同形式的收入：借贷资本所有者获得利息收入；股权所有者获得红利或未分配利润；政府因直接或间接介入生产过程而获得生产税或支付补贴。初次分配的结果形成各个机构部门的初次分配总收入。各部门的初次分配总收入之和就等于国民总收入，亦即国民生产总值。

经常转移　转移是一个机构单位向另一个机构单位提供货物、服务或资产，而同时并没有从后一机构单位获得任何货物、服务或资产作为回报的一种交易。经常转移包括扣除资本转移外的所有转移。其形式有收入税、社会保险缴款、社会保险福利、社会补助和其他经常转移。

可支配总收入　在初次分配总收入的基础上，通过经常转移的形式对初次分配总收入进行再次分配。再分配的结果形成各个机构部门的可支配总收入。各部门的可支配总收入之和称为国民可支配总收入。

总储蓄　指可支配总收入用于最终消费后的余额。各部门的总储蓄之和称为国民总储蓄。

资本转移　指一个部门无偿地向另一个部门支付用于非金融投资的资金，是一种不从对方获取任何对应物作为回报的交易。资本转移具有不同于经常转移的两个特征，一是转移的目的是用于投资,而不是用于消费;二是资本转移其实物形式往往涉及除存货和现金以外资产所有权的转移;其现金形式往往涉及除存货以外的资产的处置。资本转移包括投资性补助和其他资本转移。

净金融投资 它反映机构部门或经济总体资金富余或短缺的状况。从实物交易角度看,它是指总储蓄加资本转移收入减资本转移支出减资本形成总额,再加上其他非金融资产获得减处置后的余额。从金融交易角度看,它是金融资产的增加额减金融负债的增加额之后的差额。

通货 指以现金形式存在于市场流通中的货币,包括本币和外币。

存款,指金融机构接受客户存入的货币款项,存款人可随时或按约定时间支取款项的信用业务。包括活期存款、定期存款、住户储蓄存款、财政存款、外汇存款和其他存款等。

贷款 指金融机构将其所吸收的资金,按一定的利率贷放给客户并约期归还的信用业务。包括短期贷款、中长期贷款、财政贷款、外汇贷款和其他贷款。

证券(不含股票) 由债券购买者承购的或因销售产品而拥有的,可在金融市场上交易并代表一定债权的书面证明。包括政府债券、金融债券、企业债券、商业票据、支付固定收入但不提供法人企业残余价值分享权的优先股等。

股票及其他股权 指股票购买者及直接投资者对其投资企业净资产所拥有的权益。股票是股份公司签发的证明股东投资并按其所持股份享有权益和承担义务的权益性证券。其他股权是机构单位以直接投资的方式用除股票、债权性证券以外的土地、房屋及建筑物、机器设备、存货、资源资产等实物资产,商标、专利权、土地使用权、特许使用权、商誉等无形资产及货币资金直接向其他单位进行的投资。通常以股权证、出资证明书、参与证或类似的单据为凭证。

保险准备金 指对人寿保险准备金和养恤基金的净权益、保险费预付款和未结索赔准备金。

结算资金 指金融机构用于结算目的汇兑在途的资金。

金融机构往来 指各金融机构之间的资金往来,包括同业存放款和同业拆借款。

准备金 指各金融机构在中央银行的存款及缴存中央银行的法定准备金。

中央银行贷款 指中央银行向各金融机构的贷款。

经常项目 包括货物、服务、收益及经常性转移。

货物进出口 指通过我国海关进出口的货物。货物的进出口值都按离岸价格估价。离岸价格可视为进口商在出口商边境领取货物时支付的购买者价格。当进口商领取该货物时,该货物已装载到进口商自己的运载工具或其他运载工具,出口商已为该货物支付了出口税或获得了出口退税。

服务进出口 指常住单位与非常住单位之间相互提供的服务。包括运输服务、旅游服务、通讯服务、建筑服务、保险服务、金融服务、计算机和信息服务、咨询服务、广告、宣传服务、电影音像服务、专有权力使用费和特许费、其他商务服务、政府服务。

收益 指常住单位与非常住单位之间因相互提供生产要素而产生的收入,包括劳动者报酬和投资收益。其中投资收益包括直接投资、证券投资和其他投资的收益和支出,以及直接投资收益的再投资。

资本项目 包括移民转移、债务减免等资本性转移。

金融项目 包括直接投资、证券投资和其他投资。

直接投资 指外国、港澳台地区在我国和我国在外国、港澳台地区以独资、合资、合作及合作勘探开发方式进行的投资。

证券投资 指我国对外国、港澳台地区发行的股票、债券等有价证券和我国购买外国、港澳台地区发行的股票、债券等有价证券。

其他投资 指除直接投资和证券投资以外的所有对外金融资产与负债交易项目。包括外国提供给我国和我国提供给外国的贸易信贷、贷款、货币和存款以及其他资产。

储备资产增减额 指我国在黄金储备、外汇储备、在国际货币基金组织的储备头寸、特别提款权、使用基金信贷等方面本年末与上年末余额之间的差额。负号表示储备资产增加,正号表示储备资产减少。

(资料来源:国家统计局网站)

第十章 SPSS 的应用

学习目标

1. 掌握 SPSS 数据的定义,学会对问卷数据的处理方法,建立 SPSS 数据文件。
2. 熟练掌握频数分析、描述统计分析和交叉列联分析的调用方法,并解释其结果。
3. 熟练运用 SPSS 进行相关分析与回归分析。

第一节 SPSS 数据文件的建立

SPSS 是国际上最知名的统计软件之一,应用非常广泛。SPSS 软件的操作方法比较简单,操作界面比较友好,输出结果清晰易懂。只要把调查的数据按一定的规则输入到 SPSS 中,然后调用适当的统计分析方法,就可以输出所需要的结果,因此,SPSS 适应各个层面人员的统计需求。

数据文件是 SPSS 统计分析的基础,只有建立了数据文件,才能进行各种统计分析。本节首先简单介绍 SPSS 软件(16.0 版本),然后讲述 SPSS 数据文件的变量定义方法、SPSS 数据的录入和编辑以及 SPSS 数据的保存,为下面的统计分析作准备。

一、SPSS 入门

1. SPSS 的启动与退出

1) SPSS 的启动

SPSS 的启动方式有多种,安装成功后系统会自动在桌面上设置快捷方式图标,双击该图标即可启动 SPSS,也可单击 Windows 的开始→程序→SPSS16.0 即可。

SPSS 启动成功后首先出现主窗口,闪现如图 10-1

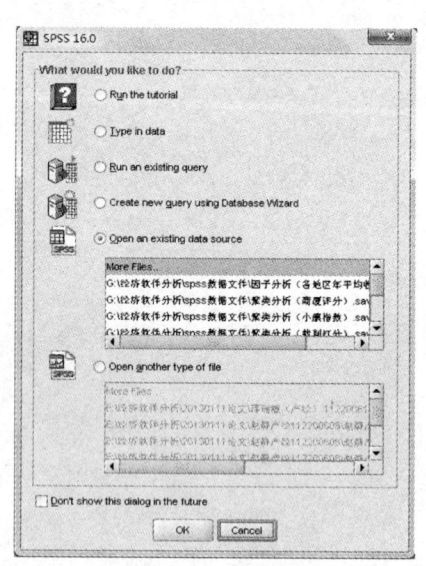

图 10-1 版本提示画面

所示的版本提示画面,框中提供 6 个选项供打开不同类型的文件。默认状态是 Open an existing data source 选项,你可以打开一个已有的数据文件(. SAV 文件)。也可以在此按 Cancel 按钮,然后在主窗口界面(也称数据编辑窗口)图10-2中,选择 File→open→data,打开一个数据文件。

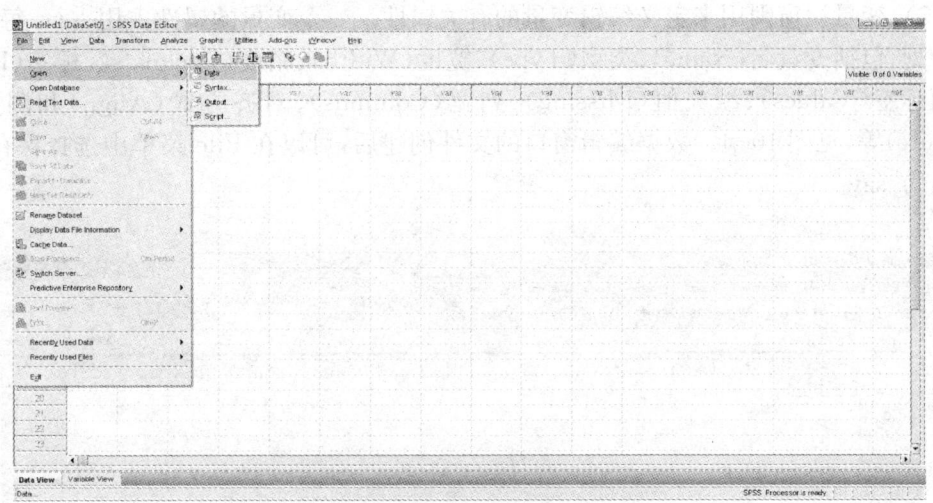

图 10-2　SPSS 数据编辑窗口

2) SPSS 的退出

使用 File 菜单中的"Exit"菜单项退出 SPSS,或者单击数据编辑窗口右上角的"×",退出 SPSS。

2. SPSS 主要窗口及其功能

SPSS 系统提供两种操作运行方式:窗口菜单方式和程序方式。前者运行简便、直观,因此,这里主要介绍窗口菜单运行方式。SPSS 系统窗口主要有三类:数据编辑窗口(SPSS Data Editor)、结果输出窗口(SPSS Viewer)和语句编辑窗口(SPSS Syntax Editor),下面分别介绍各自的功能及特点。

1) 数据编辑窗口

系统启动后自动打开的窗口就是数据编辑窗口,主要用于准备、整理数据以及调用统计分析过程等。SPSS16.0 可以同时打开多个数据文件,但当前文件只有一个,SPSS 调用统计分析过程时,只对当前文件操作有效。用户可以通过 Window 菜单选择多个打开数据文件中的某一数据文件作为当前文件进行操作。在窗口标题栏中会显示当前打开的数据文件名,若是新建数据文件,则系统默认文件名为 Untitled(见图 10-2)。

数据显示区是数据编辑窗口的主要区域,由两张工作表组成,即数据视窗(Data View)

和变量视窗(Variable View),可以通过点选左下方的视窗标签进行视窗的切换,也可以通过菜单项 View→Data/Variables 进行切换。

每张工作表都是一张可扩展的二维数据表格。其中,数据视窗主要用于显示和编辑数据,系统自动取最左列显示记录号,最顶行显示变量名,要分析处理的数据存放在表格中(见图 10-3)。变量视窗则用来定义编辑变量的有关属性。一个变量的属性占用一行,每种属性各占一列,包括变量名(Name)、类型(Type)、宽度(Width)、精度(Decimals)、标签(Label)、变量值标签(Values)、缺失值(Missing)、列宽(Columns)、对齐方式(Align)和测量类型(Measure)等,见图 10-4。数据编辑窗口的文件创建后,可以在 File 菜单中选择保存,文件扩展名为. sav。

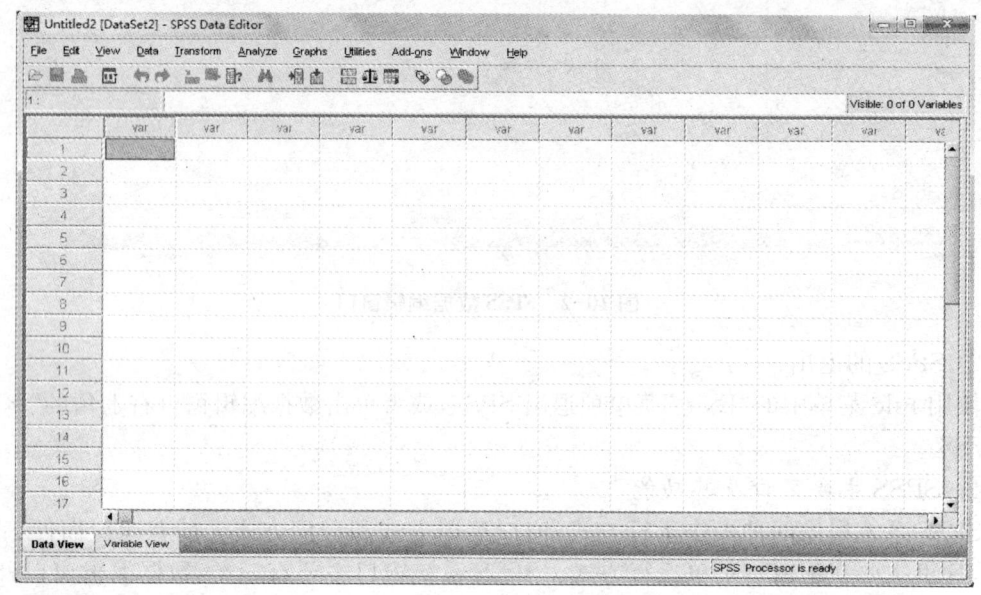

图 10-3　数据视窗

2) 结果输出窗口

结果输出窗口用于显示分析结果和系统信息。系统启动时并不打开输出窗口,当完成首次统计分析过程后会自动打开。如果处理成功,就显示处理结果(见图 10-5);如果处理过程中发生错误或失败,则提示出错信息。在窗口标题栏中会显示当前打开的输出结果文件名,若是新建的输出文件,则系统默认文件名为 Output1(见图 10-5)。如果以后再建数据文件就自动命名为 Output2、Output3 等。可以在 File 菜单中选择另存为,保存为你需要的文件名,文件扩展名为. spv。如果以后想调用输出文件,用户可以通过菜单,单击 File→Open→Output,打开一个保存的输出文件到输出窗口。

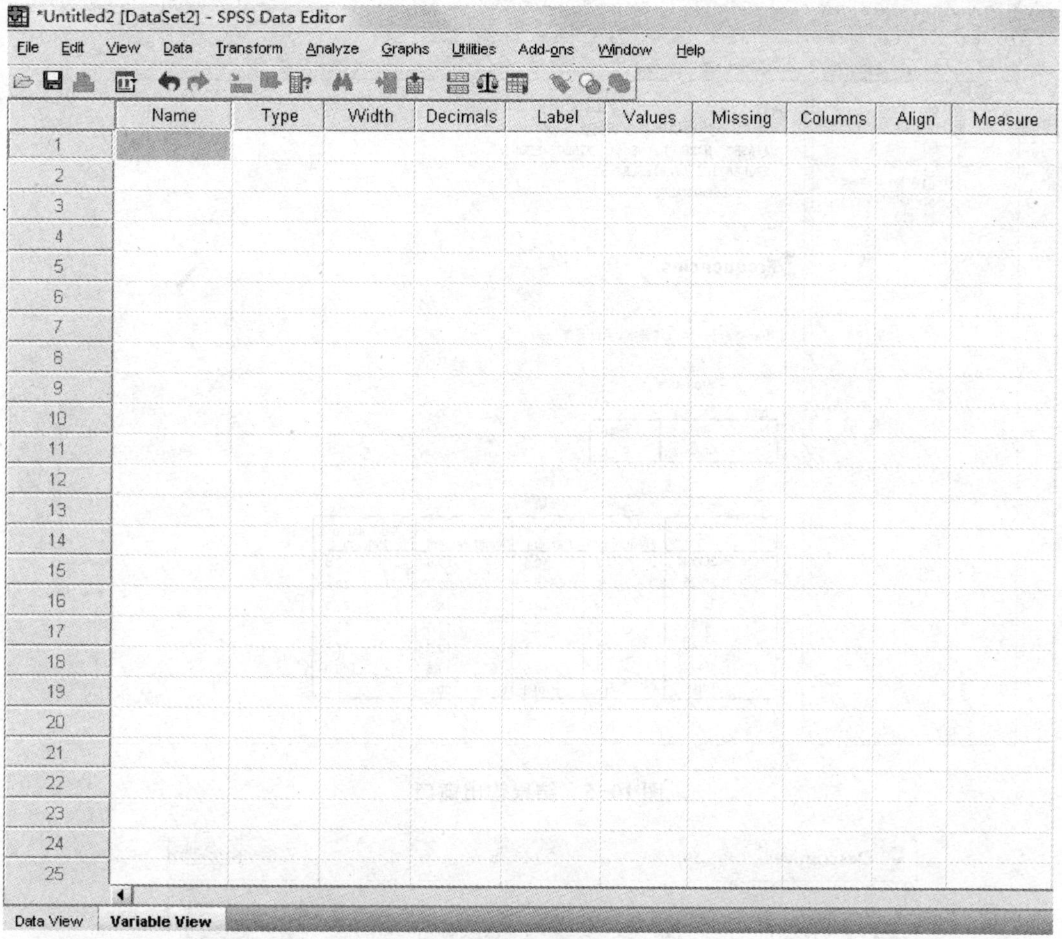

图 10-4 变量视窗

3）语句编辑窗口

语句编辑窗口是用来输入和编辑用 SPSS 命令语言编写的程序。在 SPSS 几乎所有过程对话框中，均存在为编程准备的 Paste 按钮（见图 10-6），单击此按钮，系统就会自动打开语句编辑窗口，并将该过程对应的 SPSS 语句粘贴到窗口中（见图 10-7）。在窗口标题栏中会显示当前打开的语法文件名，若是新建的输出文件，则系统默认文件名为 Syntax1（见图 10-7）。语句编辑窗口的语句可以在 File 菜单中选择保存，文件扩展名为 .sps。以后，用户可以通过菜单，单击菜单 File→Open→Syntax，打开一个已经保存的语法文件。SPSS16.0 也可以在输出结果的同时，输出执行的语句，此语句在输出的结果前面可以看到。

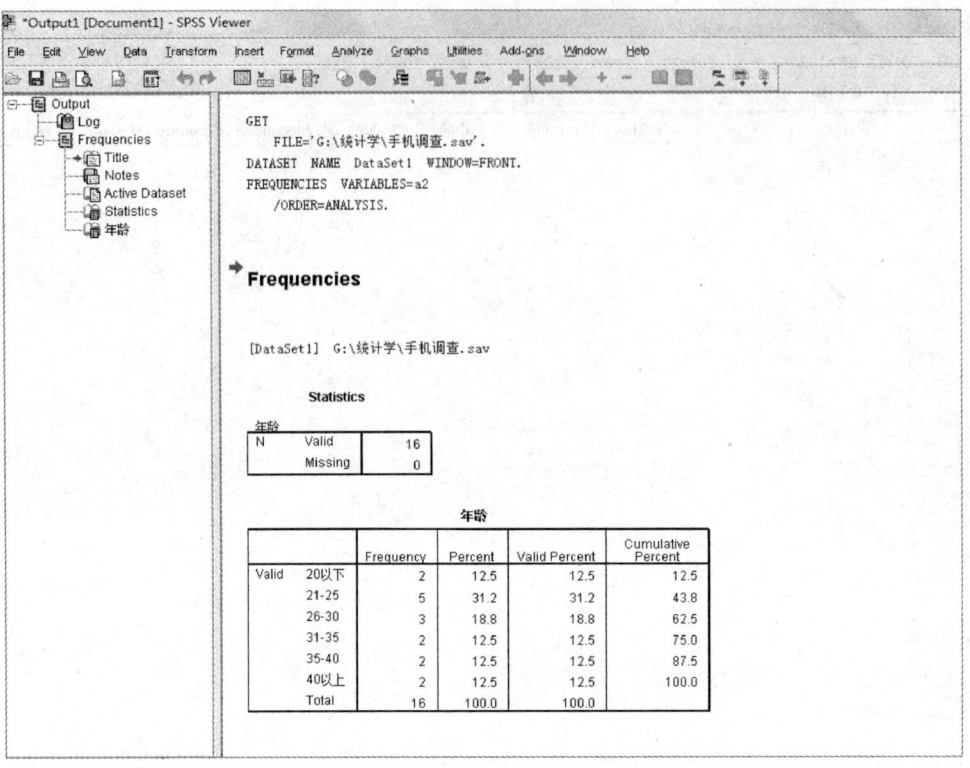

图 10-5　结果输出窗口

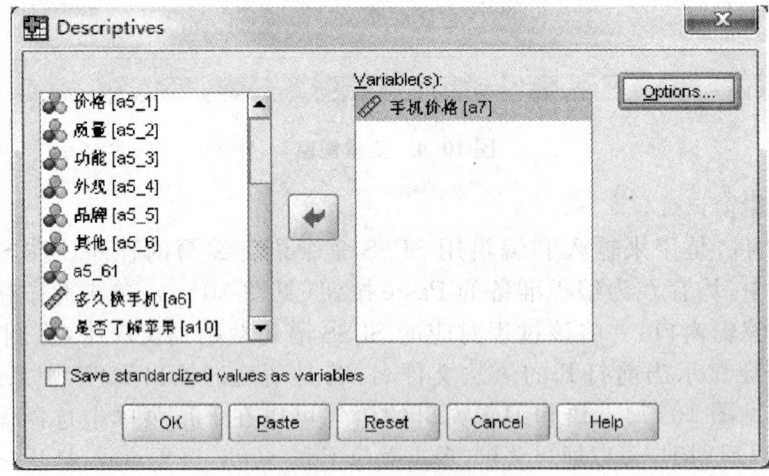

图 10-6　Paste 按钮图示

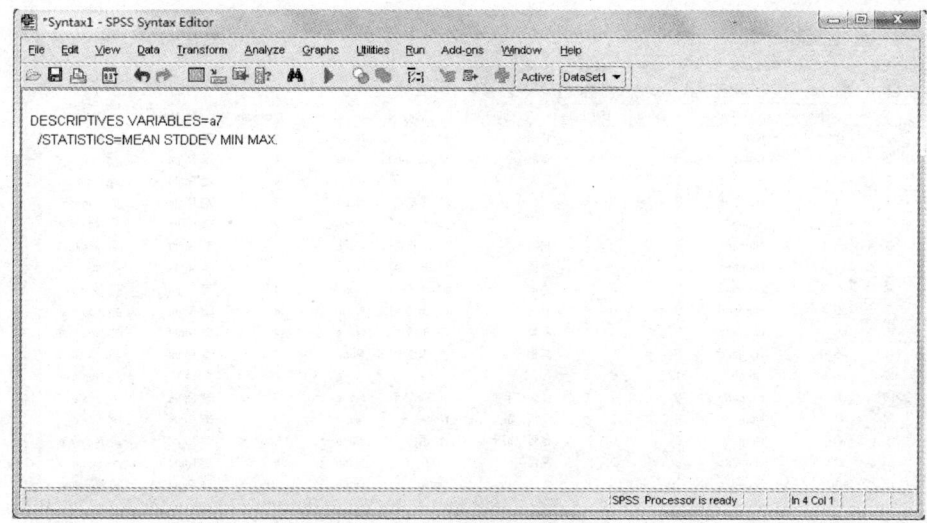

图 10-7　语句编辑窗口

在实际操作中,用窗口方式提交某项分析后,系统会直接将窗口内容翻译成程序语句(即 Syntax 窗口中的语句),提交给系统去执行。通过打开语句编辑窗口,可以查看程序语句,对某些无法通过对话框指定的参数,可以在语句编辑窗口对程序进行相应修改,从而实现仅用菜单方式无法完成的统计分析功能,这是语句编辑窗口一大优点。如果不想用程序运行方式,只要关闭语句编辑窗口,系统又会自动用菜单方式运行。

除此三种窗口外,SPSS 中还有图形编辑窗口和帮助窗口,分别是用户在结果窗口中编辑统计图形和寻求帮助时打开,这里不再详细介绍。

二、SPSS 数据文件的建立

首先在变量视图窗口完成对变量的定义,然后在数据视窗完成对数据的输入,最后保存数据即可。

1. 变量的定义

进入变量视图(图 10-8)界面,根据变量定义原则,通过研究分析数据的特点,定义变量。

变量定义原则:

(1)同一观察对象的数据应当独占一行。

(2)每一个测量指标或影响因素只能占据一列的位置。

(3)最终的数据集应当能够包含原始数据的所有信息。

2. 变量的输入

变量名(name)可多于 8 个字符,字母打头,可用变量名标签(Lable)补充说明其含义。

变量类型(Type)有三种常用类型:数值型、日期型和字符型。如果变量值是用 0~9 的

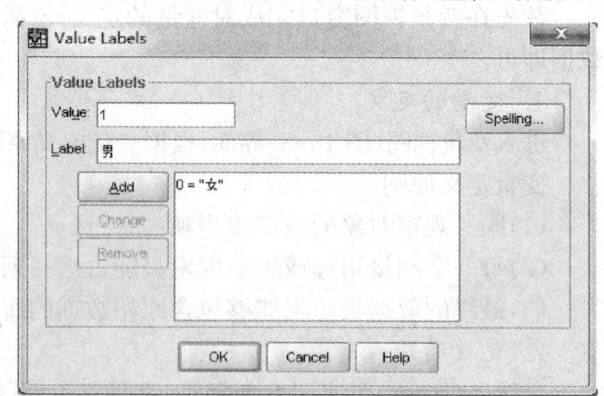

图 10-8　变量定义窗口

数字输入的，通常选数值型（Numeric）；如果用文字输入的，用字符型（String）；如果是个日期型的变量，就选择日期型（Date）。同时，定义变量的宽度（Width）和小数位（Decimals），即变量能容纳的最大长度和能取的小数位。

变量值标签（Values）表明变量值的含义。鼠标点入变量值标签（Values）栏，右边出现拓展按钮，按钮上有 3 个省略号。点击省略号弹出变量值定义 Value Labels 对话框，就可以对变量值进行定义了。图 10-9 是对性别进行变量值的定义，如果以"0"表示女，以"1"表示男，则在 Value 框中输入"0"，在 Label 框中输入"女"（都不用输入引号），然后按 Add 按钮；重复如此过程输入"1"和"男"（如图 10-9），按 Add 按钮后即可完成对性别变量值的定义。点击 Change 按钮表示更改原有标签，用户重新定义，点击 Remove 按钮表示取消原有标签。

在实际工作中，因各种原因会出现数值缺失现象，为此，SPSS 提供缺失值处理技术。点击 Missing 栏右边的拓展按钮，弹出 Missing Values 对话框（见图 10-10），用户有 3 个可选项：

（1）No missing values：没有缺失值。

（2）Discrete missing values：可定义

图 10-9　变量值标签的定义

1～3 个。如测量身高(厘米)的资料,可定义 999 为缺失值;性别的资料(男为 1、女为 0),可定义－1 为缺失值。

（3）Range plus one optional discrete missing value:可定义缺失值的范围,同时定义另外 1 个不是这一范围的缺失值。比如,定义 0～9 为脉搏的缺失值,同时定义 999 为身高的缺失值。

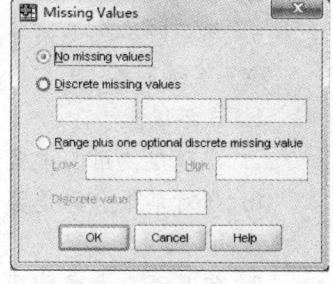

图 10-10 缺失值处理

变量显示宽度(Columns)是指变量值在数据编辑窗口中能显示的宽度。如果变量值真正的宽度超过显示宽度,看到的可能只是部分的数值。

对齐方式(Align)有三种选择:左对齐(Left)、右对齐(Right)和居中(Center),用户可以自由选择。

测量尺度(Measure)有三种选择:数值型数据选择标度测量(Scale),定序数据选择有序测量(Ordinal),定类数据选择名义测量(Nominal)。定距数据和定比数据都是数值型数据,所以都选择标度测量(Scale)。例如,成绩数据可以选择 Scale;性别属于定类数据可选择 Nominal,职称属于定序数据可选择 Ordinal。

在对变量进行定义时,通常可以用英文定义变量名,而且要简单可记忆,标签用中文,并要充分运用变量值标签,将实际含义写入值标签内,可大大加快录入速度,而且方便输出结果的表达。

3. 问卷处理案例

下面以手机市场调查问卷为例,说明变量定义过程。

手机市场调查问卷

1. 您的性别是(   )。

A. 男　　　　　　　　B. 女

2. 您的年龄是(   )。

A. 20 岁以下　　　B. 21～25 岁　　　C. 26～30 岁　　　D. 31～35 岁

E. 36～40 岁　　　F. 40 岁以上

3. 请问您的月收入是(   )。

A. 1 000 元以下　　　　　　　　　　B. 1 000～5 000 元

C. 5 000～10 000 元　　　　　　　　D. 10 000 元以上

4. 提到手机您脑子里出现的第一个品牌是(   )(若选择其他,请填写在横线上)。

A. 诺基亚　　　B. 苹果　　　　C. 三星　　　　D. 索尼爱立信

E. 摩托罗拉　　　F. 其他_____

5. 您购买现在使用的手机的原因是(   )(可多选)。

A. 价格　　　B. 质量　　　　C. 功能　　　　D. 外观

E. 品牌　　　　　　　　　F. 其他_____

6. 您一般多久更换一次手机(　　)。

A. 不到 1 年　　　　B. 1 年左右　　　　C. 2 年左右　　　　D. 3 年左右

E. 3 年以上

7. 您现在使用的手机价格是多少_____。

8. 您对苹果公司是否了解(　　)。

A. 了解　　　　　　　B. 不了解

9. 您是否会考虑购买 iphone?

A. 会　　　　　　　　B. 不会

10. 您认为 iphone 比起其他知名品牌的手机最大优势是_____。

上述问卷共有 10 个题目,对变量的定义见图 10-8。变量值标签定义很重要,对变量值标签定义事实上就是一个编码的过程,以下对此作几点说明:

(1) 二项选择题的编码方法。变量值标签通常只取两个值,如 1 或者 0。例如,本问卷中的第 1 题、第 8 题和第 9 题都是这种类型。男为 1,女为 0;或者肯定回答是 1,否定回答为 0。

(2) 单项选择题的编码方法。变量值有几个答案,就取几个数值,通常数值的大小按选择的顺序来标记。例如,第 2 题的变量值标签的定义见图 10-11,分别用 1,2,3,4,5,6 代表各组的数值,其余题目类推。

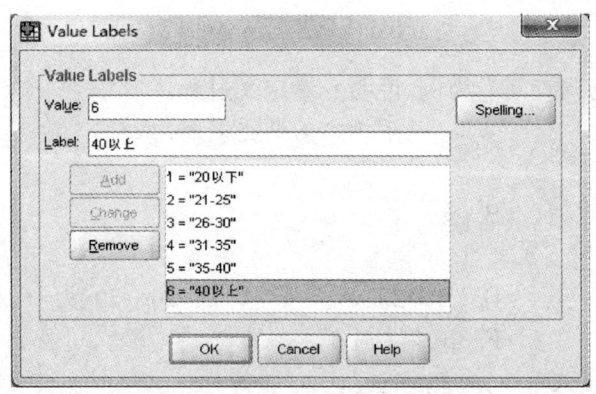

图 10-11　单选项的变量值定义

(3) 多选题的编码方法。若是不排序的问题,那么有几个选项就设几个变量,并用 0-1 编码法,选中的为 1,未选中的为 0。如问题 5 有 6 个选项,这里设置了 6 个变量 a5_1 到 a5_6,每个变量只有 0-1 两个数值,见图 10-12。由于第 6 个选项有其他项的填空项,因此设置一个新的字符型变量 a5_61,可以把具体的文字信息输入,这样可以保证不丢失任何信息。

若把问题 5 改为一个排序多选题,比如:

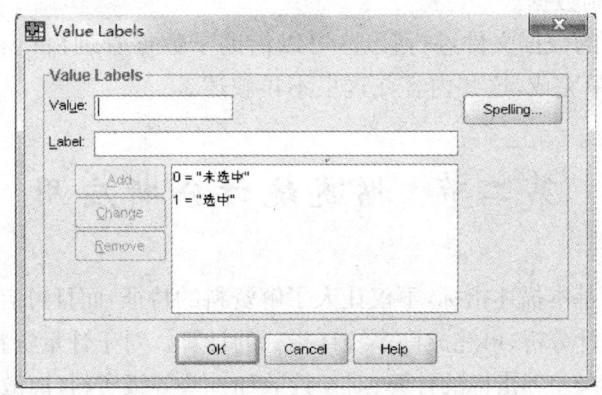

图 10-12 多选项的变量值定义

您购买现在使用的手机的原因是( )(依据重要性大小排列,限选 3 项)。

A. 价格　　　　　　B. 质量　　　　　　C. 功能　　　　　　D. 外观

E. 品牌　　　　　　F. 其他_____

假如答案依次选的是 E、B、A,则可以设 3 个变量,编码值依次为 5,2,1。

(4) 对于开放型的问题,可以设置一个变量,并根据变量的性质确定变量的测度,如第 7 题,属于数值型输入(Numeric),测度用标度测量(Scale);第 10 题,属于字符型输入(String),测度用名义测量(Nominal)。

4. 数据录入

变量定义好以后,在数据窗口中输入对应变量的值。如果是问卷数据,则一张问卷的数据输入在同一行中(一行称为一条记录)。有多少张的问卷,就会有多少条的记录。对问卷数据处理时,最好先对每张问卷编号,并且把编号作为第一个变量放在数据文件中,这样以后万一数据文件中发现有疑问的数据,可以按照编号查到原始数据进行核实。

数据输入时,按"Tab"键,向右输入;按"Enter"键,向下输入。如果要编辑数据,只要把光标定位到该单元格内进行修改就可以了。

5. 保存文件

输入数据完毕后,可保存为 spss 数据文件,后缀为. sav;也可保存为 Excel 或其他类型的文件。

6. 读入其他类型的数据文件

在实际工作中,经常把 Excel 导入到 SPSS 中来计算。

最直接的方法就是复制工作,直接用鼠标复制 Excel 中的数据粘贴到 SPSS 中。注:默认粘贴数据是数值型,若为文本型,则数据丢失。少量文本型数据可手工输入。

从 Excel 复制过来的只是数值,没有变量的定义。因此,可以根据变量的性质先对变量进行定义,然后再复制数据。

如果要对 SPSS 的数据文件进行管理,可以借助于数据管理窗口和主窗口的 File、Data、Transform 等菜单完成,这些内容在这里不再叙述。

第二节　描述统计分析应用

统计学的一系列基本描述指标,不仅让人了解资料的特征,而且可启发人们作进一步的深入分析。通过描述统计分析,可完成许多统计指标的计算。对于计量资料(连续变量),可完成平均数、标准差、标准误差等指标的计算;对于计数和一些等级资料(离散变量),可完成构成比率等指标的计算和一些检验。描述统计分析是统计分析的基础,SPSS 中描述统计分析有频数分析、描述性统计分析、交叉列联表分析、探索分析等,这里主要介绍前三种。

一、频数分析(Frequencies)

在数据编辑窗口,选择 Analyze/Descriptive statistics/Frequencies,就可以调用 Frequencies 过程。调用此过程可进行频数分布表的分析,还可对数据的分布进行分析。

1. 计算频数和频数分布

【例 10-1】　根据图 10-13 中的手机调查数据,对性别、年龄进行频数分析。

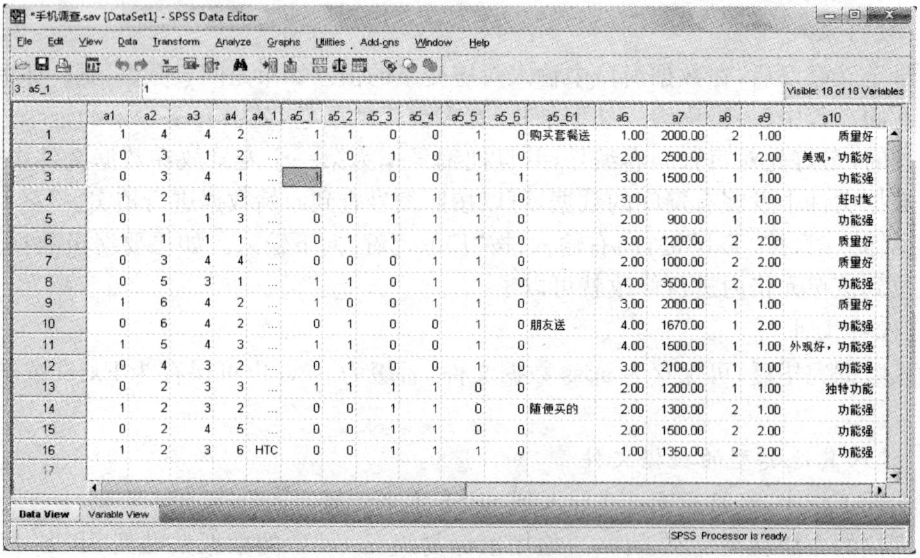

图 10-13　手机调查数据

解：(1) 打开手机调查. sav 数据文件，选择 Analyze/Descriptive Statistics/Frequencies 过程，如图 10-14 所示。

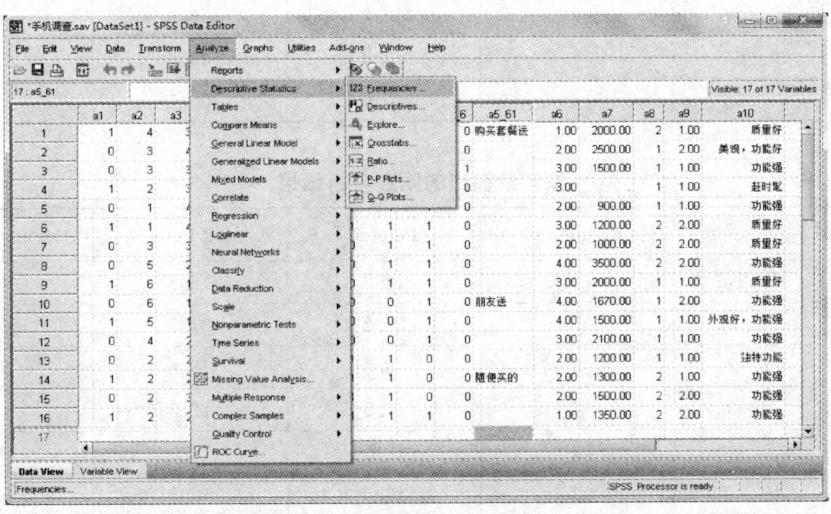

图 10-14　执行 Frequencies 过程

(2) 执行该命令后，弹出 Frequencies 对话框。在 Frequencies 对话框的左侧将"性别"、"年龄"2 个变量添加到 Variable(s)列表中，如图 10-15 所示。

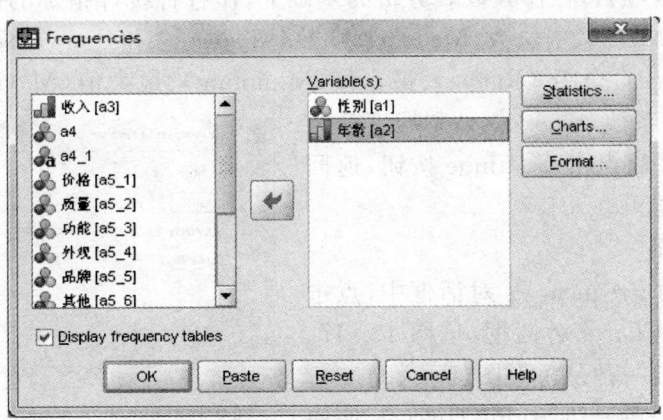

图 10-15　Frequencies 对话框

(3) 执行结果见表 10-1 和表 10-2。从表 10-1 可知，手机调查样本数据中的 16 人，男性为 7 人，占 43.8%；女性为 9 人，占 56.2%。从表 10-2 中可知，21～25 岁之间的人最多，有 5 个人，其他组的人数基本在 2～3 人。

表 10-1   按性别输出的频数分析结果

		Frequency	Percent	Valid Percent	Cumulative Percent
	女	9	56.2	56.2	56.2
Valid	男	7	43.8	43.8	100.0
	Total	16	100.0	100.0	

表 10-2   按年龄输出的频数分析结果

		Frequency	Percent	Valid Percent	Cumulative Percent
	20 以下	2	12.5	12.5	12.5
	21~25	5	31.2	31.2	43.8
	26~30	3	18.8	18.8	62.5
Valid	31~35	2	12.5	12.5	75.0
	35~40	2	12.5	12.5	87.5
	40 以上	2	12.5	12.5	100.0
	Total	16	100.0	100.0	

2. 计算基本统计量

在图 10-15 的 Frequencies 对话框中,点击 Statistics 按钮,弹出 Statistics 对话框,见图 10-16。可点击相应项目,在作频数表分析的基础上,作各种统计指标的描述,如四分位数(Quartiles)、均值(Mean)、中位数(Median)、众数(Mode)、总和(Sum)、标准差(Std. deviation)、方差(Variance)、全距 (Range)、最小值(Minimum)、最大值(Maximum)、标准误差(S. E. mean)、偏度系数(Skewness)和峰度系数(Kurtosis)等,选好后点击 Continue 按钮,返回 Frequencies 对话框。

3. 输出统计图

在图 10-15 的 Frequencies 对话框中,点击 Charts 按钮,弹出 Charts 对话框,见图 10-17。图形的类型有 3 种:一种是条形图(Bar charts),适用于离散变量;一种是饼图(Pie charts),使用对频率(比重)数据描述;一种是直方图(Histograms),适用于连续变量作图。假如对[例10-1]中的年龄进行图形输出,选择条形图即可,输出结果见图 10-18。

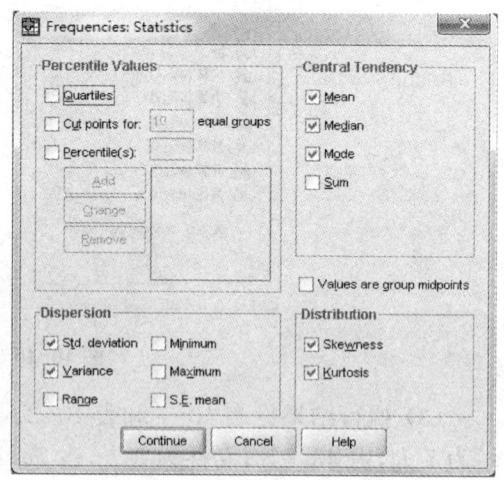

图 10-16　Statistics 对话框

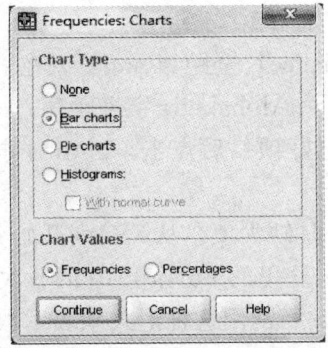

图 10-17　Charts 对话框

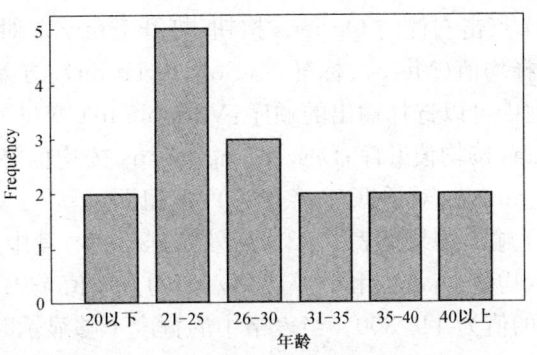

图 10-18　按年龄分组的频数分布图

二、描述性统计分析

在数据编辑窗口，选择 Analyze/Descriptive statistics/Descriptives，就可以调用 Descriptives 过程。调用此过程可对变量进行描述性统计分析，计算并列出一系列相应的统计指标，且可将原始数据转换成标准 Z 分值并存入数据库。所谓 Z 分值是指某原始数值比其均值高或低多少个标准差单位，高的为正值，低的为负值，相等的为零。

【例 10-2】　根据图 10-13 中的手机调查数据，计算手机价格的均值、标准差、方差、全距，并计算手机价格的标准分。

解：(1) 选择 Analyze/Descriptive statistics/Descriptives，打开 Descriptives 窗口，把左侧列表中的手机价格变量选到右侧的 Variable(s) 列表中，如图 10-19。选中左下方的复选框 Save standardized value as variables 项，可以计算手机价格的标准分，系统自动以 Za7 为变量名保存在数据文件中，可以回到数据编辑窗口查看。

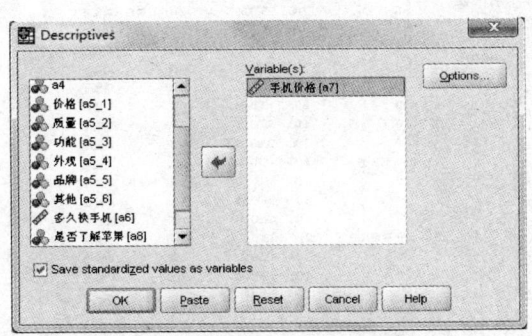

图 10-19　Descriptives 对话框

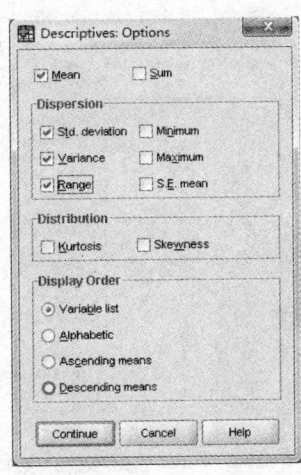

图 10-20　Options 对话框

（2）点击右侧的 Options 按钮，打开 Options 对话框，如图 10-20 所示。在 Dispersion 框中选择均值（Mean）、标准差（Std. deviation）、方差（Variance）、全距（Range）。在 display order 框中可以选择输出的顺序：Variable list 变量列表顺序；Alphabetic 字母顺序；Ascending means 按均值升序；Descending means 按均值降序。选好项目后点击 Continue 按钮返回 Descriptives 对话框，再点击 OK 按钮即可。

（3）输出结果见表 10-3。有效数据 15 个，其中有一个是缺失值。从第三列开始分别输出全距、均值、标准差和方差。第六列的方差值是 4.463E5，这里的 E5 等于 10 的 5 次方，因此方差的值为 446 300。当表格中的宽度不够显示时，SPSS 经常用这种形式来表示数据。

表 10-3　　　　　　　　　　　**Descriptive Statistics**

	N	Range	Mean	Std. Deviation	Variance
手机价格	15	2 600.00	1 681.333 3	668.055 46	4.463E5
Valid N (listwise)	15				

三、交叉列联表分析

在数据编辑窗口，选择 Analyze/Descriptive statistics/Crosstabs，就可以调用 Crosstabs 过程，见图 10-21。调用此过程可进行定类数据和某些定序数据的列联表分析，并对二维至 n 维列联表资料进行统计描述和卡方检验，并计算相应的百分数指标。交叉列联表分析主要用来检验两个变量之间是否存在关系，或者说是否独立，其零假设为两个变量之间没有关系。比如在手机调查数据中，研究不同的性别更换手机的次数有什么不同，不同年龄的收入是否相关等，可以用交叉列联表分析。

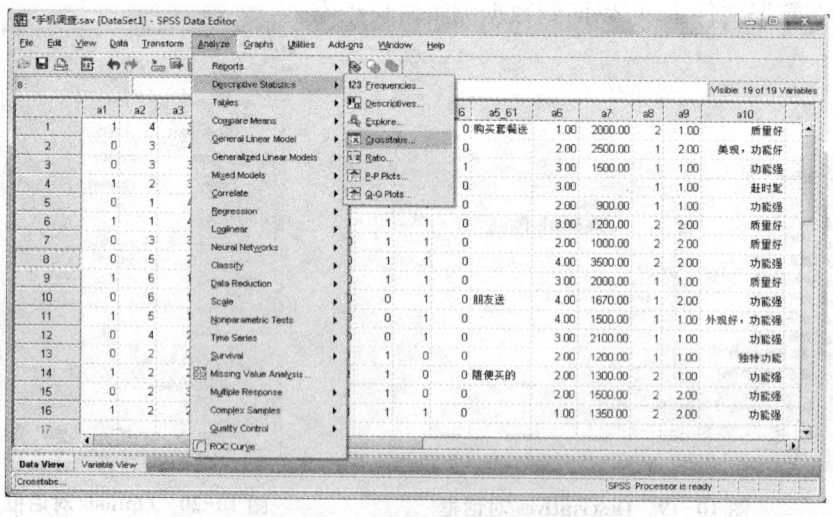

图 10-21　执行 Crosstabs 过程

1. 两个变量之间的交叉列联表

【**例 10-3**】 根据图 10-13 中的手机调查数据,输出年龄与收入之间的交叉列联表和相应的百分比,并分析不同年龄的收入是否相关。

解:(1) 选择 Analyze/Descriptive statistics/Crosstabs,打开 Crosstabs 对话框,如图 10-22 所示。将年龄放在行变量列表中,将收入放到列变量列表中。

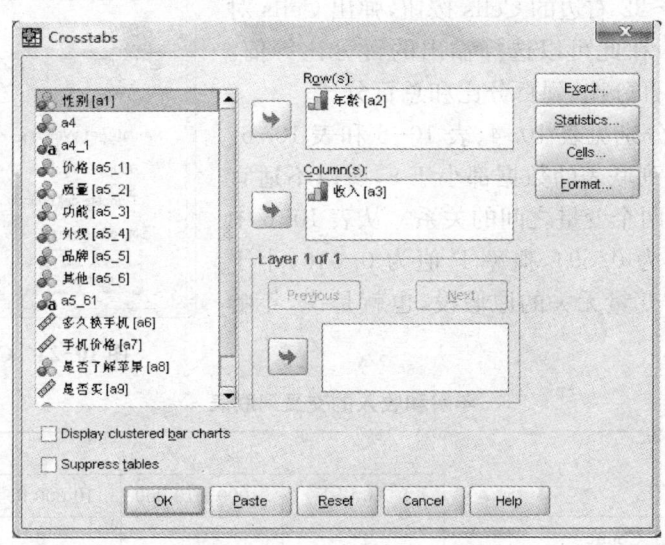

图 10-22 Crosstabs 对话框

(2) 点击图 10-22 右边的 Statistics 按钮,弹出列联表统计对话框,见图 10-23。从中可以计算卡方检验统计量(chi-square),以及其他的统计量,对行列变量的相关性进行检验。

定距变量的关联指标—Correlations,可计算列联表行、列两变量的 Pearson 相关系数。

在 Nominal 框中,可以计算定类变量之间的关联统计量。其中,Contingency coefficient 为列联系数,其值界于 0~1 之间;Phi and Cramer's V 称为 ψ 系数,通常用于四格表的检验,其值在 0~1 之间;Cramer's V 的值界于 0~1 之间。这些系数是检验定类变量之间有无关系的统计量。列联系数用得比较普遍。

在 Ordinal 框中可以计算定序变量之间的关联指标。其中 Gamma 系数界于 0~1 之间,Kendall's tau-b

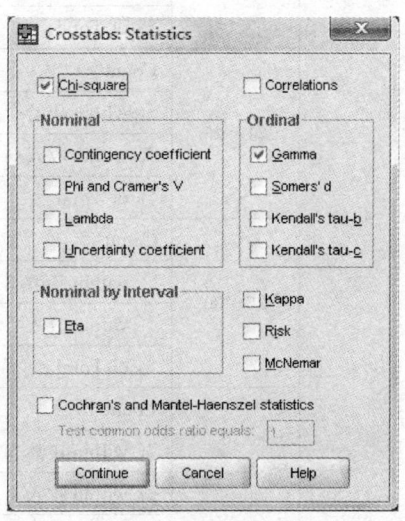

图 10-23 列联表统计对话框

和 Kendall's tau-c 的值界于 −1～1 之间。

一个定类变量和一个定距变量之间的关联分析可以用 Nominal by Interval 框中 Eta 系数。

在[例 10-3]中,年龄和收入是两个定序变量,因此我们可以选择 Gamma 系数。

（3）点击图 10-22 右边的 Cells 按钮,弹出 Cells 对话框,见图 10-24。在此可以选择输出的百分比等值。此例中选择输出行百分比、列百分比和总百分比。

（4）输出结果分别见表 10-4、表 10-5 和表 10-6。从表 10-5 中知道,列联表的数据都小于 5,所以不适宜用卡方检验来分析两个变量之间的关系。从表 10-6 中知道,Gamma 系数为 0.594,概率 P 值为 0.016,小于 0.05,因此,拒绝两变量无关的原假设,也就是说,年龄与收入是相关的。

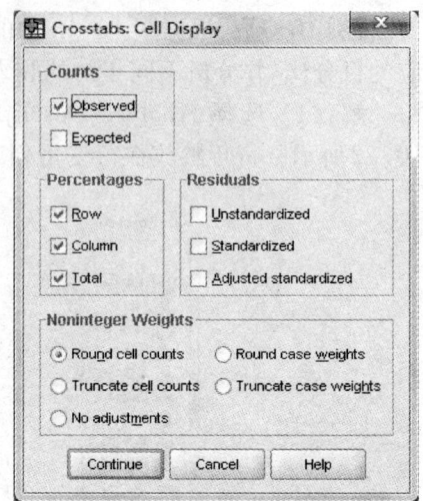

图 10-24　Cells 对话框

表 10-4　　　　　　　　　　　　年龄和收入的交叉列联表

			收　入			Total
			1 000 以下	5 000～10 000	10 000 以上	
年龄	20 以下	Count	2	0	0	2
		% within 年龄	100.0%	.0%	.0%	100.0%
		% within 收入	66.7%	.0%	.0%	12.5%
		% of Total	12.5%	.0%	.0%	12.5%
	21～25	Count	0	3	2	5
		% within 年龄	.0%	60.0%	40.0%	100.0%
		% within 收入	.0%	60.0%	25.0%	31.2%
		% of Total	.0%	18.8%	12.5%	31.2%
	26～30	Count	1	0	2	3
		% within 年龄	33.3%	.0%	66.7%	100.0%
		% within 收入	33.3%	.0%	25.0%	18.8%
		% of Total	6.2%	.0%	12.5%	18.8%
	31～35	Count	0	1	1	2
		% within 年龄	.0%	50.0%	50.0%	100.0%
		% within 收入	.0%	20.0%	12.5%	12.5%
		% of Total	.0%	6.2%	6.2%	12.5%

续表

			收　入			Total
			1 000 以下	5 000～10 000	10 000 以上	
年龄	35～40	Count	0	1	1	2
		% within 年龄	.0%	50.0%	50.0%	100.0%
		% within 收入	.0%	20.0%	12.5%	12.5%
		% of Total	.0%	6.2%	6.2%	12.5%
	40 以上	Count	0	0	2	2
		% within 年龄	.0%	.0%	100.0%	100.0%
		% within 收入	.0%	.0%	25.0%	12.5%
		% of Total	.0%	.0%	12.5%	12.5%
Total		Count	3	5	8	16
		% within 年龄	18.8%	31.2%	50.0%	100.0%
		% within 收入	100.0%	100.0%	100.0%	100.0%
		% of Total	18.8%	31.2%	50.0%	100.0%

表 10-5　　　　　　　　　　　　　　　　**Chi-Square Tests**

	Value	df	Asymp. Sig. (2-sided)
Pearson Chi-Square	15.671[a]	10	.109
Likelihood Ratio	16.671	10	.082
Linear-by-Linear Association	4.017	1	.045
N of Valid Cases	16		

a. 18 cells (100.0%) have expected count less than 5. The minimum expected count is .38

表 10-6　　　　　　　　　　　　　　　　**Symmetric Measures**

		Value	Asymp. Std. Error[a]	Approx. T[b]	Approx. Sig.
Ordinal by Ordinal	Gamma	.594	.210	2.400	.016
N of Valid Cases		16			

a. Not assuming the null hypothesis
b. Using the asymptotic standard error assuming the null hypothesis

2. 两个以上变量之间的交叉列联表

假如要分析的变量有三个或者以上,则可把第三个以上的变量作为层变量放在 Layer 框中。例如,要研究不同性别、不同年龄对苹果手机的了解程度,可以做三变量的列联表分析,见图 10-25。假如有四个变量的话,可以在 Layer 框中按 Next 按钮,然后放入第四个变量。

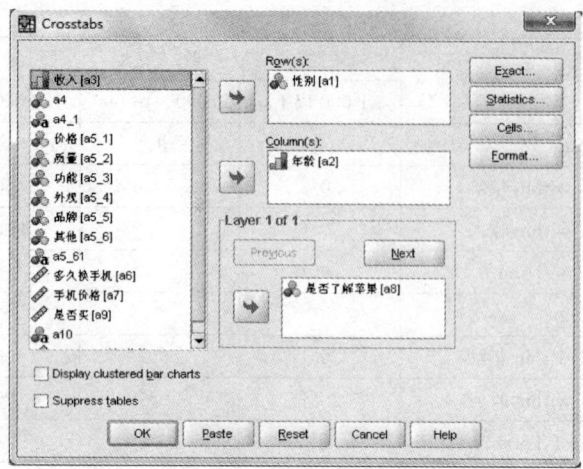

图 10-25 三个变量的 Crosstabs 对话框

在手机调查数据中,按性别、年龄和是否了解苹果三个变量进行列联表分析,因为列联表单元格的个数都小于 5,因此选用列联系数作为检验统计量,其输出结果见表 10-7 和表 10-8。从表 10-8 可知,概率 P 值分别为 0.480 和 0.370,大于 0.05,因此接受不同的性别、不同年龄对苹果手机的了解没有显著差异的原假设,也就是不同的性别、不同年龄对苹果手机的了解差不多。

表 10-7   **性别 * 年龄 * 是否了解苹果 Crosstabulation**

是否了解苹果			年　龄						Total
			20 以下	21～25	26～30	31～35	35～40	40 以上	
否	性别	女	1	1	2	1	0	1	6
		男	0	1	0	0	1	1	3
	Total		1	2	2	1	1	2	9
是	性别	女	0	1	1	0	1	0	3
		男	1	2	0	1	0	0	4
	Total		1	3	1	1	1	0	7

表 10-8   **Symmetric Measures**

是否了解苹果			Value	Approx. Sig.
否	Nominal by Nominal	Contingency Coefficient	.577	.480
	N of Valid Cases		9	
是	Nominal by Nominal	Contingency Coefficient	.616	.370
	N of Valid Cases		7	

第三节　相关与回归分析应用

相关分析与回归分析一般是针对数值型数据，也就是定距数据和定比数据进行分析。当研究数值型数据之间关系时，可以运用相关分析研究。如果相关关系比较密切，可以用回归分析配合一条合适的模型，从而进行深入的分析与预测。

一、相关分析

任何事物的存在都不是孤立的，而是相互联系、相互制约的。比如，人的身高与体重、亩产量与施肥量、收入与消费等存在一定的联系。说明客观事物相互间关系的密切程度并用适当的统计指标表示出来，这个过程就是相关分析。这里只介绍两个变量之间的相关分析。

选择 Analyze/Correlate/Bivariate，调用 Bivariate 过程，就可以进行相关分析（见图 10-26）。

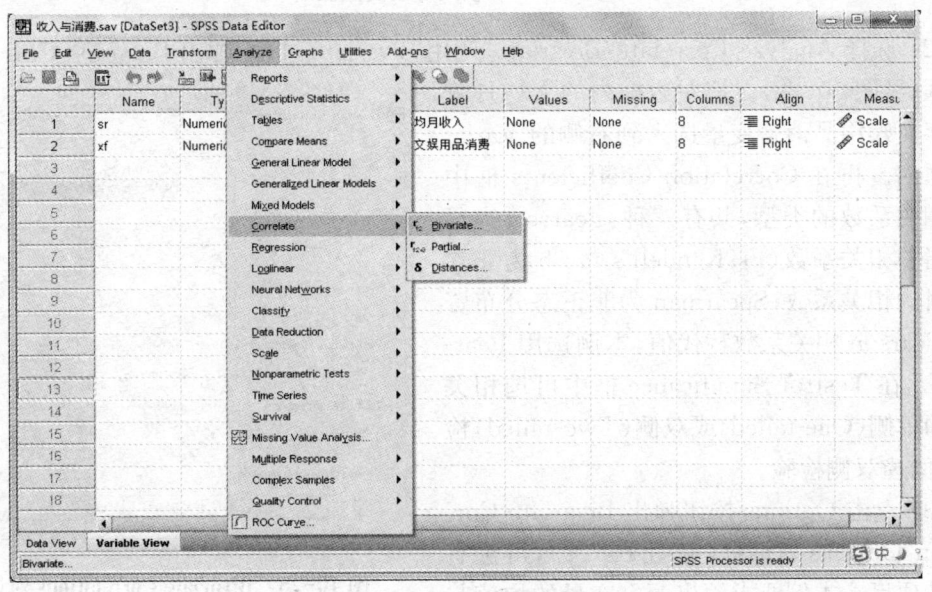

图 10-26　执行相关分析过程

【**例 10-4**】　利用［例 8-1］的数据，研究居民收入与文娱用品消费之间的关系，输出两变量的均值与标准差以及他们的交叉乘积和与协方差，并进行分析。

解：(1) 首先输入某地区人均月收入与年文娱用品消费数据，建立收入与消费.sav 文件（见图 10-27）。

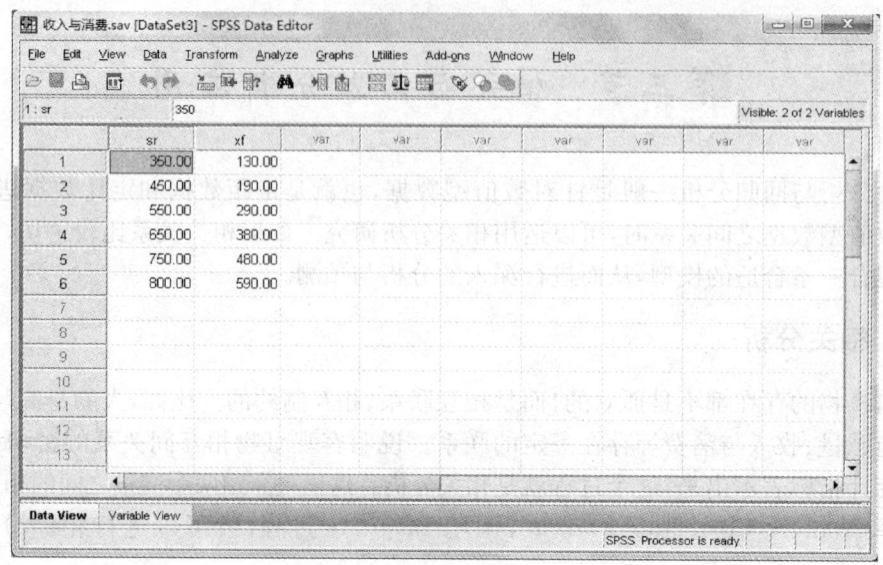

图 10-27　收入与消费数据

（2）选择 Analyze/Correlate/Bivariate，调用 Bivariate 过程，弹出 Bivariate Correlations 对话框（见图 10-28）。把左边框内的人均月收入与年文娱用品消费变量选入到右侧的 Variables 框内。再在 Correlation Coefficients 框中选择相关系数的类型，共有三种：Pearson 为通常所指的相关系数（r）；Kendell's tau-b 为非参数资料的相关系数；Spearman 为非正态分布资料的 Pearson 相关系数替代值，本例选用 Pearson 项。在 Test of Significance 框中可选相关系数的单侧（One-tailed）或双侧（Two-tailed）检验，本例选双侧检验。

（3）点击 Options 按钮弹出 Bivariate Correlation: Options 对话框（见图 10-29），可选有关统计项目。本例要求输出两个变量的均值与标准差以及他们的交叉乘积和与协方差，故选

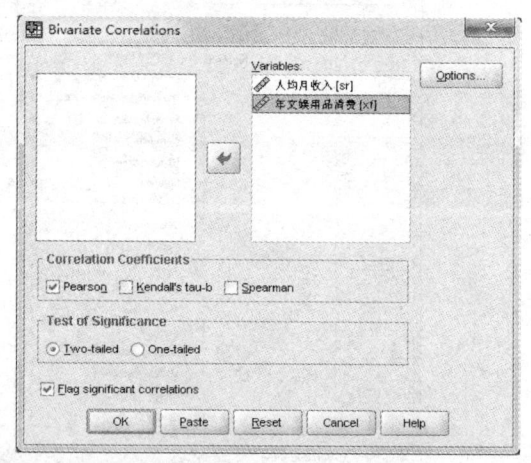

图 10-28　**Bivariate Correlations** 对话框

Means and standard deviations 和 Cross-product deviations and covariances 项，而后点击 "Continue" 按钮返回 Bivariate Correlation 对话框，再点击 "OK" 按钮完成菜单选择。

（4）输出结果见表 10-9 和表 10-10。表 10-9 输出了人均月收入（x）与年文娱用品消费（y）的均值、标准差和观测值的个数；从表 10-10 中可知，人均月收入与年文娱用品消费

的相关系数为 0.989，为高度的正线性相关。两个变量的交叉乘积和如下：

$$\sum (x-\overline{x})(y-\overline{y}) = 150\ 666.667,$$

$$\sum (x-\overline{x})^2 = 152\ 083.333,$$

$$\sum (y-\overline{y})^2 = 152\ 733.333$$

人均月收入的方差为 30 416.667，年文娱用品消费的方差是 30 546.667，两者之间的协方差为 30 133.333。方差、协方差分别是用以上三个交叉乘积和除以自由度 5 得到的。

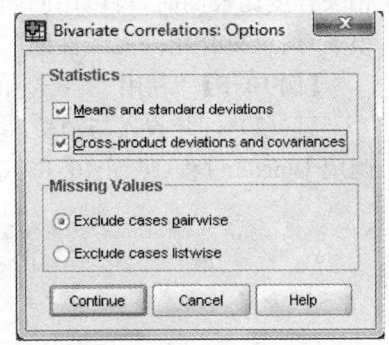

图 10-29　Options 对话框

表 10-9　Descriptive Statistics

	Mean	Std. Deviation	N
人均月收入	591.666 7	174.403 75	6
年文娱用品消费	343.333 3	174.776 05	6

表 10-10　Correlations

		人均月收入	年文娱用品消费
人均月收入	Pearson Correlation	1	.989**
	Sig. (2-tailed)		.000
	Sum of Squares and Cross-products	152 083.333	150 666.667
	Covariance	30 416.667	30 133.333
	N	6	6
年文娱用品消费	Pearson Correlation	.989**	1
	Sig. (2-tailed)	.000	
	Sum of Squares and Cross-products	150 666.667	152 733.333
	Covariance	30 133.333	30 546.667
	N	6	6

**. Correlation is significant at the 0.01 level (2-tailed).

二、回归分析

回归分析是处理两个及两个以上变量间线性依存关系的统计方法。当变量之间的线性相关程度比较高时,可以用回归分析来说明这种依存变化的数学关系。回归分析的内容有很多,这里只介绍一元线性回归分析。

【例 10-5】 利用[例 8-2]的数据,建立人均月收入对年文娱用品消费的线性回归方程。

解:(1) 打开收入与消费. sav 文件,在数据编辑窗口选择 Analyze/Regression/Linear,调用 Linear 过程(见图 10-30)。

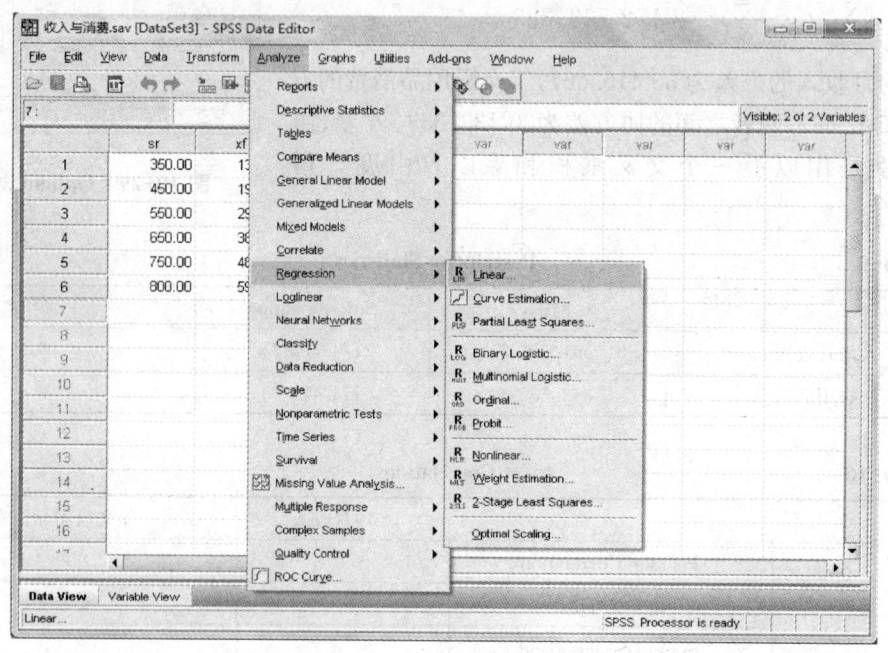

图 10-30 执行一元线性回归过程

(2) 调用 Linear 过程,弹出 Linear Regression 对话框(见图 10-31)。从对话框左侧的变量列表中选年文娱用品消费进入 Dependent 框(因变量 y),选人均月收入进入 Indepentdent(s)框(自变量 x);在 Method 处下拉菜单,共有 5 个选项:Enter(全部入选法)、Stepwise(逐步法)、Remove(强制剔除法)、Backward(向后法)、Forward(向前法)。本例选用 Enter 法,点击"OK"按钮即完成。

(3) 输出结果见表 10-11、表 10-12

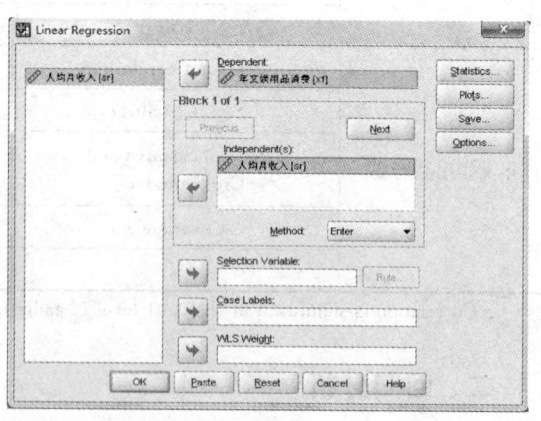

图 10-31 Linear Regression 对话框

和表 10-13。表 10-11 输出变量之间的相关系数是 0.989，判定系数是 0.977，以及调整以后的判定系数为 0.972，估计值标准误差为 29.453 9。由这些数值可知，变量的线性相关程度很高，适合作回归分析。这里的统计指标数值可以与[例 8-3]对照查看。

表 10-11　　　　　　　　　　　　　　　　Model Summary

Model	R	R Square	AdjustedR Square	Std. Error of the Estimate
1	.989ª	.977	.972	29.453 93

a. Predictors：(Constant)，人均月收入

表 10-12　　　　　　　　　　　　　　　　ANOVAᵇ

Model		Sum of Squares	df	Mean Square	F	Sig.
1	Regression	149 263.196	1	149 263.196	172.055	.000ª
	Residual	3 470.137	4	867.534		
	Total	152 733.333	5			

a. Predictors：(Constant)，人均月收入
b. Dependent Variable：年文娱用品消费

表 10-12 是方差分析输出表。第二列输出平方和，包括回归平方和(Regression)、残差平方和(Residual)和总平方和(Total)，其中三者之间的关系有：总平方和＝回归平方和＋残差平方和；第三列输出自由度；第四列输出均方和(分别等于平方和除以自由度)；第五列输出 F 统计量；第六列输出概率 P 值。

表 10-13　　　　　　　　　　　　　　　　Coefficientsª

Model		Unstandardized Coefficients		Standardized Coefficients	t	Sig.
		B	Std. Error	Beta		
1	(Constant)	−242.822	46.276		−5.247	.006
	人均月收入	.991	.076	.989	13.117	.000

a. Dependent Variable：年文娱用品消费

表 10-13 输出回归方程的系数。第二列输出非标准化回归系数以及系数的标准误差；第三列输出标准化回归系数，第四列为检验回归系数的 t 统计量值，第五列为概率 P 值。本例中，常数项系数为 −242.822，回归系数为 0.991，回归系数的概率 P 值是 0.000，所以拒绝回归系数为 0 的原假设，也就是回归系数不等于 0。所以，回归方程是有效的，回归方程如下：

$$\hat{y} = -242.822 + 0.991x$$

练习十

1. 对《大学生网购意向调查问卷》进行实体采样,样本数不少于 20 人。

要求:

(1) 判断数据的类型,建立 SPSS 数据文件结构。

(2) 把调查问卷的数据输入到 SPSS 的数据文件中。

(3) 利用所学知识,适当进行分析,并写出统计分析报告。

2. 试录入如表 10-14 所示的数据文件,保存为"职工情况. sav"。

表 10-14 职工基本情况表

序号	性别	职称	在公司工作的时间	年 龄	工 资
1	男	2	5	30	2 000
2	女	2	4	25	1 900
3	女	2	5	28	2 000
4	男	1	1	25	1 500
5	男	3	8	35	3 000
6	男	2	29	1 850
7	男	3	10	34	3 200
8	女	2	8	30	1 950
9	女	1	3	27	1 600
10	女	4	15	38	4 200
11	男	3	8	35	3 000
12	男	2	5	32	2 000
13	女	1	2	25	1 550
14	女	2	9	30	2 100
15	女	3	14	34	3 500
16	女	1	3	26	1 600
17	男	4	10	36	4 000
18	女	3	9	34	3 150
19	男	2	6	28	1 800
20	男	2	2	28	1 800
21	女	2	3	28	1 850
22	男	2	10	30	1 900

续表

序号	性别	职称	在公司工作的时间	年　龄	工　资
23	男	3	20	50	3 400
24	男	3	16	45	3 300
25	男	4	25	48	4 800
26	男	4	10	34	4 500
27	女	2	5	29	2 000
28	女	3	15	38	3 200
29	女	1	1	25	1 500
30	男	3	6	35	3 100

要求用基本统计分析完成以下任务：

(1) 分别对性别和职称进行频数分析。

(2) 求工资的均值、最大值、最小值、标准差、四分位数，并用工资做带正态曲线的直方图。

(3) 画出职称分布的结构图。

(4) 求工资的峰度、偏度，对照带正态曲线的直方图理解结果。

(5) 对性别和职称进行交叉列联表分析，并作适当的解释。

3. 根据练习三中，整理题 2 的数据，利用 SPSS 对某车间 40 名工人日产量进行如下操作：

(1) 对 40 名工人的日产量进行描述统计分析，计算平均数、众数、中位数、标准差等。

(2) 编制等距数列，进行频数统计分析（提示：以 50～60 件为第一组，组距为 10）。

(3) 绘制次数分布直方图和折线图。

4. 根据练习四中，计算题 6 的数据，利用 SPSS 对成年组和幼儿组共 500 人的身高资料分别计算：

(1) 分别计算成年组和幼儿组身高的平均数、标准差和标准差系数。

(2) 计算成人身高分布的偏度和峰度，并说明身高的分布状况（提示：对分组资料，需要对数据进行加权处理。按 Data → Weight Cases，打开 Weight Cases 对话框，依据需要设置适当的权数变量。）

5. 根据练习八中计算题 1 的数据，利用 SPSS 对 10 个地区居民家庭月平均可支配收入和月平均消费支出进行如下分析：

(1) 画出相关图并判断消费支出与可支配收入之间的相关方向。

(2) 计算消费支出与可支配收入的相关系数并说明其相关程度。

(3) 建立消费支出与可支配收入的回归方程，对回归方程进行显著性检验，并说明回归方程的拟合程度。

阅读资料十

SPSS 软件简介

SPSS(Statistical Product and Service Solutions)，即"统计产品与服务解决方案"软件。最初软件全称为"社会科学统计软件包"（Solutions Statistical Package for the Social Sciences），但是随着 SPSS 产品服务领域的扩大和服务深度的增加，SPSS 公司已于 2000 年正式将英文全称更改为"统计产品与服务解决方案"，标志着 SPSS 的战略方向正在作出重大调整。

SPSS 是世界上最早采用图形菜单驱动界面的统计软件，它最突出的特点就是操作界面极为友好，输出结果美观漂亮。它将几乎所有的功能都以统一、规范的界面展现出来，使用 Windows 的窗口方式展示各种管理和分析数据方法的功能，对话框展示出各种功能选项。用户只要掌握一定的 Windows 操作技能，粗通统计分析原理，就可以使用该软件为特定的科研工作服务。SPSS 采用类似 EXCEL 表格的方式输入与管理数据，数据接口较为通用，能方便地从其他数据库中读入数据。其统计过程包括了常用的、较为成熟的统计过程，完全可以满足非统计专业人士的工作需要。输出结果十分美观，存储时则是专用的 SPO 格式，可以转存为 HTML 格式和文本格式。对于熟悉老版本编程运行方式的用户，SPSS 还特别设计了语法编辑窗口，用户只需在菜单中选好各个选项，然后按"粘贴"按钮就可以自动生成标准的 SPSS 程序，极大地方便了中、高级用户。

SPSS 输出结果虽然漂亮，但不能为 WORD 等常用文字处理软件直接打开，只能采用拷贝、粘贴的方式加以交互。这可以说是 SPSS 软件的缺陷。

SPSS for Windows 是一个组合式软件包，它集数据整理、分析功能于一身。用户可以根据实际需要和计算机的功能选择模块，以降低对系统硬盘容量的要求，这有利于该软件的推广应用。SPSS 的基本功能包括数据管理、统计分析、图表分析、输出管理等。SPSS 统计分析过程包括描述性统计、均值比较、一般线性模型、相关分析、回归分析、对数线性模型、聚类分析、数据简化、生存分析、时间序列分析、多重响应等几大类，每类中又分好几个统计过程，如回归分析中又分线性回归分析、曲线估计、Logistic 回归、Probit 回归、加权估计、两阶段最小二乘法、非线性回归等多个统计过程，而且每个过程中又允许用户选择不同的方法及参数。SPSS 也有专门的绘图系统，可以根据数据绘制各种图形。

SPSS for Windows 的分析结果清晰、直观、易学易用，而且可以直接读取 EXCEL 及 DBF 数据文件，现已推广到多种操作系统的计算机上，它和 SAS、BMDP 并称为国际上最有影响的三大统计软件。在国际学术界有条不成文的规定，即在国际学术交流中，凡是用

SPSS 软件完成的计算和统计分析,可以不必说明算法,由此可见其影响之大和信誉之高。SPSS for Windows 由于其操作简单,已经在我国的社会科学、自然科学的各个领域发挥了巨大作用。该软件还可以应用于经济学、生物学、心理学、地理学、医疗卫生、体育、农业、林业、商业、金融等各个领域。

一、SPSS Statistics 功能介绍

1. 增强的数据管理功能

在 10 版以后,SPSS 的每个新增版本都会对数据管理功能做一些改进,以使用户的使用更为方便。13 版中的改进主要有以下几个方面:

(1)超长变量名:在 12 版中,变量名最多可以为 64 个字符长度,13 版中已放宽这一限制,以达到对当今各种复杂数据创造更好的兼容性。

(2)改进的 Autorecode 过程:该过程将可以使用自动编码模版,从而用户可以按自定义的顺序,而不是默认的 ASCII 码顺序进行变量值的重编码。另外,Autorecode 过程将可以同时对多个变量进行重编码,以提高分析效率。

(3)改进的日期/时间函数:13 版的改进将集中在使得两个日期/时间差值的计算,以及对日期变量值的增减更为容易上。

2. 完善的结果报告功能

从 10 版起,对数据和结果的图表呈现功能一直是 SPSS 改进的重点。在 16 版中,SPSS 推出了全新的常规图功能,报表功能也达到了比较完善的地步。13 版针对使用中出现的一些问题,以及用户的需求对图表功能作进一步的改善。

(1)统计图:在经过 1 年的使用后,新的常规图操作界面已基本完善,13 版的改进除使得操作更为便捷外,还突出了两个重点。首先在常规图中引入更多的交互图功能,如图组(Paneled charts),带误差线的分类图形如误差线条图和线图,三维效果的简单、堆积和分段饼图等。其次是引入几种新的图形,目前已知的有人口金字塔和点密度图两种。

(2)统计表:几乎全部过程的输出都将会弃用文本,改为更美观的枢轴表。而且枢轴表的表现和易用性会得到进一步的提高,并加入了一些新的功能,如可以对统计量进行排序、在表格中合并/省略若干小类的输出等。此外,枢轴表将可以被直接导出到 PowerPoint 中,这些无疑都方便了用户的使用。

3. 为 Complex Samples 模块增加统计建模功能

Complex Samples 是 12 版中新增的模块,用于实现复杂抽样的设计方案,以及对相应的数据进行描述。但当时并未提供统计建模功能。在 13 版中,有很大的改观。一般线性模型将会被完整地引入复杂抽样模块中,以实现对复杂抽样研究中各种连续性变量的建模预测功能,如对市场调研中的客户满意度数据进行建模。对于分类数据,Logistic 回归则将会被系统地引入。这样,对于一个任意复杂的抽样研究,如多阶段分层整群抽样,或者更复杂的抽样,研究者都可以在该模块中轻松地实现从抽样设计、统计描述到复杂统计建模以发现

影响因素的整个分析过程,方差分析模型、线性回归模型、Logistic 回归模型等复杂的统计模型都可以加以使用,而操作方式将会和完全随机抽样数据的分析操作没有什么差别。可以预见,该模块的推出大大促进国内对复杂抽样时统计推断模型的正确应用。

4. Classification Tree 模块

这个模块实际上就是将以前单独发行的 SPSS AnswerTree 软件整合进了 SPSS 平台。Classification Tree 模块基于数据挖掘中发展起来的树结构模型对分类变量或连续变量进行预测,可以方便、快速地对样本进行细分,而不需要用户有太多的统计专业知识。目前在市场细分和数据挖掘中有较广泛的应用。现在已知该模块提供了 CHAID、Exhaustive CHAID 和 C&RT 三种算法,在 AnswerTree 中提供的 QUEST 算法尚不能肯定是否会被纳入。

为了方便新老用户的使用,Tree 模块在操作方式上不再使用 AnswerTree 中的向导方式,而是开始采用 SPSS 近两年的交互式选项卡对话框。但是,整个选项卡界面的内容实际上是和原先的向导基本一致的,另外,模型的结果输出仍然是 AnswerTree 中标准的树形图,这使得 AnswerTree 的老用户基本上不需要专门的学习就能够懂得如何使用该模块。

5. 更好的 SPSS 系列产品兼容性

随着自身产品线的不断完善,SPSS 公司的产品体系已经日益完整,而不同产品间的互补和兼容性也在不断加以改进。在 13 版中,SPSS 软件已经可以和其他一些最新的产品很好地整合在一起,形成更为完整的解决方案。例如,SPSS、SPSS Data Entry 和 SPSS Text Analysis for Surveys 一起就形成了对调查研究的完整解决方案。而新增的 SPSS Classification Trees 模块将使得 SPSS 软件本身就能够针对市场细分工作提供更为完整的方法体系。

二、SPSS 的特点

1. 操作简便

界面非常友好,除了数据录入及部分命令程序等少数输入工作需要键盘键入外,大多数操作可通过鼠标拖曳、点击"菜单"、"按钮"和"对话框"来完成。

2. 编程方便

具有第四代语言的特点,告诉系统要做什么,无需告诉怎样做。只要了解统计分析的原理,无需通晓统计方法的各种算法,即可得到需要的统计分析结果。对于常见的统计方法,SPSS 的命令语句、子命令及选择项的选择绝大部分由"对话框"的操作完成。因此,用户无需花大量时间记忆大量的命令、过程、选择项。

3. 功能强大

具有完整的数据输入、编辑、统计分析、报表、图形制作等功能。自带 11 种类型 136 个函数。SPSS 提供了从简单的统计描述到复杂的多因素统计分析方法,如数据的探索性分析、统计描述、列联表分析、二维相关、秩相关、偏相关、方差分析、非参数检验、多元回归、生存分析、协方差分析、判别分析、因子分析、聚类分析、非线性回归、Logistic 回归等。

4. 全面的数据接口

能够读取及输出多种格式的文件。比如，由 dBASE、FoxBASE、FoxPRO 产生的 ∗.dbf 文件，文本编辑器软件生成的 ASCⅡ 数据文件，Excel 的 ∗.xls 文件等均可转换成可供分析的 SPSS 数据文件。能够把 SPSS 的图形转换为 7 种图形文件。结果可保存为 ∗.txt，word，PPT 及 html 格式的文件。

5. 灵活的功能模块组合

SPSS for Windows 软件分为若干功能模块。用户可以根据自己的分析需要和计算机的实际配置情况灵活选择。

6. 针对性强

SPSS 针对初学者、熟练者及精通者都比较适用。并且现在很多群体只需要掌握简单的操作分析，大多青睐于 SPSS，像薛薇的《基于 SPSS 的数据分析》一书也较适用于初学者。而那些熟练或精通者也较喜欢 SPSS，因为他们可以通过编程来实现更强大的功能。

（资料来源：百度文库）

附 录

附录一 各章练习参考答案(部分练习题)

第 一 章

一、单项选择题

1. A 2. C 3. C 4. D 5. D 6. C 7. D 8. A 9. C 10. B 11. A

二、多项选择题

1. ACD 2. ABCD 3. BCE 4. ACD 5. AC

第 二 章

一、单项选择题

1. D 2. D 3. D 4. C 5. C 6. B 7. B 8. B 9. D

二、多项选择题

1. BCE 2. ABCD 3. ABE 4. ABCDE 5. BCD 6. CDE 7. CD

第 三 章

一、单项选择题

1. B 2. C 3. C 4. A 5. B 6. A 7. C 8. B 9. C 10. D

二、多项选择题

1. ABD 2. CDE 3. ABCE 4. ACDE 5. ACD 6. ABCD 7. BCE 8. CE

四、整理题

1.

计划完成程度(%)	工厂数(个)
80~90	3
90~100	6
100~110	6
110~120	5
合 计	20

2.（1）

按日产量分组（件）	件数（个）
50～60	2
60～70	6
70～80	8
80～90	12
90～100	8
100～110	4
合　计	40

（2）略。

五、计算题

1.

学　校	招生人数动态相对数（%）	占在校生总数的比重（%）
普通高校	121.82	61.19
成人高等学校	125.64	38.81

普通高校招生人数：成人高等学校招生人数＝1.37：1。

2.

企业	一月实际产值（万元）	二月份				二月实际产值为一月的（%）
		计划产值（万元）	计划产值比重（%）	实际产值（万元）	计划完成（%）	
甲	125	150	30	165	110	132
乙	200	250	50	250	100	125
丙	100	100	20	60	60	60
合计	425	500	100	475	95	111.8

第 四 章

一、单项选择题

1. D　2. B　3. C　4. B　5. A　6. D　7. C　8. D

二、多项选择题

1. CE　2. ABCD　3. ABCE　4. AB　5. ABD

四、计算题

1. $\bar{x}=4\,816.67(元)$　$M_e=4\,617.65(元)$　$M_o=4\,384.62(元)$。

2. $\bar{x}_甲=13.75(元/千克)$　$\bar{x}_乙=13.25(元/千克)$。

甲市场的价格略高于乙市场,因为乙市场价格低的成交量大于价格高的成交量,所以,乙市场的平均价格偏低。这里,权数(成交量)起了一个权衡轻重的作用。

3. $\bar{x}=94.99\%$。

4. $\bar{x}_H=102.95\%$。

5. (1) $\bar{x}=16(元/千克)$。

(2) $\bar{x}_H=15.32(元/千克)$。

6. (1) 成年组:$\bar{x}_1=160.83(cm)$,　$\sigma_1=5.22(cm)$,　$V_{\sigma_1}=3.24\%$;

幼儿组:$\bar{x}_2=81.75(cm)$,　$\sigma_2=6.18(cm)$,　$V_{\sigma_2}=7.56\%$。

(2) 幼儿组平均身高的代表性大,因为其标准差系数小于成年组的标准差系数。

(3) $SK=0.52$,$K=-0.24$。

因为 SK 大于零,所以这组成人的身高分布为右偏分布,但偏斜的程度很小;由于峰度为负数,所以,这组成人的身高分布比标准正态分布平缓,为平峰分布。

7. 购买量最多的是旭日升冰茶,因此,众数是旭日升冰茶。$V_r=73.33\%$,即有 77.33% 的顾客不是选择旭日升冰茶,异众比率较大。因此,众数"旭日升冰茶"的代表性不是很好。

8. $\bar{x}=4\,350(元)$。因为众数大于平均数,所以,该公司工人月工资分布是左偏分布。

9. 按题意,平均每小时产量在 360~380 件之间属于正常范围,所以该生产线在 14:00 开始失去了控制。

10. 选择 A 供应商。因为由 A 出售的导火线引爆时间的标准差系数为 1.67%,而由 B 出售的导火线引爆时间的标准差系数为 20%,所以,A 生产的产品引爆时间比较稳定,相对来说比较安全。

第 五 章

一、单项选择题
1. C　2. B　3. C　4. B　5. C　6. A　7. A　8. B　9. D　10. C
二、多项选择题
1. BDE　2. BC　3. ACE　4. ACD　5. ABCDE　6. BD　7. ABC　8. AE
四、计算题
1. 3.52 次。

2.

年份	总产值（亿元）	增长量（亿元）		发展速度（%）		增长速度（%）	
		累计	逐期	定基	环比	定基	环比
2009	6.0	——	——	100	——	——	——
2010	6.4	0.4	0.4	106.67	106.67	6.67	6.67
2011	7.0	1.0	0.6	116.67	109.38	16.67	9.38
2012	7.4	1.4	0.4	123.33	105.71	23.33	5.71
2013	8.0	2.0	0.6	133.33	108.11	33.33	8.11

3. 113.61%。

4. 32.1 万吨,34.6 万吨。

5. 31 万台,42 万台。

6. (1) 第三季度是旺季。

(2) 第三季度是旺季。

(3) 第二、第三、第四季度的预测销售额为:111.65、129.79、100.76 万元。

第 六 章

一、单项选择题

1. C　2. C　3. B　4. C　5. C　6. D　7. B　8. B　9. D　10. A

二、多项选择题

1. ABCD　2. ABD　3. ABE　4. BD　5. CD　6. CD　7. AD　8. BDE

四、计算题

1. (1)

产　　品	个体价格指数(%)	个体产量指数(%)
甲	105.77	120
乙	104.41	125

(2) 产量总指数为 124.20%;价格总指数为 104.62%。

2. (1) 销售量总指数为 116.91%;价格总指数为 132.13%。

(2) 甲:520 元;乙:16 560 元;丙:3 220 元;丁:910 元。

3. (1)

产品	个体销售量指数(%)	个体出厂价格指数(%)
A	120	120
B	116.67	110
C	85.71	85.71

(2) 销售额总指数为 97.83％,销售量总指数为 98.80％,出厂价格总指数 99.02％。分析略。

4.(1) 120％,200 万元。

(2) 100.42％,5 万元。

(3) 相对数关系:120.5％＝120％×100.42％

　　绝对数关系:205 万元＝200 万元+5 万元

　　分析略。

5.(1) 下降了 3.98％。

(2) 36.89 万元。

6. 可变指数:98.96％;固定构成指数:98.81％;结构影响指数:100.15％。分析略。

7. 产量指数:108.19％;价格指数:100.29％。分析略。

8. 销售量总指数 105％;销售价格总指数 105.82％。分析略。

9. 88.33％。

第 七 章

一、单项选择题

1.A　2.B　3.B　4.A　5.A　6.C　7.D　8.C　9.C　10.A

二、多项选择题

1.ABCD　2.ABD　3.ACDE　4.ABD　5.ABCD　6.AD　7.ACD　8.BC

四、计算题

1. 150.3 克;0.087 克。

2. 1.66％。

3. 86.62％～97.38％; 5 197～5 843 罐。

4.(1) 1 766.67 元;2 500 元。

(2) 55 555.56;125 000。

(3) 2 002.30～2 117.70 元。

5. 413 棵。

6. 100.6～102.4 片;400 瓶。

7. 90.56％～99.44％。

第 八 章

一、单项选择题

1.A　2.D　3.B　4.B　5.B　6.A　7.B　8.C　9.C

二、多项选择题

1.ACD　2.ABE　3.ACE　4.CD　5.ACD

三、计算题

1. （1）图略。消费支出与可支配收入之间是正相关关系。

（2）$n=10$，$\sum x=468$，$\sum x^2=26\ 258$，$\sum y=658$，$\sum y^2=51\ 186$，

$\sum xy=36\ 567$。

相关系数为 0.985，是高度的正相关。

2. （1）$n=8$，$\sum x=26.2$，$\sum x^2=96.84$，$\sum y=550$，

$\sum y^2=38\ 042$，$\sum xy=1\ 751.7$。

相关系数为 -0.985，是高度的负相关。

（2）$\hat{y}=83.46-4.49x$。

（3）当产量增加 1 千件时，单位成本平均下降 4.49 元。

（4）估计标准误差为 1.08 元。

（5）$\hat{y}=83.46-4.49\times7=52.03$（元/件）

49.87 元/件 $\leqslant y \leqslant 54.19$ 元/件。

3. （1）$\hat{y}=2.5+1.14x$。

（2）$\hat{y}=77.37-1.82x$。

4. （1）$n=10$，$\sum x=1\ 982$，$\sum x^2=394\ 202$，$\sum y=67\ 120$

$\sum y^2=469\ 008\ 000$，$\sum xy=13\ 457\ 240$

相关系数为 0.97。

（2）$\hat{y}=-15\ 582.03+112.48x$。

（3）$SST=18\ 498\ 560$，$SSR=17\ 328\ 600$，$SSE=1\ 169\ 960$，$SST=SSR+SSE$。

（4）$r^2=0.94$。

这说明在 y 值与 $\bar{y}$ 的偏差平方和中有 94% 可以通过户数 x 来解释，这也说明了直线回归方程的拟合程度较好。

5. 散点图略。根据散点图，可建立销售额和流通费用率的指数模型。

$$\hat{y}=1.774\ 9\times0.98^x$$

第　九　章

一、单项选择题

1. D　2. B　3. A　4. B　5. D　6. B　7. D　8. C

二、多项选择题

1. BCE　2. ABD　3. ABCDE　4. BCE　5. ACE

四、计算题

（1）生产法：

国内生产总值＝ 总产出－中间投入 ＝ 28 229.3－15 662.9 ＝ 12 566.4（亿元）

（2）收入法：

国内生产总值＝ 劳动者报酬＋生产税净额＋固定资产折旧＋营业盈余

＝ 6 476.8＋（1 570.8－689.7）＋1 322.2＋3 886.3

＝ 12 566.4（亿元）

（3）支出法：

国内生产总值＝ 最终消费＋资本形成总额＋净出口

＝（6 537.3＋1 463）＋（4 183.3＋627）＋（1 728.1－1 972.3）

＝ 12 566.4（亿元）

第 十 章

（略）。

附录二　标准正态概率分布表

t	$F(t)$	t	$F(t)$	t	$F(t)$	t	$F(t)$
0.00	0.000 0	0.33	0.258 6	0.66	0.490 7	0.99	0.677 8
0.01	0.008 0	0.34	0.266 1	0.67	0.497 1	1.00	0.682 7
0.02	0.016 0	0.35	0.273 7	0.68	0.503 5	1.01	0.687 5
0.03	0.023 9	0.36	0.281 2	0.69	0.509 8	1.02	0.692 3
0.04	0.031 9	0.37	0.288 6	0.70	0.516 1	1.03	0.697 0
0.05	0.039 9	0.38	0.296 1	0.71	0.522 3	1.04	0.701 7
0.06	0.047 8	0.39	0.303 5	0.72	0.528 5	1.05	0.706 3
0.07	0.055 8	0.40	0.310 8	0.73	0.534 6	1.06	0.710 9
0.08	0.063 8	0.41	0.318 2	0.74	0.540 7	1.07	0.715 4
0.09	0.071 7	0.42	0.325 5	0.75	0.546 7	1.08	0.719 9
0.10	0.079 7	0.43	0.332 8	0.76	0.552 7	1.09	0.724 3
0.11	0.087 6	0.44	0.340 1	0.77	0.558 7	1.10	0.728 7
0.12	0.095 5	0.45	0.347 3	0.78	0.564 6	1.11	0.733 0
0.13	0.103 4	0.46	0.354 5	0.79	0.570 5	1.12	0.737 3
0.14	0.111 3	0.47	0.361 6	0.80	0.576 3	1.13	0.741 5
0.15	0.119 2	0.48	0.368 8	0.81	0.582 1	1.14	0.745 7
0.16	0.127 1	0.49	0.375 9	0.82	0.587 8	1.15	0.749 9
0.17	0.135 0	0.50	0.382 9	0.83	0.593 5	1.16	0.754 0
0.18	0.142 8	0.51	0.389 9	0.84	0.599 1	1.17	0.758 0
0.19	0.150 7	0.52	0.396 9	0.85	0.604 7	1.18	0.762 0
0.20	0.158 5	0.53	0.403 9	0.86	0.610 2	1.19	0.766 0
0.21	0.166 3	0.54	0.410 8	0.87	0.615 7	1.20	0.769 9
0.22	0.174 1	0.55	0.417 7	0.88	0.621 1	1.21	0.773 7
0.23	0.181 9	0.56	0.424 5	0.89	0.626 5	1.22	0.777 5
0.24	0.189 7	0.57	0.431 3	0.90	0.631 9	1.23	0.781 3

t	F(t)	t	F(t)	t	F(t)	t	F(t)
0.25	0.197 4	0.58	0.438 1	0.91	0.637 2	1.24	0.785 0
0.26	0.205 1	0.59	0.444 8	0.92	0.642 4	1.25	0.788 7
0.27	0.212 8	0.60	0.451 5	0.93	0.647 6	1.26	0.792 3
0.28	0.220 5	0.61	0.458 1	0.94	0.652 8	1.27	0.795 9
0.29	0.228 2	0.62	0.464 7	0.95	0.657 9	1.28	0.799 5
0.30	0.235 8	0.63	0.471 3	0.96	0.662 9	1.29	0.802 9
0.31	0.243 4	0.64	0.477 8	0.97	0.668 0	1.30	0.806 4
0.32	0.251 0	0.65	0.484 3	0.98	0.672 9	1.31	0.809 8
1.32	0.813 2	1.65	0.901 1	1.98	0.952 3	2.62	0.991 2
1.33	0.816 5	1.66	0.903 1	1.99	0.953 4	2.64	0.991 7
1.34	0.819 8	1.67	0.905 1	2.00	0.954 5	2.66	0.992 2
1.35	0.823 0	1.68	0.907 0	2.02	0.956 6	2.68	0.992 6
1.36	0.826 2	1.69	0.909 0	2.04	0.958 6	2.70	0.993 1
1.37	0.829 3	1.70	0.910 9	2.06	0.960 6	2.72	0.993 5
1.38	0.832 4	1.71	0.912 7	2.08	0.962 5	2.74	0.993 9
1.39	0.835 5	1.72	0.914 6	2.10	0.964 3	2.76	0.994 2
1.40	0.838 5	1.73	0.916 4	2.12	0.966 0	2.78	0.994 6
1.41	0.841 5	1.74	0.918 1	2.14	0.967 6	2.80	0.994 9
1.42	0.844 4	1.75	0.919 9	2.16	0.969 2	2.82	0.995 2
1.43	0.847 3	1.76	0.921 6	2.18	0.970 7	2.84	0.995 5
1.44	0.850 1	1.77	0.923 3	2.20	0.972 2	2.86	0.995 8
1.45	0.852 9	1.78	0.924 9	2.22	0.973 6	2.88	0.996 0
1.46	0.855 7	1.79	0.926 5	2.24	0.974 9	2.90	0.996 3
1.47	0.858 4	1.80	0.928 1	2.26	0.976 2	2.92	0.996 5
1.48	0.861 1	1.81	0.929 7	2.28	0.977 4	2.94	0.996 7
1.49	0.863 8	1.82	0.931 2	2.30	0.978 6	2.96	0.996 9
1.50	0.866 4	1.83	0.932 8	2.32	0.979 7	2.98	0.997 1
1.51	0.869 0	1.84	0.934 2	2.34	0.980 7	3.00	0.997 3
1.52	0.871 5	1.85	0.935 7	2.36	0.981 7	3.20	0.998 6
1.53	0.874 0	1.86	0.937 1	2.38	0.982 7	3.40	0.999 3
1.54	0.876 4	1.87	0.938 5	2.40	0.983 6	3.60	0.999 68

t	$F(t)$	t	$F(t)$	t	$F(t)$	t	$F(t)$
1.55	0.878 9	1.88	0.939 9	2.42	0.984 5	3.80	0.999 86
1.56	0.881 2	1.89	0.941 2	2.44	0.985 3	4.00	0.999 94
1.57	0.883 6	1.90	0.942 6	2.46	0.986 1	4.50	0.999 993
1.58	0.885 9	1.91	0.943 9	2.48	0.986 9	5.00	0.999 999
1.59	0.888 2	1.92	0.945 1	2.50	0.987 6		
1.60	0.890 4	1.93	0.946 4	2.52	0.988 3		
1.61	0.892 6	1.94	0.947 6	2.54	0.988 9		
1.62	0.894 8	1.95	0.948 8	2.56	0.989 5		
1.63	0.896 9	1.96	0.950 0	2.58	0.990 1		
1.64	0.899 0	1.97	0.951 2	2.60	0.990 7		

参考文献

1. 戴维·M·莱文,等.商务统计学[M].黄耀锋,等,译.北京:中国人民大学出版社,2010.

2. 黄良文.统计学原理[M].北京:中国统计出版社,2007.

3. 贾俊平.统计学[M].北京:中国人民大学出版社,2008.

4. 李洁明.统计学原理[M].北京:复旦大学出版社,2007.

5. 统计学:在经济管理领域的应用[M].曾五一,编译.北京:机械工业出版社,2010.

6. 王莹.经济统计学[M].北京:机械工业出版社,2009.

7. 李金昌.统计学[M].北京:机械工业出版社,2012.

8. 杨缅昆,等.统计学概论[M].北京:清华大学出版社,2009.

9. 贾俊平.统计学基础[M].北京:中国人民大学出版社,2010.

10. 邓红.统计学基础[M].北京:北京理工大学出版社,2009.

11. 薛薇.统计分析与SPSS的应用[M].北京:中国人民大学出版社,2011.

12. 刘震.SPSS统计分析与应用[M].北京:电子工业出版社,2011.

13. 杭爱明,等.统计学原理[M].上海:上海辞书出版社,2010.

14. 杭爱明,等.统计调查与数据分析[M].上海:上海大学出版社,2013.